Gerhard Wehr · Die deutsche Mystik

Gerhard Wehr

Die deutsche Mystik

Mystische Erfahrung
und theosophische Weltsicht –
eine Einführung in Leben und
Werk der großen deutschen
Sucher nach Gott

Otto Wilhelm Barth Verlag

1. Auflage 1988

Schutzumschlag von Gerhard Noltkämper.

Inhalt

Einleitung

«Wir stehen heute an der Schwelle einer neuen Stufe des abendländischen Geistes. Das Licht eines neuen Wirklichkeitsbewußtseins bricht durch die Nebel des alten.»[1]

Mit diesem ebenso lapidaren wie unmißverständlichen Wort hat Karlfried Graf Dürckheim den Ort bezeichnet, an dem wir heute, das heißt an der Schwelle zum dritten nachchristlichen Jahrtausend, stehen. Und dieses «wir» meint nicht allein die Angehörigen einer bestimmten Religion, es meint auch nicht nur dezidiert religiöse Menschen, sondern eben «die Menschheit» als solche, diesseits wie jenseits von Denominationen und Bekenntnissen. So unzweifelhaft die historische Bedingtheit der Religionen und Weltanschauungen sein mag, die niemand aufheben oder negieren kann, so unzweifelhaft ist andererseits das starke Verlangen nach dem Reif- und Vollendetwerden des Menschen in dieser von zerstörerischen Kräften erfüllten Welt, in der jede Form der «Innerlichkeit» einen schweren Stand hat.[2] Ihr Lebensrecht, das Lebensrecht dessen, was den Menschen erst zum Menschen macht, wird ihr Tag für Tag streitig gemacht – man braucht nur einmal die Zeitung aufzuschlagen und findet dafür Anschauungsmaterial genug.

Andererseits ist aber auch – vielleicht gerade deshalb – das Verlangen nach innerer Erfahrung groß, zumal solche Erfahrung an ethische Konsequenzen geknüpft ist. Die Dringlichkeit, mit der sie gefordert wird, nimmt – verständlicherweise – mehr und mehr zu. Sie wächst in eben dem Maße, in dem das Gefahrbringende, Schreckenverbreitende an Boden gewinnt. Der mittelalterliche Mensch nannte diese Erfahrungsmöglichkeit *«cognitio dei experimentalis»*, was mit Gotteserfahrung bzw. Gotteserkenntnis übersetzt werden kann. Und eben diese Innenerfahrung bzw. Gotteserkenntnis wird seit alters her *Mystik* genannt. Ob im Osten oder im Westen, im Christentum oder in den Hochreligionen Asiens praktiziert – diese Mystik ist von neuem aktuell geworden. Man kann sie nicht länger als irrelevant beiseite schieben, auch wenn die Bezeugungen der Mystiker bzw. Mystikerinnen immer wieder als belanglos abgetan wurden, tragischerweise gerade durch die Christenheit selbst, an deren Wurzel sie einst aufgeblüht sind. Jahrhunderte hindurch wurde diese Mystik vergessen oder vernachlässigt, und ihre Repräsentanten wurden ins religiöse Abseits gedrängt. So muß festgestellt werden, daß die Hüter kirchlicher Ordnung, die Lehrstuhlinhaber theologischer Fakultäten ebenso wie ihre Schüler, die Pfarrer und Priester, die spirituelle Realität dessen, was das Wort «Mystik» bezeichnen will, aus dem Blick verloren haben. Christliche Mystik wurde in den Kirchen, namentlich im Protestantismus, immer wieder übel verleumdet; die von inneren Erfahrungen erfüllten Menschen gerieten in den Verdacht, gefährliche Ketzer zu sein. Dasselbe galt auch für Menschen, die als Christen einer tieferen Erkenntnis (Gnosis) oder einer umfassenden Gottes-Weisheit (Theosophie) teilhaftig geworden sind.

So kann es nicht verwundern, wenn man auch heute noch dort etwas als «mystisch» ablehnt, wo Mangel an Klarheit, Mangel an Offenheit oder an Realitätssinn festgestellt wird. Mit alldem hat jene christliche Mystik, die diese Bezeichnung wirklich verdient, nicht das mindeste zu tun. Auch auf diesem Feld – es ist das Zentrum des religiösen Lebens! – sollte man sich endlich abgewöhnen, Fehlformen oder Verfälschungen, pathologisch zu nennende Erscheinungen, die es in der Mystik *auch* gibt, mit der Sache selbst zu verwechseln! Hier ist mit gleichem Recht jene Klarheit und Nüchternheit zu fordern, die der Mystik oft ungerechterweise abgesprochen wird. Wer die Texte und Zeugnisse mystischer Wahrnehmung und Einsicht unvoreingenommen zu sich sprechen läßt, der kommt zu einem gerechteren Urteil. Dazu will die Darstellung dieses Buches ihren Teil beitragen.

Weshalb aber «*deutsche* Mystik»? Sollen etwa «deutsch*nationale*» Gesichtspunkte besonders hervorgehoben werden? Davon kann nicht die Rede sein! Die Unmittelbarkeit spiritueller Erfahrung ist gerade dadurch gekennzeichnet, daß sie vorgegebene

Grenzen überschreitet. Wohl kommt das Wort «Mystik» von griechisch *myein*, schließen, aber der Mystiker verschließt sich in erster Linie dem Sensationellen, dem Vordergründigen. Er versagt sich die «leicht gesagten Worte» (Ina Seidel), weil sein Erleben im strengen Sinn des Begriffs «unaussprechlich» ist. Dieses Sich-Verschließen der Außenwelt gegenüber entspricht aber einer *Öffnung* zum Übergegenständlichen, Spirituellen hin, und zwar völlig unabhängig von Raum und Zeit. Es gehört daher zum Wesen der Mystik, daß sie in West und Ost, einst und heute präsent war und präsent ist. In der Mystik artikuliert sich eine «Ökumene des Geistes». Und «Ökumene» (von griechisch *oikuméne*, die ganze bewohnte Erde) will besagen, daß im Zeichen der Mystik ein geistiger Brückenschlag in dieser vielfältig gespaltenen Welt möglich ist – von Erfahrung zu Erfahrung. Religiöses Dogma und theologische Lehrmeinung betonen das Differenzierende, Trennende. Aber Menschen, die in der Tiefe ihres Wesens ergriffen sind von der Gegenwart des Umgreifenden, Göttlichen (gleich welcher Gestalt), die nehmen Anteil an der Gemeinschaft des Geistes und damit an dem Verbindenden. Sie werden geeint durch die «Große Erfahrung», mögen sie ihr Innewerden und Erleben auch in unterschiedlichster Weise benennen.

Freilich übersehe man die Inhalte nicht, die da oder dort erfahren werden! Auch versuche man nicht, die Ausgestaltungen des spirituellen Lebens bis zum Profilverlust zu vermengen. Ein einfacher Vergleich sei – mit allem Vorbehalt – gewagt: Am Geschenk des Sprechenkönnens haben alle Menschen teil. Diese Gemeinsamkeit hebt jedoch die Vielfalt der Sprachen, Dialekte oder Idiome nicht auf; sie ermöglicht sie erst. Auch sollte man das Problem der Verständigung – in unserem Vergleich wie im übertragenen Sinne – nicht unterschätzen. Doch es gibt die Möglichkeit, die immer wieder zu aktualisierende Möglichkeit des Über-Setzens ...

Die *deutsche Mystik* bezeichnet nun *eine* solche Äußerungsform religiöser Erfahrung. Die Verwendung der deutschen Sprache stellt dabei ein wichtiges Charakteristikum dar, auf das noch näher einzugehen sein wird. Was im «irdenen Gefäß» der deutschen Sprache aufbewahrt ist, das weist jedoch in der angedeuteten Weise *über* das vermeintlich Kulturgebundene *hinaus*. Das läßt sich anhand einiger Beispiele verdeutlichen, etwa am Werk von Meister Eckhart und an dem Jakob Böhmes: Eckhart, der berühmte Exponent deutscher Mystik, wird im Fernen Osten seit Jahrzehnten aufmerksam studiert; die Eckhart-Rezeption durch namhafte Vertreter des Zen-Buddhismus wirkt wiederum auf Europa zurück. Kein Geringerer als Daisetz T. Suzuki machte bereits in den fünfziger Jahren auf eine «geheime Verwandtschaft» zwischen Eckhart und Shin bzw. Zen aufmerksam:

«Als ich zum erstenmal – und das war vor mehr als einem halben Jahrhundert – ein kleines Buch mit einigen von Meister Eckharts Predigten las, beeindruckten diese mich tief, denn ich hatte niemals erwartet, daß irgendein christlicher Denker – gleich ob alt oder modern – solch kühne Gedanken hegen würde, wie sie in diesen Predigten ausgesprochen wurden. Wenn ich mich auch nicht erinnere, welche Predigten das kleine Buch enthielt, so weiß ich doch: Die darin geäußerten Gedanken waren buddhistischen Vorstellungen so nahe, daß man sie fast mit Bestimmtheit als Ausfluß buddhistischer Spekulation hätte bezeichnen können. Soweit ich es beurteilen kann, scheint mir Eckhart ein ungewöhnlicher ‹Christ› zu sein.»[3]

Auch Jakob Böhme, der in mancher Hinsicht in der geistig-geistlichen Nachfolge Eckharts und der deutschen Mystik stehende Theosoph des frühen 17. Jahrhunderts, erfährt im Osten zunehmende Aufmerksamkeit. Seine Schriften werden zur Zeit ins Japanische übersetzt.[4] Macht man sich klar, welche erheblichen Barrieren des Verständnisses von Kultur zu Kultur, von religiöser Tradition dabei zu überwinden sind, dann ist Sarvepalli Radhakrishnans Leitwort von der «Gemeinschaft des Geistes»[5] mehr als nur ein religionsgeschichtlicher Terminus. Diese Eckhart- und Böhme-Rezeption im Bereich des Zen-Buddhismus, auf deren Problematik hier nicht weiter eingegangen werden muß, sollte aber auch für den westlichen Menschen Anlaß zum Nachdenken sein.

Ist es denn nicht merkwürdig, daß in den letzten Jahrzehnten – angesichts der vieldiskutierten «Wendezeit»[6] – wohl auf die fernöstliche Mystik in ihrem Verhältnis zur modernen naturwissenschaftlichen Forschung aufmerksam gemacht wurde, daß jedoch die Rückbesinnung auf die eigene spirituelle Überlieferung weitgehend unterblieben ist? Die Kenntnis der deutschen Mystik und der an sie anschließenden, vor allem in Mitteleuropa sich entfaltenden christlichen Theosophie ist hierzulande geradezu unterentwickelt, denkt man an die Faszination, die asiatische Religiosität und die auf ihr basierenden geistigen Schulungswege auf den Menschen in Europa und (Nord-)Amerika ausüben. Alles in allem ein Grund mehr, das mystisch-meditative Erbe der Väter zu erkunden und gegebenenfalls neu zu entdecken.

I. Teil – Deutsche Mystik

«*Ora et labora,* bete und arbeite» – auf diese prägnante Formel wurde einst das Wesen benediktinisch-mönchischer Frömmigkeit gebracht. Durch sie wird an beide Grundhaltungen christlicher, ja menschlicher Existenz überhaupt erinnert: an die Wendung nach *innen* und an die Wendung nach *außen.* Gemeint ist einerseits die meditative *Sammlung,* konzentriert auf «das Eine, das not tut», andererseits die aktive, auf Weltgestaltung und auf Veränderung des Bestehenden ausgerichtete *Sendung,* das «Tun des Gerechten», wie es Dietrich Bonhoeffer genannt hat. Wie die «zweierlei Gnaden» (Goethe) des Atemholens gehören «Kampf und Kontemplation» (Roger Schutz) zusammen.

Nun gibt es im geistig-religiösen Leben gewisse Rhythmen und Gesetzmäßigkeiten: Auf Zeiten, in denen die Rationalität und die Aktivität des Menschen eine beherrschende Rolle gespielt haben, pflegen oft solche Perioden zu folgen, in denen man der irrationalen bzw. überrationalen Seite der Wirklichkeit eine entsprechend größere Beachtung schenken muß. Niemand wird leugnen, daß die Grundeinstellung des neuzeitlichen Menschen durch eine einzige große *Extraversion,* das heißt durch eine einzigartige, alle Lebensbereiche umfassende Hinwendung an die äußere, die quantitative, gestaltbare Welt (Descartes' *res extensa*) gekennzeichnet ist. Eine nur introversive, nach innen gekehrte Beschaulichkeit hätte schwerlich zu den großen Leistungen in Naturwissenschaft und Technik geführt, deren Früchte – im positiven wie im negativ-unheilvollen Sinne – wir heute ernten. Man muß jedoch kein Kulturkritiker, schon gar nicht ein Kulturpessimist sein, um zu wissen, daß die Gefahr der Einseitigkeit, ja der Selbst- und Geist-Vergessenheit immer wieder droht. Eine übertriebene Extraversion verlangt nach einer neuen Einkehr (Introversion), nach Hinwendung zum Spirituellen, Wesenhaften, Sinntragenden. So ist die Haltung des Mystikers eine der beiden Grundeinstellungen, die nicht nur das religiöse Leben, sondern die menschliche Existenz überhaupt konstituieren. Stimmungsumschwünge, «Wendezeiten» und «Trendwenden» sind somit von Zeit zu Zeit an der Tagesordnung.

Es ist noch nicht lange her, da wurde, vor allem in der von Karl Barth (1886–1968) beeinflußten protestantischen Theologie, alles ausgesprochen religiöse Streben von vornherein mit großer Skepsis betrachtet. Religion, insbesondere die mystische Sammlung empfand man geradezu als im radikalen Gegensatz zum biblisch-christlichen Offenbarungsglauben stehend. Das Barthsche Verdikt traf nicht nur die sogenannten Weltreligionen. Noch sind jene Stellen aus Barths monumentaler *Kirchlicher Dogmatik* nicht vergessen, wo es hierzu heißt:

«Religion ist Unglaube; Religion ist eine Angelegenheit, man muß geradezu sagen: *die* Angelegenheit des gottlosen Menschen ... Sie (die Religion) ist der ohnmächtige, aber auch trotzige, übermütige, aber auch hilflose Versuch, mittels dessen, was der Mensch wohl könnte, aber nun gerade nicht kann, dasjenige zu schaffen, was er nur kann, weil und wenn Gott selbst es ihm schafft: Erkenntnis der Wahrheit, Erkenntnis Gottes.»[1]

So war es lange Zeit – schon vor Barth – in weiten Teilen des Protestantismus streng verpönt, von Mystik in einem anderen als in einem historischen bzw. abwertenden Sinn zu sprechen. In seinem frühen Werk *Die Mystik und das Wort* (1924), in dem sich Emil Brunner, ein zeitweiliger Weggefährte Karl Barths, mit Friedrich Ernst Daniel Schleiermacher (1768–1834), dem richtungweisenden Theologen des 19. Jahrhunderts, kritisch auseinandersetzt, wird die angebliche Unvereinbarkeit beider nachzuweisen versucht. Hier findet sich auch der lapidare Satz mit der keinerlei Kompromiß einräumenden Alternative: «Entweder die Mystik oder das Wort.» Nicht wenige folgten nach dem Ende des Zweiten Weltkriegs dem Motto Bonhoeffers von einem «religionslosen» Christentum.

Heute, ein bis zwei Menschenalter später, wird aufs neue nach der Berechtigung einer zeitgemäßen Religiosität gefragt. Eine

Stimme im Chor der Fragenden war jene der sozial engagierten Theologin Dorothee Sölle, die zu einer neuen «Hinreise» zum Spirituellen aufrief, indem sie zu bedenken gab:

«Viele von uns waren, als wir zwar über Theologie sprachen, aber über Religion schwiegen, noch zu sehr im Banne der von Karl Barth getroffenen Unterscheidung, die die Religion als etwas Nur-Menschliches verdammt und sie radikal unterscheidet von dem durch die Offenbarung begründeten Glauben. – Vielleicht waren wir auch zu sehr im Banne der von Dietrich Bonhoeffer aufgestellen These vom religionslosen Zeitalter und meinten, die moderne Industriegesellschaft brauche keine Religion, da sie ihre Probleme selber rational zu lösen vermöchte. Viele dachten, daß es in der Wohlstandsgesellschaft Elend, Hoffnungslosigkeit und Auferstehungssehnsucht nur noch bei den sozialen Randgruppen gebe. Ich vermute, daß sich diese Meinung bereits als irrig herausgestellt hat. Aber die Theologen haben die Fragestellung, die Religion notwendig macht, zu lange ignoriert; sie waren nicht mehr in der Lage, den ‹Seufzer der bedrängten Kreatur› zu hören oder ‹das Gemüt einer herzlosen Welt›, als welches Karl Marx die Religion beschrieb, anzunehmen und zu artikulieren. Das Wort ‹Religion›, ‹religiös› ist verdrängt worden, viele empfinden es als peinlich. ‹Theologie›, ‹theologisch› klingt weit aufgeklärter.»[2]

Aber was heißt das schon, bezieht man die «Mystik» bzw. das «Mystische» in diesen Diskurs mit ein? Menschliche Grundbedürfnisse, insbesondere das Verlangen nach Ganzheit, die Frage nach dem Sinn, nach dem Ziel des menschlichen Weges fallen ungleich stärker ins Gewicht. Nicht nur die junge Generation verlangt nach religiöser Urerfahrung, nach der «Erfahrbarkeit des Geglaubten» (Klaus Bambauer). Möglichkeiten und Ausmaß mystischer Frömmigkeit werden heute unbefangener als in vergangenen Jahrzehnten erörtert. «Wer einen Blick auf die geistige Situation unserer Zeit wirft, dem wird kaum verborgen bleiben, daß sich allenthalben eine Wende zum Mystischen abzeichnet ... Eine der Politik überdrüssig gewordene Jugend kultiviert eine neue Innerlichkeit, entdeckt die Dimension des Religiösen, wendet sich den Themen Spiritualität, Meditation und Transzendenz zu. Es ist weniger die Rede von der Utopie einer neuen Gesellschaft denn von der metaphysischen ‹Sehnsucht nach dem ganz Anderen›», so diagnostiziert Gerd-Klaus Kaltenbrunner in der Einleitung zu seinem aufschlußreichen Sammelband zum Themenkreis Mystik.[3]

Aber muß das Interesse an Mystik einen Verzicht auf Utopie, Abkehr von politischer Verantwortlichkeit bedeuten? Es gibt hinreichend Beispiele für das Gegenteil, gerade in der Geschichte der christlichen Mystik! Einschränkend wird man freilich hinzufügen müssen, daß sich nicht alle Befürworter der seit geraumer Zeit hervortretenden «esoterischen» Bewegungen oder der charismatischen, auf die Wirksamkeit des Heiligen Geistes sich berufenden Aktivitäten die Frage nach der Zeitgemäßheit ihres Tuns stellen. Und eben darauf käme es an, wenn es nicht dem Zufall oder einer autonomen, beinahe automatisch ablaufenden «Gesetzmäßigkeit» überlassen bleiben soll, daß eine bestimmte «Welle» – diesmal eine religiöse oder «mystische» Welle – die bisherige Grundeinstellung vieler Zeitgenossen ablöst. Hier bereits müßte eine kritische, selbstkritische Sensibilität zum Tragen kommen. Mystische Spiritualität, gleich welcher Färbung, dürfte keinesfalls mit der Unfähigkeit zu kritischer Selbstprüfung gleichgesetzt werden, so dringlich die «Suche nach dem anderen Zustand» auch geworden ist.

Aufgrund seiner griechischen Wortbedeutung – Augen, Ohren, Mund «schließen» – entspricht Mystik dem Bedürfnis nach Einkehr und Sammlung. Gemeint ist jene geistig-seelische Einstellung, die zu Erfahrungen führt und eine Gewißheit reifen läßt, die durch keine Aktion und durch keine noch so «erfolgreiche» Geschäftigkeit errungen werden kann. Seit den Tagen der frühen Christenheit gibt es Zeugnisse mystischer Erfahrung in großer Fülle. Die ersten Christuszeugen lassen sich verstehen als Menschen, die der Außerordentlichkeit und Tiefe dessen gewahr geworden sind, was sich als geschichtliche Tatsache vor ihren Augen ereignet hat: In ihrer Begegnung mit dem Menschen Jesus von Nazareth konnten sie sozusagen mit allen Sinnen das «Wort [Logos] des Lebens» (I. Joh. 1) vernehmen und wahrnehmen. Dabei gehören das Johannesevangelium und die Briefe des Apostels Paulus zu den ersten Dokumenten der christlichen Mystik überhaupt. Es muß verwundern, wie wenig diese Tatsache ins allgemeine Bewußtsein der westlichen Christenheit Eingang gefunden hat. Verwundern muß es weiter, wie intensiv die Theologie, insbesondere seit Martin Luther und der Reformation, sich mit Paulus beschäftigt hat, indem sie die «Rechtfertigung des Gottlosen allein aus Gnaden» unablässig interpretierte, ohne der mystischen Dimension im Leben und Denken dieses Apostels die gebührende Aufmerksamkeit zu schenken. Die Theologie überließ es eher den Außenseitern ihrer Zunft, die *Mystik des Apostels Paulus* (Albert Schweitzer) zu würdigen. Dabei steht im Zentrum des paulinischen Christus-Verständnisses das In-Christus-Sein (Gal. 2,20), ein Leben in mystischer Verbundenheit.[4]

Mystische Frömmigkeit lebt sich bis heute aus in der Liturgie, in den Mysterienfeiern von Taufe und Abendmahl. Die Sakramente der Christenheit sind schon von ihrer ursprünglichen griechischen Wortbedeutung her «Mysterion» – Geheimnis. Weiter artikuliert sich christliche Mystik in den Schriften der Kirchenväter in Ost und West, bei den mystisch erfahrenen Alexandrinern Klemens und Origenes, bei Augustinus und den Mönchsvätern und Seelenführern der Ost- und der Westkirche. Als «Vater der christlichen Mystik» (Karl Rahner) aber gilt einer der drei Großen aus dem kleinasiatischen Kappadozien, Gregor von Nyssa (gest. 394), dessen Reden zum Hohenlied Salomonis von der Sehnsucht der Menschenseele künden, Gott zu begegnen wie Braut und Bräutigam in «heiliger Hochzeit». Das ist eine Menschheitssehnsucht![5] Die ersehnte Schau Gottes besteht für Gregor darin, in diesem Verlangen nach ihm nie zu erlahmen. Es ist die Schau mit den Augen des Geistes in die eigene Wesenstiefe, ins Selbst, wiewohl dieses Selbst-Erkennen mit der nur schwer unterscheidbaren Gotteserkenntnis nicht verwechselt werden darf. Bestenfalls Gefäß und Wahrnehmungsorgan für die schauende Gotteserkenntnis ist diese Selbst-Schau! Wie aber läßt sich dieses Gefäß, der Ort und das Werkzeug der mystischen Erfahrung – die menschliche Seele –, näher bestimmen?

«Die Seele ist vieles, ja alles, das Obere wie das Untere, bis dahin, wo jegliches Leben reicht; jeder von uns ist eine intelligible Welt; mit den unteren Seelenteilen berühren wir den hiesigen Bereich, mit den oberen, die in der [intelligiblen] Welt sind, das Intelligible; mit unserem geistigen Teil bleiben wir ganz in der oberen Welt, nur mit seinem letzten Stück sind wir gefesselt an die untere Welt, wir vermitteln gleichsam aus dem Oberen ins Untere einen Ausfluß, vielmehr eine Wirkkraft, wobei jenes sich nicht mindert... [Denn] auch unsere Seele ist nicht ganz hinabgesunken, sondern immer bleibt ein Teil ihres Wesens in der intelligiblen Welt; wenn aber das, was in der sinnenfälligen Welt ist, die Oberhand hat, vielmehr wenn es überwältigt und verwirrt wird, dann läßt es uns nicht das Bewußtsein von dem zu, was der obere Seelenteil schaut.»[6]

Diese Sätze aus Plotins berühmten *Enneaden* gehörten zum gedanklichen Rüstzeug derer, die sich über den Ermöglichungsgrund mystischen Erlebens Rechenschaft abzulegen suchten. Deshalb muß auch im Zusammenhang mit der deutschen Mystik auf die geistig-philosophischen Zuflüsse hingewiesen werden, die vom (außerchristlichen) Neuplatonismus, vom Neupythagoräertum, von der Gnosis, von den spätantiken Mysterien sowie von dem hellenistischen Juden Philon von Alexandrien (einem Zeitgenossen Jesu!) ausgegangen und in die frühe christliche Mystik eingemündet sind. Es kann daher nicht verwundern, wenn das Geistesgut der Genannten noch ein bzw. eineinhalb Jahrtausende später nachweisbar ist. Die grenzenüberschreitende Tendenz der Mystik wird also auch hier deutlich erkennbar. Noch Goethe gibt seinem Dialogpartner Zelter zu verstehen: «Er [Plotin] – der ‹alte Mystiker› – gehört in jedem Falle zu den Unsern.»[7]

Angesichts unseres Themas darf schließlich einer nicht unerwähnt bleiben, wenngleich wir nur unter einem Pseudonym von ihm und seinem Schaffen wissen: Dionysius Areopagita, der Autor einer *Mystischen Theologie* und einer Engellehre,[8] die wie ihr Autor das gesamte Mittelalter hindurch höchste Autorität beanspruchen konnten. Ursprünglich meinte man, es handle sich um einen esoterischen Schüler des Apostels Paulus, um jenen Athener Dionysios also, der lediglich in der Apostelgeschichte, Kap. 17, ein einziges Mal erwähnt ist. In den aus dem 6. Jahrhundert stammenden Schriften (*Corpus dionysianum* bzw. *Areopagiticum*) entwirft der namenlose Autor eine ganz aus der Negation, das heißt aus dem Nicht-erklären-Können geschöpfte

Schau bzw. Nicht-Schau Gottes. Es ist der in einem Urdunkel sich verbergende, unfaßliche, durch keine Übersteigerung menschlicher Begriffe erreichbare Gott. Von dessen purer Transzendenz schreibt Dionysius:

«Er ist nichts von dem, was dem Sein angehören könnte. Und so kann ihn niemand erkennen, so wie er ist, aber auch er, der Unendliche schlechthin, kennt uns nicht: Er kann das Endliche nicht als ein bloß Endliches hinnehmen, denn auch dies wäre schon Verzicht auf Unendlichkeit. – So entzieht er sich unserem Denken, Rufen, Wissen, ist also auch nicht Dunkel, auch nicht Helle, nicht Irrtum oder Wahrheit; man kann ihm nichts zusprechen vor anderen, nichts absprechen vor anderen, nichts anvertrauen und nichts ableugnen – denn wenn wir ihm im Endlichen Grenzen setzen durch Zuspruch oder durch Leugnung, muten wir ihm Beschränkungen zu, die an ihn niemals heranreichen können. Und soviel wir ihm auch gläubig zuschreiben mögen, glauben wir doch in all unserer Frömmigkeit nie etwas ihm Zumutbares, da er jenseits von aller Zumutung bleibt. Er allein ist der Urgrund, der allumfassende Ursprung alles Seins und Nichtseins, darin Vollkommenheit und Überschwang, die Fülle von allem und der Verzicht auf alles und die Jenseitigkeit selbst über alles umschlossen liegt. Kein Sein und kein Nichtsein kann ihn treffen, und Ja und Nein erreichen ihn nicht.»[9]

Eine solche *theologia negativa,* die dergestalt zum Schweigen nötigt, konnte auch im Christentum zur Basis einer Mystik werden. Sie setzt das kirchliche Dogma mit seinen vielen Aussagen über die «Qualitäten» Gottes zwar nicht außer Kraft, aber sie legt dar, daß Dogma, Kultus und reguläre Verkündigung im Vorläufigen, wenn nicht gar im Vordergründigen steckenbleiben, indem sie dem Gläubigen objektivierbare Glaubensgüter vorsetzen – Dinge, Lehren, Personen, Gegenstände, die er «für wahr hält», auch wenn ein anderer, «entweltlichter» Glaubensbegriff diskutiert wird. Das der Masse der Gläubigen präsentierte Gottesbild erweist sich für den Mystiker als etwas Uneigentliches. Er muß – wie etwa Meister Eckhart – hinter «Gott» zurück in die Tiefe der «Gottheit», die letztlich «weiselos» und damit unanschaulich, unsagbar ist, jenseits aller Irdischheit, auch dem theologischen Zugriff entrückt, in sich selbst ruhend. Eine *Wolke des Nichtwis-*

sens[10] zieht vor das Auge des gottsuchenden Menschen und vor den Unschaubaren. Eine «dunkle Nacht der Sinne und des Geistes» (Johannes vom Kreuz) umgibt selbst den von Gottessehnsucht Erfüllten – bis hin zur Erfahrung der «Nicht-Erfahrung». Die überraschende innere Korrespondenz zwischen jener «Wolke des Nichtwissens» und der »Nichtung» alles Seienden, Nennbaren (Mu-Nichts; Shunyata-Leerheit) im Buddhismus steht außer Frage, so kontrovers das west-östliche Gespräch noch geführt werden mag.

Doch bleiben wir beim christlichen Mystiker. Wie groß ist der Hörer- (bzw. Leser-)Kreis, der dem «Weg» der Mystik zu folgen vermag? Gewiß ist auch diese Frage für unser Thema nicht relevant: Der Mystiker fragt so nicht. Die Kunde *muß* er weitergeben, vom Unsagbaren *muß* er auch dann «predigen», wenn – wie Eckhart einmal betont – nur «dieser Opferstock» in der menschenleeren Kirche vorhanden wäre. Im Blick auf die dann doch anwesenden Zuhörer aber stellt sich die Frage gleichwohl, nicht zuletzt für die zum «Wächteramt» über die Seelen verpflichtete Kirchenleitung, die die ihr zur Führung anvertraute «Herde» vor Ketzerei schützen will. Was wird also aus einem von der Glut der Gottesgegenwart angerührten Mystiker? Angenommen, die kirchliche Inquisitionsbehörde findet sich, günstigstenfalls, bereit, die individuelle Frömmigkeit, ja selbst die Kirchentreue eines solchen Mystikers anzuerkennen – als Inhaberin des «obersten Lehramtes», mit dem Papst an der Spitze, darf sie jedoch irgendwelche Verunsicherung des Kirchenvolks gar nicht erst aufkommen lassen. Alles in allem Grund genug, den Mystiker (bzw. die Mystikerin) zu verdammen, seine «Sätze» als häretisch auszuweisen und den Betroffenen selbst dem Flammentod zu übergeben, um zumindest dessen Seele zu retten. Mystiker leben gefährlich. Die Geschichte der christlichen Mystik und die Geschichte der kirchlichen Ketzervernichtung sind kapitelweise mit derselben Tinte geschrieben, nämlich mit dem Blut der vom Geist Entflammten!

So gibt es ein gewaltiges Stromgebiet eines esoterischen, das heißt auf religiöse Innenerfahrung gegründeten Christentums. Es breitet sich über zwei Jahrtausende aus und reicht bis in unsere Tage.[11] Die deutsche Mystik stellt ein wesentliches Glied der ununterbrochenen Traditionskette dar. Was bisher in der lateinischen Kultus- und Theologen- bzw. Philosophensprache aufgezeichnet worden war, das bekommt durch die deutsche Sprache einen besonderen Grad der Verinnerlichung und Individualisierung der geistig-seelisch empfangenen Bilder, der Inspirationen und der Erlebnishöhepunkte mystischer Vereinigung. Darüber seien die besonderen gesellschaftlichen Verhältnisse nicht vergessen, in denen diese Menschen leben. Es sind vor allem Mönche und Nonnen, die in ihrem Ordensverband die ihnen entsprechende Lebensform gefunden haben. Dabei bedeutet der Gang ins Kloster und die Übernahme der Gelübde der Armut, der Ehelosigkeit und des Gehorsams nicht etwa den totalen Verzicht auf die Teilhabe am Leben ihrer Zeitgenossen. In der Regel wissen sie sehr wohl, worauf sie freiwillig, oft aber auch gemäß Entscheidung durch Eltern oder Vormünder verzichtet haben.

Noch weniger bedeutet mystische Frömmigkeit ein untätiges Dahinvegetieren abseits der Wirklichkeit. Vielmehr waren die Klöster von Anfang an, im Abendland spätestens seit Benedikt von Nursia (529), Pflege- und Pflanzstätten des kulturellen Lebens im weitesten Sinn des Wortes. Ihre Ausstrahlung erreichte ganze Regionen und Generationen, angefangen von Ackerbau, Viehzucht, Veredelungswirtschaft jeder Art, vom Handwerk bis hin zur medizinischen, naturwissenschaftlichen, philosophischen Forschung, einschließlich der Weitergabe und Weiterbildung der überkommenen Tradition antiker Bildung in den Klosterschulen, Schreibstuben und Klosterbibliotheken. Daß Mönchtum und Kloster, in Aktion und Meditation, in Gebet und Arbeit, aufs ganze gesehen einen harmonischen Ausgleich gefunden haben, ist schon allein in kulturhistorischer Hinsicht kaum zu überschätzen.

Und wenn nun der mystisch eingestellte Fromme sein Augenmerk auf die Mitte und die Tiefe des Seins richtet, wenn er sich liebend und bedingungslos Gott hingibt, so ist ihm gleichzeitig aufgetragen, aus dieser Tiefe und aus der Mitte seiner Gottesliebe heraus tätig zu werden: im Dienst für andere, im Dienst an der ihm anvertrauten Schöpfung Gottes. Alle Stufen des Seins sind schon deshalb in diesen weltverantwortlichen Dienst mit einbezogen, weil der göttliche Logos (gemäß Joh. 1) «alles» ins

Sein rief. Diese geschwisterliche Beziehung zu allen Kreaturen und Elementen, die einst Franz von Assisi in seinem Sonnengesang ausgedrückt hat, faßt der Dichter Rainer Maria Rilke in die poetischen Worte:

> ... Geliebter, der ich wurde,
> An mir ruht
> Der schönen Schöpfung Bild
> Und weint sich aus.

Wer kann diese Gedanken in sich aufnehmen, ohne zugleich der großen Schuld gewahr zu werden, die der fortdauernde zerstörerische Umgang mit dem Organismus Erde in sich birgt?

Es ist im übrigen kein Zufall, daß Meister Eckhart, die Hauptgestalt der deutschen Mystik, so großen Nachdruck auf den geistesgegenwärtigen Umgang mit den Dingen und auf die Gottesbegegnung mitten in den Verrichtungen des Alltags gelegt hat. So lesen wir in seinen *Reden der Unterweisung* einerseits: «Wo das Herz Gottes voll ist, da können die Kreaturen keine Stätte haben noch finden» – Kreatur ist hier unter ihrem vergänglichen Aspekt gesehen. Eckhart fügt aber sogleich hinzu: «Daran soll's uns nicht genügen; wir sollen uns alle Dinge in hohem Maße zunutze machen, sei's was immer es sei, wo wir seien, was wir sehen oder hören mögen, wie fremd und ungemäß es auch sei ... Der Mensch soll zu allen seinen Werken und bei allen Dingen seine Vernunft aufmerkend gebrauchen und bei allem ein einsichtiges Bewußtsein von sich selbst und seiner Innerlichkeit haben und *in allen Dingen Gott ergreifen* in der höchsten Weise, wie es möglich ist ...» Und weiter heißt es im selben Traktat: «Fürwahr, dem leuchtete Gott ebenso unverhüllt im weltlichen wie im allergöttlichsten Werk ... Darum lerne der Mensch, seinen *Gott in allen Dingen* zu haben und ungehindert zu bleiben in allen Werken und an allen Stätten.»[12]

Und noch einmal: Was ist Mystik?

Auf diese Frage sind natürlich schon viele Antworten gegeben worden, von Mystikern und von Nichtmystikern, das heißt von kritisch Distanzierten und von Menschen, die selbst vom Geistfeuer ergriffen, erleuchtet und schließlich gewandelt wurden.

Eine «ein-deutige» Definition für Mystik erwarten zu wollen hieße ja, die andere Dimension der einen Wirklichkeit auf jene Dimension zu reduzieren, in der die rationale Begrifflichkeit ihre Gültigkeit hat und auch behalten muß. Die Vielfalt der Erscheinungsweisen mystischer Lebenseinstellung und Frömmigkeit läßt nur andeutende, stets vorläufig bleibende Beschreibungen zu, zumal die Mystik auf keine bestimmte Religion und auf keinen bestimmten Kultur- oder Weltanschauungszusammenhang beschränkt bleibt. Sie ist eher ein einigendes Band, das sich quer durch die Welt des religiösen Lebens zieht und das damit die Enge der jeweiligen Bekenntnisformeln ausweitet, ohne sie eigentlich in Frage zu stellen. Mit dem Problem des Verhältnisses christlicher und nichtchristlicher Mystik beschäftigt, stellt Henri de Lubac die Überlegung an:

«Angenommen, alle Mystiker wären nichts anderes als Mystiker, würden dann nicht alle Unterschiede und Gegensätzlichkeiten verschwinden? Wird dies nicht durch das Verhalten der Mystiker bestätigt? Aus welcher Religion sie auch kommen, alle haben ein feines Gespür für ihresgleichen und suchen aus diesem gegenseitigen Verstehen eine geistliche Einheit der Menschen über alle Mauern von Institution und Kult hinweg. ‹Mein Banner reicht weiter als das des Mohammed›, ruft der islamische Mystiker Vistami. Ähnlich spricht der Sul Djelâl-eddin-Rumi: ‹Ich bin weder Christ noch Jude, noch Zarathustra-Anhänger, noch Muslim: ich gehöre dem obersten Geist an.› Ein Frommer des Tao, dem man vorwarf, er lasse sich vom Zen-Buddhismus beeinflussen, antwortete: ‹Es gibt keine zwei Wege unter dem Himmel, und die Weisen sind immer von gleicher Gesinnung.› Selbst Louis Massignon sagt, daß letzten Endes eine Konvergenz zwischen den asiatischen Mysterien und Christus bestehe. Sie finde sich in einer Gnade der Vereinigung mit Gott, über alle Worte hinweg, wo das Prinzip der Vergeltung, das unsere Welt beherrscht und die Menschen voneinander trennt, nicht mehr gültig ist. Gottfried Arnold, ein Schüler Jakob Böhmes, verkündete eine neue Kirche, die die Grenzen des Katholizismus und des Protestantismus überschreitet, und auf die Kraft der Mystik gestützt, sagte ein orthodoxer Bischof: ‹Die Mauern, die die Konfessionen voneinander trennen, reichen nicht bis zum Himmel.›... [Die gleiche Überzeugung] läßt Henri Corbin versichern, daß es eine ‹*ecclesia spiritualis*›, eine geistliche Kirche gibt, die ihre Anhänger in der Kraft und dem Siegesbewußtsein desselben Paradoxes vereint. Auch Simone Weil meinte, daß ‹die Mystik nahezu aller religiöser Traditionen so weit übereinstimmt, daß man fast von Identität sprechen kann.› Sogar ein Autor, der sich ausdrücklich als christlich bekennt, schreibt im gleichen Sinn: ‹Die mystische Literatur aller Zeiten und aller Völker – selbst wenn ihre Glaubensbekenntnisse sich widersprechen – zeigt mit unwiderlegbarer Überzeugungskraft eine im letzten ganz außergewöhnliche Übereinstimmung der Mystiker...›»[13]

Dennoch wollen und dürfen diese und ähnliche Wortmeldungen nicht als Aufruf zu einer alles vermengenden Welteinheitsdoktrin mißdeutet werden, deren meist allzu enthusiastische Befürworter das existentielle Verwurzeltsein in der einen *oder* in der anderen Spiritualität nicht ernst genug nehmen und von daher auch die qualitativen Unterschiede zwischen den Religionen unzulässigerweise verharmlosen.

Echte Begegnung über die Grenzen hinweg setzt einen klar umrissenen Ausgangspunkt der sich Begegnenden voraus. Oder aus anderer Sicht: Wichtiger als äußere Formen und Formeln ist jeweils der spirituelle Gehalt, also das, wovon der Apostel Paulus im 2. Korintherbrief sagt: «Wir haben solchen Schatz in *irdenen Gefäßen*, auf daß die überschwengliche Kraft sei Gottes und nicht von uns.» – Und unmittelbar zuvor heißt es: «Gott, der da hieß das Licht aus der Finsternis hervorleuchten, der hat einen hellen Schein *in unsere Herzen* gegeben, daß durch uns entstünde die Erleuchtung von der Erkenntnis der Klarheit Gottes in dem Angesichte Jesu Christi» (2. Kor., 4,6 f.).

Keine äußere Autorität, auch kein kirchliches Lehr- oder Führungsamt bindet oder bestimmt den Mystiker. Viel wichtiger ist ihm jener «helle Schein», jene sein ganzes Leben erfüllende Erfahrung, die keine Stütze oder Rechtfertigung von außen her nötig hat.

In der Tat: Mystik ist spirituelle Erfahrung, und zwar eine Erfahrung, die der Geist (Pneuma) Gottes schenkt und die jeweiligen Grenzen des menschlichen Erkennens, Begreifens, Fühlens und schließlich auch des Wollens sprengt; eine Erfahrung, die auf diese Weise den Menschen in seiner Wesensmitte verändert.

Dazu kommt das andere: daß Menschen, die solcher Innenerfahrung teilhaftig geworden und «bewegt» worden sind, das Erfahrene nicht für sich behalten können. Sie *müssen* Zeugnis ablegen in Wort und Schrift. Sie *müssen* versuchen, das Erfahrene so zu äußern, wie es ihrer individuellen Veranlagung, aber auch dem Kulturkanon entspricht, in dessen Zusammenhang sie leben. Und da stoßen sie auf ein schier unlösbares Problem. Die fernöstliche Mystik des Taoismus hat es so formuliert: «Die es wissen, sagen es nicht; und die es sagen, wissen es nicht.» Wie – wenn überhaupt – soll das Unsagbare, weil die Grenzen des Diesseitigen Überschreitende bzw. von jenseits her Kommende, gesagt werden?

Im Grunde ist alles Reden von Gott, dem Unnennbaren, eine je und je aufgegebene, zugemutete und zugleich zugetraute Unmöglichkeit, die jede religiöse Verkündigung an ihrer Wurzel in Frage stellt. Für sich und seinesgleichen, den protestantischen Prediger, hat es Karl Barth so ausgedrückt: «Wir sollen als Theologen von Gott reden. Wir sind aber Menschen und können als solche nicht von Gott reden. Wir sollen beides, unser Sollen und Nicht-Können, wissen und damit Gott die Ehre geben. Das ist unsre Bedrängnis. Alles andre ist daneben Kinderspiel.»[14] Soll nun der Mystiker sich doch nicht «verschließen», nicht völlig verstummen, dann muß er eine Sprache suchen, die dem Unsagbaren (mit größtem Vorbehalt!) am ehesten angemessen zu sein *scheint*: Es ist die Sprache des Bildes, der Analogie, des kühnen Vergleichs, mehr noch eine Sprache der radikalen Verneinung, wie wir ihr in der mystischen Theologie bei Dionysius Areopagita begegnet sind. Hier ist selbst jene Redeweise in Superlativen aufgegeben, die glauben macht, man könne von Gott als von dem «Größten» oder dem «Allmächtigen» etc. reden. Der Mystiker ist sich der Unangemessenheit derartiger Ausdrucksweisen bewußt, weil sie im Grunde ja nur eine Steigerung des Menschenmaßes darstellen. Gott als den «Ganz-Anderen» verfehlen derartige Bezeichnungen der «Größe». Es gilt – mit Sören Kierkegaard zu reden –, den «unendlich qualitativen Unterschied» zwischen Gott und Mensch ernst zu nehmen.

Und so beginnen denn auch mystisch Erfahrene zu sprechen wie Augustinus, der sagt: «Gott wird angemessener im Nichterkennen erkannt» – oder mit Thomas von Aquin: «Denn mehr wird für uns offenbar von ihm, was er nicht ist, als was er ist.» Oder Meister Eckhart folgend: «Wenn du ihn suchst, wirst du ihn nirgendwo finden; suchst du ihn nicht, so wirst du ihn finden.» Und: Würden wir ihn denn finden, wenn nicht er es gewesen wäre, der sich aufgemacht hat, uns zu suchen? Christliche Mystik weiß deshalb nicht nur von dem Weg des Menschen zu Gott; sie weiß nicht nur von kühnen Seelenaufschwüngen zu ihm; vielmehr geht all dem die Herabkunft Gottes voraus, seine Menschwerdung.

Den paradox lautenden Worten Augustinus oder Eckharts sind nicht minder paradox klingende Bibelworte vorausgegangen, etwa: «Wer sein Leben findet, der wird es verlieren; wer aber sein Leben um meinetwillen verliert, der wird es finden» (Matth. 10,39).

Worte wie diese bergen eine Erfahrung, deren man nicht bereits dadurch teilhaftig wird, daß man ihnen intellektuell zustimmt, wie man einem rational begründbaren Urteil oder Sachverhalt beipflichtet. Dieser rationale Aspekt ist auch hier zwar nicht völlig ausgeschlossen, und doch passiert das Eigentliche auf einer anderen Ebene. Nicht nur im Kopf spielt sich dieses Erkennen ab, sondern «im Herzen», eben in der Personmitte und in der Wesenstiefe des Menschen. Der *ganze* Mensch ist davon ergriffen; der ganze Mensch erfährt die *mystische Tatsache.* Und an dieser Erfahrung gemessen, ist ein bloßes (theologisches) Wissen, ein bloßes Für-richtig-Befinden oder Für-wahr-Halten belanglos. Der «verkopfte» Zeitgenosse muß gründlich «umdenken». Das Neue Testament nennt diese Voraussetzung der Umkehr mit dem ganzen Wesen *metánoia.* Sie ist eine Umkehr, die zwar beim Denken beginnt, die sich aber von da aus auf die ganze Person erstreckt. Die Distanz zwischen Zen und der Bibel wird dadurch gewiß nicht aufgehoben, und doch existiert eine verborgen-offenbare Strukturähnlichkeit im Spirituellen.[15]

Christlicher Mystiker ist, wer des Christus-Mysteriums im jeweiligen Heute inne wird. An der Ausgestaltung der deutschen Mystik haben in erster Linie Angehörige zweier Mönchsorden teil: der Franziskaner und der Dominikaner. Darüber hinaus ist der erhebliche Anteil mystisch erfahrener Frauen nicht zu übersehen, die im deutschen Sprachraum lange vor der Gründung von Dominikanerklöstern durch ihre Visionen ins Zentrum der Christusmystik vorgestoßen sind. Ist bezüglich des Dominikanerordens in erster Linie an das leuchtende Dreigestirn Meister Eckhart, Heinrich Seuse (Suso) und Johannes Tauler zu denken, so zählen zu den bedeutenden Mystikerinnen des 11. und 12. Jahrhunderts Gestalten wie Hildegard von Bingen, schon zu ihren Lebzeiten berühmt als kluge Ratgeberin und Autorin mystisch-naturphilosophischer Schriften, vor allem aber als Empfängerin geistiger Schauungen; sodann Elisabeth von Schönau, Mechthild von Magdeburg als Verfasserin des Visionsbuches *Das fließende Licht der Gottheit*, ferner Mechthild von Hackeborn, Gertrud die Große, deren Mystik in der Verehrung des Herzens Jesu gipfelt, später Christine und Margarethe Ebner, Adelheid Langmann und viele andere in ober- und niederdeutschen Nonnenklöstern. In ihren Berichten, in den biographisch-autobiographischen Aufzeichnungen, Briefen und Dichtungen dieser Nonnen findet eine schlichte, manchmal ekstatisch-schwärmerische Frömmigkeit ihren Ausdruck, eine hingebungsvolle Jesusliebe in der Zeit des anhebenden Minnesangs. Bisweilen kam es zu einem intensiven geistig-geistlichen Austausch,wie den zum Teil umfangreichen noch erhaltenen Briefwechseln zu entnehmen ist.[16] Als Beispiel sei hier nur an die enge Beziehung zwischen dem Konstanzer Dominikaner Heinrich Seuse und seiner «geistlichen Tochter», der ebenfalls mystisch erfahrenen Dominikanerin Elsbeth Stagel aus dem Nonnenkloster Töss bei Winterthur in der Schweiz erinnert. Elsbeth Stagel wurde zur Biographin dieses bedeutenden Vertreters der deutschen Mystik.

In der Zeit, in der breite Kreise der mitteleuropäischen Christenheit vom Geist der Mystik erfaßt werden, sind die Menschen von einer großen Unruhe erfüllt. Ihr Tun und Lassen wird beherrscht von dem Doppelmotiv der Himmelssehnsucht und der Höllenangst. An wundertätigen Reliquien der Heiligen ergötzt sich die sinnenhafte Frömmigkeit der Massen. Die Aufbewahrungs- und Ausstellungsorte solcher Reliquien werden zu Zentren frommer Wallfahrt, gibt es doch ganze Sammlungen solcher

Heiligtümer, die Tausende, ja Millionen Jahre Ablaß von Sündenstrafen und von Fegfeuerpein verheißen.

Anlaß, beunruhigt zu sein, haben auch die in Reichtum und Üppigkeit lebenden Kirchenfürsten, denn eine Armutsbewegung von nahezu gesamteuropäischem Ausmaß übt Kritik an der verweltlichten Kirche. Menschen, Frauen und Männer, die ein Leben in apostolischer Armut führen, indem sie ihrem Herrn und seinen Jüngern nacheifern, stellen in der Tat eine unerhörte Herausforderung dar, kaum eine geringere Herausforderung als die zu Ketzern degradierten Frommen.

Inmitten der auf ihre Weise «bewegten» Kreuzzugszeit findet der Wechsel in der Bewußtseins- und Frömmigkeitshaltung der Epoche auch ihren markanten architektonischen Ausdruck: In der ersten Hälfte des 12. Jahrhunderts entstehen in Frankreich die ersten gotischen Kirchen. Das übrige Europa schließt sich an. Im Jahre 1209 beginnt man in Magdeburg mit dem Bau des ersten deutschen Doms dieses Baustils. Diese himmelan strebenden Gotteshäuser dokumentieren in Stein und Glas etwas von der Unruhe der gottsuchenden Seele, während der romanische Rundbogen einst Ruhe und Geschlossenheit der mittelalterlichen Einheitskultur ausgestrahlt hat. Dagegen die Gotik: «Sie redet, sie singt, und sie strömt – strömt auf nach oben. Darum steilt sie die runden Bogen zu Spitzen empor. Darum löst sie das Mauerwerk in Pfeiler und Fenster auf. Darum streben alle ihre Teile nach oben und verschwimmen im Blau, wie der märchenhaft geheimnisvolle Ton ihrer Glocken. Das alles ist technisch angesehen äußerstes Virtuosentum, kompliziertestes und raffinierteste Rechnung – das Gegenteil von der Einfalt der älteren, romanischen Schwester. Aber der letzte treibende Grund ist nicht diese Freude am Können, sondern der Wille zum Ausdruck tiefster Sehnsucht»[17] – es ist Ausdruck *mystischer* Verinnerlichung. Die Architektur als solche setzt eine mathematische Logik von hohen Graden voraus, ein Denken, das an Klarheit und an begrifflicher Exaktheit nichts zu wünschen übriglassen möchte: So beherbergt die gotische Welt, gleichsam unter einem Dach, Mystik und Scholastik. Was die Dombaumeiser in Stein emporführen, das entspricht auf philosophisch-theologischer Ebene den nicht minder kühn errichteten Ideengebäuden, gestützt auf die Philosophie von Platon und Aristoteles sowie auf die durch die arabische Welt vermittelte Wissenschaft.

Und weil die deutsche Mystik im Mittelalter nicht auf den deutschen Sprachraum im heutigen Sinn zu beschränken ist, sei bereits hier angemerkt, daß auch die Mystikerinnen und Mystiker des flämisch-niederländischen, weil altniederdeutschen Bereichs mitberücksichtigt werden sollten: an ihrer Spitze die nur schwer identifizierbare, von der Gottesminne entflammte Schwester Hadewijch, Jan van Ruusbroec (Ruysbroeck) als Autor der *Zierde der geistlichen Hochzeit* und die in der «Devotio moderna» zusammengeschlossenen Brüder und Schwestern vom gemeinsamen Leben; in ihrer Mitte der durch seine *Nachfolge Christi* bekannte Thomas von Kempen am Niederrhein. An Breitenwirkung ist dieses fromme Erbauungsbuch mit keinem anderen zu vergleichen. Dennoch sei ihm ein Frankfurter Anonymus an die Seite gestellt, nämlich die durch Martin Luthers erstmals veröffentlichte und hoch gelobte *Theologia Deutsch*, bisweilen auch einfach *Der Franckforter* genannt. Beide Bücher fassen, weniger spekulativ als etwa Meister Eckharts Predigten, die Spiritualität dessen, was man deutsche Mystik nennen kann, so zusammen, daß diese verinnerlichte Form der Christusnachfolge ins Leben der Christenheit späterer Jahrhunderte integriert werden konnte, sei es innerhalb, sei es außerhalb oder doch unabhängig von der kirchlich-konfessionellen Zugehörigkeit.

Ein gewaltiges Stromgebiet also, das sich in Gestalt der deutschen Mystik vor dem heutigen Betrachter ausbreitet. Und der mystische Strom selber? Er ist niemals versiegt, auch wenn es ihm infolge des allgemeinen Bewußtseinswandels, infolge der erwähnten «Extraversion» des naturwissenschaftlich-technisch denkenden Menschen, bestimmt war, hin und wieder von der Oberfläche zu verschwinden. Andere Ausgestaltungen mystischer Frömmigkeit traten machtvoll zutage, etwa mit Ignatius von Loyola, Teresa von Avila oder Johannes vom Kreuz im Spanien des 16. Jahrhunderts oder im 17./18. Jahrhundert in Frankreich. Und wenn selbst von bedeutenden Theologen (Albrecht Ritschl, Adolf von Harnack) christliche Mystik auch im großenteils protestantischen Mitteleuropa als ein Phänomen des Katholizismus hingestellt worden ist, mit der die am «Wort» orientierte «prophetische» Gottesanschauung nichts gemein habe, so hat die deutsche Mystik gerade im Protestantismus mit und seit Luther so eindrucksvolle Zeugen und Zeugnisse hervorgebracht, daß an ihrem Weiterwirken bis heute nicht zu zweifeln ist, auch wenn diese Mystik nicht selten eine Umformung in christliche Theosophie und – wie man noch sehen wird – in fromme, pansophische Spekulation erfuhr. Von ihr soll im zweiten Teil dieser Darstellung die Rede sein.

So weit ein erster Überblick. Ehe wir einzelne Gestalten und Strömungen deutscher Mystik ins Auge fassen, noch ein Wort über die Zielrichtung des mystischen Weges.

Der mystische Weg

Gemäß einer alten, eingangs bereits erwähnten Formel ist christliche Mystik *«cognitio dei experimentalis»*, also ein auf innere Erfahrung gegründetes Erkennen und Gewahrwerden Gottes bzw. der Transzendenz. Und wenn es nun zutrifft, daß innere Erfahrungen nicht beliebig mitteilbar sind, weil sie sich infolge ihrer Besonderheit einer eindeutigen Definition, ja selbst einer hinreichenden Umschreibung oder Charakterisierung entziehen, dann muß ein anderer Weg eingeschlagen werden: der Weg mystischen Gottverlangens, das den ganzen Menschen, sein Denken, Fühlen und Wollen, selbst die unbewußten Innenbezirke der Seele in Anspruch nimmt. Und dieser Weg besteht darin, daß man die Bereiche eines bloßen Wissens oder eines abstrakten Theoretisierens – die *theoria* als Schau verstanden, ist alles andere als blasse Theorie! – verläßt und die Stadien des mystischen Wegs selbst durchläuft. Sieht man sich die Seelenwege der mittelalterlichen Mystiker an, dann sind diese von kompromißloser Entschiedenheit, nicht selten von asketischem Rigorismus gekennzeichnet. Daher ist zu fragen, ob und inwieweit der Seelenweg eines solchen Mystikers in allen Einzelheiten dem unter anderen gesellschaftlichen und bewußtseinsmäßigen Bedingungen lebenden Gegenwartsmenschen noch adäquat ist. Es wäre demnach zu klären, welche aktualisierende Umformung heute geboten erscheint, denn mit bloßer äußerer Nachahmung wäre nichts erreicht, auch nicht mit einem illusionären «An-» bzw. «Nachempfinden»

Mystik, so haben wir gesehen, entspricht zunächst einer bestimmten Einstellung zur Wirklichkeit und damit auch zum Religiösen. Es kommt darauf an, den Schwerpunkt der Aufmerksamkeit von außen nach innen zu verlegen. Denn solange das Vordergründig-Sinnliche der äußeren Phänomene das ganze Interesse beansprucht und solange das Bedürfnis nach kritischer Analyse dominiert, ist der Innenweg noch nicht betreten. Vielmehr gilt es, eine geistig-seelische Verfassung herzustellen, bei der es zu sinnlichkeitsfreien Wahrnehmungen kommen kann, nämlich durch ein sinnendes Betrachten, durch meditative Einkehr und durch kontemplatives Schweigen. Es gibt verschiedene Wege und Methoden, um zur eigenen Erfahrung zu gelangen.[1] Immer aber geht es darum, bereit und offen zu werden für *den,* der sich – nach Luther – «ohne alle mein Verdienst und Würdigkeit» schenkt, «aus Gnad' und lauter Güte». Und er schenkt sich, indem er da ist, indem er zum Hörenden spricht, indem er sich «zeigt», bis hin zur mystischen Vereinigung. Das johanneische Christuswort: «Ich und der Vater sind eins» läßt den für Christus Geöffneten bitten:

Laß uns so vereinigt werden
Wie du mit dem Vater bist,
Bis schon hier auf dieser Erden
Kein getrenntes Glied mehr ist...

Nikolaus von Zinzendorf

Es ist nur anzumerken, daß das mystische Erleben – im Gegensatz etwa zum Gottesdienst der Gemeinde – in erster Linie ein Erleben des einzelnen bleibt. Es ist nicht übertragbar. Es stellt sich ein, oder es versagt sich. Kein anderer kann für mich den Weg gehen; ich muß mich selbst auf den Weg machen, um zu Eigenerfahrungen zu gelangen. So gesehen ist Mystik eine Hingabe, die keine Stellvertretung erlaubt. Als Akt der Hingabe ist sie auch in der außerchristlichen religiösen Mystik bekannt, etwa dem Hindu, dem Buddhisten – gleich welcher Schule oder Lehrrichtung –, dem mystisch frommen Juden etwa im Chassidismus oder dem moslemischen Sufi-Mystiker. In der Hingabe gibt der Mensch sein egobetontes Alltags-Ich auf und erfährt sein wahres Selbst; der Christ erhält Anteil am In-Christus-Sein (Gal. 2,20).

Aus dem oben Gesagten ergibt sich auch, daß sich verschiedene Stufen mystischen Erlebens unterscheiden lassen. Die Erfahrungen können von sehr unterschiedlicher Intensität und Dauer sein. So weiß der Apostel Paulus von einer «Entzückung bis in den dritten Himmel» und «in das Paradies» (2. Kor. 12,2–4) zu berichten. Und dieses spontane Erleben ist nur *eine* Weise des Erlebens, in der ihm Offenbarungen zuteil geworden sind. Die Geschichte der christlichen Mystik ist überaus reich an derartigen Zeugnissen.[2] Dennoch sind die Phänomene parapsychischer Art keinesfalls das Entscheidende. Imaginationen, Visionen oder Auditionen (innere Gehörwahrnehmungen) sind nicht selten geeignet, vom Eigentlichen der Gotteserfahrung *abzulenken*. In der Übung des Zazen sind derlei Wahrnehmungen als täuschende Erscheinungen oder Empfindungen, als diabolische Phänomene (*makyo*) bekannt. Diese verschwinden wieder, wenn man ihnen keine weitere Beachtung schenkt. So darf sich auch im Prozeß der mystischen Erfahrung des Christen kein Bild, sei es verlockend oder drohend, zwischen den Mystiker und Christus stellen!

Eine bedeutsame Vorstellung aber ist die des «Weges» für die westliche wie für die östliche Mystik (griech. *hodós*, sanskrit *marga*, jap. *do*, chines. *tao*). Dieses Weg-Motiv ist aus dem religiös-mystischen Leben nicht wegzudenken. Das ist schon deshalb besonders hervorzuheben, weil das kirchliche Christentum, das protestantische vor allem, bisweilen den Eindruck erweckt, als komme es allein auf das «Wort» und auf die «reine Lehre» an. Diese Auffassung ist aber nur möglich, wenn man einen verengten Logos(Wort)-Begriff zugrunde legt. Der klassische Dreischritt begegnet in vielen Zeugnissen mystisch-religiöser Erfahrung. Er ist zum Beispiel bei Bernhard von Clairvaux vorgebildet. Der unterscheidet die erste Stufe der *Reinigung* bzw. der Reue über die Verfallenheit des sündigen Menschen, die zweite Stufe der *Erleuchtung* und schließlich die dritte Stufe, die zugleich das Ziel des mystischen Weges bezeichnet: die *Vereinigung* (*unio mystica*). Sie entspricht der Vereinigung mit Christus, in der Abendmahlsfeier (Messe), d. h. der Kommunion.

Der Franziskaner Bonaventura hat uns sein *Itinerarium mentis in deum – Pilgerbuch der Seele zu Gott*[3] überliefert und darin die Stadien des Fortschreitens auf dem Innenweg beschrieben. Unter Hinweis auf Dionysius Areopagita rät er: «Du aber,

Freund, schreite rüstig voran auf dem Wege mystischer Erleuchtungen. Verlasse die Sinne und die Tätigkeiten des Verstandes, das Sichtbare und Unsichtbare, jedes Nichtseiende und Seiende, und so führe, soweit das möglich ist, als Nichtwissender alles zur Einheit dessen zurück, der über jedem Wesen und aller Wissenschaft ist. Denn indem du dich über dich selbst und alle Dinge unfaßbarer und absoluter Geistesentrückung erhebst, alles verläßt und von allem losgelöst bist, wirst du zur überwesentlichen Klarheit göttlichen Dunkels emporsteigen. – Willst du aber wissen, wie das geschieht, dann frage die Gnade, nicht die Wissenschaft; die Sehnsucht, nicht den Verstand; das Seufzen des Gebets, nicht das forschende Lesen; den Bräutigam, nicht den Lehrer; Gott, nicht den Menschen; die Dunkelheit, nicht die Helle; nicht das Licht, sondern jenes Feuer, das ganz und gar entflammt und durch mystische Salbung und brennende Liebe in Gott umgestaltet.»[4]

Weitere Gesichtspunkte für das Verständnis des mystischen Weges lassen sich nennen. So bezeichnet der englische Mystiker Walter Hilton (gest. 1396) in seinem Buch *The scale of perfection* – «Stufenleiter zur Vollkommenheit» – Stadien, Schritte und Wege zur Gotteserfahrung. Hans Urs von Balthasar, der das Buch ins Deutsche übersetzt hat, nennt es die «klassische Einführung in das christliche Leben im vorreformatorischen England».[5] Der flämische Zeitgenosse Taulers und Seuses, Jan van Ruusbroec, schildert den mystischen Pfad als einen Gang durch die vier Jahreszeiten. Eigentlich ist das christliche Kirchenjahr mit seinen Fest- und Zwischenfestzeiten ebenfalls ein «Weg», der sich zu meditativer Vergegenwärtigung des Christusmysteriums anbietet. Der im 16. Jahrhundert wirkende Spanier Johannes vom Kreuz hat seinem berühmten *Aufstieg zum Berge Karmel* eine schematische Zeichnung beigefügt, um den Charakter des Stufenwegs auch graphisch zu veranschaulichen. In diesem Zusammenhang denke man auch an die 14 Kreuzweg-Stationen zur Passion Christi in katholischen Kirchen oder im Umkreis von Wallfahrtskirchen und nicht zuletzt an die Wallfahrt als solche. Stets ist ein Weg zu gehen! Hier ist außerdem an den einflußreichen protestantischen Mystiker und Theosophen Jakob Böhme zu erinnern. Er hat sein kleines Schulungsbuch für das meditative Leben *Christosophia* – «Weg zu Christo» – genannt und damit auf seine Weise den Weg-Charakter christlicher Existenz und christlicher Einweihung unterstrichen.[6] Böhme spricht hier ganz sachgemäß von einem inneren «Prozeß» (von lat. *processus*, Voranschreiten), der dem Weg Christi folgt, von dessen Menschwerdung bis zu seiner Himmelfahrt. Es ist übrigens jener Prozeß, in dem der Mensch von der «Jungfrau Sophia» geleitet wird, damit er sich mit ihr in mystischer Hochzeit vermähle. Ziel ist der neue, der mit Christus verbundene Mensch. Darauf ist noch zurückzukommen.

So verschieden die Bilder und Gleichnisse der einzelnen Vertreter christlicher Mystik auch sind, ihrem Gehalt nach ist letztlich doch allen gemeinsam, was Bernhard von Clairvaux zum Ausdruck gebracht hat: Demnach hat der suchende, der nach einer tiefgreifenden Umgestaltung seines Wesens trachtende Mensch dort zu beginnen, wo er gerade steht, sei es in der Tiefe einer schweren Lebenskrise oder auf der (vermeintlichen) Höhe eines Glücksgefühls. Von «höherer Warte» her gesehen, handelt es sich um den Zustand der Dunkelheit, der Gottesfinsternis, des Verstricktseins in die Dinge und Strebungen der vergänglichen Welt. Es ist das Sünder-Sein des Menschen, das «Sein zum Tode» (Kierkegaard).

Deshalb lautet die erste Stufe des mystischen Wegs gemeinhin *«via purgativa»*, Weg der Reinigung. Denn in der Verfassung, in der sich der Mensch jeweils befindet, kann er nicht verharren. Er muß sein Leben ändern. Und dazu bedarf es einer Reinigung. Man denke an die Tauf- und Reinigungsriten, die die religiöse Menschheit seit alters her kennt und die selbst im alchymistischen Prozeß ihren Platz gefunden haben.

Erst auf der zweiten Stufe wird der Blick für neue Dimensionen der Wirklichkeit frei: «Selig sind, die *reinen* Herzens sind, denn sie werden Gott *schauen*» (Matth. 5,8). Die *«via illuminativa»* als Zustand der nunmehr eintretenden Erleuchtung entspricht einem geistig-geistlichen Aufwacherlebnis. Stellt die erste Stufe einen besonderen Appell an den Willen des Menschen dar, nämlich an den Willen zur Heiligung – das ist mehr als ein ethisch-moralischer Akt! – und zur Ganzwerdung, so ist die hier gemeinte Erleuchtung nicht das Ergebnis menschlicher Willensanstrengung, sondern unverfügbares Geschenk, eine Gnadengabe (Charisma), weder vorhersehbar noch einklagbar, wenn sie ausbleibt. Der Mensch kann wohl seine zupackenden Hände leeren und reinigen; füllen muß sie «ein anderer».

In einem noch viel höheren Sinn ist ein Akt der freischenkenden Gnade das Hochziel der christlichen Mystik, die *«via unitiva»* oder *«unio (communio) mystica»*. Diese mystische Gemeinschaft mit Christus, oft als «geistliche bzw. heilige Hochzeit» bezeichnet gemäß der erotisch-sakralen Sprache des Hohenliedes, wird zwar noch in kühnen Bildern und in symbolträchtigen Gleichnissen angedeutet; sie übersteigt jedoch alles Menschenmaß und Menschenvermögen. Auch hier findet eine uralte Menschheitserfahrung sinnenhaften Ausdruck, wiewohl das Gemeinte gerade die Sinnlichkeit des menschlichen Eros *transzendiert*, deren Sprache und Ikonographie sich der Mystiker, nicht am wenigsten die deutschen Mystikerinnen seit Mechthild von Magdeburg, bedienen.

Wer sich diese knappe, wenn nicht simpel anmutende Aufzählung der drei Stufen des mystischen Innenweges näher ansieht, der muß sich von Anfang an vergegenwärtigen, mit welcher Intensität und Wucht die Ursituation des von Gott getrennten Menschen durch den Mystiker erlebt und erlitten wird: «Gehe von mir hinweg, ich bin ein sündiger Mensch!» – «Ich bin ein Mensch, der Sünde tut!» Dem Sünde-Tun ist das Sünder-*Sein* allemal vorgeordnet! Wieder ist es der Apostel Paulus, der «aus tiefer Not» aufschreit: «Ich unglücklicher Mensch, wer wird mich erlösen von diesem Leib des Todes!» (Röm. 7,24). Im Grunde ist es der große Ernst dieser Selbstwahrnehmung des Sünder-Seins und des Seins zum Tode, der über all dem liegt, was der christliche Mystiker am Anfang seines Weges durchzustehen hat.

Erst dann und nur dann und nur vor diesem Hintergrund sind die Worte des Entzücktseins, auch die Formulierungen kühner Paradoxien zu verstehen, wie sie sich bei Meister Eckhart, später bei Angelus Silesius (Johann Scheffler) finden. Es artikuliert sich das überwältigende Erleben dessen, was die Christenheit seit den Tagen der Urgemeinde das Heil in Christus nennt, jubelnd besingt, als das «Eu-Angelion», die beglückende Freudenbotschaft, hinausruft. Also im Grunde gar *kein* anderes Heil als das in den Kirchen gepredigte und in den Theologenschulen gelehrte. Und *doch* unerhört anders; denn das in den Worten des Dogmas Gesagte wird zur bestürzend-beglückenden Erfahrungstatsache. Sie kann nicht emotionslos definiert und doziert werden. Was dann doch in theologisch-schulmäßiger Weise gelehrt wird, entbehrt – nachweislich und für jeden evident – der Lebendigkeit. Von dieser Erfahrungstatsache legen die Mystiker, nicht am wenigsten die Vertreter der deutschen Mystik, auf ihre je eigentümliche Weise Zeugnis ab, obwohl diese Menschen bereits in einer sehr langen, über dreizehn Jahrhunderte sich erstreckenden Tradition mystischen Erlebens und Erkennens stehen und aus ihr in vielfältiger Weise schöpfen.

Denn Mystik und jede lebendige Religiosität ist nicht allein von der geschichtlichen *Horizontale* her zu begreifen, in der eine Generation ihre Väter und Vorväter geistig beerbt hat. Gerade für die christliche Mystik gilt: Es gibt eine Tradition in der *Vertikalen*. Gemeint ist der Impuls des Heiligen Geistes, der Durchbruch «von oben her» (Joh. 3,3), eben aus jener Dimension heraus, die der Verfügbarkeit des Menschen entrückt ist. So gibt es neben dem Dreistufen-Weg der christlichen Mystik das immer wieder bezeugte Erlebnis derer, die an sich einen solchen *Durchbruch* erfahren haben, unvermittelt, unvorbereitet, «senkrecht von oben» als die «Gottesgeburt im Seelengrund», wie sie Meister Eckhart in hinreißender Sprache verkündet hat. Selbst noch für Martin Luther mit seinem seltsamen Verhältnis zur Mystik gibt es die Erfahrung des *raptus*, das heißt des Hineingerissenseins des Geistes in die Gottesgegenwart und in die Klarheit des Gott-Erkennens. Aber dieser Zentralbegriff ist, wie beim Wittenberger Reformator nicht anders zu erwarten, auf den Glauben bezogen, wenn er sagt: «Der Christusglaube... ist ein Hinweggenommen- [*raptus*] und Entrücktwerden [*translatio*] von allem, das innen und außen fühlbar ist, auf das hin, was weder innen noch außen fühlbar ist, eben auf Gott, den unsichtbaren, gar hohen, unbegreiflichen.»[7]

Man sieht, daß die Frage nach Weg und Ziel christlicher Mystik noch einmal ganz anders gestellt werden muß. Wohl hat die Rede vom Drei-Stufen-Weg der Reinigung, Erleuchtung und der

Unio mystica ihren Sinn und ihre Berechtigung. Mit Origenes mag man auch die auf dem Innenweg Befindlichen unterscheiden als Anfangende (*incipientes*), Fortschreitende (*proficientes*) und Vollkommene (*perfecti*). Aber ein vom göttlichen Pneuma Ergriffener (*raptus*) kann sich nicht mit derlei Unterscheidungen aufhalten, als ließe sich sein gleichsam «umwerfendes» Widerfahrnis nach einem bestimmten, gar absehbaren Nacheinander festmachen. Die Geburt des Menschen aus dem Geist Gottes wird von dem Betroffenen trotz etwaiger mühevoller Vorbereitung gar nicht als ein «Weg» zu Gott hin erlebt, sondern als ein radikales Ereignis *von Gott her*, wodurch eine völlig neue Situation geschaffen wird – eine «neue Schöpfung» (*kainé ktísis*) hat es Paulus genannt, das In-Christus-Sein als das «neue Sein» schlechthin:

«Ich vergesse, was dahinten ist, und strecke mich nach dem, das davorne ist, und jage nach dem vorgesteckten Ziel, nach dem Kleinod der himmlischen Berufung Gottes in Christus Jesus... Nicht, daß ich's schon ergriffen habe oder schon vollkommen sei; ich jage ihm aber nach, ob ich's wohl ergreifen möchte, nachdem ich von *Christus Jesus ergriffen* bin» (Phil. 3,13 f. und 12).

Meister Eckhart –
Leitstern der spekulativen Mystik

Die Gestalt Meister Eckharts als Haupt der deutschen Mystik übt seit langem eine starke Faszination aus, und zwar als der «Bedeutendste und Kühnste . . ., deutsch wegen der Gemütstiefe seiner Gedanken, wegen der Radikalität, ja Maßlosigkeit, mit denen er sie bis ins Paradox zu Ende zu denken sucht, und wegen der Sprachkraft, mit der er ihnen in deutscher Sprache Ausdruck zu geben weiß.»[1] Doch steht er keinesfalls am Anfang dieser Geistesbewegung. Vielmehr ist sie – die deutsche Mystik – bereits voll in Blüte, als er aus der sächsisch-thüringischen Mitte Deutschlands durch die Oberen seines Ordens in die Zentren von Kirche und Schule gen Westen gerufen wird: nach Paris, Straßburg und Köln. Das war vor bzw. um 1300.

Zu diesem Zeitpunkt weiß man deutsche Mystik bereits zu differenzieren – jedenfalls aus heutiger Sicht. Ehe von den kühnen Spekulationen Eckharts die Rede sein kann, gibt es eine reich sich entfaltende mystische Frauenbewegung. In gewaltigen Visionen hatte Hildegard von Bingen (gest. 1179) das Leben und Weben der Gottheit in allen Kreaturen geschaut, in Sonne, Mond und Sternen, kurz «in jeglichem Ding». Geistliches und weltliches Leben bilden eine organische Einheit. Bis hinein in die naturkundlichen Werke der rheinischen Benediktinerin läßt sich diese Zusammenschau nachweisen. Dabei kann offenbleiben, ob oder in welchem Maße Hildegard schon der mystischen Bewegung zugerechnet werden kann.

Eine erstarkende Laienbewegung konkurrierte mit den gleichzeitig werbenden und wirkenden Bettelorden der Dominikaner wie der Franziskaner. Apostolische Armut und freie Verkündigung des Evangeliums durch Wanderprediger, etwa im Geiste der «Armen von Lyon» (Waldenser), stellten eine ungeheure Herausforderung für die verweltlichte Papstkirche dar. Die Herausgeforderten schreckten denn auch vor keiner Gewalttat zurück, um dieser und anderen «Ketzereien» entgegenzutreten. Der einzige Kreuzzug, von dem mit einem gewissen Recht gesagt werden kann, daß er «erfolgreich» war, sollte der gegen die Katharer bzw. Albigenser in Südfrankreich werden. Doch Ketzergerichte taten auch andernorts mit Feuer und Schwert ihr grausames Werk; oft waren ihre Opfer Mystiker und Mystikerinnen.

Um 1170 bildeten sich im Bistum Lüttich, in Flandern und Brabant Frauengemeinschaften, die sogenannten Beginen. Es handelte sich um Gläubige, die sich zwar keinem Kloster unterstellten, sich jedoch für ein frommes Leben in Armut und Ehelosigkeit entschieden. Städte wie Köln oder Straßburg zählten gegen 1300 Dutzende von Beginenhäusern. Eine bis in die Legendentradition hineinleuchtende Frauengestalt ist die früh verwitwete Landgräfin Elisabeth von Thüringen, die (1227) ihr Leben den Armen weihte und damit franziskanische Ideale außerhalb des Klosters verwirklichte.

Ins eigentliche Zentrum der zum Teil voreckhartschen, gleichwohl «deutschen» Mystik gehören weitere Frauen; so die flämisch-niederländische Begine Schwester Hadewijch, die ihr inneres Erleben und Schauen in der Volkssprache auszudrücken versucht. Im Kloster Helfta bei Eisleben versammeln sich gleich drei bedeutende Vertreterinnen deutscher Mystik: Mechthild von Magdeburg, ebenfalls ursprünglich eine Begine, Mechthild von Hackeborn und Gertrud die Große. Christus wird besungen im Stil des deutschen Minnesangs als der Geliebte und Bräutigam der Menschenseele.

Aber auch die häretische Radikalisierung deutscher Mystik gibt es bereits vor Eckharts Auftreten, und zwar in Gestalt der «Brüder und Schwestern vom Freien Geiste», Frauen und Männer, die die herkömmlichen Normen in Kirche und Gesellschaft, einschließlich der konventionellen Moral, ablehnen, Laien, die für sich und ihresgleichen eine mystische Selbstbefreiung vollziehen. Für sie ist ein neues Zeitalter angebrochen, das «dritte Reich des Heiligen Geistes», wie es der kalabresische Abt und

Seher Joachim von Fiore für das Jahr 1260 angekündigt hat – ein Reich, in dem man keiner Hierarchie, keiner kirchlicher Ämter oder Dienstleistungen mehr bedarf, weil ja der Heilige Geist jene Gott-Unmittelbarkeit herstellt, die den Mystiker im Innersten erfüllt. Die Hüter des obersten kirchlichen Lehramtes können daher nur mit unverhohlener Skepsis auf alle «Geistes-Gegenwärtigen» blicken, vor allem wenn es sich um sogenannte Laien handelt oder wenn sie mit mystischem Erleben vertraut gemacht werden. Einer von ihnen, dessen Predigt, Unterweisung und Seelenführung sich weitgehend auf diese Aufgabe konzentriert, ist Eckhart, geboren um 1260, dem Jahr, das Joachim als Zeitpunkt für den Anbruch des kommenden «Reiches» und der «*ecclesia spiritualis*» (Kirche des Geistes) bezeichnet hat.

Vom Leben dieses Mannes wissen wir wenig, kaum etwas von seiner Herkunft; zu wenig von seinen Lebensumständen, um seine Biographie mit einiger Anschaulichkeit nachzeichnen zu können. Eckharts Person tritt hinter dem Werk des Philosophen und Mystikers, des Hochschullehrers, Predigers und Seelsorgers zurück. Wer daher dem «Meister» begegnen will, der muß ihn dort suchen, wo er in deutscher und lateinischer Sprache die Ergebnisse seines Suchens und Forschens darlegt: in seinen Schriften, die oft Nachschriften seiner Predigten sind.

Eckhart stammt aus Hochheim. Dabei muß offenbleiben, ob es sich um die Ortschaft unweit von Gotha handelt oder um das Dorf gleichen Namens bei Erfurt. Wir wissen lediglich von einer Notiz zu einer Pariser Predigt, die von Magister «Echardus de Hochheim» stammt. Ob «de Hochheim» auf einen Ort hinweist oder ein Familienname sein soll, ist ebenfalls nicht zu entscheiden, weil es keine näheren Anhaltspunkte gibt. Als Eckhart geboren wird, dauert noch die «kaiserlose, die schreckliche Zeit» des sogenannten Interregnums an, das sich von 1256 bis 1273 erstreckt. Kaisertum und Papsttum liegen im Streit. Das Geschlecht der Staufer tritt ab. Ein anderes, für die abendländische Kirchengeschichte einschneidendes Ereignis steht bevor: die «Babylonische Gefangenschaft» der Päpste, die zwischen 1309 und 1377 in Avignon residieren und dort ein Finanzimperium von noch nicht dagewesenem Ausmaß aufbauen.

Der junge Eckhart tritt ins Dominikanerkloster zu Erfurt ein.

Noch nicht zwanzigjährig, absolviert er in Paris sein philosophisches Grundstudium, das der «freien Künste» (*artes liberales*). An der Sorbonne, wie man die Pariser Universität (nach ihrem Begründer Robert de Sorbon, 1201–1274) seit dem 16. Jahrhundert nennt, lehrten einst der bedeutende Franziskaner-Mystiker Bonaventura (gest. 1274) und die beiden nicht weniger bedeutenden Dominikaner Albertus Magnus (gest. 1280) und Thomas von Aquin (gest. 1274). Der junge Eckhart kann somit in die Fußstapfen berühmter Ordensbrüder treten. Das eigentliche Theologiestudium fängt für Eckhart um 1280 an. Zu diesem Zweck berufen ihn die Ordensoberen nach Köln zum Studium generale. Wiederholt wird Eckhart nach Paris entsandt, um dort zu lehren, schließlich als Magister, das heißt Professor. Daher auch die Bezeichnung «Meister». Man hat also nicht in erster Linie an einen «mystischen Meister» zu denken, sondern an einen Hochschullehrer, der im Stil der herrschenden Schulphilosophie und Theologie, der Scholastik, die Seins- und Gottesfrage erörtert. Die Gedankenführung, wie sie Eckharts lateinische Werke beherrscht, unterscheidet sich von der der deutschen Predigten und Traktate beträchtlich. Und doch sind der Professor und der Seelenführer nicht zu trennen, sind Scholastik und deutsche Mystik gerade in Person und Werk Eckharts eng miteinander verbunden, denn:

«Scholastik und Mystik sind nicht Gegensätze, sondern Korrelate ... Die Mystik will Verinnerlichung und Erleben der durch die Scholastik begründeten Lehre von der Gottesgemeinschaft. Die Stätte der Scholastik ist das Katheder. Die Scholastik will Lehr- und Lerngut sein, daher ihre unpersönliche, verstandesmäßige Form; daher auch die Vorherrschaft logischer Routinen und metaphysischer Doktrinen. Die Mystik gedeiht in stiller Klosterzelle, sie ist Zwiegespräch der Seele mit Gott, das mit übernatürlichen Kräften befruchtete Denken, Wollen und Fühlen will in der hienieden möglichen innigsten und innerlichsten Weise mit Gott in Kontakt treten. Daher eignet der Mystik der Reiz des Ursprünglichen und Persönlichen, daher kommen in der Mystik psychologische Momente zur Geltung», erläutert Martin Grabmann.[2]

Eben eine solche Zusammengehörigkeit von philosophischem

Streben und mystischer Verinnerlichung findet sich bei Eckhart. Der Scholastiker ist nicht gegen den Mystiker auszuspielen, wenngleich der Scholastiker im Rahmen unseres Themas in den Hintergrund treten muß. Aber der Dominikanerpater ist noch mit anderen Problemen konfrontiert. Ehe er näher mit den Fragen nach Vernunft und Offenbarung in Berührung kommt, wie das der akademische Lehrauftrag mit sich bringt, fungiert er als Prior in Erfurt und als Vikar seines Ordens in Thüringen. Der noch nicht Vierzigjährige ist demnach – um das Jahr 1298 – ein in Mitteldeutschland bekannter und geachteter Ordensmann. Seine *Reden der Unterweisung*, Niederschriften abendlicher Lehrgespräche im Dominikanerkonvent, stammen aus dieser Zeit. Da lesen wir:

«Der Mensch soll Gott in *allen* Dingen ergreifen und soll sein Gemüt daran gewöhnen, Gott allezeit gegenwärtig zu haben im Gemüt und im Streben und in der Liebe. Achte darauf, wie du deinem Gott zugekehrt bist, wenn du in der Kirche bist oder in der Zelle: Diese selbe Gestimmtheit behalte und trage sie unter die Menge und in die Unruhe und in die Ungleichheit. Und – wie ich schon öfter gesagt habe – wenn man von ‹Gleichheit› spricht, so meint man damit nicht, daß man alle Werke als gleich erachten solle oder alle Stätten oder alle Leute. Das wäre gar unrichtig, denn Beten ist ein besseres Werk als Spinnen, und die Kirche eine würdigere Stätte als die Straße. Du sollst jedoch in allen Werken ein gleichbleibendes Gemüt haben und ein gleichmäßiges Vertrauen und eine gleichmäßige Liebe zu deinem Gott und einen gleichbleibenden Ernst ... Wärest du so gleichmütig, so würde dich niemand hindern, deinen Gott gegenwärtig zu haben. – Wem aber Gott nicht so wahrhaft innewohnt, sondern wer Gott beständig von draußen her nehmen muß in diesem und in jenem, und wer Gott in ungleicher Weise sucht, sei's in Werken oder unter den Leuten oder an Stätten, der *hat* Gott nicht.»[3]

Die mystische Ausrichtung, die aus diesen Zeilen spricht, ist unverkennbar. In der Gottesgegenwart leben, und zwar unabhängig vom augenblicklichen Aufenthaltsort, das ist das eine. Zum andern gilt es, in dieser «Gestimmtheit» – es ist viel mehr als nur eine Stimmung! – in den Alltag mit seinem raschen Wechsel der Situationen hineinzugehen und in ihm zu wirken.

Denn nicht weltflüchtiges Nichtstun kennzeichnet die mystische Grundhaltung; kommt es doch – wie schon hervorgehoben – darauf an, «in allen Dingen», in allen Verrichtungen Gott zu «ergreifen». Strenggenommen gibt es dann keine höher- oder minderwertige Tätigkeit. Vielmehr wird dadurch jeder Augenblick gott-unmittelbar, gerade auch in der Profanität von Beruf und persönlichem Leben. Wer vom Zen oder vom Chassidismus herkommt, wo die Unterscheidung von «heilig» und «profan» ebenfalls relativiert wird, findet somit bei Meister Eckhart eine bedeutsame Entsprechung.

Was seine Tätigkeit als Hochschullehrer anlangt, so reiht er sich ein in die große Tradition, die über Thomas von Aquin und Albertus Magnus zurückreicht zu den Trägern der platonisch-neuplatonischen Philosophie, nämlich über die ebenfalls in Paris wirkenden Hugo und Richard von Sankt Viktor, sodann über Johannes Skotus Erigena, der die Schriften des großen Areopagiten im Frankenreich bekanntgemacht hat, bis hin zu Plotin und Platon selbst. Diese Männer, deren Denken durch die Züge eines geistigen Schauens und intuitiven Wahrnehmens geprägt ist und somit mystische Züge trägt, bilden die geistige Ahnenkette Eckharts, der nicht länger als bloßer «Lesemeister» (das heißt als ein literarisch Abhängiger, Dozierender) auf diese Tradition zurückblickt. Vielmehr versteht er sich, auch als Magister, als ein «Lebemeister», der zu einem «Täter des Wortes» und zu einem spirituellen Praktiker gereift ist. Und die Ergebnisse dieser Reife darf er nicht für sich allein behalten. Er muß sie weitergeben, indem er sie als Lehrer seinen jüngeren Ordensbrüdern und später als Seelenführer den ihm anvertrauten Menschen mitteilt.

Seelenführung und mystische Unterweisung werden für den Theologen und scholastischen Philosophen zunehmend wichtiger. Der Orden ruft den Hochqualifizierten wieder in die Heimat zurück. Immer neue Dominikaner- und Dominikanerinnenklöster entstehen in Deutschland. Sie verlangen eine Führung, die über das Organisatorische und das äußere Reglement weit hinausgeht. Eckhart wird mit dem Amt eines Ordensprovinzials und mit dem eines Ordensvikars für Böhmen betraut. In dieser Eigenschaft ist er viel unterwegs, indem er von Kloster zu Kloster pilgert. Allein in Sachsen unterstehen ihm 47 Konvente und mehr als 70 Frauenklöster. Das *Buch der göttlichen Tröstung* entsteht. Es ist Agnes, der Königin von Ungarn, gewidmet, deren Vater, Albrecht I. von Habsburg, im Jahre 1308 ermordet worden ist.

Nach seinem zweiten Parisaufenthalt finden wir Eckhart in Straßburg (1314) wieder, von wo aus er bis 1322 die dominikanischen Frauenklöster im Elsaß und in der benachbarten Schweiz zu betreuen hat. Schließlich wird er an die Ordenshochschule (Studium generale) nach Köln berufen. Unter seinen Schülern und Predigthörern finden sich (wahrscheinlich) auch zwei junge Ordensbrüder aus Südwestdeutschland: Johannes Tauler aus Straßburg und der gebürtige Konstanzer Heinrich Seuse. Ihnen ist es bestimmt, den von Eckhart empfangenen mystischen Impuls weiterzugeben.

Die Kölner Zeit wird für den nunmehr sechzigjährigen Meister Eckhart bald von einer tiefen Tragik überschattet. Mit kühnem, für viele allzu kühnem Adlerflug hatte er sich in Wort und Schrift über die Ebenen der geläufigen Normaltheologie erhoben. Noch der heutige Leser der Eckhartschen Predigten mag sich bisweilen die Frage vorlegen, ob der Meister den Bogen mystischer Rede manchmal nicht doch überspannt hat und ob wenigstens die theologisch gebildeten unter seinen Zuhörerinnen der sublimen Lehre des Predigers gewachsen waren. Dabei ist bekannt, daß Klosterfrauen in jener Zeit die Möglichkeit hatten, manchmal intensiver als das Gros der Mönche, in die Geheimnisse des Glaubens einzudringen. Aber kann es den kirchlichen Amtsträgern recht sein, daß «Laien» durch die Volkspredigt im Innersten ergriffen werden und zu Erfahrungen gelangen, die eine gewisse Unabhängigkeit von den Priestern herstellt?

So kommt es, wie es kommen muß. Kritik an Meister Eckhart wird laut! Wenn er nicht den «freien Geistern» zuzurechnen ist, die sich der Ketzerei verdächtig gemacht haben, so scheinen vor allem seine öffentlichen Predigten in der Volkssprache kaum minder gefährlich zu sein. Der Kölner Erzbischof Heinrich von Virneburg sieht die Rechtgläubigkeit des Kirchenvolks bedroht. Nachdem er kurz zuvor einige Beginen seiner Diözese hatte hinrichten lassen, stellt er nun Eckhart unter Anklage. Er muß verhindern, daß das freigeistige Potential durch den geistvollen

Mann noch verstärkt wird. Sollte der berühmte Meister selbst ein verkappter Häretiker sein? Ein zeitgenössischer Spruch, der als Rühmung gemeint ist, enthält immerhin die Feststellung:

Der weise Mystiker Eckhart
Will uns vom Nichtse sagen.
Doch wer ihn nicht versteht,
Der mag es Gotte klagen...

Mißdeutbare Sätze können auch zur Ketzerei anstiften, so argumentieren die kirchenamtlichen Ketzerbekämpfer. Und ein Verständnisproblem stellen Eckharts Texte immerhin dar. Dazu kommt, daß die Predigtnachschriften nicht in jedem Fall durch ihn autorisiert sind. Hörfehler, Auslassungen und Verkürzungen öffnen der Mißdeutbarkeit mystischer Texte Tor und Tür, bedenkt man, daß die paradoxe Formulierung zu den unerläßlichen Stilmitteln mystischer Verlautbarung gehört.

Im Jahre 1326 kommt es zum Prozeß. Eine Anzahl von Sätzen aus verschiedenen Schriften des Meisters werden als zum Dogma der Kirche in offensichtlichem Gegensatz stehend erachtet. Andere, so heißt es, klängen häretisch und seien geeignet, die Ungebildeten zu verwirren. Eckhart, der auch bei seinen gewagtesten Formulierungen nie daran gedacht hat, den Glaubensgrund der katholischen, das heißt hier: der einen und allgemeinen Kirche preiszugeben, sieht sich genötigt, die fraglichen Artikel zu verteidigen. Wir besitzen somit eine Art Selbstinterpretation dessen, was er wirklich gesagt hat und wozu er sich bekennt. Das Verdikt des bischöflichen Ketzergerichts erkennt er ebensowenig an wie eine Reihe von tatsächlich mißverständlichen, weil lückenhaften Predigtnachschriften. Dafür beruft sich der gelehrte Scholastiker auf die Universität und auf den Papst. Daraus geht hervor, welchen Autoritäten Meister Eckhart eine gewisse Kompetenz in theologischen Fragen zutraut. Aber läßt sich dieses Zutrauen auch auf subtile Fragen der Gotteserfahrung übertragen? Von 1316 bis 1334 regiert Papst Johannes XXII. Die Kirchengeschichtsschreibung sieht ihn in erster Linie als einen Politiker, der sich zur Erreichung seiner Ziele aller ihm verfügbaren Mittel bedient hat.

Doch ehe sich der Greis auf die lange Reise nach Avignon, dem Sitz des päpstlichen Ketzertribunals, begibt, läßt er in der Kölner Dominikanerkirche am 13. Februar 1327 seine Rechtfertigungsschrift in deutscher und lateinischer Sprache öffentlich verlesen. Er beteuert als «Doktor der heiligen Theologie», daß er jeden Glaubensirrtum, auch jede Sittenverderbnis verabscheue: «Wenn also etwas Irrtümliches in der Glaubens- und Sittenlehre gefunden werden sollte, das ich geschrieben, gesagt oder gepredigt habe, heimlich oder öffentlich, irgendwann oder irgendwo, unmittelbar oder mittelbar, nach weniger gesunder Lehre oder falscher, so widerrufe ich ausdrücklich hier öffentlich vor euch allen und jedem einzelnen hier Gegenwärtigen, daß ich von nun an solches für nicht gesagt und nicht geschrieben haben will, besonders auch, weil ich höre, daß ich falsch verstanden worden bin.»[4]

Schon wenige Wochen später verwirft der Papst die an ihn gerichtete Appellation. Das Ketzergericht nimmt seinen Fortgang. Freilich müssen die untersuchenden Theologen und Kirchenjuristen an der ursprünglichen Anklage erhebliche Abstriche machen. Statt anfangs 108 sind es schließlich nur noch 28 Sätze, deren häretischer Charakter als erwiesen erachtet wird. Genaugenommen sind nur 15 Sätze ausgesprochen oder angeblich ketzerisch bzw. ketzerisch klingend. Im März des Jahres 1329 erläßt Johannes XXII. seine feierliche Verurteilungsbulle «*In agro dominico* – Auf dem Acker des Herrn ...» Mit dem Anspruch, der maßgebliche Hüter und Arbeiter auf dem Acker des Herrn zu sein, dem der Schutz vor dem gefährlichen Unkraut der Irrlehre aufgetragen ist, tut der «Heilige Vater» kund, «daß in dieser Zeit einer aus deutschen Landen, Eckehart[5] mit Namen, und, wie es heißt, Doktor und Professor der Heiligen Schriften, aus dem Orden der Predigerbrüder, mehr wissen wollte als nötig war und nicht entsprechend der Besonnenheit und nach der Richtschnur des Glaubens ... zahlreiche Lehrsätze vorgetragen, die den wahren Glauben in vieler Herzen vernebeln, die er hauptsächlich vor dem einfachen Volke in seinen Predigten lehrte und die er auch in Schriften niedergelegt hat ...»[6]

Doch den also Verurteilten erreicht die päpstliche Bulle nicht mehr. Meister Eckhart war, vermutlich im oder vor April des

Jahres 1328 gestorben; ein exaktes Datum ist nicht bekannt. Ungewiß ist auch der Sterbeort – wahrscheinlich Avignon oder Köln. Um so größer ist Eckharts Gewißheit des in Gott lebenden, von Gott ergriffenen Menschen. Über ihn heißt es in der zehnten seiner verurteilten Thesen:

«Wir werden völlig in Gott umgeformt und in ihn verwandelt; auf gleiche Weise, wie im Sakrament das Brot verwandelt wird in den Leib Christi, so werde ich in ihn verwandelt, daß er selbst mich hervorbringt als sein Sein als eines, nicht [etwa nur] als gleiches. Beim lebendigen Gott ist es wahr, daß da kein Unterschied besteht.»

Sieht man einmal davon ab, daß einzelne Sätze nur unter Berücksichtigung des Zusammenhangs beurteilt werden können, in dem sie stehen, so ist andererseits klar, daß sie sich auch dann nicht mit dem Schlüssel der rationalen Analyse aufschließen lassen. Man muß die einzelnen Sentenzen auf sich wirken lassen, muß sich ihrer Strahlkraft aussetzen, bis sich etwas von der Eckhartschen Innenerfahrung mitteilt, die geeignet ist, die Tiefe des christlichen Mysteriums wahrzunehmen.

Aber ist denn Eckhart in des Wortes eigentlicher Bedeutung ein Mystiker, das heißt einer, der aus eigener Erfahrung spricht? So fragen manche Forscher und weisen darauf hin, daß der Meister an keiner Stelle den Anspruch auf solche Höhenerlebnisse oder Tiefenerfahrungen erhoben habe. Es hieße aber das Wesen des Mystischen verkennen, wollte man es nur dort anerkennen, wo der Betreffende mehr oder weniger wortreich darüber spricht. Dionysius Areopagita bezeichnet das Mystische als das «Unausgesprochene» (*árreton*); bei Augustinus und den späteren lateinischen Mystikern wird die Wortlosigkeit (das *ineffabile*) betont. «Ich durfte es erfahren, aber nimmer aussprechen», liest man bei Bernhard von Clairvaux. Sollte dann Eckhart den Anschein erwecken, entgegen der lebendigen Tradition der Erfahrenden, das Erfahrene doch aussprechen zu können? Dieser Haltung – man muß sagen: dieser Versuchung –, wie sie aus dem Kreise der von Visionen und Entrückungen heimgesuchten Nonnen bekannt ist, mußte der Seelsorger ja gerade entgegentreten![7]

Im übrigen gilt: Den Bannkreis des christlichen Mysteriums verläßt Eckhart nie, auch und gerade dann nicht, wenn er sich scheinbar allzu frei über das erlernbare Katechismuswissen hinwegzusetzen scheint. Nicht ohne Grund betont ein so bedeutender Eckhart-Kenner wie Josef Koch: «Es gibt wohl kein größeres Mißverständnis Eckharts, als wenn man ihn für einen Freigeist hält, der die Dogmen der Kirche verwirft und seine eigene Religion neu schafft. Er lebt vielmehr im christlichen Mysterium und versucht von hier aus auch die Dinge der niederen und vergänglichen Welt zu verstehen.»[8]

Wenn dem so ist, dann stellt sich die Frage, was den Mystiker befähigt, überhaupt etwas über den Geheimnisgrund auszusagen, von dem er seine Erleuchtung empfangen hat, da doch alle Rede von Gott nur «gebrochene Rede» sein kann und nie das «letzte Wort». Die Antwort, die sich bei Eckhart findet, lautet: Der Ort, an dem der Mensch der Heilstat Gottes gewahr und gewiß wird, liegt *in ihm* selbst, in seinem «Seelenfünklein» (*scintilla animae*). Und wiewohl Geist von seinem Geist, ist dieser Seelenfunke doch niemals identisch mit seinem Schöpfer, so überwältigend die Gewißheit dessen ist, was der Mystiker erfährt. Man kann jedenfalls die Vermutung von M. A. Schmidt auf sich beruhen lassen, Eckhart habe selber keine originäre mystische Erfahrung gemacht.[9]

Es geht dem ernsthaft an der Mystik Interessierten sowieso nicht in erster Linie um die Mystiker von einst und um den Menschen mit Namen Eckhart. Denn nicht darauf kann es ankommen, zu entscheiden, ob dieses oder jenes Geschichtsdatum zutrifft, ob diese oder jene Deutung «richtig» ist. Die Tatsachenfeststellung allein reicht nicht aus. Mystik ist eine eminent existentielle Wirklichkeit, eine Angelegenheit individueller Betroffenheit. Da geht es um eine ganz andere Gewichtung: Entscheidend ist allein, daß *ich selbst* aufbreche; daß *ich selbst* den Weg beschreite und – selbst um den Preis des Irrens oder Scheiterns – innerlich vorankomme. Und wenn Meister Eckhart oder ein anderer durch sein Wort oder Beispiel mein Weg-Führer wird, dann sind Dispute um Äußerlichkeiten nur von relativem Belang. So ist für Eckhart nur wichtig, daß für ihn die *Gottesgeburt im Seelengrund* Ereignis wird, erfahrbar oder nicht erfahrbar. Selbst dies gibt nicht den letzten Ausschlag! Dieses das Leben verwandelnde Ereignis der Gottesgeburt, um die Eckharts Denken und

Sinnen kreist, bleibt das eigentliche Ziel des mystischen Weges bzw. des Weges von Gott zum Menschen. Alles andere ist unerheblich!

Und auch so mancher anscheinend nebensächliche Satz ist zu bedenken, etwa der aus der Predigt *«Nolite timere eos»*: «Wer diese Predigt verstanden hat, dem vergönne ich sie wohl. Wäre hier niemand gewesen, ich hätte sie diesem (Opfer-)Stocke predigen müssen.»[10] Wird etwa von einem solchen «Müssen» ein Mensch bedrängt, der nur routinemäßig seinen Amtspflichten als Prediger nachgeht, ohne vom Geistfeuer Gottes ergriffen und zu seinem Tun angetrieben zu sein? Nun hat aber Eckhart keinen Anlaß gehabt, lediglich einem «Stock» zu predigen. Gerade die bei den Ketzerrichtern von Köln und Avignon erzeugte Unruhe ist ein deutliches Indiz für die nachhaltige Wirkung seines gesprochenen und von Zuhörerinnen aufgeschriebenen Wortes.

Es ist wohl mit Recht darauf aufmerksam gemacht worden, daß man die allerersten Empfänger bzw. Hörer der Reden Eckharts (seiner *Reden der Unterweisung* sowie seiner zahlreichen Predigten) im Auge behalten müsse. Es waren meist Nonnen, also Angehörige eines geistlichen Ordens, die sich für einen bestimmten «ge-ordneten» Lebensweg entschieden hatten, indem sie die mönchischen Gelübde der Armut, der Ehelosigkeit und des Gehorsams auf sich genommen haben. Wenn der Prediger nun den wahren und vollkommenen Gehorsam als «eine Tugend vor allen Tugenden» preist; wenn er weiter sagt, daß jedes Werk diese Tugend zur Voraussetzung habe, dann erinnert er zunächst einmal an diese Lebensentscheidung, die für ihn als Dominikanerpater ja in gleichem Maße gilt.

Doch dabei bleibt er nicht stehen. Er predigt nicht etwa einen selbstgenügsamen, blinden Kadavergehorsam. Er fährt vielmehr fort – in dem Traktat «Vom wahren Gehorsam», einem Bestandteil seiner *Reden*: «Wo der Mensch in Gehorsam aus seinem Ich herausgeht und sich dem Seinen entschlägt, ebenda muß Gott notgedrungen hinwiederum eingehen.» Und weiter: «Darin, wo ich von meinem Ich lasse, da muß er für mich notwendig alles das wollen, was er für sich selbst will, nicht weniger noch mehr...»[11] Diese Erinnerung an das Gelöbnis des Gehorsams entspricht somit einem Appell, das ganze Leben und alles Tun als eine Übung zu betrachten, gewissermaßen als ein Stadium auf der *«via purgativa»*, das heißt auf dem Weg der Reinigung als erster Phase des mystischen Prozesses. Und dieser Prozeß ist an keinen besonderen Stand gebunden.

Sind die *Reden der Unterweisung* auf die Einübung in die religiös ausgerichtete Alltagspraxis bezogen, indem sie das Tun, das innere wie das äußere Werk anregen und als eine Einheit begreiflich machen wollen, so führt das bereits erwähnte *Buch der göttlichen Tröstung* einen Schritt weiter. Da gibt es eine Reihe von Trostgründen, dank deren Kenntnis der Christ befähigt wird, die Leiden dieser Zeit nicht als ein blindes Verhängnis, sondern als eine Schickung Gottes auf sich zu nehmen. Es geht um das bewußte Annehmen des eingetroffenen Geschicks. Ein Trostgrund lautet daher in den Worten des Meisters:

«Alles, was der gute Mensch [gemeint ist der Selbstlose, der in Gott gelassene Mensch] um Gottes Willen leidet, das leidet er in Gott, und Gott ist mit ihm leidend in seinem Leiden. Ist mein Leiden in Gott und leidet Gott mit, wie kann mir dann mein Leid ein Leid sein, wenn das Leiden das Leid verliert und mein Leid in Gott und mein Leid Gott ist?»[12]

So kennt Eckhart – etwa in Anlehnung an Augustinus – den Gedanken der Teilhabe: Gott nimmt am Los des Menschseins teil. Aber auch der Mensch ist hineingenommen in den Willen Gottes, nämlich daß alles, was Gott will, eben darin und dadurch, daß *er* es will oder zuläßt, gut sei. Wie also soll einen, der sich diese Zusammenhänge seines Erdenleides und Schicksals bewußtmacht, je das Leid erschüttern? Mögen auch die einzelnen «Trostgründe», die er in dieser Schrift anbietet, der heutigen Denkgewohnheit fremd erscheinen, so läßt sich doch von daher christliche Mystik als ein Weg zur bejahenden Leidüberwindung begreifen.

Wendet man sich der Eckhartschen Predigt zu, dann fällt auf, mit welcher Unablässigkeit und Sammlung sich der Meister um einige wenige Themen bemüht, die ihn offensichtlich lebenslang beschäftigt haben. Er selbst hat Inhalt und Intention seines Predigens auf einen einfachen Nenner gebracht, wenn er sagt:

«Wenn ich predige, so pflege ich zu predigen von *Abgeschiedenheit* [‹abegescheidenheit›] und daß der Mensch ledig werden soll seiner selbst und aller Dinge. Zum zweiten, daß man wieder eingebildet werden soll in *das einfaltige Gut,* das Gott ist. Zum dritten, daß man des *großen Adels* gedenken soll, den Gott in die Seele gelegt hat, auf daß der Mensch damit auf wunderbare Weise zu Gott komme. Zum vierten von der *Lauterkeit göttlicher Natur* – welcher Glanz in göttlicher Natur sei, das ist unaussprechlich.»[13]

Letzte Entschiedenheit fordert der Prediger, eine Entschiedenheit, die so weit geht, daß der Mensch auf dem Weg der Christusnachfolge sogar all das läßt, was die Durchschnittsfrömmigkeit des Normalchristen als Momente religiöser Erfahrung durchaus schätzt. Hans Urs von Balthasar hat es einmal den «Verzicht auf jede Teilerfahrung und jede subjektive Rückversicherung» genannt, «solchermaßen Erfahrenes für sich zu besitzen». Und Alois M. Haas spricht im selben Zusammenhang von «Verzicht auf Transzendenzerfahrung im Sinne eines geistlichen Besitzes», wobei er auf das Leiden bzw. auf das «Einförmigwerden» mit Christus besonders verweist.[14] Wahre Abgeschiedenheit, wie Eckhart sie versteht, übertreffe alles, selbst alle menschlichen Tugenden, denn die zielten immer noch auf etwas hin, was dem Geschöpflichen verheiratet ist, insofern menschliches Haben- oder Erreichenwollen, zumindest unbewußt, mit im Spiel sei. Wer daher in voller Abgeschiedenheit stehe, der werde in die Ewigkeit entrückt, so daß nichts Vergängliches mehr ihn anrühren oder belasten könne.

Ein Text, der zum Grundbestand der Eckhartschen Mystik gehört, ist zweifellos die Predigt über das 10. Kapitel aus dem Lukasevangelium. Sie handelt von dem Besuch Jesu im Hause der Martha. Josef Quint bemerkt hierzu: «In dieser Predigt sucht [Meister Eckhart] das Höchste und Letzte über die Unio mystica auszusagen. Diese Unio ist aber die Einigung des schlechthin einfaltigen Seelengrundes mit dem schlechthin einfaltigen, wüsten Grunde der Gottheit, jenseits von deren Entfaltung in die drei Personen, natürlich als der Erfolg der Sohnesgeburt in der Seele.»[15]

Dennoch ist es nicht ganz unproblematisch, diesen Text als typisch eckhartisch herauszustellen. Es ist nämlich zu bedenken, daß die für die Ermittlung von Eckharts authentischen Äußerungen so wichtige *Rechtfertigungsschrift* diese Predigt zu Lukas 10 ausläßt. Und nicht nur das. Eckhart hat sich von der Nachschrift ausdrücklich distanziert, weil sie «viel Dunkles und Zweifelhaftes» (*obscura et dubia*) enthalte, das er nie gesagt habe. Die Forschung konnte indes nachweisen, daß es sich zwar um echte Wortlaute Eckharts handelt, daß wir es aber offensichtlich mit dem Produkt eines Redaktors zu tun haben, der wohl zwei Texte ineinandergeschoben hat. Doch die Kernaussagen des Predigers werden dadurch nicht berührt.

Vergleicht man nun den biblischen Abschnitt mit dem Text, den Eckhart seiner Auslegung voranstellt, dann ist eine offensichtliche Diskrepanz nicht zu leugnen. Denn bei Eckhart lautet der angebliche Evangelientext: «Unser Herr Jesus Christus ging hinauf in ein Burgstädtchen [*castellum*] und ward empfangen von einer Jungfrau, die ein Weib war.»

Das Evangelium weiß jedoch nichts von einer «Jungfrau». Eckhart geht es auch gar nicht um Bibelauslegung nach heutigem Verständnis. Er bedient sich, einer jahrtausendealten Methodik folgend, der *allegorischen* Interpretation; das heißt: Die einzelnen Worte, Begriffe und Personen gilt es so aufzuschlüsseln, daß sie Bildausdruck für eine spirituelle Wirklichkeit werden. Die historischen Sachverhalte sind für die Allegorese ohne Belang. Nun wird die menschliche Seele seit alters her als ein weiblich-empfangendes Wesen angesehen. Eckhart unterscheidet gemäß seiner Vorlage zwei verschiedene Gestalten, die Jungfrau und das Weib. «Jungfrau» ist demnach der Bildausdruck für den «magdlich und freien», den «von allen fremden Bildern ledigen» Menschen. Es ist der Mensch, der die «Abgeschiedenheit» konsequent in sich vollzogen hat. Allein ein solcher ist in der rechten Verfassung, um den Herrn Christus bei sich, also *in* sich aufzunehmen. Es ist der Mensch, der die erste Phase des mystischen Weges (*via purgativa*) gegangen ist.

«Weib», im Sinne von Eheweib, ist für Eckhart «der edelste Name, den man der Seele geben kann». Diese hohe Wertschätzung der Ehefrau vor der Ehelosen durch einen selbst ehelos lebenden Ordensmann, der vor Nonnen predigt, mag auf den ersten Blick verwundern. Doch um einen solchen äußeren Vergleich geht es dem Prediger eben nicht. Er meint ja «die Jungfrau, die ein Weib ist». Darin liegt nur ein scheinbarer Widerspruch. Denn gemäß seiner spirituellen Betrachtungsweise sind beide weiblichen Figuren dann identisch, wenn die eine Ausdruck der reinen Empfangsbereitschaft, die andere Ausdruck der (geistlichen) Fruchtbarkeit ist. Auch über die Art der Fruchtbarkeit besteht kein Zweifel: «Denn der ewige Vater gebiert seinen ewigen Sohn in dieser Kraft ohne Unterlaß so, daß diese Kraft den Sohn des Vaters und sich selbst als denselben Sohn in der einigen Kraft des Vaters mitgebiert.»

Man sieht, Eckhart ist bei seinem großen Thema, dem Thema aller christlichen Mystik. Auf die Textgrundlage bezogen, heißt das doch: Jungfrau und Eheweib, beide als spirituelle Einheit verstanden, stellen, allegorisch gedeutet, eine «Kraft der Seele» dar, in der der ewige Vater selbst schöpferisch-zeugend tätig wird. Er gebiert in der Menschenseele seinen Sohn. Die Gottesgeburt im Seelengrund ist das entscheidende Ereignis!

Mit anderen Worten: Das, was in der Fülle der Zeit (Gal. 4,4) im Heiligen Land geschah, und das, was der (historischen) Maria widerfuhr, das bleibt nicht allein einmaliges Geschichtsereignis, sondern es wird – mit Rudolf Steiner zu reden – zu einer «mystischen Tatsache».[16] Als solche ist sie zwar nicht weniger einzigartig, aber sie ist nicht länger ein einmaliges Widerfahrnis eines bestimmten historischen Menschen. Diese mystische Tatsache der Gottesgeburt im Seelengrund kann und soll sich vielmehr je und je ereignen, und zwar völlig unabhängig von Zeit und Raum. Ja, mehr noch: Ohne diese mystische Tatsache wird der «garstige Graben», den die inzwischen zweitausendjährige Geschichte aufgerissen hat, nicht überbrückt. Für den Mystiker wird das unwiderruflich Vergangene zu lebensvoller Gegenwart!

Sicher wird man nicht den Schluß ziehen dürfen, die «objektive» Heilstatsache werde vom subjektiven Heilserleben abhängig gemacht. Die im Geist des philosophischen Realismus denkenden Scholastiker und Mystiker des Dominikanerordens, und Eckhart mit ihnen, hatten alles andere im Sinn als eine derartige Subjektivierung der «großen Taten Gottes». Sie meinten spirituelle *Realität*, freilich eine solche – und das bedeutet keine Minderung –, die mystische Erfahrung und gläubige Gewißheit werden kann. Nicht anders will der Meister Eckhart und der seinem schlesischen Landsmann Jakob Böhme gleichermaßen verpflichtete Angelus Silesius im 17. Jahrhundert verstanden werden, wenn er in seinem *Cherubinischen Wandersmann* den bekannten Zweizeiler schreibt:

> Wird Christus tausendmal zu Bethlehem geboren,
> Und nicht *in* dir, du bleibst noch ewiglich verloren.

Eine mystische *Tatsache* ist also gemeint und nicht fromme Überschwenglichkeit eines «mystisch» Exaltierten! Das ist der Punkt, an dem sich Mystik von Mystizismus unterscheidet.

Schließlich weiß der Prediger von einer «Kraft» zu sagen, von der Wirkungen ausgehen und die durch keine menschliche Aktivität zu ersetzen ist. «In dieser Kraft ist Gott ohne Unterlaß glimmend und brennend mit all seinem Reichtum, mit all seiner Süßigkeit und mit all seiner Wonne.»

Von hier aus findet Meister Eckhart den Übergang zu dem anderen Bildwort seines Textes: «Burgstädtchen». In ihm sieht er eine biblische Entsprechung zu dem, was er bald «Kraft im Geiste», bald «Hut des Geistes», «Licht des Geistes» oder auch «Fünklein» (*scintilla*) genannt hat. Aber wie immer die Bezeichnungen auch lauten mögen, sie bleiben unzulängliche Versuche der Andeutung, denn – so fügt Eckhart hinzu –: «Es ist weder dies noch das; trotzdem ist es ein Etwas.» Trotzdem muß das Unnennbare bezeugt werden: «Es ist von allen Namen frei und aller Formen bloß, ganz ledig und frei, wie Gott ledig und frei ist in sich selbst. Es ist völlig eins und einfältig . . .» Und eben damit sieht der Prediger das «Burgstädtchen» oder «Bürglein» treffend beschrieben. Denn durch eben diese Einfalt – im Gegensatz zum Zwiespalt! – hebt sich die Seelenburg von allen anderen menschlichen bzw. innerweltlichen Qualitäten ab.

Nun wird Eckhart seine ersten Predigthörer besonders eindringlich gebeten haben, genau hinzuhören, wenn er fortfuhr: «Mit *dem* Teile – eben mit dem ‹Bürglein in der Seele› – ist die Seele Gott gleich, und sonst nicht!»

Unerhörtes ist damit ausgesprochen, mit Furcht und Zittern, und zugleich mit unaussprechlicher Freude des Geistes! Von frevlerischer Himmelsstürmerei keine Spur; keine Spur von leichtfertigen Vergottungsspekulationen eines vermessenen Freigeistes! Wir müssen uns vielmehr klarmachen, daß hier ein im Innersten Ergriffener seinen Geistesverwandten eine intimste Erfahrung anvertraut. Aber gibt es denn *diese* Geistesverwandten – einst und heute? Wie nahe liegen mystisches Emporgehobenwerden (*raptus*) und schwärmerische Selbsttäuschung beieinander!

Als habe er den Eindruck, schon zuviel gesagt oder spirituell noch nicht Gereiften ein Mysterium anvertraut zu haben, fügt der Prediger hinzu: «Könntet ihr *mit meinem Herzen* erkennen, so verständet ihr wohl, was ich sage; denn es ist wahr, und die Wahrheit sagt es selbst.» Dieser Satz ist ein Indiz mehr für die Kompetenz Meister Eckharts, aus eigener mystischer Erfahrung heraus zu sprechen. So bedarf die im eigenen Herzen empfangene Wahrheit keiner äußeren Stütze durch literarische Autoritäten oder kirchliche Amtsträger.

Die Pflege einer frommen Innerlichkeit birgt aber auch Gefahren. Die kennt Eckhart als klösterlicher Beichtvater und Seelenführer aus eigener Beobachtung, wenn Menschen sich zwar an spirituellen Gütern laben, sich jedoch wenig um ihre alltäglichen Aufgaben kümmern, indem sie ihre Weltverantwortung vernachlässigen. Eckhart kennt jene Leute genau, die – wie er einmal sagt – Gott ansehen und lieben wie eine Kuh, von der sie einen bestimmten Nutzen erwarten. «Die aber lieben Gott nicht recht, sondern sie lieben ihren Eigennutz. Ja, ich sage bei der Wahrheit: Alles, worauf du dein Streben richtest, was nicht Gott in sich selbst ist, das kann niemals so gut sein, daß es dir nicht ein Hindernis für die höchste Wahrheit ist.»[17]

In einer weiteren Predigt über Lukas 10, in deren Mittelpunkt das Schwesternpaar Maria und Martha steht, antwortet Eckhart auf die Frage nach dem Verhältnis der beiden einander entgegengesetzten Seelenhaltungen: der meditativ nach innen gekehrten und der aktiven Hinwendung zur Welt. Das Evangelium charakterisiert die beiden Frauen eindeutig: Maria, die aufmerksam auf Jesu Rede hört, verkörpert somit den meditativen Typus; Martha hingegen, die um ihre Hausfrauenpflicht Besorgte, den aktiven. Und was den Mystiker anlangt, so scheint klar zu sein, welche Seelenhaltung er – übrigens in Übereinstimmung mit dem Evangelisten! – höher einschätzt. Doch es kommt anders:[18]

Wohl anerkennt Meister Eckhart bei Maria «ein großes unaussprechliches Verlangen», die Güte Gottes in sich aufzunehmen und das ewige Wort aus dem Mund Christi zu schöpfen. Aber gleichzeitig sieht er Maria im Wohlgefühl eines kontemplativen Genießens schwelgen: «Wir hegen den Verdacht, daß sie, die liebe Maria, irgendwie mehr um des wohligen Gefühls als um des geistigen Gewinns willen dagesessen sei. Deshalb sprach Martha: ‹Herr, heiße sie aufstehen!›, denn sie fürchtete, daß sie [Maria] in diesem Wohlgefühl steckenbliebe und nicht weiterkäme.»

Wir werden sicher nicht fehlgehen, wenn wir annehmen, daß diese Deutung durch eine wohlerwogene seelsorgerliche Absicht motiviert ist. Meister Eckhart versucht solche Zuhörer(innen) in besonderer Weise anzusprechen, die sich gern auf ein passives Kontemplieren zurückziehen und ihre Alltagspflichten darüber vernachlässigen. Bemerkenswert ist es zweifellos, daß ausgerechnet die aktive Martha als die menschlich wie spirituell Gereiftere vorgestellt wird, indem Eckhart ihr dieses Sorgen um die geistig-geistliche Entwicklung ihrer Schwester beimißt. In Eckharts Augen zeichnet sich Martha durch ein «gereiftes Alter» und durch einen «bis ins Alleräußerste durchgeübten (Seins-)Grund» aus. Statt noch lernen zu müssen oder gar untätig herumzusitzen, und sei es zu Jesu Füßen, besaß Martha «alles, was es an zeitlichem und ewigem Gut gab und eine Kreatur besitzen sollte, vollends». Ihr Tätigsein war demnach nicht blinder, selbstvergessener Aktionismus, dem es an innerem Verstehen mangelt. Ganz im Gegenteil: Eckhart erblickt in der tätigen Martha einen Menschen, der das Marienstadium der spirituellen Entwicklung bereits hinter sich hat, weil er schon in der Lage ist, das auf dem Innenweg Erfahrene und Empfangene nun im äußeren Werk fruchtbar zu machen. Ein solches Werk mindert die ewige Seligkeit nicht, um die es letztlich geht. «Denn dazu sind wir in die Zeit gestellt, daß wir durch vernunfterhelltes ‹Gewerbe› in der Zeit Gott näher und ähnlicher werden», kommentiert Eckhart.

Sehen wir einmal davon ab, welche Überlegungen Meister Eckhart in dieser Predigt in den Rahmen seiner allegorischen Schriftauslegung einspannt, so wird doch eines klar, nämlich daß alles Wirken in der Zeit, das aus einer solchen Grundhaltung heraus geschieht, wie Eckhart sie in der Gestalt der Martha verkörpert sieht, «ebenso adelig [sei] wie irgendwelches Sich-Gott-Verbinden». Martha wird auf diese Weise zum Typus des mystischen Menschen schlechthin. Und das ist einer, der nicht im ekstatischen «Wohlgefühl in der Süße» religiöser Exaltiertheit steckenbleibt, sondern der vielmehr «in gereifter, wohlgefestigter Tugend und in einem unbekümmerten Gemüt, ungehindert von allen Dingen» tätig wird, und zwar mitten in der Welt. Der Weg des Mystikers im Eckhartschen Sinne erstreckt sich demzufolge nicht allein auf die *«via meditativa»*, auf die Wendung nach innen, sondern als dessen notwendige Folge auch auf die *«via activa»*, die Wendung zum äußeren Werk. Das ist der Punkt, an dem sich christliche Spiritualität von einem weltflüchtigen Spiritualismus entfernt. Der Meister der deutschen Mystik korrigiert damit jene Fehleinschätzungen, denen mystische Spiritualität immer noch hin und wieder ausgesetzt ist.

Die Weltwirklichkeit bleibt demnach nicht sich selbst überlassen, als sei sie etwa eine minderwertige Schöpfung und ihres Schöpfers nicht würdig. Nur eine kurzschlüssige Deutung, die die Intention des Meisters verfehlt, wird dergleichen behaupten wollen. Denn wer mit Gott wahrhaft vereint ist, der trennt sich nicht von ihm, wenn er sich den Aufgaben zuwendet, die das Leben mitten in der Welt zuweist. Und eben dieses Bewußtsein zu haben und Impulse für die Christusnachfolge freizusetzen, ist Eckharts Anliegen in der Predigt über Maria und Martha. Aber wurde der Ausleger auch verstanden, bedenkt man vor allem, daß Eckhart dem Wortsinn des Evangelienabschnitts diametral entgegensteht?

Daß er dennoch verstanden wurde, dafür gibt es allenfalls einen Beleg aus dem Bereich der Kunst. Zumindest läßt sich ein Bild des holländischen Malers Pieter Aertsen (um 1550) zu unserem Thema als Realisation der Eckhartschen Deutung betrachten: Da sieht man die geschäftige Martha als Küchenmeisterin, die weitere Mitarbeiter zum Dienst einteilt. Zusammen mit den Beständen einer reichausgestatteten Vorratskammer beherrscht sie das Bildgeschehen im Vordergrund. Jesus und die Schar derer, die wie Maria ihm zuhören und sich um diese zur Schau gestellte Geschäftigkeit nicht weiter kümmern, bleiben klein und kaum erkennbar im Hintergrund...

Der Japaner Shitsuteru Ueda, der Text und Bild einer Analyse unterzogen hat, indem er Eckharts Menschenbild mit der Praxis des Zen verglich, kommt zu dem Ergebnis:

«Die Rückkehr zur Weltwirklichkeit ist für Martha zugleich der reale Vollzug des Durchbruchs durch Gott hindurch bis zum Grund, das heißt zum überbildlich-bildlosen Wesen Gottes, zum Nichts der Gottheit; und in eins mit diesem Durchbruch vollzieht sich die Rückkehr Gottes zu seinem eigenen Grund, zum Nichts der Gottheit.»[19]

Unnötig zu sagen, daß unter diesem «Nichts» nicht etwa das Nichtige zu verstehen ist, sondern die alle Bilder, auch alle Gottesbilder übersteigende Wirklichkeit. Hier besteht eine innere Korrespondenz zwischen dem Vertreter des Zen-Buddhismus und der «negativen» Theologie eines Dionysius Areopagita, der so stark innerhalb der mystischen Tradition des Mittelalters gewirkt hat. Gott muß für den Menschen «entwerden», damit er (in des Wortes voller Bedeutung) *ist*, und zwar «in allen Dingen». Das ist das große Paradox, dem der Mystiker ausgesetzt ist: Der «weiselose» Gott (die «Gottheit»), wie Eckhart ihn erlebt und verkündet hat, tritt aus seinen Finsternissen heraus und wird «Fleisch». Und auf den Menschen angewandt: Wird dieser Weg der Verneinung (*via negationis*) konsequent zu Ende gegangen, dann läßt sich auch einsehen, weshalb Meister Eckhart diese Umdeutung des Evangelientextes vollziehen *mußte*.

Von hier aus wenden wir uns einem letzten Beispiel für die Eckhartsche Predigtweise zu. Seine Auslegung steht unter dem Wort: «*Beati pauperes spiritu* – Selig sind die Armen im Geiste...» Diese erste der Seligpreisungen aus der Bergpredigt Jesu (Matth. 5,3) gehört zu den großen und zugleich vielfach mißverstandenen Worten, die für den spirituell Suchenden von eminenter Bedeutung sind. Doch was heißt hier Armut? – Arm ist, wer nichts will, nichts weiß und nichts hat, sagt der Prediger.[20] Erinnern wir uns, welch große Bedeutung Eckhart dem Willen beimißt, dann fällt nun der Verzicht auf jegliches Wollen auf. Hier spricht Eckhart jene an, die sich wohl allerlei Übungen und frommen Exerzitien der Buße hingeben, jedoch «an ihrem selbstischen Ich» festhalten. «Diese Menschen heißen heilig aufgrund des äußeren Anscheins, aber von innen sind sie Esel, denn sie erfassen nicht den [genauen] eigentlichen Sinn göttlicher Wahrheit.»

Eckhart geht so weit zu sagen, daß selbst der an sich lobenswerte Wille, «den allerliebsten Willen Gottes erfüllen zu *wollen*», dem Wort der ersten Seligpreisung fernbleibe. «Denn soll der Mensch wahrhaft Armut haben, so muß er seines geschaffenen Willens so ledig sein, wie er's war, als er [noch] nicht war.» – Entsprechendes gilt vom Wissen. Auch Wissen, allgemeines wie theologisches Wissen, steht allzuoft der Armut im Geiste im Weg: «Der Mensch, der diese Armut haben soll, der muß so leben, daß er nicht [einmal] weiß, daß er weder sich selber noch der Wahrheit lebe. Er muß vielmehr so ledig sein alles seines Wissens, daß er nicht wisse noch erkenne, noch empfinde, daß Gott in ihm lebt.»

Hier ist die *«via negationis»*, der Weg der Verneinung, folgerichtig zu Ende gegangen. Was nun die Armut an Besitz angeht, so trifft Eckharts Predigt gerade in jene Zeit, in der, wie erwähnt, die große Armutsbewegung mit den «Armen von Lyon» und Petrus Waldus (Waldenser) an der Spitze, von Franz von Assisi und anderen ins Leben gerufen, ganz Europa erfaßt hat. Eckhart begnügt sich freilich auch hier nicht mit der bloßen Forderung nach Aufgabe von Eigentum. Der Mensch selbst muß «ledig» werden: «Denn Gott strebt für sein Wirken nicht danach, daß der Mensch eine Stätte in sich habe, darin Gott wirken könne; sondern *das* [allein] ist Armut im Geiste, wenn der Mensch so ledig Gottes und aller seiner Werke steht, daß Gott, dafern er in der Seele wirken wolle, jeweils *selbst* die Stätte sei, darin er wirken will.» Jetzt erst und da erst ist die «Armut im Geiste» Ereignis geworden. Jetzt erst beginnt Gottes Gottheit für den Menschen zu existieren.

Ein gewaltiger Durchbruch muß sich – «allein aus Gnaden!» – vollziehen, soll das Wort der ersten Seligpreisung in seiner spirituellen Dimension wahr werden. «In dem Durchbrechen, wo ich ledig stehe meines Willens und des Willens Gottes und aller seiner Werke und Gottes selber, da bin ich über allen Kreaturen und bin weder ‹Gott› noch Kreatur, bin vielmehr, was ich war und was ich bleiben werde, jetzt und immerfort. Da empfange ich einen Aufschwung, der mich bringen soll über alle Engel. In diesem Aufschwung empfange ich so großen Reichtum, daß Gott mir nicht genug sein kann mit allem dem, was er als ‹Gott› ist...»

Eine Verständnishilfe mag es sein, wenn man darauf hinweist, daß immer dann, wenn der Mystiker häretisch anmutende Aussagen über «Gott» macht, das stets vorläufig bleibende, zeitbedingte Gottes*bild* und die jeweils zu transzendierende Gottes*vorstellung* gemeint ist, nie der verborgene Gott (*deus absconditus*) selbst. So kümmert es den Prediger Eckhart letztlich gar nicht, daß er da oder dort nicht recht verstanden wird, weil er in ungeheuerlichen Negationen oder Paradoxien spricht. Es geht ja gar nicht um ein rationales Verstehen, sondern um «unmittelbares» Begreifen der Wahrheit. Unmittelbarkeit aber ist nicht verfügbar, sie ist dem Wollen und Machen des Menschen entzogen. Das zuzugeben und der eigenen Armut im Geist innezuwerden, ist schon der Anfang des Weges, zu jener Armut im Sinne der ersten Seligpreisung zu gelangen. Und um diese Armut im Geiste ist es Meister Eckhart zu tun.

In der Predigt zum 2. Kapitel des Matthäus-Evangeliums – Wo ist nun der König der Juden? – zieht Meister Eckhart den Schluß:

«So also ist dein Unwissen kein Mangel, sondern deine oberste Vollkommenheit, und dein Erleiden ist so dein höchstes Wirken. Und so, in dieser Weise, mußt du dich aller deiner Betätigungen entschlagen und alle deine Kräfte zum Schweigen bringen, wenn du wirklich diese Geburt [Gottes] in dir erfahren willst. Willst du den neugeborenen König finden, so mußt du alles, was du sonst finden magst, überlaufen und hinter dich werfen.»[21]

Daß mystisches Erkennen eine tiefgreifende Wandlung des Menschen zur Voraussetzung hat, steht für Eckhart außer Frage. Am Schluß seiner Armutspredigt heißt es hierzu: «Solange der Mensch dieser Wahrheit nicht gleicht, solange wird er diese Rede nicht verstehen. Denn es ist eine unverhüllte Wahrheit, die da gekommen ist aus dem Herzen Gottes unmittelbar.»[22]

Damit ist unmißverständlich ausgesprochen: Mystisches Erkennen muß den Bannkreis des dinghaften Subjekt-Objekt-Wissens durchbrechen. Unmittelbarkeit ist herzustellen, und zwar eine solche, bei der der Erkennende sich in einen Prozeß der

Verwandlung hineinbegibt. Das christliche Mysterium der Wandlung, das Geheimnis vom (mystischen) Sterben und Auferstehen findet in diesem Erkennen die ihm entsprechende Form der Verwirklichung. Deshalb begegnen wir in der dritten Predigt einer Einsicht Eckharts, die immer wieder zum Gegenstand der eigenen Betrachtung und «Innerung» erhoben werden sollte: «Was immer zu Gott kommt, das wird verwandelt; so geringwertig es auch sei, wenn wir es zu Gott bringen, so entfällt es sich selbst.»[23]

Was schließlich die Wirkungsgeschichte des Meisters[24] anbelangt, so steht fest: «Eckhart hat der ganzen deutschen Mystik der Zeit nach ihm seinen Stempel aufgedrückt. Und die leuchtendsten Gestalten dieser Bewegung schlossen sich offen ihm an.»[25] Das trifft nicht allein für seine beiden jüngeren Ordensbrüder Heinrich Seuse und Johannes Tauler zu. Gewiß bedeutete die kirchenamtliche Verketzerung einiger seiner Sätze keine Empfehlung. Vorsicht war geboten, wollte man sich nicht dem Verdacht der Freigeisterei aussetzen und die dafür vorgesehene Strafe erleiden. Aber nicht jeder fühlte sich an das Verdammungsurteil gebunden. Ein als Scholastiker so prominenter Philosoph wie Wilhelm von Ockham (Occam), der um 1337 in München tätig war, vertrat die Auffassung, Eckhart sei überhaupt nicht rechtskräftig geprüft worden. Wohl hört man aus dem Kloster Groenendaal bei Brüssel und von seinem geistlichen Leiter, dem Mystiker Jan van Ruusbroec, allerlei Kritisches über den Meister. Dafür sorgen die geistlichen Söhne Brunos von Köln, die Kartäuser-Mönche, für die Abschrift und Weitergabe Eckhartscher Schriften. Das trifft im 15. Jahrhundert auch für Nikolaus von Kues, den großen Cusanus[26], den Bischof, Theologen und Philosophen zu, in dessen Denken der Geist Eckhart weiterwirkt. Dann freilich verblaßt der Ruf des Meisters. Und soweit von deutscher Mystik die Rede ist, werden andere Namen genannt, etwa der Johannes Taulers, zum Beispiel bei Martin Luther und in der Folgezeit.

Erst im frühen 19. Jahrhundert beginnt Meister Eckhart von neuem aus etwa fünfhundertjähriger Vergessenheit aufzutauchen. Die einen meinen in ihm den Ahnherrn einer «dogmenlosen» Religiosität zu erblicken, andere begrüßen ihn als «Meister der deutschen Spekulation» (J. Bach, 1864). Die Wiederentdekkung verbindet sich immerhin mit Namen wie J. G. Fichte, G. F. Hegel, Karl Rosenkranz, Joseph von Görres oder Franz von Baader. Letzterer erzählt einmal: «Ich war mit Hegel in Berlin sehr häufig zusammen. Einstens [1824] las ich ihm nun auch aus Meister Eckhart vor, den er nur dem Namen nach kannte. Er war so begeistert, daß er den folgenden Tag eine ganze Vorlesung über Eckhart vor mir hielt und am Ende noch sagte: Da haben wir es ja, was wir wollen!»[27] Wie noch zu zeigen sein wird, hat sich der Theosoph und bedeutende Philosoph Baader auch für Jakob Böhme eingesetzt.

Die Eckhart-Begeisterung trieb freilich auch fragwürdige Blüten. Jahrzehntelang mußte man sich mit den zwar verdienstvollen, aber philologisch doch unzureichenden Neuverdeutschungen des mittelhochdeutsch (früh-neuhochdeutsch) schreibenden Autors begnügen, ehe – etwa ab 1936 – die historisch-kritische Edition der *Deutschen Werke* (DW) – vor allem dank der Forschungen von Josef Quint – neben der Edition der *Lateinischen Werke* (LW) die Beschäftigung mit der Hauptfigur der deutschen Mystik auf eine solide Textgrundlage stellte. Vor nationaler bzw. übler nationalistischer Vereinnahmung war Eckhart jedoch nicht sicher. Man denke nur an die gewaltsame Mißdeutung in Alfred Rosenbergs berüchtigtem *Mythus des 20. Jahrhunderts*.

Auf anderer Ebene vollzieht sich die Eckhart-Rezeption in der modernen Tiefenpsychologie, namentlich in der Analytischen Psychologie C. G. Jungs. In seinem Vorwort zu D. T. Suzukis Werk *Die große Befreiung* vergleicht C. G. Jung Aussagen aus Eckharts Armutspredigt mit dem zen-buddhistischen Satori-Erlebnis, welches einer Ablösung des Ich durch das Selbst entspreche.[28] Natürlich geht es dem empirisch arbeitenden Tiefenpsychologen nicht darum, bei dem mittelalterlichen Mystiker irgendwelche Anleihen zu machen; aber die Eckhart-Texte dienen Jung als sogenannte Amplifikationen, das heißt als historische Materialien, mit denen sich psychische Hervorbringungen des heutigen Menschen «anreichern» und insofern besser verstehen lassen. Weiteren Kreisen ist die Eckhart-Interpretation Erich Fromms bekannt geworden. Ihm zufolge sind zwei Existenzweisen oder Lebenshaltungen zu unterscheiden. Die eine wird durch den Modus des Seins, die andere durch den des Habens bestimmt. In der Dominanz von Sein oder Haben offenbare sich der Geist einer Gesellschaft. Fromm spricht es unmißverständlich aus: «Die Tendenz zum Haben ist charakteristisch für den Menschen der westlichen Industriegesellschaft, in der die Gier nach Geld, Ruhm und Macht zum beherrschenden Thema des Lebens wurde...»[29] Auch wenn diese Deutung nur auf begrenztes Verständnis gestoßen ist, kann sie doch als Beleg für eine aktuelle Rezeptionsmöglichkeit Meister Eckharts betrachtet werden. Dietmar Mieth, einer der wenigen unter den Eckhart-Experten, von denen sich Fromm bestätigt sieht, bemerkt hierzu: «Eckhart ist gewiß kein Krisenlöser für moderne Probleme; und primär sollte man fragen, was er *seiner* Zeit zu sagen hatte. Aber eben diese Frage stellen wir als Menschen unserer Zeit, und so reicht sie unvermeidlich bereits in unsere Zeit hinein.»[30]

Die Frage der Wirkungsgeschichte Meister Eckharts im Rahmen des west-östlichen Dialogs wurde eingangs berührt. Es entspricht dem Wesen eines echten Dialogs, daß eine Frage, hier die nach Person und Werk Eckharts, von beiden Seiten her gestellt und zu beantworten versucht wird. Als Gesprächspartner im Osten können u. a. gelten: D. T. Suzuki, Kitaro Nishida, Keiji Nishitani, Shitsuteru Ueda;[31] im Westen Rudolf Otto,[32] Ernst Benz, Hans Waldenfels und unter dem Aspekt der von ihm entwickelten «Initiatischen Therapie» Karlfried Graf Dürckheim, der in seiner existential-psychologischen Bildungsstätte in Todtmoos-Rütte eine Synthese westlicher und östlicher Spiritualität als eine Form der Menschenführung praktiziert hat. «Der Zugang zum Zen erleichterte meine Vertrautheit mit Meister Eckhart», betont der aus mehrjähriger Japan-Erfahrung schöpfende Meditationslehrer.[33]

Wie hätte Eckhart selbst zum Thema der Begegnung der beiden geistigen Hemisphären Stellung bezogen? Ganz abwegig ist diese Frage nicht, bedenkt man, welche unterschiedlichen spirituellen Strömungen in seinem Werk zusammengeflossen sind. Er hat es aber verstanden, das Fremde zum Eigenen in Beziehung zu setzen, ja beide miteinander zu verschmelzen. Ihm war klar: «Mitnichten sind die Menschen alle auf *einen* Weg zu

Gott gerufen.» Jedenfalls ist für ihn die Berechtigung vieler Wege unstrittig. Seine Empfehlung lautet:

«Ein jeder behalte seine gute Weise und beziehe alle [anderen] Weisen darin ein und ergreife in seiner Weise alles Gute und alle Weisen . . . Denn Gott hat der Menschen Heil nicht an irgendeine besondere Weise gebunden.»[34]

Zeugnisse und Leitworte

Vom Adel des inneren Menschen, des Geistes, und vom Unwert des äußeren Menschen, des Fleisches . . .

Die erste Stufe des inneren und des neuen Menschen, spricht Sankt Augustinus, ist es, wenn der Mensch nach dem Vorbilde guter und heiliger Leute lebt, dabei aber noch an den Sühlen geht und sich nahe bei den Wänden hält, sich noch mit Milch labt.

Die zweite Stufe ist es, wenn er jetzt nicht nur auf die äußeren Vorbilder, [darunter] auch auf gute Menschen, schaut, sondern läuft und eilt zur Lehre und zum Rate Gottes und göttlicher Weisheit, kehrt den Rücken der Menschheit und das Antlitz Gott zu, kriecht der Mutter aus dem Schoß und lacht den himmlischen Vater an.

Die dritte Stufe ist es, wenn der Mensch mehr und mehr sich der Mutter entzieht und er ihrem Schoß ferner und ferner kommt, der Sorge entflieht, die Furcht abwirft, so daß, wenn er gleich ohne Ärgernis aller Leute [zu erregen] übel und unrecht tun könnte, es ihn doch nicht danach gelüsten würde; denn er ist in Liebe so mit Gott verbunden in eifriger Beflissenheit, bis der ihn setzt und führt in Freude und in Süßigkeit und Seligkeit, wo ihm alles das zuwider ist, was ihm [Gott] ungleich und fremd ist.

Die vierte Stufe ist es, wenn er mehr und mehr zunimmt und verwurzelt wird in der Liebe und in Gott, so daß er bereit ist, auf sich zu nehmen alle Anfechtung, Versuchung, Widerwärtigkeit und Leid-Erduldung willig und gern, begierig und freudig.

Die fünfte Stufe ist es, wenn er allenthalben in sich selbst befriedet lebt, still ruhend im Reichtum und Überfluß der höchsten unaussprechlichen Weisheit.

Die sechste Stufe ist es, wenn der Mensch entbildet ist und überbildet von Gottes Ewigkeit und gelangt ist zu gänzlich vollkommenem Vergessen vergänglichen und zeitlichen Lebens und gezogen und hinüberverwandelt in ein göttliches Bild, wenn er Gottes Kind geworden ist. Darüber hinaus noch höher gibt es keine Stufe, und dort ist ewige Ruhe und Seligkeit, denn das Endziel des inneren Menschen und des neuen Menschen ist: ewiges Leben. *Vom edlen Menschen*, Quint 142 f.

Was unser Herr einen «edlen Menschen» nennt: Man muß nämlich auch wissen, daß diejenigen, die Gott unverhüllt erkennen, mit ihm zugleich die Kreaturen erkennen; denn die Erkenntnis ist ein Licht der Seele, und alle Menschen begehren von Natur nach Erkenntnis, denn selbst böser Dinge Erkenntnis ist gut.

Nun sagen die Meister: Wenn man die Kreatur in ihrem eigenen Wesen erkennt, so heißt das eine «Abenderkenntnis», und da sieht man die Kreaturen in Bildern mannigfaltiger Unterschiedenheit; wenn man aber die Kreaturen in Gott erkennt, so heißt und ist das eine «Morgenerkenntnis», und auf diese Weise schaut man die Kreaturen ohne alle Unterschiede und aller Bilder entbildet und aller Gleichheit entkleidet in dem Einen, das Gott selbst ist...

Nun hat es etliche Leute bedünkt, und es scheint auch ganz glaubhaft, daß Blume und Kern der Seligkeit in jener Erkenntnis liegen, bei der der Geist erkennt, *daß* er Gott erkennt.

A. a. O. 146

Wenn aber die Seele erkennt, *daß* sie Gott erkennt, so gewinnt sie zugleich Erkenntnis von Gott und von sich selbst. A. a. O. 148

Ich dachte neulich darüber nach, ob ich von Gott etwas nehmen oder begehren wollte. Ich will es mir sehr wohl überlegen, denn wenn ich von Gott [etwas] nehmen würde, so wäre ich unter Gott wie ein Knecht und er im Geben wie ein Herr. So aber soll es mit uns nicht sein im ewigen Leben... Wenn der Mensch etwas von außerhalb seiner selbst bezieht und nimmt, so ist das nicht recht. Man soll Gott nicht als außerhalb von einem selbst erfassen und ansehen, sondern als mein Eigen und als das, was *in* einem ist...

Gott und ich, wir sind *eins*. Durch das Erkennen nehme ich

Gott in mich hinein; durch die Liebe hingegen gehe ich in Gott ein. Manche sagen, die Seligkeit liege nicht im Erkennen, sondern allein im Willen. Die haben unrecht; denn läge sie allein im Willen, so handelte es sich nicht um Eines. Das Wirken und das Werden aber ist eins. Wenn der Zimmermann nicht wirkt, wird auch das Haus nicht. Wo die Axt ruht, ruht auch das Werden. Gott und ich, wir sind eins in solchem Wirken; er wirkt, und ich werde. *Deutsche Predigten*, Quint 186 f.

Darum bitte ich Gott, daß er mich Gottes quitt mache; denn mein wesentliches Sein ist oberhalb von Gott, sofern wir Gott als Beginn der Kreaturen fassen. In jedem Sein Gottes nämlich, wo Gott über allem Sein und über aller Unterschiedenheit ist, dort war ich selbst, da wollte ich mich selber und erkannte mich selber [willens], diesen Menschen [d. h. mich] zu schaffen. Und darum bin ich Ursache meiner selbst, meinem *Sein* nach, das *ewig* ist, nicht aber meinem *Werden* nach, das zeitlich ist. Und darum bin ich ungeboren, und nach der Weise meiner Ungeborenheit kann ich niemals sterben. Nach der Weise meiner Ungeborenheit bin ich ewig gewesen und bin ich jetzt und werde ich ewiglich bleiben ... wäre aber ich nicht, so wäre auch «Gott» nicht: daß Gott «Gott» ist, dafür bin ich die Ursache; wäre ich nicht, so wäre Gott nicht «Gott». Dies zu wissen, ist nicht not.

Ein großer Meister sagt, daß sein Durchbrechen [zu Gott] edler sei als sein Ausfließen [aus Gott], und das ist wahr: Als ich aus Gott floß, da sprachen alle Dinge: Gott ist. Dies aber kann mich nicht selig machen, denn hierbei erkenne ich mich als Kreatur. In dem Durchbrechen aber, wo ich ledig stehe meines eigenen Willens und des Willens Gottes und aller seiner Werke und Gottes selber, da bin ich über allen Kreaturen und weder «Gott» noch Kreatur, bin vielmehr, was ich war und was ich bleiben werde jetzt und immerfort. Da empfange ich einen Aufschwung, der mich bringen soll über alle Engel. In diesem Aufschwung empfange ich so großen Reichtum, daß Gott mir nicht genug sein kann mit allem dem, was er als «Gott» ist, und mit allen seinen göttlichen Werken; denn mir wird in diesem Durchbrechen zuteil, daß ich und Gott eins sind. Da bin ich, was ich war ...

A. a. O. 308 f.

Wiewohl alles gut und göttlich sein mag, so ist es doch alles von außen durch die Sinne hereingetragen; es muß aber einzig und allein *von innen* herauf aus Gott herausquellen, wenn diese Geburt eigentlich und lauter dort leuchten soll, und dein ganzes Wirken muß zum Erliegen kommen, und alle deine Kräfte müssen dem *Seinen* dienen, nicht dem Deinen. Soll dies Werk vollkommen sein, so muß Gott allein es wirken, und du mußt es lediglich erleiden. Wo du aus deinem Willen und deinem Wissen wahrhaft ausgehst, da geht Gott wahrhaft und willig mit *seinem* Wissen ein und leuchtet da strahlend. Wo Gott sich so wissen soll, da kann dein Wissen nicht bestehen noch dazu dienlich sein. Du darfst nicht wähnen, daß deine Vernunft dazu aufwachsen könne, daß du Gott zu erkennen vermöchtest. Vielmehr: Wenn Gott *göttlich* in dir leuchten soll, so hilft dir dein natürliches Licht ganz und gar nichts dazu, sondern es muß zu einem lauteren Nichts werden und sich seiner selbst ganz entäußern; *dann* [erst] kann Gott mit *seinem* Licht einziehen, und er bringt [dann] alles das [wieder] mit sich herein, was du aufgegeben hast, und tausendmal mehr, überdies eine neue Form, die alles in sich beschlossen hält...

Willst du Gott auf *göttliche* Weise wissen, so muß dein Wissen zu einem reinen Unwissen und einem Vergessen deiner selbst und aller Kreaturen werden...

Du kannst niemals besser dastehen, als wenn du dich völlig in Finsternis und in Unwissen versetzest. A. a. O. 432 f.

Heinrich Seuse – Mystiker des Herzens

Es liegt in der Natur der Sache bzw. der menschlichen Psyche begründet, daß jede innere Erfahrung durch die individuellen Voraussetzungen dessen geprägt ist, der sie macht. Seine Art, zu denken, zu fühlen, zu wollen, die eine oder andere seelische Funktion zu aktivieren, schlägt sich im Leben und Handeln jeweils nieder. Das trifft in besonderer Weise in der religiösen Mystik zu. Man vergleiche nur Meister Eckhart und seine beiden vielgenannten Schüler: Heinrich Seuse und Johannes Tauler.

Während Eckhart eine ungeheure Kraft entwickelt, mit der er die philosophische Spekulation bis zur Unio mystica vorantreibt, ist der Mystiker vom Bodensee, Heinrich Seuse, ein Mensch, dem der ganze Reichtum religiöser Gefühlserlebnisse zu Gebote steht: «Was er denkt oder nachdenkt, setzt sich in seelische Bewegung um, die alle Affekte aufregt: die schweifende Wehmut unstillbaren Minnedrangs, das frohe und schmerzliche Mitgefühl mit allem Erschaffenen, die Wonne der ekstatischen Hingabe und die Qual der religiösen Selbstbekämpfung, die in der asketischen Peinigung des Leibes alles Maß vergißt.»[1] Tauler hingegen, «der markigste deutsche Prediger, der seit Berthold von Regensburg mit der Waffe des geistlichen Worts gegen die Schäden der Gesellschaft stritt»[2], bietet uns das Bild willensbetonter Männlichkeit. Daß es, psychologisch gesehen, natürlich keinen «reinen Typus» gibt, muß nicht eigens betont werden. Beide Eckhart-Schüler wollen und können nicht verleugnen, zu wessen Füßen sie einst gesessen, von wem sie gelernt haben, auch wenn die Art dieser Schülerschaft nicht in jeder Hinsicht zu dokumentieren ist.

Am 21. März, dem St. Benediktstag, um oder nach 1295, wird

Heinrich Seuse in Konstanz geboren. Er ist demnach mindestens fünfunddreißig Jahre jünger als sein Kölner Lehrmeister. Er entstammt einem Adelsgeschlecht: Seine Vorfahren sind die Herren von Berg, die aus der benachbarten Schweiz an den Bodensee übergesiedelt sind. Ihr Stadthaus, einst in der St. Paulsgasse gelegen, heute Hussenstr. Nr. 39, wurde Seuses Geburtshaus. Nicht untypisch ist es, daß der fromme Mystiker sich nicht nach seinem Vater nannte, sondern den Familiennamen der Mutter adaptierte. Sie war eine geborene Süß – daher Seuse – aus dem nahe gelegenen Überlingen; «Suso» ist die latinisierte Namensform.

Schon in jungen Jahren, ehe es die klösterlichen Regeln vorsehen, vertrauen die Eltern den erst Dreizehnjährigen den Konstanzer Mönchen zur Erziehung und zur geistlichen Ausbildung an. Heinrichs Schule wird das Dominikanerkloster, das auf einer Bodenseeinsel der Stadt vorgelagert ist. Ohne besondere Eindrücke zu empfangen, läßt er fünf Jahre lang die ersten religiösen Unterweisungen über sich ergehen. Dann aber tritt das Besondere ein:

Mit etwa achtzehn Jahren durchlebt er die «geschwinde Kehre». Spontan überkommt den jungen Mann die Einsicht, daß der Weg der strengen Askese, wie er sie aus den Lebensbeschreibungen der Wüstenväter und Einsiedler kennt, und der Weg einer konsequenten Einkehr auch sein eigener Weg ist. Sein Blick richtet sich auf die «ewige Weisheit» (*sapientia*). Aber im Gegensatz zu Meister Eckhart gibt er sich nicht etwa philosophischen Exerzitien hin, wie sie die großen Lehrer und Kommentatoren der Scholastik vorzeichnen, sondern harten Bußübungen. Indem er fastet und seinen jugendlichen Leib martert und geißelt, hofft er, der Schau der «ewigen Weisheit», der göttlichen Sophia, gewürdigt zu werden. Tatsächlich stellen sich erste übersinnliche Erlebnisse ein. Die Begleiterscheinungen der geradezu existenzbedrohenden physischen Peinigung aber lassen Seuse später zu der Einsicht gelangen, daß er seinem Weg eine andere Wendung geben muß. Ihm wird klar, daß eine gewisse Mäßigung geboten ist. Als Seelenführer zieht er daraus eine wichtige Lehre: Eine spirituelle Übung muß der jeweiligen Persönlichkeitsstruktur des betreffenden Menschen entsprechen. Nicht jede Übung schickt sich für jeden. Es bedarf dabei einer sorgfältigen Abstimmung und Individualisierung. (Eine wichtige Einsicht, bedenkt man, mit welcher Unbekümmertheit heutzutage die verschiedensten Übungssysteme und meditativen Methoden als gut «für alle» angeboten werden!)

So rät er beispielsweise einer Ordensfrau: «Liebe Tochter! Willst du dein geistliches Leben nach meiner Lehre richten, wie du es von mir gefordert hast, so laß solche übermäßige Strengheit unterwegs, weil es deiner fraulichen Schwachheit und wohlgeordneten Natur nicht zugehört. Der liebe Christus sprach nicht: ‹Nehmet *mein* Kreuz auf euch!› Er sprach: ‹Jeder Mensch nehme *sein* Kreuz auf sich!› Sieh nicht darauf, der Altväter Strengheit zu erfüllen oder die harten Übungen deines geistlichen Vaters; nimm dir aus dem allen auch für dich selbst ein Teil heraus, das du wohl vollbringen mögest mit deinem schwachen Leibe...»[3]

Doch zurück zu Seuses Ausbildungsgang: Im Jahre 1324 sendet ihn die Ordensleitung zum Studium generale nach Köln, also dorthin, wo Meister Eckhart sein Lehrer sein wird. Welch tiefen Eindruck der «selige, heilige, hohe Meister» auf den Schüler gemacht hat, läßt sich unschwer Seuses späteren Schriften entnehmen. Der etwa zweijährige Aufenthalt in Köln fällt übrigens in die Zeit, in der der Meister das Opfer des Häresieverdachts geworden ist und unter Anklage gestellt wurde. Man braucht nur das *Büchlein der Wahrheit*, Seuses erstes kleines Werk (wohl noch vor 1330 verfaßt), aufzuschlagen, um zu erkennen, wie sehr der Schüler von der Rechtgläubigkeit seines Lehrers überzeugt gewesen sein muß. Unerschrocken ergreift er Eckharts Partei und setzt sich damit selbst dem Verdacht der Irrgläubigkeit aus. Seine älteren Brüder ziehen ihn deswegen zur Rechenschaft. Doch scheint er das Glaubensverhör der Ordensversammlung zu Antwerpen ohne nennenswerte Folgen gut überstanden zu haben. In der Tat läßt sich aus Seuses Äußerungen schwerlich eine Neigung zur Ketzerei ableiten, zumal es nicht seine Sache ist, über den Grund und Ungrund der Gottheit zu spekulieren. Doch ähnlich wie Eckhart unterscheidet auch Seuse den wirkenden Gott und die transzendente, in sich ruhende Gottheit. Im *Büchlein der Wahrheit* vermittelt er diese Gottesanschauung in Dialogform. So fragt der Jünger, was die Wahrheit als den eigentlichen Grund und Ursprung allen Seins ansehe:

Die Wahrheit: Ich nenne Grund den Quell und Ursprung, wo die Ausflüsse entspringen.
Der Jünger: Herr, was ist das?
Die Wahrheit: Das ist die Natur und das Wesen der Gottheit; und in diesem Grund, dem abgründigen, sinkt die Dreiheit der Personen in ihre Einheit, und jede Mannigfaltigkeit geht da ihres Selbst in gewisser Weise verlustig. Da findet, wenn man es so versteht, nicht fremdes Wirken statt, sondern es ist eine stille, in sich ruhende Dunkelheit... Das ist die göttliche Natur in dem Vater; da, nämlich im selben Augenblick, ist sie schwanger des Fruchtbringens und des Wirkens, denn da hat sich, so wie wir das mit unserer Vernunft verstehen, *die Gottheit in Gott hineingeschwungen.*
Der Jünger: Ist dies nicht ein und dasselbe?
Die Wahrheit: Ja, Gottheit und Gott sind eins; aber dennoch wirkt und gebiert die Gottheit nicht, wohl aber Gott. Und das kommt allein von der Andersheit her, die sich in der Bezeichnung gemäß unserer Vernunft findet. Aber im Grunde ist es eins...[4]

Nach seinem Studium kehrt Heinrich Seuse nach Süddeutschland zurück und wird «Lesemeister» (Lektor) in seinem Mutterkloster. Doch schon bald – etwa von 1334/35 an – übernimmt er den Dienst eines Seelsorgers und Wanderpredigers im Bereich des Oberrheingebiets. Er bereist die Schweiz, das östliche Frankreich und kommt rheinabwärts bis in die Niederlande. Immer sind Geistesverwandte und sogenannte «Gottesfreunde» seine der Seelenführung bedürftigen Gastgeber. Vor allem gehören die Dominikanerinnenklöster von Sankt Katharinenthal bei Dießenhofen und Töß bei Winterthur zu Seuses Wirkungsstätten. In Töß lebt Elsbeth Stagel, selbst eine fromme Mystikerin ihres geistlichen Lehrers und Beichtvaters.

Es ist eine politisch unruhige Zeit. Infolge der Auseinandersetzungen zwischen Papst Johannes XXII. und Kaiser Ludwig dem Bayern (1339–1346) lastet auf vielen Städten das kirchliche

Interdikt. Auch Konstanz ist davon betroffen. Diese kollektive Kirchenstrafe, die die Ausübung jeder kirchlichen Amtshandlung verbietet, trifft die Gläubigen schwer, weil weder Predigt noch Sakramentsempfang, weder Sündenvergebung noch Seelsorge vollzogen werden dürfen, und dies in einer Zeit, in der alles von «Himmelssehnsucht und Höllenangst» beherrscht ist! Infolge des Interdikts müssen die Dominikaner Konstanz verlassen. In Dießenhofen bei dem Städtchen Stein am Rhein finden sie eine neue Bleibe, unter ihnen Heinrich Seuse. Eine üble, offensichtlich unberechtigte Verleumdung des integren Mannes veranlaßt die Ordensleitung, ihn nach Ulm zu versetzen.

Zwischen 1348 und 1366 lebt und arbeitet Seuse im Ulmer Dominikanerkloster. Hier findet er die Muße, seine Schriften zu überarbeiten und in einer Art Gesamtausgabe, dem sogenannten «Exemplar», zusammenzufassen. Es besteht aus vier Teilen: 1. *Vita* (das Leben Seuses); 2. *Das Büchlein der ewigen Weisheit*; 3. *Das Büchlein der Wahrheit*; 4. *Das Briefbüchlein.*[5] Andere Texte wurden nicht in das «Exemplar» aufgenommen, darunter etliche Predigten und *Das große Briefbuch*. Auf lateinisch hat sich das *Horologium Sapientiae* (Stundenbuch der Weisheit) erhalten, ein weitverbreitetes Erbauungsbuch im Mittelalter.

Etwa siebzigjährig ist Heinrich Seuse in Ulm gestorben, am 26. Januar des Jahres 1366. In der Predigerkirche setzte man ihn bei – dort, wo heute die protestantische Dreifaltigkeitskirche steht. Doch das Grab ist seit dem 17. Jahrhundert unauffindbar.

Haben sich die sterblichen Überreste des Dominikanermönchs auch «verflüchtigt», so tritt er selbst dem betrachtenden Leser seiner Schriften und Predigten – fast möchte man sagen: seiner Dichtungen – doch immer wieder neu und lebendig vor Augen. Er wird Gegenwart: In der Fülle seiner erlebnisstarken Bilder und Empfindungen, in der Bereitschaft zur inneren Gelassenheit, in der Hingabe an Gott, an den leidenden Christus und an die mit brennender Liebe verehrte Gottesmutter Maria. Es ist die Gegenwart eines Mannes, der in seiner Frömmigkeit wie in seinem Schaffen das Ritterliche und den lyrischen Höhenflug des Minnesängers zu vereinen weiß. Wenn man den Seelenführer frommer Dominikanerinnen als «geistlichen Minnesänger» apostrophiert, dann bedarf eine derartige Formel freilich der näheren Bestimmung, wie sie etwa Hermann Kunisch vornimmt: «Seuse übernimmt Ritterliches und Minnigliches nicht als Stoff, ablehnend oder anerkennend, wie die Prediger vor ihm, auch nicht wie Eckhart als adelige Gesinnung, Gefühl der Auserwähltheit und des Ranges, sondern als Form, als Gestimmtheit... Dieser Stil ist gekennzeichnet durch eine eigenartige Verbindung von Empfindsamkeit, preziöser Zierlichkeit, von übertreibender und verneinender Redeweise mit realistischer Eindringlichkeit, die selbst das Grausige und Gewaltsame nicht scheut.»[6]

Diese Spannungsfülle mag von der Entschlossenheit herrühren, mit der der sensible Mann in früher Jugend durch härteste Askese seinem Körper Gewalt antat. Im 15. Kapitel seiner *Vita* berichtet er darüber – ein erschreckendes Beispiel jener selbstzerfleischenden Grausamkeit, die er freilich in sich zu überwinden wußte:

«In seiner Jugend hatte er eine frische Art. Als er ihrer bewußt wurde und merkte, daß sie ihn selbst bedrängte, empfand er das als bitter und beschwerlich. Er suchte nach mancherlei Kunstgriffen und viel Bußübung, um seinen Leib dem Geist zu unterwerfen. Ein härenes Unterhemd und eine eiserne Kette trug er, ich weiß nicht wie lange, bis das Blut herabfloß: Da mußte er es aufgeben. Insgeheim ließ er sich ein härenes Bußkleid für den Unterkörper anfertigen, da hinein Riemen, in denen hundertfünfzig spitz zugefeilte Messingnägel eingeschlagen waren, alle gegen den Leib gerichtet. Dies Kleidungsstück wurde gar eng und vorn zusammengezogen, damit es der Haut dichter aufläge und die spitzen Nägel in das Fleisch drängen, und er ließ es bis an den Nabel hinaufgehen. Darin schlief er des Nachts. Wenn es nun im Sommer heiß und er vom Gehen müde und schwach war oder wenn man ihn zur Ader gelassen hatte und er nun in seiner Mühsal hilflos dalag und ihn das Ungeziefer peinigte, so weinte er zuweilen und knirschte mit den Zähnen und wandte sich von einer Seite auf die andere vor Drangsal wie ein Wurm, den man mit spitzen Nadeln gestochen hat. Oft war ihm, er läge in einem Ameisenhaufen, so quälte ihn das Ungeziefer.»[7]

Wir lesen auch von einem Nagelkreuz, das er in Gedanken an den leidenden Heiland anfertigt, um es stets bei sich zu tragen –

«acht Jahre Tag und Nacht, dem gekreuzigten Herrn zu Lobe». Wir lesen, wie er sich bettet, wie er – nicht weniger selbstmörderisch – das Trinken beträchtlich einschränkt. Ein Wunder, daß das Übermaß derartiger «Übungen» nicht den totalen physischen Zusammenbruch herbeigeführt hat. Doch mit Mystik hat das alles überhaupt *nichts* zu tun! Und wenn Seuse diese frühe Phase seines rigorosen asketischen Lebens das Stadium des «anfangenden Menschen» genannt hat, dann wohl nur deshalb, weil er diese Phase nicht nur durchstand, sondern weil er sie überwand und weil er eine tatsächliche Abkehr vollzog. Und das kam so:

«Einst saß der Diener nach der Mette in seinem Stuhl, in Gedanken vertieft, so daß er nichts um sich sah und hörte. Da kam – vor seinem inneren Auge dünkte es ihm so – ein stattlicher junger Mann von oben herab, trat vor ihn und sprach: ‹Nun bist du lange genug in der Schule der Anfangenden gewesen, hast dich dort geübt und Reife erlangt. Wohlan! Komm mit mir! Ich will dich jetzt zur höchsten Schule führen, die es hienieden gibt; da sollst du mit Fleiß zur höchsten Geschicklichkeit gelangen, die dir den göttlichen Frieden bringen und deinen heiligen Anfang zu einem seligen Ende führen soll.› Das freute ihn, und er erhob sich. Sein Führer nahm ihn bei der Hand und führte ihn, so schien ihm, in ein geistiges Land. Da war ein gar schönes Haus, das schien geistlicher Leute Wohnung zu sein. Da wohnten die, welche sich der gleichen Kunst widmeten. Als er eintrat, ward er freundlich empfangen und gütig begrüßt von ihnen.»[8]

Es ist, als ob nun das vom religiösen Leistungsdenken beherrschte Ich die Führung an den «inneren Meister» abgibt. Der blinde pseudo-spirituelle Aktionismus des Asketen wird als Irrweg erkannt. (Hatte nicht auch der Siddharta Gautama, ehe er zur Erkenntnis und damit zur Buddhaschaft aufstieg, jahrelang als Asket gelebt, ohne jedoch seinem geistigen Ziel näherzukommen?) Das 19. Kapitel der Lebensbeschreibung Seuses deutet etwas von einer Kehrtwendung an, indem es den «Anfangenden» an den Anfang eines ganz neuen Weges stellt. Nach dem «Weg der Reinigung» (*via purgativa*) ist nun auf höherer Stufe der «Weg der Erleuchtung» (*via illuminativa*) zu betreten, dessen Ziel die mystische Vereinigung der Seele mit Gott darstellt. In diesem Sinne ist die Unterweisung (Kapitel 19) gedacht, die der «innere Meister» dem Neuling in der Geistesschule erteilt:

«Die hohe Schule und ihre Kunst, die man hier lernt, ist ein gänzliches, völliges Lassen seiner selbst, derart, daß der Mensch so zunichte wird, wie Gott sich auch gegen ihn erzeige oder durch seine Geschöpfe sich ihm gegenüber verhalte in Lieb oder Leid; er soll sich darum bemühen, allezeit gleich zu bleiben in völliger Preisgabe des Seinen, soweit es menschliche Schwachheit vermag, nur auf Gottes Lob und Ehre sehen, so wie der liebe Heiland es seinem himmlischen Vater gegenüber tat ... Diese Kunst bedarf gänzlichen, vollkommenen Aufgebens seiner selbst; je weniger man hier Geschäftigkeit entfaltet, um so mehr hat man getan ...»[9]

Der mystische Terminus «Gelassenheit» entspricht nicht der heutigen Wortbedeutung. Der Mystiker – hier Heinrich Seuse – meint damit volle und totale Hingabe an Gott. Er meint die totale Preisgabe des (empirischen) Ichs, das den Menschen vom wahren Selbst bzw. vom wahren Sein ausschließt. Es gilt, alles das zu lassen, was geeignet ist, den Urgrund und das Ziel des Lebens aus dem Blick zu verlieren; andererseits meint Gelassenheit gehorsames Sich-Fügen in den Willen Gottes, erkennend, fühlend bzw. erlebend und wollend. Keinesfalls bedeutet diese Gelassenheit soviel wie: sich unbehelligt von allem, was euch geschieht, der Ruhe hinzugeben. Die mystische Seelenhaltung der Gelassenheit hat demnach auch eine aktive, eine ausgesprochen «ritterliche» Note, insofern der übende Mensch sich selbst «in die Hand nimmt», seine Antriebe einer nüchternen Kontrolle unterzieht und das Ziel seiner Aufmerksamkeit in den Willen Gottes verlegt: «... *dein* Wille geschehe!» Und weil dieses «Lassen» für Seuse der immer neu zu aktualisierende Wesensausdruck der «Kehre», das heißt der Hinwendung zu Gott ist, deshalb kommt er auch an anderen Stellen seiner Schriften (zum Beispiel im 48. Kapitel der *Vita*) darauf zurück. Was für ihn gilt, das gilt auch für seinesgleichen. Diese Tatsache schließt die Gleichgerichteten zusammen, nämlich zur «Gottesfreundschaft». «Gottesfreunde» sind demnach aus der Gelassenheit heraus lebende Menschen.

Wichtig ist nun, daß sich das Verhältnis zu den Dingen grundlegend verändert. Sie bekommen eine andere Wertigkeit, jedoch ohne daß sie ihre natürliche Wesenheit verlieren. Neu ist das Bezugssystem. Also auch bei Seuse – ebenso wie bei Eckhart – keine Reduktion auf bloße Innerlichkeit, wiewohl nur der «innerliche», der in Gott «gelassene» Mensch den von Seuse bezeichneten Weg zu beschreiten vermag. Nicht reduziert wird die Lebenswirklichkeit, wohl aber intensiviert wird der Umgang und das Erleben in ihr:

«So versinkt der Geist in der Entrückung in rechter Ordnung, und erst hier ist es recht mit ihm bestellt, denn Gott ist ihm alles geworden und alle Dinge irgendwie Gott; denn alle Dinge werden ihm in der Weise zunichte, wie sie in Gott sind, und doch bleibt ein jeglich Ding das, was es ist, nach seiner natürlichen Wesenheit. Diesen wahren Unterschied aber kann oder will verständnislose Blindheit oder ungeübte Erkenntnis in ihrer verwirrten Urteilskraft nicht zugeben.»[10]

Der geistliche Minnesänger, der Troubadour der geradezu beschwingten Gottesliebe, hat manches mit einem anderen Sänger dieser Art gemein: gewiß mit dem Prediger des Hohenliedes, Bernhard von Clairvaux, gewiß auch mit dem Dichter des Sonnengesangs, Franziskus von Assisi. Denn als man ihn fragt, was er beim Ruf «*Sursum corda* – die Herzen empor!» während der Messe empfunden habe, da muß er bekennen:

«Wenn ich diese lobreichen Worte in der Messe sang, so zerfloß mir Herz und Seele in schmerzlichem Verlangen und in Sehnsucht ...», und auch sein Denken habe einen Aufschwung vollzogen. «Der erste [in mein Herz hineinleuchtende] Gedanke war der: Ich stellte vor meine inneren Augen mich selber mit allem, was ich bin, mit Leib, Seele und allen meinen Kräften; um mich herum stellte ich alle Geschöpfe, die Gott je in Himmel und Erde erschuf und im Bereich der vier Elemente, ein jegliches mit seinem Namen, sei es ein Vogel in der Luft, ein Tier des Waldes, ein Fisch im Wasser, Laub und Gras der Erde, die unzähligen Körnlein des Sandes im Meer und dazu der kleine Staub, der im Sonnenstrahl erglänzt und alle Tröpfchen Wassers, die von Tau, Schnee oder Regen je fielen und immer weiter fallen; dann wünschte ich, ein jegliches hätte ein liebliches, in die Höhe dringendes Saitenspiel, angeschlagen aus meinem innersten Herzen;

und daß sie erklingen lassen möchten ein neues hochgemutes Lob Gott von Ewigkeit zu Ewigkeit.»[11]

Die geistig-geistliche Parallelität zwischen Franziskus und Seuse hat mancherlei Aspekte. Beide verbindet das Troubadourhafte und das Ritterliche; der eine vermählt sich mit der «Frau Armut» *(donna povertá)*, der andere mit der «Frau Weisheit» *(sapientia)*; beide müssen die Kreaturen in ihr Frommsein mit einbeziehen.[12] Daraus resultiert bei ihnen, wie auch bei Hildegard von Bingen, bei den Naturmystikern und Alchymisten, bei Paracelsus und Jakob Böhme eine Natur-Ethik, die uns die Frauen und Männer des Mittelalters heute besonders nahebringt!

An seiner Beziehung zur Natur ist oft auch die Beziehung des Mannes zur Frau abzulesen, im Positiven wie im Negativen. Seuse bietet hierfür ein gutes Beispiel. Seine gewandelte Einstellung zur Mitwelt schlägt sich auch in seiner behutsam-ritterlichen Haltung gegenüber der Frau nieder. So erzählt die *Vita* im 18. Kapitel, wie der pilgernde Mönch über Land geht und wie ihm auf schmalem Pfad durch sumpfiges Gelände eine arme Frau entgegenkommt. Da ist er es, der das Trockene verläßt, auf den nassen Boden ausweicht, um die Frau passieren zu lassen – zu jener Zeit alles andere als selbstverständlich, handelte es sich doch «nur» um eine Frau von niederem Stand! Das Verwundern ist daher groß. Die Frau wendet sich dem Mönch zu und sagt:

«‹Lieber Herr, was bezwecket ihr, daß ihr, der ehrbare Herr und Priester, mir, der armen Frau, demütig den Weg freigegeben, die ich doch viel richtiger euch hätte ausweichen sollen!› – Er antwortete: ‹Ach, liebe Frau, es ist meine Gewohnheit, *allen* Frauen gegenüber höflich und ehrerbietig zu sein, um der lieben Gottesmutter vom Himmelreiche willen.› – Da erhob die Frau ihre Augen und Hände zum Himmel und sprach: ‹So bitte ich die ehrwürdige himmlische Frau, daß ihr nicht aus dieser Welt scheiden möchtet, ehe ihr eine besondere Gnade von ihr empfangen, die ihr sie in allen Frauen ehret.› – Er antwortete: ‹Dazu verhelfe mir die reine himmlische Frau.›»[13]

Noch weitere Beispiele für die Weise seines Umgangs mit den Dingen finden sich in der Lebensbeschreibung Seuses, etwa im 36. Kapitel: Der Mann, der in jedem weiblichen Wesen das Urbild des Weiblichen, die himmlische Gottesmutter, aber auch die göttliche Sophia (Weisheit) schaute, hatte schon von Kindheit an ein besonderes, geradezu zärtliches Verhältnis zu Natur und Kreatur. Die ersten Sommerblumen berührte oder brach er so lange nicht, wie «er sich seinem geistlichen Lieb, der lieben geschmückten, rosigen Jungfrau, Gottes Mutter, mit seinen ersten Blumen zuerst mitteilen konnte. Wenn es ihn an der Zeit dünkte, pflückte er die Blumen unter manchen liebevollen Gedanken, trug sie in seine Zelle und flocht sie zu einem Kranze. Dann ging er in den Chor oder in die Muttergottes-Kapelle, kniete voll Demut vor unserer Lieben Frau nieder und setzte ihr den Kranz aufs Haupt in dem Gedanken, da sie die allerschönste Blume und seines Herzens Sommerfreude sei, möge sie die ersten Blumen von ihrem Diener nicht verschmähen.»[14]

Dieser von einer seltenen Innigkeit durchglühte Mystiker des Herzens theoretisiert nicht. Philosophische Spekulationen sind ihm fremd. Er schöpft aus dem Brunnen religiöser Erfahrung, die sich ihm in mancherlei Bildern, auch in visionären Erscheinungen, in der Begegnung mit dem Leid und in der Nachfolge auf dem Kreuzweg des Herrn mitteilt. Derartige Erfahrungen eines inneren Schauens spielen bereits in der ersten uns von Heinrich Seuse bekannten Schrift eine Rolle. Es handelt sich um das schon erwähnte, am Ende seiner Kölner Studienzeit entstandene *Büchlein der Wahrheit*.

Der Schüler Meister Eckharts weiß darin von einer «tiefen Entrückung» zu berichten, in deren Verlauf ihn «die göttliche Wahrheit» erleuchtet habe. Von dieser Wahrheit spricht Seuse wie von einer ihm wohlvertrauten Person, einer liebenswerten Frau, wie sie einem im höfischen Roman der Zeit und in der Minnedichtung begegnet. So wie sich der Ritter in den Dienst der geliebten, doch unerreichbaren Dame seines Herzens stellt, so der Diener der ewigen Weisheit in deren Dienst. Und es ist – man kann es schon der Lebensbeschreibung Seuses entnehmen – nicht immer auszumachen, wo historische Tatsächlichkeit und Legende, persönliches Erleben und dichtendes Erzählen gegeneinander abzugrenzen sind. Sie entziehen sich einer trockenen Analyse der Ratio, und gerade das macht ihren zeitlosen Reiz aus.[15]

Was nun diese «göttliche Wahrheit» oder «Weisheit» anlangt, so kann sie bei Seuse höchste Autorität beanspruchen, ohne jedoch eine anonyme Instanz zu sein. Er kann diese Wahrheit befragen, er kann sie anrufen und um Rat bitten, so wie er es auch bei der göttlichen Weisheit (*sapientia*) tut. Und die «göttliche Wahrheit» teilt sich mit, sie entbirgt sich: erhellend, wegweisend, ermutigend, tröstend. Das Wesen der Seuseschen Mystik ist daher von einem starken dialogischen Element bestimmt. Wer mit der archetypischen Psychologie C. G. Jungs vertraut ist, der wird an die Methode der «aktiven Imagination» erinnert, bei der der Meditierende in einen ähnlichen dialogischen Austausch mit den Bildern und Figuren seines Innenlebens eintritt. Und so gerät dem mystischen Autor das ganze Büchlein zu einem einzigen Dialog: Der Jünger fragt, die ewige Wahrheit antwortet.

Da werden wohl allerlei Auskünfte gegeben über Gott und Mensch oder wie der Mensch und die Kreaturen von Ewigkeit her in Gott ihren «Urstand» haben. Noch wichtiger aber ist für den werdenden Seelenführer zu erfahren, wie er wahre Selbst- und Gotteserkenntnis erlangen kann, wie er die wahre Einkehr vollziehen soll. Aus diesem Grund rät die Dialogpartnerin Wahrheit im 4. Kapitel, das innere Selbst (nicht das zeitlich-vordergründige empirische Ich) auf dreifache Weise anzuschauen, nämlich:

«Zuerst so, daß er, sich in sich selbst versenkend, auf die Nichtigkeit seines eigenen Ich blickte, bedenkend, daß sein Ich wie auch aller Dinge Wesen ein Nichts ist, weggeströmt und ausgeschlossen von dem Sein, das die einzig wirkende Kraft ist. Sodann sollte der Mensch [in sein eigenes Ich blickend] nicht übersehen, daß bei derselben höchsten Versenkung [in Gott] noch sein eigenes Selbst sich stets in seinem eigenen wirkenden Sein gleichbleibt, sobald es aus der Versunkenheit in Gott zur Welt zurückkehrt und da nicht ganz und gar vernichtet wird. Und schließlich: daß der Mensch sich entäußere und freien Willens verzichte auf sein Ich in allem, worin er sich je betätigte im Hinblick auf seine eigene Geschöpflichkeit, in unfreier Vielfalt entgegen der göttlichen Wahrheit, in Lieb oder Leid, im Tun oder Lassen, so daß er, ohne nach etwas anderem zu schauen, mit aller Kraft sich in Gott verliere, sich in unwiderruflicher Weise seines

Selbst entäußere, auf solche Weise mit Christus eins werde, nach dessen Einsprechen aus ihm heraus allezeit wirke, alles entgegennehme und alle Dinge in solcher Einfachheit betrachte. Ein auf solche Art gelassenes Ich wird ein christförmiges Ich, von dem die Schrift bei Paulus sagt: ‹Ich lebe, aber nicht ich, sondern Christus lebt in mir.› – Und das nenne ich ein wohlabgewogenes Ich.»[16]

Beide, die ewige Wahrheit und die göttliche Weisheit, stehen dem Mönch Rede und Antwort. Beide sind letztlich Erscheinungsformen Christi, und zwar des Christus, der sich liebend der Erde zuwendet, der Mensch wird, den Passionsweg zu Ende geht, um schließlich mit der erlösten Menschheit zum Vater zurückzukehren. Seuse erlebt innerlich, «wie der höchste Ausfluß aller Wesen» von Gott, dem Ursprung aller Dinge, herabströmt. Er öffnet sich ihrem Wort und Beispiel. Wer daher den Weg wählt, dessen Tief- und Höhepunkt das Leiden und die Erhöhung Christi ist, der gelangt am schnellsten zur ewigen Seligkeit, heißt es im 1. Kapitel des *Büchleins der ewigen Weisheit*. Diese Schrift, die in einer engen Beziehung zu dem 24 Kapitel umfassenden *Horologium Sapientiae* (Stundenbuch der Weisheit) steht[17], wird zwischen 1327 und 1334 entstanden sein.

Mystische Erfahrung ist ohne den Durchgang durch das Leid nicht zu erlangen; das ist Seuses besondere Erkenntnis. So sagt die «ewige Weisheit» ihrem Diener (im 2. Kapitel): «Es kann niemand zu göttlicher Erhabenheit gelangen noch zu ungewöhnlichem Troste, wenn er nicht durch das Beispiel meiner [Christi] menschlichen Bitternis gezogen wird. Je höher man, ohne durch meine Menschheit hindurchzudringen, aufsteigt, um so tiefer stürzt man. Meine Menschheit ist der Weg, den man gehen, mein Leiden das Tor, das man durchschreiten muß, willst du zu dem kommen, was du suchst. Darum tu ab deines Herzens Zartheit und tritt zu mir in den Ring ritterlicher Standhaftigkeit; dem Knechte nämlich ziemt Weichheit nicht, wenn der Herr in streitbarer Kühnheit steht. Ich will dir meine Rüstung anlegen, denn all mein Leiden muß auch von dir nach Kräften erlitten werden. Faß zuvor einen festen Entschluß, denn dein Mut wird dich oft verlassen, ehe du deine Natur überwindest ...»[18]

Konkret heißt das: Es gilt, das Leben in der Vielfalt seiner

Schicksalhaftigkeit als den Kreuzweg des Christus anzunehmen, innerlich zu bejahen und Standhaftigkeit zu beweisen. Der Mystiker steht damit längst auf einer anderen Ebene als etwa der bloße Büßer, der sich selbstquälerischen Torturen unterzieht. Dabei ist Seuse ehrlich genug, angesichts dieses «mühseligen Wegs» sein Erschrecken einzugestehen, zumal er das Geheimnis des menschlichen Leidens nicht zu entsiegeln vermag. Es bleibt ihm ein Mysterium, dem er sich jedoch zuversichtlich anvertraut.

Diese Zuversicht wird in ihm um so stärker, je klarer ihm einleuchtet, welche verwandelnde Arbeit dem Leiden innewohnt. Jedenfalls hieße es christliche Mystik gründlich mißverstehen, wollte man aus seinen Betrachtungen und Mahnungen den Schluß ziehen, Leidensgehorsam bedeute Entmündigung oder Anpassung an ein System von Lohn und Strafe, von Schuld und Sühne. Vielmehr liegt ihm daran, Erkenntnis zu gewinnen, die ihrerseits zu einem neuen Leben anleitet. Eine zentrale, zugleich lebenspraktische Frage lautet daher: Wie soll man ein innerliches Leben führen? In diesem Zusammenhang empfängt Seuse (im 22. Kapitel[19] seines Weisheitsbuches) Anleitung für die kontemplative Praxis:

«1. Halte dich von allen Menschen fern!» – Damit ist sicher nicht eine prinzipielle oder totale Weltflucht gemeint, wohl aber ein Rat, in Zeiten der spirituellen Übung die Einsamkeit aufzusuchen, um von Ablenkungen frei zu sein. Das wird noch deutlicher bei den anderen Punkten des Ratschlags.

«2. Halte dich frei von allen Bildern in der Versunkenheit der Beschauung!» – Gerade weil Seuse, ganz ähnlich wie Meister Eckhart, einen Ausgleich zwischen dem inneren und dem äußeren Leben anstrebt, kann er nicht den völligen Verzicht auf das Leben mitten in der Welt beabsichtigen. Deshalb ist die «Versunkenheit der Beschauung» (Kontemplation) kein das ganze Leben des Mystikers hindurch andauernder Zustand, sondern nur ein zeitweiliger, dessen Wirkung freilich das gesamte Tun und Lassen fermentartig durchsetzen soll. Und eben dabei – während der Übung der Konzentration, die übergeht in Meditation und die sich intensiviert in der Kontemplation, dem ruhevollen Verweilen im Geist – dürfen auch keine inneren Bilder oder Gedankenverbindungen stören. Solange das der Fall ist, sind Übungen der Konzentration und der «Innerung» angebracht.[20]

«3. Befreie dich von allem, was nicht wesenhaft ist, was dich gefangennehmen, was dir Bedrängnis bringen kann!» – Dieser Rat hängt mit dem bereits Gesagten eng zusammen. Solange von außen und von innen her noch störende Elemente ihr Unwesen treiben, so lange bleibt der meditativ Übende den Dingen verhaftet, die wenigstens in den Momenten der Stille und der Sammlung zum Schweigen gebracht werden sollen, damit ein Freiheitsraum in der Seele entstehen kann. Mystische Übung, meditative Übung entspricht demnach einem Befreiungsakt. Zumindest in partieller Weise kann so «Gefangenschaft und Bedrängnis» überwunden werden.

«4. Richte deinen Sinn jederzeit auf ein verborgenes Gottanschauen, indem du mich [die Weisheit bzw. Christus] zu allen Zeiten als Gegenstand deiner Betrachtung vor Augen habest, von dem dein Auge sich niemals abwenden soll.» – Der Stufencharakter dieser Empfehlungen ist offensichtlich. Diese vierte Empfehlung erinnert an das immerwährende Herzensgebet der Ostkirche.[21] Man kann auch sagen: Sie erinnert an die unablässige Gegenwart des göttlichen Geistes, von dem der Mensch auch dann umgeben ist, wenn er vom profanen Leben in Anspruch genommen wird. Im übrigen soll das «verborgene Gottanschauen», wie Heinrich Seuse es versteht, nicht nur in den speziellen Augenblicken der Anbetung oder der Meditation angestrebt werden, sondern es soll mehr und mehr den ganzen Menschen erfassen. Was gemeint ist, wird verständlicher, wenn man sich vor Augen hält, daß jede geistige Übung, die regelmäßig praktiziert wird, gerade auch die unbewußten Bezirke der Psyche miteinbezieht und so ihre Wirkung auf die Tiefenregionen der Persönlichkeit (das Selbst) ausdehnt.

Seuse fährt nun im gleichen Zusammenhang (Kapitel 22) fort: «Was nun andere Übungen betrifft, wie Armut, Fasten, Wachen und alle anderen ‹Züchtigungen›, die richte auf das [eben Gesagte] als ihr Ziel ein und gebrauche ihrer so viel, wie dich zu ihm voranbringt. So kommst du zur höchsten Stufe der Vollkommenheit, die unter tausend Menschen nicht einer erreicht, weil sie allein in anderen Übungen ihr Ziel sehen und darum lange Jahre in die Irre gehen.»

Natürlich darf nicht vergessen werden, daß Heinrich Seuse als bußfertiger Christ ein Kind seiner Zeit ist – und ein Glied seiner Kirche, die ihrerseits Fasten, Wachen, Armutsgelübde und «andere Züchtigungen» als geistliche Erziehungsmittel einsetzt, wo immer sie es für erforderlich hält. Bedenkt man das, dann muß doch auffallen, daß für den Autor des *Büchleins der ewigen Weisheit* eben diese Züchtigungen nur einen relativen Wert haben. Sie sind dem Ziel der mystischen Gottesanschauung, der Unio mystica, jeweils unterzuordnen. Das heißt gleichzeitig, daß sie keinen Wert an sich darstellen. Zweifellos findet in diesen Worten auch die leidvolle Erfahrung des ungestümen jungen Mönchs ihren Niederschlag, der als «Anfangender» sich blindlings den erwähnten Torturen physischer Selbstpeinigung ausgesetzt hat, ohne noch ein klares Bewußtsein vom Ziel mystischen Strebens erlangt zu haben.

Wer selbst durch eine spirituelle Schulung gegangen ist, auch den einen oder anderen Umweg hinter sich gebracht hat, der darf sich anderen mit seinem Wissen nicht vorenthalten. Er muß auch andere an dem Schatz seiner Erfahrungen teilhaben lassen. Er muß andere zu Eigenerfahrungen anleiten. Seuse hatte als Seelsorger, im strengen Sinn des Wortes: als Seelenführer in Nonnenklöstern, reichlich Gelegenheit, die selbst errungene Spiritualität weiterzugeben und entsprechende Impulse zu vermitteln.

Ein beeindruckendes Beispiel dieser Weitergabe stellt jene Reihe von Briefen dar, die in der kleineren Sammlung von 11 Briefen im *Briefbüchlein*[22] und in einer umfangreicheren von 27 bzw. 28 Briefen im *Großen Briefbuch* enthalten sind – «Pastoralbriefe, wie sie besser das Mittelalter nicht hervorgebracht hat» (Wilhelm Preger). Und der Seuse-Herausgeber Walter Lehmann urteilt: «Sie bieten einen Reichtum der religiösen Empfindung, seine seelsorgerliche Feinfühligkeit und Spezialisierung, eine wunderbare Sprachschönheit – Dinge, die uns in etwa eine außerordentliche Macht über Gemüter, die von ihm einmal berührt waren, verständlich machen.» Weitere Briefe sind in der *Vita* (ab Kapitel 33) enthalten, wobei der Briefwechsel mit der Nonne Elsbeth Stagel aus dem Dominikanerinnenkloster Töß bei Winterthur eine besondere Rolle spielt. Die aus Zürich stammende, um geistliche Entwicklung bemühte Klosterfrau wendet sich an Heinrich Seuse. Sie will von ihm auf den rechten Weg gewiesen werden. Vor allem ist sie von den mystischen Lehren fasziniert, wie sie da und dort in den Klöstern der Dominikanerinnen mit Eifer studiert werden.

Aber Seuses Antwort fällt zunächst ernüchternd aus. Die Neugier «nach hohen Dingen» weist er entschieden zurück, kennt er doch nur allzugut die Gefahren solchen Strebens – nicht am wenigsten bei exaltierten Frauen. Dadurch könne man leicht «in schädlichen Irrgang» geraten, warnt Seuse. Man gebe sich Illusionen hin und treibe platte Schönrednerei. Aber «rechte Seligkeit liegt nicht in schönen Worten, sie liegt in guten Werken». Dieses Wort von den «guten Werken» ist an dieser Stelle nicht im Sinne eines religiösen Leistungsdenkens gemeint, an dem Martin Luther in so energischer Weise Kritik geübt hat. Seuse lenkt die Aufmerksamkeit vielmehr auf die Gott wohlgefällige Tat, auf ein Leben in tätiger Nächstenliebe, das bereits *Antwort* ist auf die Tat Gottes an den Menschen.

Wichtiger und realistischer als das mystische Emporgehobenwerden (*raptus*) in Ekstase ist die «lebendige Nachfolge» Christi. Wer davon noch nichts weiß, den muß man erst behutsam an die Sache heranführen. Seuses Rat lautet daher: «Darum ist dir und deinesgleichen nützer, zu wissen von dem ersten Beginn, wie man anfangen soll, und vom übenden Leben und guten heiligen Vorbildern, wie dieser und jener Gottesfreund, die auch einen gottseligen Anfang hatten, sich zuerst mit Christi Leben und Leiden übten, was sie auf gleiche Weise erlitten und wie sie sich innen und außen hielten, ob Gott sie nun durch Süßigkeit oder durch Härte zog, und wann oder wie ihnen die Bilder abfielen. Siehe, damit wird ein anfangender Mensch gelockt und geführt, vorwärts in das Höchste zu kommen, obwohl es wahr ist, daß Gott dies alles dem Menschen in einem Augenblick geben könnte. Das pflegt er aber nicht zu tun; es muß gemeiniglich erstritten und erarbeitet werden.»[23]

Das ist zweifellos eine unmißverständliche Sprache. Damit ist von vornherein klargestellt, was es heißt: einen bestimmten Weg gehen, einen Prozeß durchlaufen, einen inneren Streit ausfechten.

Es spricht für die Entscheidungsbereitschaft der Ordensfrau, daß sie sich durch die Worte der Ernüchterung nicht etwa von ihrem Streben abbringen läßt. Im Gegenteil, sie hat offensichtlich den Eindruck gewonnen, daß gerade ein solcher Mann, der auf spirituellem Gebiet keine Illusionen aufkommen läßt, der geeignete Seelenführer für sie ist. Seuse gibt sich zunächst verwundert: Was vermag er, der «kleine Diener», einem Menschen zu geben, der bereits «die süße Lehre des heiligen Meisters Eckhart ausgelesen» hat? Der Eckhart-Schüler erkennt und anerkennt in Elsbeth Stagel die Eckhart-Schülerin!

Seuse verlangt, gewissermaßen als Initiationsritus, von seiner geistlichen Tochter eine rückhaltlose Lebensbeichte, wie er sie selbst einst vor einem «wohlunterrichteten Beichtvater» abgelegt hat. Es wird erzählt, daß Schwester Elsbeth an Seuse eine schriftliche Gewissenserforschung gesandt habe. Aber statt nun der Klosterfrau jene asketische Härte zuzumuten, die er selbst auf sich genommen hat, rät er dringend zur Mäßigung. Es gelte, die Exerzitien der Buße wohlüberlegt, und das heißt: die jeweilige Persönlichkeitsstruktur sorgfältig berücksichtigend, anzusetzen. Seuses Empfehlung lautet: «Es ist viel besser, besonnene Strengheit zu führen, denn unbesonnene. Weil aber die Mitte mühesam zu finden ist, so ist es doch vorteilhafter, ein wenig darunter zu bleiben, denn sich zuviel darüber hinauszuwagen.»[24]

Elsbeth Stagel, so wird weiter berichtet, erkrankt schwer. Ein bis zu ihrem frühen Tod währendes Siechtum fesselt sie ans Krankenlager. Hatte sie bis dahin ihrem Seelenberater manchen Dienst geleistet, indem sie beispielsweise Abschriften seiner Bücher herstellte und manches Wort des Meisters aufnotierte, so muß Seuse künftig ihrer Mithilfe entraten.

Entscheidend aber ist allein, wie die durch ihn begonnene Weg-Führung in Elsbeth Stagel zum Ziel gelangt. Ein Vergleich zwischen Meister Eckhart, Seuse und Tauler zeigt, daß Eckhart der dritten und höchsten Stufe des mystischen Weges, nämlich der Unio mystica und der Gottesgeburt im Seelengrund, seine besondere Aufmerksamkeit schenkt. Anders seine beiden Schüler, die aus eigener Erfahrung wissen, wie wichtig die erste Wegstufe für den «anfangenden Menschen» ist. Das ist auch der Grund, weshalb sie vor jeder religiösen Überschwenglichkeit warnen und zur Nüchternheit mahnen.

Im Falle der Elsbeth Stagel, die den Tod herannahen fühlt, versäumt es Seuse nicht, endlich an ihre durch Meditation und durch Leiden herangereiften höheren Seelenkräfte zu appellieren, wenn er in einem der letzten an sie gerichteten Briefe schreibt: «Frau Tochter, es wäre nun wohl Zeit, daß du fürbaß in ein Höheres gingest und dich aus dem Neste bildlichen Trostes eines anfangenden Menschen erhöbest.»[25] Der «bildliche Trost» nährt sich noch aus Vorstellungen, die der kreatürlichen Welt entnommen sind. Die Gleichnisse und Analogien der zukünftigen Welt sind selbst noch von vorläufiger Natur. Auch sie gilt es, hinter sich zu lassen, sobald der geübte Mensch die entsprechende spirituelle Reife erlangt hat. Das Ziel des mystischen Weges ist die *bildlose* Schau, das Eintauchen in das reine Sein der Gottheit, in das «Nichts», wie es Eckhart in Übereinstimmung mit den ältesten Meistern der Mystik in West und Ost genannt hat. Seuse fährt fort:

«Tu' wie ein junger, flügger Adler, indem du die wohlgewachsenen Fittiche – ich meine: deiner Seele oberste Kräfte – erschwingst in die Höhe des beschaulichen Adels eines seligen vollkommenen Lebens. Weißt du nicht, daß Christus zu seinen Jüngern sprach, die zu fest an seiner bildlichen Gegenwart klebten: ‹Es ist euch förderlich, daß ich von euch fahre, sollt ihr des Geistes empfänglich werden?› Deine vorigen Übungen sind eine gute Vorbereitung gewesen, um fürbaß zu kommen durch die Wüste eines tierischen unverständigen Lebens hindurch in das verheißene Land eines lauteren, ruhigen Herzens, in dem die Seligkeit hier anfängt und in jener Welt ewiglich bleibt. Und auf daß dir der hohe, übersinnliche Weg desto bekannter sei, so will ich dir vorleuchten mit dem Lichte einer guten Erklärung, damit du, wenn du die Erklärung wohl begreifst, dich mitnichten verirren kannst, wie hoch du auch immer mit den Gedanken fliegst.»[26]

Seuses Unterweisung reicht somit bis dahin, wo sich der Seelenführer selbst überflüssig macht, wo er getrost verstummen kann, weil die auf dem Weg Befindliche eine Wegweisung *ohne* Menschenwort empfängt. Deshalb Seuses Aufforderung: «Gib der Kreatur Abschied und laß dein Fragen fürder sein! Lausche selbst, was Gott *in dir* spreche! ... Dir bleibt nun fürder nichts mehr zu tun, denn in stiller Ruhe göttlichen Frieden zu haben und fröhlich zu harren der Stunde deiner zeitlichen Entrückung in die vollkommene ewige Seligkeit.»[27]

Damit ist schließlich die entscheidende Schwelle erreicht. Der Weg, soweit er von Menschen gezeigt werden kann, von Menschen gegangen werden muß, ist zu Ende. Doch auch diese Tatsache ist – von höherer Warte aus betrachtet – Vorspiel des Heils. Das Eigentliche steht noch bevor. Es kommt von jenseits der Schwelle her. Eine ganz neue Seelen- und Geisteshaltung ist nun geboten, eine Gelassenheit höherer Ordnung: Die fröhliche und getroste Erwartung dessen, was kommt, die Erwartung dessen, *der* kommt.

Bleibt nur noch hinzuzufügen, was der Chronist vermerkt: «Es geschah kürzlich danach, da starb die heilige Tochter und nahm ein selig's Ende.»

Läßt man diese Schilderungen ihrem spirituellen Gehalt nach auf sich wirken und hört man auf der anderen Seite, daß die Frage nach der Autorschaft der *Vita* Seuses und mancher anderer Mystiker-Texte eine intensive Diskussion ausgelöst hat, dann muß man sagen: Sicher ist es die unerläßliche Aufgabe eines Erforschers der deutschen Mystik, mit allen ihm zu Gebote stehenden Mitteln Licht in die historischen Zusammenhänge zu bringen. Doch wo originäre religiöse Erfahrung ihren Niederschlag gefunden hat, da stellt das ein Faktum dar, an dem gemessen die historisch-kritische Thematik von sekundärer Bedeutung ist. Herbert Grundmann bemerkt hierzu: «Die Arbeit des Historikers kann der philosophierenden, theologischen oder religiösen Wesensdeutung der deutschen Mystik nicht eigentlich vorgreifen. Sie kann nur dienen, indem sie zu zeigen versucht, wie es ‹wirklich› war.»[28]

Entscheidend ist, daß der zündende Funke vom Geistfeuer der Mystik überspringt und den Menschen in der Tiefe seines Wesens – nach Eckhart: den Seelenfunken («fünkelin») – ergreift.

Was ist rechte Gelassenheit? ... Wer sich in der richtigen Weise «lassen» wollte, sollte in dreifacher Weise in sein inneres Selbst blicken: Zuerst so, daß er, sich in sich selbst versenkend, auf die Nichtigkeit seines eigenen Ich blickte, bedenkend, daß sein Ich wie auch aller Dinge Wesen ein Nichts ist, weggeströmt und ausgeschlossen von dem Sein, das die einzig wirkende Kraft ist. Sodann sollte der Mensch [in sein eigenes Ich blickend] nicht übersehen, daß bei derselben höchsten Versenkung [in Gott] noch sein eigenes Selbst sich stets seinem eigenen, wirkenden Sein gleichbleibt, sobald es aus der Versunkenheit in Gott zur Welt zurückkehrt und da nicht ganz und gar vernichtet wird. Und schließlich: Daß der Mensch sich entäußere und freien Willens verzichte auf sein Ich in allem, worin er sich je betätigte im Hinblick auf seine eigene Geschöpflichkeit, in unfreier Vielfalt entgegen der göttlichen Wahrheit, in Lieb oder Leid, im Tun oder Lassen, so daß er, ohne nach etwas anderem zu schauen, mit aller Kraft sich in Gott verliere, sich in unwiderruflicher Weise seines Selbst entäußere, auf solche Weise mit Christus eins werde, nach dessen Einsprechen aus ihm heraus allezeit wirke, alles entgegennehme und alle Dinge in solcher Einfachheit betrachte. Ein auf solche Art gelassenes Ich wird ein christförmiges Ich, von dem die Schrift bei Paulus sagt:

«Ich lebe, aber nicht ich, sondern Christus lebt in mir.» Und das nenne ich ein wohlabgewogenes Ich.

Büchlein von der Wahrheit, Hofmann 339 f.

Das ist der tiefste Grund für unsere Seligkeit, zunichte zu werden, unseres Selbst uns zu entledigen. Wer das werden will, was er nicht ist, gebe das preis, was er ist; so muß es notgedrungen sein. Das lautere, köstliche Gut, das da Gott heißt und ist, in sich selber, bleibt in seinem Sein, ein wesenhaftes, unbewegliches Wesen, in sich selber wesend und seiend. Ihm soll alles zu eigen sein, nicht sich selbst, sondern ihm und durch ihn. Er ist Wesen, Wirken und Leben, alles, und wir sind nur in ihm.

Predigt zu Joh. 16, 28; Hofmann 416

Unseres liebevollen Herrn Jesus Christus ganzer Fleiß, seine Lehre, sein Vorbild galten dem Ziele, seine lieben Freunde zu lehren, sie einzuführen in den lauteren Grund [ihrer Seele], sie zum Dienste in der Wahrheit zu bringen. Und er sah, daß sie so sehr auf seine äußere Menschheit eingestellt waren, daß sie das wahre Gut nicht erlangen konnten, und darum mußte er sie verlassen.

Meine Lieben! Weg mit allen Umschweifen und Ausreden! Der Sohn des himmlischen Vaters, die ewige Weisheit, konnte sich nicht davor bewahren, seinen Freunden zum Hindernis zu werden; so ist es auch mit jeglichem Geschöpf; es ist ein Hindernis, es heiße oder erscheine, als was immer du willst. Es muß bis in den Grund von uns weg, aus unserem Inneren heraus, wenn wir das ewige Gut, Gott, empfangen sollen. A. a. O., 412

Der oberste überschwengliche Geist hat den Menschen geadelt, dadurch, daß er von seiner ewigen Gottheit in ihn leuchten ließ; und das ist Gottes Bild in dem vernünftigen Geist [d. i. im Seelengrund], das auch ewig ist. Darum fließen aus dem großen Ring, der die ewige Gottheit bedeutet, bildlich betrachtet, kleine Ringlein aus, die auch den hohen Adel [ihrer] Vernunft bezeichnen können... Ein einsichtiger Mensch wendet sich dank des lichten Seelenfünkleins wieder hinan zu dem, was ewig ist und aus dem er ausgeflossen ist; er weist alle Geschöpfe von sich und hält sich allein zu der ewigen Wahrheit.

Vita, Kap. 53; Hofmann 197

Begehrest du in die geheimnisvolle Verborgenheit [der Seligkeit] zu kommen, steig kühnlich aufwärts – laß deine äußeren und inneren Sinne, das Eigenwerk deiner Vernunft, alles, was sichtbar ist oder nicht und was ein Sein oder ein Nichtsein ist, hinter dir – zu der einfachen Einheit. In *die* sollst du, deiner nicht bewußt, eintreten, in das Schweigen, das über allem Sein ist und über aller Lehrmeister Wissen, mit einer lauteren Entrückung des unergründlichen, einfachen lauteren Geistes, hinein in den überwesenhaften Abglanz der göttlichen Finsternis. Hier muß jede Fessel gelöst, jedes Ding verlassen sein, denn in der überschwenglichen Dreifaltigkeit der übergöttlichen Gottheit, in dem verborgenen, gänzlich unbekannten, glänzend strahlenden Giebel vernimmt man mit wortlosem, stummem Erstaunen Wunder über Wunder; man erfährt das neue, vom Irdischen abgeschiedene, unabänderliche Wunder in der überstrahlenden dunklen Finsternis, die da ein lichtreicher Schein ist, alle Offenbarung übertreffend, in dem da alles widerleuchtet und der die unsichtbare Vernunft in eine Fülle unbekannter, unsichtbarer, hellstrahlender Lichter taucht. *Vita*, Kap. 52; Hofmann 195

Hier wird der Geist des düsteren Lichts entkleidet, das ihm nach menschlicher Weise gefolgt war, nach Offenbarung der Dinge; das wird von ihm hinweggenommen, denn er findet sich in einer anderen ihm eigenen Weise wieder, anders als er zuvor war, wie Paulus sprach: «Ich lebe, aber nicht mehr ich»; – und so wird der menschliche Geist [seines menschlichen Seins] entkleidet und entleert in der Weiselosigkeit des göttlichen einfachen Wesens.

A. a. O. 192

Denn welches Wunder kann größer sein als die lautere Einheit, in die sich die Dreiheit der Personen zur Einfachheit hineinsenkt und wo jede zerstreuende Vielfalt ihres Seins verlustig gegangen ist. Und das ist so zu verstehen, daß der ausgeflossenen Personen Ausgegossenheit jederzeit wieder in desselben [göttlichen] Wesens Einheit zurückkehrt. Und alle Geschöpfe, nachdem sie [im göttlichen Bereich] innebleibend ausgeströmt sind, verbleiben ewiglich in dem Einen, nach Gott lebend, Gott wissend, nach Gottes Dasein seiend. A. a. O.

In dieser Entsunkenheit vergeht der Geist, doch nicht ganz; er empfängt wohl die eine oder andere Eigenschaft der Gottheit, aber er wird nicht Gott von Natur. Was ihm zuteil wird, erhält er durch Gnade, denn er ist ein Etwas, geschaffen aus dem Nichts: Und das bleibt er ewiglich. Soviel sei gesagt, daß im Versinken in die Beschauung nach der Versenkung in Gott ihm die unsichere Verwunderung in der mystischen Versenkung entgeht; die Seele wird nämlich ihrer Selbstheit entzogen im göttlichen Sein, ihres eigenen Seins unbewußt. A. a. O., 193

Wer in dieser Welt ein Lieb haben will, muß Freud und Leid ertragen. Es genügt nicht, daß man mir eine Tageszeit [der ewigen Weisheit] einräumt. Wer Gott innerlich empfinden, seine vertrauten Worte hören, seine himmlischen Gedanken wahrnehmen will, muß in steter Sammlung verharren.

Ja, wie läßt du Auge und Herz ohne Bedenken umherschweifen und hast doch das köstliche, ewige Bild vor dir stehen, das keinen Augenblick von dir sich abwendet. Wie läßt du deine Ohren herumgehen, wo ich doch zu dir so manch liebevolles Wort spreche. Wie vergißt du dich so offensichtlich und bist mit des ewigen Gutes Gegenwart so ganz umgeben! Was sucht die Seele in irgendeiner Äußerlichkeit, die das Himmelreich so geheimnisvoll in sich trägt?

...

Das ist Gerechtigkeit und Friede und Freude im Heiligen Geist.

Büchlein der ewigen Weisheit, 9. Kap., Hofmann 243

Johannes Tauler – Mystiker der Lebensnähe

Mit Johannes Tauler ist das Dreigestirn der deutschen Mystik dominikanischer Prägung komplett. Ist Meister Eckhart «der bedeutendste und kühnste Vertreter der spekulativen Mystik» (K. A. Fink) und zeichnet sich Heinrich Seuse – wie wir gesehen haben – vor allem durch die Tiefe und Empfindsamkeit seines Gemüts aus, so kann Johannes Tauler als ein Mystiker der Lebensnähe gelten. Er ist einer, dem es darum geht, den Doppelweg der *vita activa* und der *vita meditativa*, das heißt des aktiven und des meditativen Lebens aufzuzeigen. Das geschieht aufgrund eines Menschenbildes, bei dem er den inneren geistlichen, auch vernunftbegabten Menschen vom äußeren, fleischlichen, den animalischen Trieben unterworfenen unterscheidet.

Einmal erzählt er in einer Predigt[1] von einem Bauern, der mehr als vierzig Jahre treu seiner Arbeit nachgegangen sei. Der habe Gott gefragt, ob er sein Tagewerk drangeben und der Kirche dienen solle. Da sprach dieser: Nein, das solle er nicht tun; er solle nur weiter im Schweiße seines Angesichts sein Brot gewinnen, zu Ehren des kostbaren Blutes des Herrn. So gesehen sei sein Beruf ein gottgefälliges Werk. Kein Wunder, daß der Ordensmann im gleichen Zusammenhang sagt, er hielte das Schuhemachen für ein «großes Ding», und wäre er selbst weder Mönch noch Priester, er würde damit sein Brot verdienen[2], und zwar eben nicht nur, weil es sich um einen ehrbaren Beruf handelt, sondern weil auch mitten im weltlichen Schaffen und durch dieses Gott gedient wird. «Gott in allen Dingen ergreifen», hat es Meister Eckhart genannt. Entscheidend ist freilich die Intensität der Hingabe.

Diese ebenso nüchterne wie hohe Einschätzung des weltlichen

Tuns muß mit dazu beigetragen haben, daß Tauler einen so nachhaltigen, fast kann man sagen (etwa gemessen an Eckhart) ungebrochenen Einfluß auf die Menschen der nachfolgenden Jahrhunderte ausgeübt hat, über die Konfessionsgrenzen hinweg. Er wurde geradezu zu *dem* deutschen Mystiker, für Martin Luther ebenso wie für Petrus Canisius, der (wahrscheinlich) Predigten Taulers in Köln herausgegeben hat.

Im Gegensatz zu Seuse, von dem wir zumindest eine legendendurchwobene *Vita* besitzen, gibt es von Tauler nur wenige verläßliche oder zumindest wahrscheinliche biographische Daten. Er wurde um 1300 in Straßburg geboren und stammt aus einer angesehenen wohlhabenden, bürgerlichen Familie. Er ist etwa genausoalt wie Seuse, vielleicht ein paar Jahre jünger. Wie dieser tritt auch Johannes Tauler schon früh, knapp fünfzehnjährig, ins Dominikanerkloster seiner Heimatstadt ein. Hier lernt er die Grundlagen des geistlichen Lebens kennen. Die eigentlichen theologischen Studien schließen sich an. Daß er ein frommer, seinem Orden in jeder Hinsicht ergebener Dominikaner gewesen sein muß, steht außer Zweifel. Offenbar hat er darunter gelitten, daß er die asketischen Übungen nicht noch strenger vollziehen konnte, als er tatsächlich fähig war. Körperliche Schwäche und eine angegriffene Gesundheit bewahrten ihn jedenfalls vor dem asketischen Rigorismus, dem Seuse eine Zeitlang frönte.

Wann, wo und auf welche Weise Tauler mit den Predigten Eckharts in Berührung kam, muß offenbleiben. Es mag während seiner Studienzeit in Straßburg gewesen sein und dann in Köln. An einer Stelle seiner eigenen Predigten kommt er – ohne freilich Eckharts Namen zu nennen – auf ihn zu sprechen. In seiner Predigt über Joh. 17, das hohepriesterliche Gebet Jesu, nennt er ihn einen «liebenswerten Meister», den man gemeinhin nicht verstehe: «Er sprach aus dem Blickwinkel der Ewigkeit, ihr aber faßt es der Zeitlichkeit nach auf . . .»[3]

Für wahrscheinlich hält man einen Aufenthalt Taulers in Köln zwischen 1320 und 1330. Danach ist der etwa Dreißig- bis Fünfunddreißigjährige als Prediger und Seelenführer, vielleicht auch als Lektor in Straßburg tätig. Als Dominikaner gehört die seelsorgerische Betreuung von Dominikanerinnen zu seinen priesterlichen Aufgaben. Sein Straßburger Aufenthalt fällt ähnlich wie der Heinrich Seuses in Konstanz in die Zeit des bereits erwähnten durch Papst Johannes XXII. verhängten Interdikts. Die Dominikaner müssen ihr Straßburger Kloster verlassen. Tauler begibt sich (um 1338) nach Basel, wo er mit dem Weltpriester Heinrich von Nördlingen zusammentrifft. Damit ist er auf den Kreis der sogenannten «Gottesfreunde» gestoßen, in dem Heinrich als ein wichtiger Vertreter der deutschen Mystik anzusehen ist, wenngleich er durch die großen Mystiker seiner Zeit an Bedeutung überstrahlt wird. Eine Reihe von Briefen[4], die der Nördlinger mit Schwestern aus dem Kloster Medingen bei Dillingen/Donau gewechselt hat, gewähren Einblick in das geistliche Leben, dem Tauler weitere Impulse zu geben vermochte. Anfang 1339 reist Tauler mit Heinrich von Nördlingen zu den Dominikanerinnen nach Medingen. Nach manchen Zwischenaufenthalten, auch in Köln, ist Straßburg ab 1347 das Zentrum seines weiteren Wirkens als Prediger und Seelenführer. Seine umfangreiche Reisetätigkeit hat ihn wahrscheinlich bis in die Niederlande geführt. Mit einer gewissen Wahrscheinlichkeit ist eine Begegnung mit dem Mystiker Jan van Ruusbroec (Ruysbroeck) anzunehmen. Ruusbroec stand seinerseits mit den oberdeutschen «Gottesfreunden» in Beziehung. Ihnen widmete er auch ein Exemplar seiner *Zierde der geistlichen Hochzeit*. Tauler mag dieses Buch gekannt haben, so wie Jan van Ruusbroec einige von Taulers Predigten. Jedenfalls gibt es mancherlei Berührungspunkte und eine Geistesverwandtschaft zwischen den beiden Männern.

In Straßburg und wo immer sonst Johannes Tauler sich aufhält, bildet er den Mittelpunkt jener «Gottesfreunde», Frauen und Männer, die den geistlichen Zuspruch des Priesters und Seelenführers suchen. Zu den in Straßburg lebenden «Gottesfreunden» gehört der auch literarisch hervortretende fromme Rulman Merswin, ein Geldwechsler, oder, modern ausgedrückt, ein Bankier. Er wählt Johannes Tauler zu seinem Beichtvater und Vertrauten in Fragen der inneren Erfahrung. In diesem Zusammenhang ist eine Überlieferung zu erwähnen, wonach der geachtete Prediger um das vierzigste Lebensjahr herum eine innere Bekehrung erlebt habe. Gemeint ist eine Verstärkung seines Innenlebens und seiner spirituellen Vollmacht, aus der heraus er auf die ihm anvertrauten Menschen eingewirkt hat. Und zwar soll diese Veränderung durch den sogenannten «Gottesfreund vom Oberland», einen schlichten Laien, vermittelt worden sein. In der ersten im Druck erschienenen Ausgabe von Taulers Predigten, die 1498 in Leipzig erschienen ist, findet sich diese Geschichte als *«Historia Tauleri»* verzeichnet. Die Tauler-Forschung konnte diesen Bericht freilich nicht bestätigen. Der Dominikaner Heinrich S. Denifle, der sich um die Erforschung der deutschen Mystik verdient gemacht hat, führte bereits im Jahre 1879 den Nachweis, daß die mit dem Namen Taulers verknüpfte Episode eine Fiktion darstellt. Eine frühe Textform jener *«Historia»* spricht von einem anonymen «Meister [magister] der Theologie». Tauler war aber weder Magister noch Doktor. Von der scholastischen Wissenschaft hatte er keine besonders gute Meinung, wiewohl seinen Predigten zu entnehmen ist, wie hoch er zum Beispiel von seinen älteren Ordensbrüdern, allen voran Thomas von Aquin (bereits 1323 heilig gesprochen) und Albertus Magnus gedacht hat, auch von den Mystikern Hugo und Richard von Sankt Viktor in Paris sowie von Bernhard von Clairvaux und anderen.

Doch Feststellungen der historischen Kritik besagen letztlich nur, daß Legenden keine biographischen Daten zu entnehmen sind. Und diese bleiben in der Geschichte der Mystik oder der religiösen Esoterik sowieso stets zweitrangig. Entscheidend ist allein, welcher Innenweg angetreten wird, zu welcher Glaubenserfahrung der betreffende Mystiker anleitet und wie sich das auf dem Innenweg Erfahrene im gelebten Leben, in der konkreten Alltagswirklichkeit des einzelnen umsetzen läßt.

Und darauf liegt, wie schon eingangs gesagt, der besondere Akzent bei Johannes Tauler. Nicht zufällig trifft man den Prediger unter Laien an, unter Menschen also, die aus wohlerwogenen Gründen in der Familie leben und ihren «weltlichen» Beruf ausüben, um «mitten in der Welt» die Nachfolge Christi zu vollziehen. Von einer Höherschätzung des «Geistlichen» oder gar des Gelehrten gegenüber anderen Ständen kann gerade bei Tauler nicht die Rede sein. Mitten in der Predigt über die verschiedenen (Geistes-)Gaben und Aufgaben (nach 1. Kor. 12) fügt er die Mahnung ein: «Ihr freilich möchtet am liebsten [von jeder Arbeit] frei sein (um der Betrachtung willen, wie ihr sagt). Das sieht aber sehr nach Faulheit aus ... Alle wollen ‹betrachten› und nicht arbeiten.»[5] Wohl solle der Mensch bei Tag oder in der Nacht eine Zeitspanne erübrigen, um sich «in seinen Grund» zu versenken, um der Gottesgegenwart gewiß zu werden. Doch es ist nicht jedermanns Sache, sich der bildlosen Schau hinzugeben. Der Prediger ruft daher auf zur Tugendübung. Und für ihn ist der Alltag das eigentliche Feld dieser Übung:

«Jeder soll *den* Dienst tun, zu dem ihn Gott bestellt hat, wie schlicht er auch sei; ein anderer könnte ihn vielleicht nicht tun ... Es gibt keine noch so geringe Arbeit, keine noch so verachtete und bescheidene Kunstfertigkeit: Auch sie kommt von Gott und ist ein Beweis seiner besonderen Gnade ... Unser Herr tadelte Martha nicht um ihrer Arbeit willen, denn die war heilig und gut, sondern wie sie [zuviel] Sorge darauf verwandte. – Der Mensch soll gute, nützliche Arbeit verrichten, wie ihm zufällt; die Sorge aber soll er Gott anheimstellen, und seine Arbeit gar behutsam und im stillen tun. Er soll bei sich selbst bleiben, Gott in sich hereinziehen und oft in sich schauen mit in sich selbst gekehrtem Gemüte, gar innig und andächtig; und immer soll er auf sich selbst achten [und auf das], was ihn zu seiner Arbeit treibt und ihn ihr geneigt macht.»[6]

Seinen Predigthörerinnen in den Klöstern möchte Tauler deutlich machen, worin das Wesen des Suchens besteht und daß diese Suche ins Innerste zielt, in den «Grund» des Menschen. Da ist beispielsweise die Predigt über das Gleichnis Jesu vom verlorenen Pfennig (Groschen). Tauler unterscheidet den «guten heiligen Menschen» – nämlich einen, der mit Christus verbunden ist wie das Schaf mit seinem Hirten – und den «edlen Menschen». In seinem Traktat *Vom edlen Menschen* hat bereits Meister Eckhart diesen Adel als das Geschenk des Auserwähltseins charakterisiert. Ein solches Auserwähltsein geht freilich noch über das hinaus, was der Mensch von sich aus in der Nachfolge und in der alltäglichen Tugendübung tun kann. Etwas von dieser Unterscheidung klingt an, wenn er sagt:

«Nun wisse, wenn du ... ein Schäflein geworden und dem liebenswerten Vorbild, unserem Herrn Jesus Christus, nachgefolgt bist, wie das notwendig ist, dann erst bist du ein guter, heiliger Mensch. Aber ist dir bestimmt, ein *edler Mensch* zu werden, so wisse, daß die Höhe, die du übersteigen mußt, unermeßlich ist.»[7]

Das unermeßlich Höhere ist nicht eine nur quantitative Steigerung des menschenmöglichen, sondern eine andere, eine übergeordnete Kategorie. Hier ist Gott selbst zuständig. Und mittels der allegorischen Schriftauslegung (wie bei Eckhart), die auch Tauler traditionsgemäß handhabt, sucht er Punkt für Punkt zu deuten. So ist im Gleichnis Jesu die Frau, die den Pfennig verloren hat, niemand anderes als die Gottheit selbst. (Eine Unterscheidung zwischen «Gott» und «Gottheit» trifft Tauler nicht.) Das Licht, das die Frau anzündet, um das Verlorene zu finden, ist «die vergottete Menschheit». Und der verlorene Pfennig ist die menschliche Seele. Sie muß etliche Eigenschaften haben, und zwar analog dem Gewicht, der Substanz und der Prägung, die den Wert des Pfennigs ausmachen. Sieht man sich nun die einzelnen Qualitäten an, die erklärlich machen, weshalb die Gottheit selbst so hingebungsvoll nach dem verlorenen Pfennig sucht, dann liest man bei Tauler weiter: «Wisset, das Gewicht dieses Pfennigs [d. h. der Menschenseele], das ist unwägbar; er wiegt mehr als Himmelreich und Erdreich, und alles, was darin beschlossen ist. Denn Gott ist in diesem Pfennig, und darum wiegt er soviel wie Gott.»

Ein überaus kühnes Wort; eines Meister Eckhart nicht unebenbürtig! Sprach einst Heraklit, der «Dunkle von Ephesus», von der Unbegrenzbarkeit der menschlichen Seele, so ist es hier der Aspekt der Unwägbarkeit, letztlich der Unbezahlbarkeit der Seele, auf den Tauler aufmerksam macht. Himmel und Erdreich wiegen schon deshalb diesen «Pfennig» nicht auf, weil er «soviel wie Gott wiegt». Und fragt man den Prediger nach der Begründung seiner These, so verweist er auf die Stofflichkeit des Pfennigs; das Wesen der menschlichen Seele ist demnach «die hineingesunkene Gottheit, die sich mit dem Übersein ihrer unaussprechlichen Minne in diesen Geist [des Menschen] hineinversenkt hat und diesen wiederum ganz und gar in sich verschlungen und ertränkt hat».[8]

Vom «Übersein» Gottes und von seiner unaussprechlichen Liebe «überbildet», zum Sein gerufen, in die Gottesebenbildlichkeit erschaffen – das macht den Menschen zu dem, der er letztlich ist; mehr noch: zu dem, der er *werden* soll. Tauler läßt trotz des Gesagten keinen Zweifel daran aufkommen, daß Schöpfer und Geschöpf voneinander geschieden und unterschieden sind. Und diese Geschiedenheit ergibt sich einmal daraus, daß «die Gottheit» den verlorenen «Pfennig» suchen muß. Sie macht sich auf den Weg, den Weg des *menschensuchenden* Gottes. Zum anderen aber ist es nicht damit getan, daß der Mensch in bewegungsloser Untätigkeit verharrt. Er muß sich selbst auf den Weg machen, auf die Suche. Und da gibt es zweierlei Weisen:

«Das äußerliche Suchen, mit dem der Mensch Gott sucht, besteht in äußerer Übung guter Werke mancherlei Art, so wie der Mensch von Gott gemahnt und getrieben wird, wie er von seinen Freunden angewiesen wird, vor allem durch Übung der Tugenden, als da sind Demut, Sanftmut, Stille, Gelassenheit und alle anderen Tugenden, die man übt oder üben kann. – Aber die andere Art des Suchens liegt weit höher. Sie besteht darin, daß der Mensch in seinen Grund gehe, in das Innerste, und da den Herrn suche, wie dieser es uns selbst gewiesen hat, als er sprach: ‹Das Reich Gottes ist *in* euch!› Wer dieses Reich finden will – und das ist Gott mit all seinem Reichtum und in seiner ihm eigenen Wesenheit und Natur –, der muß es da suchen, wo es sich befindet: nämlich im innersten Grunde [der Seele], wo Gott der Seele näher und inwendiger ist, weit mehr als sie sich selbst. Dieser Grund muß gesucht und gefunden werden.»[9]

Dies in Predigt und Seelenführung den ihm zugewiesenen Menschen deutlich werden zu lassen, ist Taulers vornehmliche Aufgabe. Er soll ihnen ein Licht aufstecken und sie dahin bringen, daß sie selbst Licht werden, damit sie etwas vom Brennen und Leuchten des göttlichen Lichtes erfahren. Wer nun – bei partieller Betrachtung der Texte – meint, Tauler rede dem geistlichen Genuß das Wort, den ein frommes Fühlen und Empfinden herbeiführt, dem sagt er in der gebotenen Nüchternheit, daß dies nicht die gemeinte Gottesliebe sei. Mit dem Brennen seien auch Entbehrung und Verlassenheit gemeint, wie sich dies aus der Passion Christi ergibt.

Auf den ersten Blick wird der nach religiöser bzw. mystischer Erfahrung Trachtende befremdet sein. Wird unter spiritueller

Erfahrung nicht vielfach alles das verstanden, was von einem wohligen Herausgehobensein aus der Alltäglichkeit begleitet ist, was mit Zuständen des Enthusiasmus und der Begeisterung, mit «High»-Zuständen zu tun hat? Dieser Eindruck wird von den mystisch Erfahrenen nicht erweckt, auch nicht in der östlichen Mystik. Man denke nur an die Warnung vor Phänomenen, die geeignet sind, das Realitätsbewußtsein zu stören, etwa in Gestalt von halluzinatorischen «Visionen» (im Zen *makyo*[10] genannt). Gerade das vordergründig Visionäre, das Illusionäre, das geeignet ist, den Pilger auf dem Innenweg sein eigentliches Ziel vergessen zu machen, als komme es auf derlei Pseudo-Erfahrungen an, muß vom Übenden bewältigt werden. So gesehen ist die Erfahrung der «Entbehrung», ja der «Beraubung» und des Verlassenseins, von denen Tauler gelegentlich spricht, jeglicher «mystischer» Exaltiertheit bei weitem vorzuziehen. Hier ist die Erinnerung an die erste Seligpreisung Jesu angebracht: «Selig sind, die da geistlich arm sind, denn das Himmelreich ist ihrer» (Matth. 5,3). Nicht der (vermeintliche) spirituelle Reichtum wird seliggepriesen, sondern der seiner Armut Bewußte, der zur Demut Gereifte. In seiner Armutspredigt kommt es Tauler darauf an, an das Ziel eines menschlichen Unterwegsseins zu erinnern, an den «Rückfluß» des Menschen zu seinem Ursprung, wenn er über die verschiedenen Weisen des Armseins bzw. Armwerdens sagt:

«Arm zu sein innen und außen aus Hinneigung zu dem liebevollen Vorbild unseres Herrn Jesus Christus, um aus rechter, wahrer Zuneigung seiner lauteren, bloßen Armut nachzufolgen, losgelöst und unbeschwert innen und außen, nur strebend nach einem reinen, unvermittelten *Rückfluß* des ganzen Geistes ohne Unterlaß in seinen Ursprung und Beginn; und so schnell könnte kein Entweichen geschehen, der Grund würde dessen sogleich gewahr und rasch wieder [in den Ursprung] zurückkehren. – Ihr Lieben! Das ist die lauterste Armut; denn der höchste Adel und Armut besteht darin, daß dieser Rückfluß sich ledig, frei und ungehindert vollziehe . . .»[11]

Von einem genüßlichen Schwelgen in mystisch-religiösen Empfindungen kann somit bei Tauler ebensowenig wie bei Eckhart die Rede sein. Wo das Ziel des mystischen Wegs, die Unio mystica, ins Auge gefaßt wird, ist die nötige Distanz gewahrt. Die «unaussprechliche Weise» der Kommunion mit Christus geht ohnehin über alles menschliche Begreifen- oder Verstehenwollen hinaus. Denn: «Es versteht niemand besser wahre Unterscheidung als die, welche in die Einheit [*unio*] gelangen; dies heißt und ist eine unaussprechliche Finsternis und ist doch das wirkliche Licht und ist und heißt eine unfaßbare einsame Wildnis, in der niemand Weg noch Weise findet, denn es ist *über alle Weise*. Diese ‹Finsternis› soll man so verstehen: Es ist ein Licht, zu dem keine geschaffene Denkkraft gelangen und das sie auch nicht verstehen kann.»[12]

Deshalb sind auf dieser Ebene der Erfahrung alle Analogien, Bilder und Gleichnisse zu löschen – vor allem die mit erotischen Metaphern aufgeladenen Bilder der spätmittelalterlichen Brautmystik ekstatischer Frauen –, damit die Faszination des Bildes vom Eigentlichen nicht abzulenken vermag. Mystische Erfahrung gipfelt in Nicht-Erfahrung ...

«So liegen Wegweisung zum Gotterlebnis und Warnung vor dem Sichverlieren in die reine Kontemplation dicht nebeneinander. ‹Berührung› und ›Gnade› sieht Tauler in ihrer Beziehung zum tätigen Dasein. Jede übertriebene ‹Selbstbereitung› dazu betrachtet er mit Skepsis. Die Willensaufgabe des Menschen darf sich nach seiner Lehre nur so weit erstrecken, bis menschlicher und göttlicher Wille in Übereinstimmung gebracht sind.»[13] Diese für die Charakteristik des großen Eckhart-Schülers wichtige Feststellung mag zu einem Teil verständlich machen, warum Johannes Tauler so stark und so nachhaltig auf seine Zeitgenossen und auf die Nachwelt gewirkt hat.

So sind es verschiedene, doch einander verwandte Themen, die das Predigtwerk Johannes Taulers bestimmen: Zum einen ist da sein Ruf nach Selbsterkenntnis, die aufs engste mit der Gotteserkenntnis verwoben ist und bei der der Mensch sich seiner geschöpflichen Unzulänglichkeit (Sünde) bewußt wird. Zum anderen ist da das Verlangen dieses gottfernen Menschen, in die Nähe Gottes zu gelangen und ihm selbst in der mühevollen Berufsarbeit zu begegnen. Das zentrale Thema aber ist, ähnlich wie bei Eckhart, die «Geburt Gottes im Seelengrund», wenngleich der Straßburger Prediger die Gewichte anders verteilt als der Meister der scholastischen Begriffskunst. Tauler entfernt sich von der gedanklichen Spekulation; dafür verweist er auf die Gottesnähe in flüchtiger Alltagsstunde. In seiner Weihnachtspredigt «Ein Sohn ist uns geboren» (Jes. 9,5) unterscheidet er drei Aspekte der Geburt Christi, um sich schließlich für die «dritte Geburt» zu entscheiden:

«Die erste und oberste Geburt ist die, daß der himmlische Vater seinen eingeborenen Sohn in göttlicher Wesenheit, doch in Unterscheidung der Person gebiert. Die zweite Geburt, deren man heute gedenkt, ist die mütterliche Fruchtbarkeit, die jungfräulicher Keuschheit in wahrhafter Lauterkeit zuteil ward. Die dritte Geburt besteht darin, daß Gott *alle Tage* und zu jeglicher Stunde in wahrer und geistiger Weise durch Gnade und aus Liebe in einer guten Seele geboren wird.»[14]

Hierfür empfiehlt Tauler die entschiedene «Einkehr und Umkehr aller Seelenkräfte», weil man dem Wort Gottes nicht besser als «mit Schweigen und Hören» dienen könne: «Du sollst dieses tiefe Schweigen oft und oft in dir haben und es in dir zu einer Gewohnheit werden lassen, so daß es durch Gewohnheit ein fester Besitz in dir werde ... Denn Gewohnheit erzeugt Geschicklichkeit.»[15] Gemeint ist die kontinuierliche Einübung in die Stille. Was aber, wenn sich das Außerordentliche nicht so einstellen will, daß der Mensch erlebnismäßig erfüllt ist von Gottesnähe, wenn statt dessen Dunkelheit, Kälte oder Härte, Erfahrungsmangel vorherrschen? Diese negativ scheinende Innenwahrnehmung schätzt Tauler sogar höher ein als «das Verkosten und Empfinden». Denn «dieses bittere Leid [des Kreuzes] trägt den Menschen näher an den Grund der lebendigen Wahrheit als alles Empfinden ... Dieses Kreuz ist der gekreuzigte Heiland. *Der* soll und muß [in uns] geboren werden durch alle Kräfte hindurch.»[16]

Worauf es ankommt, das ist nicht die vielfach begehrte Erfahrung der Entrückung (*raptus*) in mystische Ausnahmezustände, sondern die Begegnung mit dem wirklichen Christus. Auf diese Weise kommt zur Gottes- und Selbsterfahrung die Reifung der Persönlichkeit: «So muß man in jeglicher Widerwärtigkeit streiten lernen ...»[17] Es spricht jedenfalls für den Realitätssinn eines Mystikers von der Statur Taulers, daß er «das Widerwärtige» als zur Übung der Christusnachfolge gehörend ernst nimmt. Auf diese – man muß sagen: paradoxe – Weise ist die Geburt «von oben her» an den unter dem Kreuz stehenden, vom Schicksal heimgesuchten Menschen geknüpft, das Ewige an das Zeitliche, das Göttliche an das Menschliche. Und eben diese Erniedrigung Gottes (in Christus) im Geschehen der Inkarnation (Menschwerdung) bedeutet die wahre Erhöhung, ja «Vergöttlichung» des Menschen. Denn:

«Da geht die Sonne in lichtem Glanz auf und enthebt [den Menschen] aller Not; der Mensch fühlt sich wie einer, der vom Tod zum Leben zurückkehrt. Da führt der Herr den Menschen aus seinem Selbst heraus in sich – den Herrn – hinein. Und nun entschädigt ihn Gott für all sein Elend, all seine Wunden heilen, und so zieht Gott den Menschen aus seiner menschlichen in eine göttliche Art, aus allem [irdischen] Jammer in göttliche Sicherheit. Und *jetzt* wird der Mensch so *vergottet*, daß alles, was er ist und wirkt, Gott in ihm wirkt und ist; solch ein Mensch wird weit über seine natürliche Weise hinaufgetragen, daß er so recht von Gottes Gnade *das* wird, was Gottes Sein von Natur ist. In diesem Stand fühlt sich der Mensch wie verloren: Er weiß [nicht], noch empfindet, noch fühlt er etwas von sich selbst; er ist sich nur eines einfachen Seins bewußt. – Meine Lieben! Dahin *wahrlich* zu gelangen, heißt den tiefsten Grund rechter Demut und Vernichtung erreicht zu haben; das überschreitet [all]es, was man in Wahrheit mit den Sinnen erfassen kann. *Hier* nämlich haben wir die allerwahrste Erkenntnis des eigenen Nichts; und hier ist das allertiefste Versinken in den Grund der Demut; denn je tiefer man sinkt, desto mehr steigt man: Höhe und Tiefe ist hier ein und dasselbe.»[18]

Als Johannes Tauler am 16. Juni 1361 im Straßburger Dominikanerinnen-Kloster St. Nikolaus in Undis etwa sechzigjährig stirbt, hinterläßt er ein Werk, von dem heute etwa 80 bzw. 84 Predigtnachschriften als authentisch anerkannt sind. Und schon bald erlangt Tauler als deutscher Mystiker geradezu kanonischen Rang. Daher kommt es, daß man manchen anderen als besonders wertvoll erachteten Mystikertext unter seinem Namen verbreitet hat, darunter auch Predigten Eckharts. Eine Reihe von Drucken sorgten dafür, daß seine Predigten über die Jahrhunderte präsent geblieben sind, angefangen mit den ersten Tauler-Drucken in Leipzig 1498, 1508 in Augsburg, 1521/22 in Basel und 1543 in Köln; viele weitere sind gefolgt.

Für die Publizität Taulers haben sich Männer vom Rang Martin Luthers eingesetzt. Der Reformator kannte seinen Tauler gründlich und nahm von ihm den Maßstab für echte «deutsche Theologie». Der niederländische Jesuit Petrus Canisius wurde schon als Tauler-Herausgeber genannt. Luthers Widerpart, Thomas Müntzer, führte Tauler-Predigten auf seinen Reisen mit sich. Über seinen mystischen Gewährsmann schreibt Luther: «Ich habe mehr in ihm von wahrer Theologie gefunden als in allen Doktoren aller Universitäten zusammengenommen; weder in lateinischer noch in deutscher Sprache habe ich eine Theologie gesehen, die heilsamer und mit dem Evangelium übereinstimmender ist.»[19]

Diese kaum einer Steigerung fähige Lobrede des jungen Luther gilt für die Zeit vor und um 1520. Denn aus den nachfolgenden Jahren, als es zur Auseinandersetzung mit den sogenannten Schwärmern (Spiritualisten) kam, kennen wir auch andere Urteile aus Luthers Feder zum Thema Mystik. Aber bereits hier ist festzuhalten: Der Geist der christlichen (nicht allein der deutschen) Mystik ist es, der im protestantischen Kirchenlied zum *cantus firmus* geworden ist. Man denke nur an Paul Gerhardt, an den Reformierten Gerhard Tersteegen oder an den Konvertiten Angelus Silesius (Johann Scheffler) und nicht zuletzt an Johann Sebastian Bach, den «Mittler zwischen Zeit und Ewigkeit» (A. E. Cherbuliez).

So gesehen ist dem Historiker der Frömmigkeit und Theologie des 17. Jahrhunderts, Winfried Zeller, zuzustimmen, der zusammenfassend schreibt:

«Weder die Reformation noch der Katholizismus des 16. Jahrhunderts sind ohne die Ausstrahlungen der mittelalterlichen, vor allem der deutschen Mystik zu verstehen ... Die mystische Spiritualität des Benediktiners Ludwig Blosius trug wesentlich zur Belebung der Frömmigkeit des nachtridentinischen Katholizismus bei. Aber auch die führenden Geister des deutschen Spiritualismus (Andreas Karlstadt, Sebastian Franck, Valentin Weigel) wie des Bauernkrieges (Thomas Müntzer) beriefen sich auf das Ideengut der Mystik Taulers.»[20]

Zeugnisse und Leitworte

Es gibt überall Menschen, die, regt sich in ihnen das Streben nach einem neuen Sein und guten Dingen, sogleich zu kühn sind und in der Neuheit dieser Geburt mit Ungestüm ihrem Streben folgen und weder wissen noch bedenken, ob ihre Natur ihrem Streben gewachsen und Gottes Gnade in ihnen so groß sei, daß sie bis ans Ende ausreicht. Der Mensch sollte das Ende bedenken, ehe er sich irgendeiner neuen Frömmigkeitsübung zuwendet; er sollte fliehen und die Neuheit seines [geistigen] Aufbruchs sogleich in Gott und auf Gott legen ... Ja, eine ganze Welt steht in dir auf, die du nimmer überwindest, es sei denn mit viel Übung und Fleiß und Gottes Hilfe; denn gar starke grimme Feinde, die kaum je einmal überwunden werden, hast du *in dir* zu überwinden.

2. Predigt: «*Accipe puerum et matrem*», Hofmann 21 f.

Die Seele erkennt wohl, daß Gott ist, sogar mit dem natürlichen Licht der Vernunft, aber wer er ist oder wo, das ist ihr gänzlich unbekannt und verborgen, und davon weiß sie gar nichts. Da aber erhebt sich in ihr ein liebevolles Verlangen, und sie sucht und fragt eifrig und wüßte gerne um ihren so verdeckten und verborgenen Gott. – In diesem aufmerksamen Bemühen geht ihr ein Stern auf, ein Schein und Glanz göttlicher Gnade, ein göttliches Licht; sieh, dieser, spricht das Licht, ist jetzt geboren, und weist die Seele auf den Ort der Geburt [Gottes] hin. Denn dahin, wo er ist, kann kein natürliches Licht hinführen ... Die Toren freilich können und wollen nicht warten, bis ihnen das Licht leuchtet, in dessen Schein jene Geburt gefunden wird, sondern sie ergießen sich nach außen und wollen sie mit der Kraft ihres natürlichen Lichtes finden; aber das ist unmöglich: sie müssen die Zeit abwarten: die ist noch nicht gekommen.

3. Predigt: «*Ubi est qui natus est*», Hofmann 27 f.

Wie eigentlich das Stroh nur um des Kornes willen da ist und zu nichts weiter dient, es sei denn, daß man ein Bett daraus herstellen wolle, darauf du ruhen kannst, oder aber Mist, so ist auch das *äußere Gebet* nur so weit von Nutzen, als es den Menschen zu edler Andacht fortreißt und dann der edle Duft daraus entsteht. Wenn der sich dann bemerkbar macht, so laß das mündliche Gebet kühnlich fahren. A. a. O. 33 f.

Der Mensch vermag niemals zur Vollkommenheit zu gelangen, es sei denn, er wolle allerwegen aufstehen, seinen Geist zu Gott erheben und seinen inwendigen Grund frei machen. Immer und überall soll er fragen: «Wo ist er, der geboren ward?» (Matth. 2,2), in demütiger Furcht und im Wahrnehmen von innen, was Gott von ihm wolle, daß er dem genugtue ... Niemals wird der Mensch so vollkommen werden, daß er nicht in demütiger Furcht leben müßte; auf dem allerhöchsten Punkt aber soll er stets sprechen und denken: «*Fiat voluntas tua* – Herr, dein Wille geschehe.» 5. Predigt: «*Surge et illuminare*», Hofmann 38 f.

Die Seele steht so recht in der Mitte zwischen Zeit und Ewigkeit. Wendet sie sich der Zeit zu, so vergißt sie die Ewigkeit ... Wie edel und lauter auch die irdischen Bilder sind, alle sind sie ein Hindernis dem Bild bar jeder Form, das Gott ist. Die Seele, in der sich die Sonne spiegeln soll, die muß frei sein und ledig aller Bilder; denn wo irgendein Bild sich in dem Spiegel zeigt, da vermag sie Gottes Bild nicht aufzunehmen ... Wärest du der Bilder und deines Eigenwillens ledig, so könntest du ein Königreich besitzen, es schadete dir nicht. Sei frei von der Gewöhnung an die Dinge und ledig [irdischer] Bilder, und du kannst besitzen, wessen du immer an allen Dingen bedarfst.

6. Predigt: «*Iugum enim meum suave*», Hofmann 41 f.

Das Suchen, bei welchem der Mensch sucht, geschieht auf zweierlei Weise: Das eine Suchen des Menschen ist äußerlich, das andere innerlich; und dieses ist so [hoch] über jenem wie der Himmel über der Erde und ist jenem ganz und gar ungleich. Das äußerliche Suchen, mit dem der Mensch Gott sucht, besteht in äußerer Übung guter Werke mancherlei Art, so wie der Mensch von Gott gemahnt und getrieben wird, wie er von seinen Freunden angewiesen wird, vor allem durch Übung der Tugenden, als da sind Demut, Sanftmut, Stille, Gelassenheit und andere Tugenden, die man übt oder üben kann. – Aber die andere Art des Suchens liegt weit höher. Sie besteht darin, daß der Mensch in seinen Grund gehe, in das Innerste und da den Herrn suche, wie er es uns selbst angewiesen hat, als er sprach: «Das Reich Gottes ist in euch!» Wer dieses Reich finden will – und das ist Gott mit all seinem Reichtum und in seiner ihm eigenen Wesenheit und Natur –, der muß es da suchen, wo es sich befindet: nämlich im innersten Grunde [der Seele], wo Gott der Seele näher und inwendiger ist, weit mehr als sie sich selbst. Dieser Grund muß gesucht und gefunden werden.

37. Predigt: *«Quae mulier habens dragmas decem»*, Hofmann 273 f.

Meine Lieben! Wollt ihr euch an ganzen und wahren Zeichen, [d. h. in der Wahrheit] selbst erkennen, wie ihr seid, so betrachtet, was euch am allermeisten zu Lust oder Leid, zu Freude oder Jammer bewegt; es sei, was immer es wolle: das ist dann euer Bestes, es sei Gott oder ein Geschöpf. Bist du von Gott ganz erfüllt, so können alle Geschöpfe dir dein Schifflein, [das heißt] deinen auf Gott strebenden Grund weder [vom Ufer] wegtreiben noch dich seiner berauben. Dem Menschen gibt der allergütigste Gott ein solches Kleinod, nämlich solche Freude, daß er in seinem Innern solchen wahren Frieden und solche Sicherheit hat, die niemand verstehen kann, außer wer sie [selber] besitzt. Es ereignet sich wohl, daß die Wellen im Sturm oft von außen an sein Schiff schlagen, als ob sie ihn jetzt ertränken wollten: doch kann das nicht so ungestüm geschehen, daß er nicht innen in gutem Frieden bleiben könnte. Oder sein Schifflein wird von außen zum Schwanken gebracht und geschüttelt; aber niemals wird es ihm entrissen: denn ihm bleibt stets sein innerer göttlicher Friede und seine wahre Freude.

41. Predigt: *«Ascendit Jesus in naviculum»*, Hofmann 311

Man sollte die Pfade auch im Innern ebnen, auf sie achten und auf die Wege des [menschlichen] Geistes zu Gott und Gottes zu uns, denn die sind nur mit Geschick zu begehen und verborgen. Und das kehren viele Leute um und laufen ihren äußeren [Frömmigkeits-]Übungen und äußerer Wirksamkeit nach; sie verhalten sich wie jener, der nach Rom reisen wollte, das ist landaufwärts, und das Land abwärts ging auf Holland zu. Je mehr er voranging, um so mehr kam er von seinem Ziel ab. Und wenn diese Menschen [dann] zurückkommen, sind sie alt, der Kopf schmerzt ihnen, und sie können dem Werk der Liebe und ihren Stürmen nicht mehr genügen.

Meine Lieben, wenn der Mensch in diesem Sturm der Liebe steht, soll er nicht an seine Sünde denken noch an Demut, noch an irgend etwas anderes, sondern nur daran, daß er der Liebe in ihrem Werk genugtue. Der Sturm der Liebe kann auch einen kalten, gelassenen, harten Menschen überkommen. Da soll man sich der Liebe überlassen, ihr ganze Treue bewahren und sich frei und ledig halten alles dessen, was nicht Liebe ist; begehre nach dieser Liebe stets eifrig, habe ein ganz festes Vertrauen zu ihr, halte dich an ihr fest, und du wirst ebenso stark und ebenso viel empfinden, als je ein Mensch in dieser Zeitlichkeit empfand. Wenn deine Treue nicht vollkommen ist, so wird dein Begehren geschwächt, und deine Liebe verlischt, und aus all dem wird nichts.

44. Predigt: «*Hic venit ut testimonium perhiberet de lumine*», Hofmann 341 f.

Franziskanische Mystik – *Die sieben Wege zu Gott*

Die Tatsache, daß es in erster Linie Dominikaner und Dominikanerinnen gewesen sind, die die deutsche Mystik zur Blüte gebracht haben, läßt leicht den franziskanischen Anteil an der Entfaltung dieser geistigen Bewegung vergessen. Auch wenn es hier nicht darum gehen kann, die Eigenart und das anteilmäßige Verhältnis von dominikanischer und franziskanisch geformter Mystik näher zu bestimmen, so sollen doch wenigstens zwei Männer aus der Nachfolge des Franziskus von Assisi vorgestellt werden: *David von Augsburg* und *Rudolf von Biberach.*

Franziskus selbst hat kein mystisches Schrifttum hinterlassen. Dennoch ist sein Platz in der Geschichte der christlichen Spiritualität unbestritten, vor allem wenn man an sein exemplarisches, durch innere Erfahrung bestimmtes Leben und an seine bis heute anhaltende Nachwirkung denkt. Sein mystischer Impuls ging in einzigartiger Weise von seiner Person aus. Mit Christus eins und ihm gleichförmig werden (*conformitas Christi*), war für ihn das Entscheidende. Den geistlichen Ertrag dieses Lebens (*vita mystica*) einzubringen und literarisch zu entfalten, sollte die Aufgabe der nachfolgenden Generationen darstellen.

Als sein wichtigster geistig-geistlicher Nachfolger ist in diesem Zusammenhang Bonaventura (1221–1274) anzusehen. Er hat die theologische Wissenschaft ganz in den Dienst der Mystik gestellt, indem er den Weg der Seele zu Gott beschrieb. Das geschah in seinem schon angeführten berühmten *Pilgerbuch der Seele zu Gott (Itinerarium mentis in Deum)*, das er auf dem Alverna, also auf jenem Berg konzipierte, auf dem Franziskus seine Christusschau und auch die Leidensmale seines Herrn (Stigmatisation) empfangen hatte.

Es sind sodann Franziskaner wie David von Augsburg, die ihren – man darf sagen: frühen – Beitrag zur deutschen Mystik geleistet haben, zum Teil etwa zwei Menschenalter vor Meister Eckhart und seiner Schule. Von David sind kaum exakte Lebensdaten überliefert. Er ist etwa um 1210 geboren und hat vermutlich um 1230 in Magdeburg seine Ausbildung erhalten, das heißt dort, wo seine Zeitgenossin, die Mystikerin Mechthild von Magdeburg, gelebt hat. In Regensburg, wo eines der ersten Franziskanerklöster auf deutschem Boden, das Salvator-Kloster, existierte, diente David als Novizenmeister. Auf diese Weise wurde er der geistliche Lehrer des Predigers Berthold von Regensburg, ehe er um bzw. vor 1250 an das Franziskaner-Kloster in Augsburg berufen wurde. Aus Davids Feder stammen einige lateinische und deutsche Schriften.

Wenn er auch nicht in erster Linie als Mystiker anzusehen ist, so ist doch nicht zu leugnen, daß seine religiösen Texte nicht allein frühe Beispiele für die «literarische Gestaltung einer deutschen theologischen Fachprosa» gelten können, sie atmen auch bereits den Geist der Mystik, so daß David von Augsburg als ein «Wegbereiter der Sprache der Erkenntnismystik» (Hans Eggers) angesehen werden kann. Sein Blick richtet sich auf die Geheimniswelt der göttlichen Trinität. Hier spricht er von dem «Ausfließen» (*emanatio*) der Gotteskräfte von Vater und Sohn auf den Heiligen Geist. Der insbesondere durch Mechthild, aber nicht allein von ihr zu Ehren gebrachte Terminus des spirituellen «Fließens» bzw. des «Flusses» hat schon bei David einen festen Platz, wenn er sagt:

«Der Vater[-Gott] ist der Brunnen und der Ursprung des göttlichen Fließens; der Sohn ist wie der Fluß und der Bach, der aus dem Brunnen herausfließt; der Heilige Geit ist wie der See, der von dem Brunnen und von dem Fluß gespeist wird [nämlich durch den Prozeß eines ständigen Fließens].»[1]

Man sieht, wie sich Davids Aufmerksamkeit, sein meditierendes Betrachten, nicht etwa auf einen statischen Gottesbegriff richtet, sondern auf die Dynamik eines andauernden *progressus* (wörtlich: Hervortreten), an dem der Mystiker Anteil nehmen möchte. Aber wie kann das geschehen? David von Augsburg antwortet:

«Weil keine Kreatur [nichts Geschaffenes] den Nutzen und das Wirken völlig ergreifen kann, das die höchste Macht, Güte und Weisheit zugleich ist und bringt, die doch nicht müßig sein kann, darum muß sie sich in geheimnisvoller Weise in sich selbst ergießen, so daß der Vater dem Sohne ewig gebärend von seiner Wesenheit mitteilt ... und daß der Sohn gemeinsam mit dem Vater dem Heiligen Geist ewiglich von ihrer Wesenheit zubringe ...»

Doch dabei kann dem Mystiker nicht verborgen bleiben, daß seine Rede von Gott unzulänglich und seinem unerschöpflichen Thema unangemessen ist: «Uns fehlt es an Worten, wenn immer wir von der Natur der Gottheit reden sollen.» Dieses Wissen um die Begrenztheit menschlicher Rede angesichts des Mysteriums zeichnet diesen Franziskaner aus sowie nicht zuletzt seine Sprachkunst, mit der er den dominikanischen Mystikern vom Range eines Meister Eckhart vorgearbeitet hat. Aber nicht nur er allein, sondern noch andere Autoren, die im Umkreis des Augsburgers, vielleicht als seine Schüler, in ähnlichem Sinne gewirkt haben. «Wenn sich Meister Eckhart im 14. Jahrhundert auch durch Klarheit des Denkens, durch Gedankentiefe und Sprachgewalt weit über ‚alles erhebt, was es vorher an deutscher Prosa gegeben hat, so ist es doch wichtig, am Beispiel des Augsburger Meisters zu erkennen, daß Eckharts strahlende Sprache nicht aus dem Ungefähr aufgestiegen ist. Die sprachlichen Grundlagen waren schon geschaffen ...»[2]

Was nun den Franziskaner Rudolf von Biberach angeht, so ist er lange Zeit kaum beachtet worden. Sein Hauptwerk *Die sieben Wege zu Gott* (*De septem itineribus aeternitatis*) wurde nicht ihm selbst, sondern Bonaventura zugeschrieben. In der Hauptsache geschah das üblicherweise wohl deshalb, um diesem wichtigen Lehrbuch bzw. Kompendium christlicher Mystik die gebührende hohe Wertschätzung zu sichern. Und eben dieser Umstand kann das Interesse an dem tatsächlichen Verfasser nur steigern.

Rudolf von Biberach teilt in mancher Hinsicht das Schicksal der ihm geistesverwandten Zeitgenossen, das heißt, es sind nur wenige Zeugnisse vorhanden, die den Lebensweg dieses Ordensmannes einigermaßen bestimmen lassen. Ähnlich wie bei seinem Zeitgenossen Meister Eckhart sind Geburts- und Todesdatum unbekannt. Mangels weiterer Angaben kann man nur sagen: Rudolf von Biberach hat ungefähr zwischen 1270 und 1326 gelebt. Als Theologe erlangte er eine umfassende Bildung. Jedenfalls zeugt sein literarischer Nachlaß von der großen Belesenheit seines Autors. *Die sieben Wege zu Gott* sind ein eindrucksvolles Zeugnis dafür, wie genau Rudolf die mystische Tradition der Christenheit vom 2. bis zum 13. Jahrhundert kennt. Im Gegensatz zu anderen Autoren zitiert er nicht nur seine Gewährsleute – unter ihnen Augustinus, Bernhard von Clairvaux, Dionysius Areopagita, Gregor den Großen, die beiden Viktoriner Hugo und Richard von St. Viktor, sodann Thomas Gallus und Wilhelm von St. Thierry –, sondern er nennt seine Quellen auch mit Namen. Rudolf ist wie sein dominikanischer Kollege Eckhart Hochschullehrer mit dem Titel «Magister» (Meister; Professor). Wie er hat er angeblich zeitweise in Paris gelehrt, in der Hauptsache aber in Straßburg. So werden beide «Meister» einander begegnet sein, vielleicht sogar in konkurrierender Auseinandersetzung, wie Dominikaner und Franziskaner sie gepflegt haben. Ein wichtiger Bestandteil der Lebensarbeit Rudolfs war die Seelsorge, die er viele Jahre hindurch in Straßburg ausübte. Hier war er auch der Beichtvater des Herzogs Leopold von Österreich, der Ende Februar 1326 in Straßburg verstarb.

Die ursprüngliche Ausgabe von Rudolfs in mehreren Handschriften überliefertem Hauptwerk erfolgte zwar in lateinischer Sprache, wurde aber schon in der Mitte des 14. Jahrhunderts ins Mittelhochdeutsche übersetzt. In dieser Fassung erlangte es in den Frauenklöstern sowie in Beginenhäusern weite Verbreitung. Das wiederum besagt, daß wir es mit einem Werk zu tun haben, das geeignet war, in den Lebenszentren der deutschen Mystik belehrend und impulsierend zu wirken. Und weil es sich um ein Werk von theologischem Rang handelt, erweist sich hierdurch einmal mehr, welches beträchtliche geistige wie geistliche Niveau die um Mystikerpersönlichkeiten des Mittelalters gescharten Frauen gehabt haben müssen. Frommer Überschwang allein reicht offensichtlich nicht aus, um die Frauenmystik des 13. und 14. Jahrhunderts zu charakterisieren, wenngleich dabei auch das emotionale Element zu seinem Recht kommt.

Sieben Wege (sieben Straßen; *septem itinera*) sind es, die in das Geheimnis der Welt Gottes hineinführen, sagt der Autor im Prolog seines Werks. Ihm läßt er weitere sieben Kapitel folgen, in denen er den siebenfältigen Gang nach innen und nach oben schildert. Charakteristisch für die gesamte Konzeption dieses Buches ist «eine bewundernswürdige Systematik im kompilatorischen Aufbau». Daher könne nach Meinung der Herausgeberin Margot Schmidt dieses Sieben-Wege-Buch «als Musterbeispiel für die Einheit von Theologie und Mystik gelten». Es geht darum, die verletzte göttliche Ebenbildlichkeit des Menschen wiederherzustellen. Die göttliche Ähnlichkeit liegt im Geist des Menschen als dem «Auge der Seele». Dennoch hat der Mensch eine zweifache Sicht und Bewegungsmöglichkeit. Die eine Richtung geht auf das Himmlische in die ewige «Wohnung», die andere wählt irrtümlich die Absolutsetzung des Irdischen, die zur «Wohnung» des ewigen Todes führt. Dementsprechend steht der Mensch vor einer Weggabelung und damit vor der Entscheidung, welchen von beiden Wegen er einschlagen soll. Das Gefährliche ist, überhaupt keinen Weg mehr zu finden wie Kain, der ruhelos umherirrend «an keinem Ort bei keiner Sache mehr bleiben konnte». «Die ebenbildliche Anlage jedoch verlangt vom Menschen das vernunftgemäße Erforschen der Gottheit, soweit es möglich ist.»[3]

Die Frage, welche Wege zur Ewigkeit zu beschreiten seien, wird bereits im Prolog beantwortet. Rudolf von Biberach benennt sie so:

Der erste Weg ist die richtige Absicht [nach ewigen Dingen].
Der zweite ist das aufmerksame Betrachten ewiger Dinge.
Der dritte Weg ist das klare Schauen ewiger Dinge.
Der vierte ist das liebende Erfaßtsein und Empfinden ewiger Dinge.
Der fünfte ist die verborgene Offenbarung ewiger Dinge.
Der sechste ist das erfahrungsmäßige Verkosten Gottes.
Der siebte ist das gottähnliche Wirken.[4]

Nach diesem Siebenerrhythmus sind, mit einer Ausnahme, alle sieben Weg-Beschreibungen, einschließlich des Prologs, konstruiert. Kein anderer als Christus ist der *Weg*, auf dem wir gehen, die *Wahrheit*, zu der wir hinkommen, und das *Leben*, in dem wir verbleiben. Mit dieser Orientierung gemäß dem Johannesevangelium (Kap. 14,6) führt Rudolf von Biberach seine Leser in die inneren «Wohnungen» der Betrachtung und Kontemplation. Die Einladung hierzu bekommt ihre volle werbende Note durch das Hohelied Salomonis, das im Mittelalter insbesondere durch Bernhard von Clairvaux als eine richtungweisende Quellenschrift christlicher Mystik gedeutet worden ist: So wie der Liebende die Nähe seiner Geliebten sucht, so Christus als Bräutigam und Gott die menschliche Seele. Ihr gilt der Ruf: «Erhebe dich, eile, meine Freundin, meine Taube, meine Schöne, und komm doch, meine Freundin!» (Hl 2,10). Damit wird eine Hochzeitsstimmung erzeugt: «Die schöne Zeit des Lenzes ist angebrochen, denn die schönen Blumen sind in unserem Lande erschienen durch die wonnevolle Anwesenheit [der göttlichen Sonne] Christi in der Erde unseres Leibes. Daher sind die Wege überaus schnell und leicht geworden, denn ‹die Zeit der Beschneidung ist gekommen›, in der unser Geist frei wird von allen unnützen und eitlen Dingen. Die Wege, auf denen der Geist in die Gottheit eingehen soll, sind auch von Gott geöffnet worden ...»[5]

Unter Anführung immer neuer Gewährsleute und der Heiligen Schrift selbst, zeigt der Autor, auf welche Weise der Innenweg zur Betrachtung und Eröffnung der ewigen Welt gegangen werden kann, wie sich die Liebe zum Ewigen entfalten und wie dieses Ewige eine Erfahrungstatsache für den einzelnen werden kann. Während dieses Unterwegsseins gesellt sich das göttliche Wort dem menschlichen Geist zu und wird zum Begleiter und Wegführer. Damit wird eine gewisse Unabhängigkeit vom äußeren Lehrer und Seelenführer erreicht, zumal spirituelle Erfahrung durch keine von außen kommende Wissensvermittlung oder Belehrung ersetzt oder auch nur intensiviert werden kann.

Es spricht für die große Realitätsbezogenheit des franziskanischen Mystikers, daß sein geistliches Weggeleit nicht etwa, von allem Irdischen abgehoben, in der «seligen Schau» bzw. in der Unio mystica endet. Seine Beschreibung der siebenten und letzten Wegstrecke ist daher dem Tätigwerden des Mystikers gewidmet, dem «gottähnlichen *Wirken* des Ewigen». Wohl geschieht das Entscheidende «innen». Aber die Folgerungen, die aus dem innen Empfangenen erwachsen, müssen sich im tätigen Leben als fruchtbar erweisen und bewähren. Oder in den Worten Rudolfs:

«Wenn ein Mensch in geistlichen Dingen geschult ist, wird er mit der rechten Absicht zu ewigen Dingen hingeführt; dann wird er auf den Wegen der Ewigkeit durch häufiges Betrachten erfahren und behende; dann wird er zum Ewigen in lauterer und klarer Schau belehrt und geleitet; dann neigt er sich in brennender Liebe zum Ewigen und erfährt darnach in verschiedenartiger Offenbarung Ewiges... Was soll der Mensch anderes tun, als daß er durch gottähnliches und verdienstvolles Wirken in das Ewige eingeht... Was nützt es, wenn wir die Höhe [göttlicher] Majestät und seine Größe erkennen und für uns daraus keine Nutzanwendung ziehen?»[6]

Wohl haben Eckhart und auch Johannes Tauler da und dort eindrücklicher den Umgang mit Gott «in allen Dingen» beschrieben, als es Rudolf von Biberach hier gelingen will. Allein, die Zielrichtung ist letztlich die gleiche. Die benediktinische *via meditativa* und die *via activa* laufen demselben Ziel entgegen. Jede Einseitigkeit ist zu vermeiden, sei es ein weltflüchtiger Spiritualismus oder ein geistblinder Aktionismus. So gibt der Franziskanermönch abschließend zu bedenken:

«Obgleich das schauende und tätige Leben einen ungleichen Weg nehmen, gehen sie doch zu dem gleichen Vaterland. Das tätige Leben nimmt einen mühevollen Verlauf, das schauende Leben hat ewige Freude, die ihm in Ewigkeit nicht genommen wird. In der Schau empfängt man das Reich, im tätigen Leben erwirbt man das Reich... Wer gute Werke vollbringt, was tut er anderes, als daß er mit seinen geistlichen Füßen zur Ewigkeit geht?»[7]

Bedenkt man, aus welch einem reichen Schatz der religiösen und mystischen Tradition Rudolf schöpft – er benennt selbst etwa vierzig literarische Gewährsleute –, dann ist seine starke Wirkung auf die Zeitgenossen und auf nachfolgende Generationen verständlich. Sie reicht von Spanien und Frankreich, von Rom, Capestrano und Neapel bis ins ostpreußische Königsberg, bis Frauenburg, Danzig und Krakau, im Norden bis nach Schweden. Dabei handelt es sich nicht allein um die Verbreitungsgebiete dieser Sieben-Wege-Schrift. Sie wurde in anderen mystischen Publikationen benutzt, verarbeitet und zitiert, beispielsweise von dem süddeutschen Benediktiner Johannes von Kastl[8] (in der Oberpfalz) oder von Johannes Gerson, der sich mehrfach auf Rudolf bezieht. Übereinstimmungen lassen sich feststellen mit der vor 1427 entstandenen *Nachfolge Christi* ebenso wie mit der von Luther hochgeschätzten *Theologia Deutsch*. Die Spanierin Teresa von Avila hat ihr bedeutendes Spätwerk *Die Seelenburg* (*Las Moradas*) gemäß dem Traktat von Rudolf von Biberach konzipiert,[9] indem sie sich wie er der Metapher der inneren «Wohnung» bedient. Margot Schmidt, die das Fortleben Rudolfs bis in die Gegenwart im einzelnen nachgewiesen und belegt hat, kommt zu dem Schluß:

«Daß das Schrifttum Rudolfs von Biberach bis in die heutige Literatur hinein lebendig geblieben ist, ersieht man daran, daß er von einem Autor der Gegenwart wieder aufgegriffen worden ist. In seinem Versuch, das Problem der religiösen Erfahrung zu klären, stellt Hans Urs von Balthasar in der Darstellung über die geistlichen Sinne[10] Rudolf von Biberach in die Reihe der Autoren, die der Lehre von den geistlichen Sinnen besondere Aufmerksamkeit geschenkt haben. Dies besagt, daß das Gedankengut unseres mittelalterlichen Lehrers über die Erfahrbarkeit der Gnade bis in die heutigen theologischen Gespräche nicht abgeklungen ist.»[11]

Zeugnisse und Leitworte

David von Augsburg

Die oberste Seligkeit der Kreatur, die nach Gott gebildet ist, die liegt in der lauteren Erkenntnis der obersten Wahrheit, die Gott selber ist: daß man ihn über alle Dinge liebe und durch die Liebe in ihn verwandelt werde wie das Feuer die Materie verwandelt, in die es eindringt. Ihn kann aber niemand recht lieben, außer derjenige, der ihn recht erkennt.

Es gibt dreierlei Erkenntnisstufen: Die erste ist die des Glaubens, die andere ist die des Verstehens, die dritte ist die der Schau. Diese ist die vollkommenste. In ihr liegt die ganze Seligkeit. Je größer das Verstehen ist, desto kräftiger ist die Liebe; denn Gott ist so gut, daß ihn niemand erkennt, der ihn auch liebt. Weil wir ihn nun nicht sehen können, wie er ist, so hat er uns ein Licht wie in einer Laterne gegeben, damit wir uns in dieser finsteren Welt Licht machen. Das ist der Christenglaube... Das folgende sollen wir dabei merken: Ist uns die Wahrheit noch trübe im Herzen, so bedürfen wir noch der Laterne, wie einer mit schwachen Augen; ist sie uns aber lieblich und klar, daß wir sowohl ihrer Tugendlehre folgen als auch sie verstandesmäßig aufnehmen können, so ist das ein Beweis, daß wir gesunde Augen haben.

Von der Erkenntnis der Wahrheit, hrg. von F. Pfeifer I, 364

[Die Seele spricht zur Gottheit]: Deine Güte ist ein überquellender Brunnen; denn eher müßten Himmel und Erdreich zerstört werden, ehe der Quell seiner Güte auch nur das Tausendstel eines Augenblickes zu fließen aufhörte. Mit der Güte bist du ein Heiler meiner Wunden, ein Tröster meines Schmerzes, ein Löser meiner Bande, ein Verbesserer meines Heiles, eine Freude meiner Traurigkeit, ein Licht meiner Finsternis, das Vaterland meines Entfremdetseins. Du mein allerliebster, getreuester, keuschester göttlicher Gemahl, ohne dich wird mir nimmer wohl und mit dir wird mir nimmer weh.

Von der unergründlichen Fülle Gottes, a. a. O. I, 374

Rudolf von Biberach

Für einen steten Aufgang ist einer liebenden Seele nichts hilfreicher, als Gott zu allen Zeiten mit glühender Andacht in die Seele einzuladen und von Gott wirksam eingeladen zu werden, das heißt: seine einzigartigen Werke anzuschauen, die er immer wieder wirkt. In dieser dauernden Übung schreiten die himmlischen Wesen in einförmiger Weise fort und folgen unaufhörlich dem Bräutigam Christus. Denn die ganze Bewegung göttlicher Liebe besteht in dieser unverdrossenen, beständigen, süßen Einladung, wie Gott im «Hohenliede» zur liebenden Seele spricht:

«Erhebe dich, eile, meine Freundin, meine Taube, meine Schöne, und komm doch, meine Freundin!»

Die sieben Wege zu Gott, hrg. von M. Schmidt II, 35

Wir sollen sehen, wie unser Geist mit Ausdauer auf dem Wege eifrigen Betrachtens in die innere Verborgenheit und in die ewige Wohnung des Herrn Jesu Christi einzudringen versucht. Hier sollen wir beachten: Wenn das ewige Wort sich unserem Geist während des Betrachtens zugesellt und anschließend wie ein Wanderer mit seinem Gefährten auf der Straße in süßen, kurzweiligen Worten redet, um ihn von zeitlichen Dingen abzuziehen und ihn zum ewigen Tisch seiner überlustvollen Gottheit einlädt und ihn über ewige Dinge belehrt, dann ist es notwendig, daß unser Geist zeitlichen Dingen entflieht, weil er sich so dem Ewigen nähern kann und in geistlicher Weise mit Moses in die «innersten Stätten der Wüste» eintritt, wo er von verborgenen Dingen reden hört, und wo er beständig in der Einöde der Betrachtung verharrt, in die Ewigkeit eindringt und «in den Himmeln wohnt». A. a. O. 99

Geistliche Dinge öffnen die Augen des Geistes und decken körperliche Dinge derart zu, daß die Seele sprechen kann, was die Liebende im «Hohenliede» sagt: «Ich schlafe, aber mein Herz wacht.» Sie schläft deswegen mit einem wachenden Herzen, weil sie im Wirken ruht. Dennoch wird der anwesende allmächtige Gott in seiner Herrlichkeit noch nicht gesehen, weil die Seele etliche Dinge unterhalb der Herrlichkeit schaut, von der sie Erquickung empfängt, um darnach zur Herrlichkeit der göttlichen Anschauung zu gelangen. A. a. O. 165

Wir sollen betrachten, wie der menschliche Geist mit Werken des inneren und äußeren Menschen, des aktiven und kontemplativen Lebens in die innere und ewige Wohnung Christi eingeht... Obgleich das schauende und tätige Leben einen ungleichen Weg nehmen, gehen sie doch zu dem gleichen Vaterland. Das tätige Leben nimmt einen mühevollen Verlauf, das schauende Leben hat ewige Freude. A. a. O. 341

Geistliche Menschen, die diese vorher beschriebenen Wege begehen, verkosten und erkennen den Wohlgeruch und die Süßigkeit der Wege, wodurch sie behender eilen können. Deswegen sagt Sankt Gregor: «Das Höchste zu lieben, bedeutet schon aufzusteigen.»
A. a. O. 355

Daher ist unser Geist von Gott in liebevoller Weise eingeladen, daß er komme, und ist auch auf diese Weise gekräftigt, die besprochenen Wege der Ewigkeit beherzt zu gehen, und er wird auch mit der Liebe des Vaters gnadenreich gezogen. Nun begehrt er, daß sein Geliebter, der ihn so liebevoll eingeladen hat, ihn auf diesen Wegen als Gefährte, Geleiter, Lehrer und sein Vollender begleiten möge, denn er ist «der Weg, die Wahrheit und das Leben».
A. a. O. 353

Mystik der Frauen –
«Hier muß man mit der Seele sprechen»

Wie eingangs angedeutet, ist die deutsche Mystik ohne den hohen Anteil der Frauen gar nicht zu denken, seien es Ordensfrauen, etwa aus den Klöstern der Dominikanerinnen, oder sogenannte Beginen, also Frauen, denen aus irgendwelchen Gründen die Aufnahme in die traditionellen Ordensgemeinschaften versagt war und die daher ohne klösterliche Regeln in freiwilliger Armut und Keuschheit zusammenlebten. Ältere Frauenorden wie die der Benediktinerinnen oder auch der Zisterzienserinnen mußten zeitweise Aufnahmesperren einführen, so groß war der Andrang, so groß auch das Verlangen Unverheirateter, ihrem Leben eine geistliche Ausrichtung zu geben, sei es im orthodoxen oder in einem heterodoxen, das heißt ketzerischen Rahmen. Heinrich von Gent, ein zeitgenössischer Theologe, drückte die Besorgnis mancher Bischöfe und Beichtväter so aus: «Diese Frauen trachten darnach zu wissen, was ihnen nicht zukommt.» Doch wer bestimmt, was einer religiös und intellektuell erweckten Frau «zukommt»?

Wo solche Alarmzeichen gesetzt werden, ist die Inquisition nicht weit. Wieder und wieder geht die Geschichte der Mystik in die der kirchlichen Ketzerbekämpfung über.

Anders ausgedrückt: Die Dynamik des religiösen Aufbruchs, die sich in der geistig-geistlichen Erfahrung ungezählter Menschen kundtut, droht die Statik des kirchlichen Dogmas, wenn nicht zu erschüttern, so doch in Frage zu stellen. Diese Frauen wollen in der Tat «mehr wissen», weil nicht wenige von ihnen von übersinnlichen Wahrnehmungen heimgesucht worden sind und sie nun das Erlebte aufzuzeichnen und zu verarbeiten suchen. Ihr großes Thema ist das der Minne, das heißt der innigen

Gottesliebe, der geistlichen Brautschaft und der mystischen Hochzeit. Wie sollen diese Frauen das Erlebte, das oft unter Erschütterungen Erlittene denen mitteilen, die sie befragen? Damit bricht die alte Frage aller Mystik auf: Mit keinem der äußeren Sinne läßt sich das Widerfahrene wahrnehmen, geschweige denn in menschliche Worte fassen, «hier muß man mit der Seele sprechen» oder schweigen.

Dieser Ratschlag, zugleich Eingeständnis, stammt von Schwester Hadewijch, der flämischen Mystikerin des 13. Jahrhunderts. Was sie einer jungen, noch unerfahrenen Gefährtin schreibt, will erwogen sein. «Mit der Seele sprechen», das ist eine Weise, eine spirituelle Ausdrucksform der mittelalterlichen Frauenmystik.[1] Anders als die Gedankensprache eines Meister Eckhart, anders als der Wirklichkeitssinn eines Johannes Tauler spricht hier das fromme Fühlen. Es bekundet sich die spirituelle Hingabekraft, deren eine Frau fähig ist. Auch ihr sind jedoch Grenzen gesetzt. Mitgeteilt ist uns ja nur das, was eine literarische Ausgestaltung erfahren hat, je nach dem Vermögen der Zeuginnen und ihrer Vermittler. Die Unterschiede sind beträchtlich, nach Gehalt wie nach Gestalt des Berichteten, das zeigen die auf uns gekommenen Dokumente. Es sind Berichte, Briefe, Lieder, alles in allem Texte, denen man anmerkt, daß die betreffende Zeugin Außerordentliches erlebt haben muß. Ferner sind da Lebenszeugnisse, die sogenannten Nonnenviten (Lebensbeschreibungen), in denen sich Dichtung und Wahrheit, existentielle Betroffenheit und ein Anflug poetischer Begeisterung miteinander vermischen. Das tatsächliche, das reale Leben der jeweiligen Frauen tritt meist zurück. Wie der in Gebet und Arbeit erfüllte Klosteralltag bleibt auch das geistliche Leben hinter den Klostermauern verborgen. Selbstverständliches bedarf ohnehin keiner Worte.

Die innere Christusbegegnung aber, die bald stürmische, bald glühende Jesusliebe, überdeckt die äußere Existenz so mancher Ordensfrau. Gestalten wie die einer Hildegard von Bingen (12. Jahrhundert) bilden in dieser Hinsicht eher eine Ausnahme. Während diese rheinische Benediktinerin zur Zeit Barbarossas und Bernhards von Clairvaux in Schriften und Briefen[2] weithin leuchtende literarische Zeichen gesetzt hat, deren Botschaft uns heute noch erreicht, verblassen die Lebensläufe anderer Frauen ihres Standes oft bis zur Unkenntlichkeit, sieht man einmal von der Tatsache ab, daß Hildegards umfangreiches Schaffen nur zu einem Teil dem mystischen Bereich zuzurechnen ist. Gerade bei ihr, der Benediktinerin, spricht sich die Geisteshaltung des Ordensstifters Benedikt deutlich aus: das *Ora et labora* (bete und arbeite), die Wendung nach innen und die Wendung nach außen, von denen eingangs die Rede war. Dem entspricht die Mentalität des Mystikers und Kreuzzugspredigers Bernhard von Clairvaux[3], der gemütsinnige Predigten zum biblischen Hohenlied verfaßt hat: «Komm in meinen Garten, liebe Schwester, liebe Braut!» Gemeint ist der *«hortus conclusus»*, der verschlossene Garten menschlicher Gotteshingabe, die insbesondere das Leben der mittelalterlichen Mystikerinnen bewegt. Der Bräutigam ist Christus. Die menschliche Seele – ganz gleich, ob bei Mann oder Frau – ist die Braut des himmlischen Hochzeiters. Mystiker und Mystikerinnen sind es, die von neuem entdecken, daß eine Stimmung hochzeitlicher Freude über dem Neuen Testament und damit über der christlichen Botschaft liegt. Eine erstaunliche Wiederentdeckung![4]

Immer ist es die innige Zweisamkeit von Gott und Mensch, genauer: die des Menschen bedürftige Gottheit, wenn Mechthild von Magdeburg von der Brautschaft der Seele singt:

«Da Gott in sich allein nicht bleiben mochte,
schuf er die Seele und ergab sich ihr
in großer Liebe ganz zu eigen. –
Wovon bist du gemacht, o Seele,
daß du so hoch steigst über alle Kreaturen
und senkst dich in die heilige Dreifaltigkeit,
und bleibst doch gänzlich in dir selbst?»

Die Antwort der Dichterin lautet:

«Er hat sie gebildet nach sich selbst,
hat sie gepflanzt gar in sich selbst,
hat sich am innigsten mit ihr vereint
vor allen anderen Kreaturen.
Er hat sie in sich geschlossen

und hat von seiner göttlichen Natur so viel in sie gegossen,
daß sie nicht anders kann denn sagen,
er sei in aller Einigung mehr noch als ihr Vater.»[5]

Was nun die mystische Hochzeit zwischen Christus und der Seele betrifft, so zögern weder das Hohelied noch die Zeugen der bräutlichen Mystik, ihr Erleben in glühenden erotischen Bildern und Metaphern auszudrücken. Um aber Mißverständnisse auszuschließen, schärft Bernhard seinen Predigthörern und -hörerinnen ein:

«Hüte dich jedoch zu glauben, wir dächten uns diese Vereinigung des göttlichen Wortes mit der Seele als einen körperlichen oder einbildungsmäßigen Vorgang! Wir spechen nur aus, was der Apostel sagt: Wer an Gott hängt, der ist *ein* Geist mit ihm. – Das Entrücken einer reinen Seele zu Gott oder Gottes gütiges Sichherablassen zur Seele drücken wir so gut als möglich mit unseren Worten aus, bestrebt, Geistiges mit Geistigem zu vergleichen. Diese Vereinigung geschieht also im Geiste; denn Gott ist ein Geist, und er begehrt nur nach der Schönheit einer Seele, die er im Geiste wandeln und nicht der Befriedigung fleischlicher Gelüste leben sieht, zumal wenn Gott erkennt, wie die Seele in Liebe zu ihm entbrennt.»[6]

Aber lassen sich denn Religion und Eros, mystisches und erotisches Entbrennen so deutlich voneinander scheiden, wie es der Mönch von Clairvaux wünscht? In der Brautmystik kaum, in der die zur Christushingabe bereiten Nonnen ihre ganze weibliche Liebeskraft entfalten. Oft sind es ja sehr junge Frauen, die schon im zarten Kindesalter einer klösterlichen Lehrmeisterin zur Erziehung anvertraut worden sind. Daher fehlt auch nicht der Überschwang einer kaum gezügelten, jedenfalls nicht eingegrenzten (religiösen) Erotik. In ihrem berühmten Buch *Das fließende Licht der Gottheit* hebt Mechthild von Magdeburg an, indem sie den Schöpfungsjubel und die Seelenbeglückung miteinander verschmelzen läßt:

O du brennender Berg, o du auserwählte Sonne,
o du voller Mond, o du tiefer Bronnen,
o unerreichte Höhe, o Klarheit sonder Maßen,

o Weisheit ohne Grund, o Milde ohne Minderung,
o Stärke ohne Widerstand, o Krone aller Ehren:
Dich lobt der Kleinste, den du je geschaffen hast!
O du gießender Gott an deiner Gabe,
o du fließender Gott an deiner Minne,
o du brennender Gott an deiner Sehnsucht,
o du inniger Gott an deiner Einung,
o du ruhender Gott an meiner Liebe –
ohne dich ich nicht am Lieben bliebe.
...
Dem Lieben hab ich mich gesellt,
wie Morgentau auf Blumen fällt.
...
Eia, Herre minne mich sehr,
und minne mich oft und lang!
Je öfter du mich minnest desto reiner,
je länger, desto heiliger
wird meine Seele schon auf Erden sein.[7]

Von Mechthild, die einige Jahrzehnte hindurch in einem Magdeburger Beginenhaus sich der frommen Übung hingegeben hat, wissen wir, daß sie schon als zwölfjähriges Mädchen in einer einsamen Stunde vom «Sturm des Heiligen Geistes» überwältigt und «ungestüm gegrüßt» worden ist. Dieses Initialerleben hat sie für immer geprägt. Dominikaner sind es gewesen, deren Seelsorge sie sich anvertraute. Erst im Alter von etwa achtundsechzig Jahren trat sie ins Kloster der Zisterzienserinnen von Helfta bei Eisleben ein, wo sie die letzte Lebenszeit bis zu ihrem Tod im Jahre 1290 verbrachte.

Verständlicherweise gelingt bei weitem nicht allen jungen Ordensfrauen die Übertragung der versagten irdischen Brautschaft auf den himmlischen Geliebten. Oft hören wir von pathologischen Erscheinungen, vor allem dort, wo härteste Askese und Selbstpeinigung die Ankunft des sehnlich Erwarteten vorbereiten und beschleunigen soll. Doch echte Mystik ist keinesfalls krankhafter Ausfluß eines gestörten Seelenlebens. Bisweilen ist es sogar umgekehrt: Erst die mystische Vertiefung gibt manch einem von Krisen und psychosomatischen Belastungen heimgesuchten Menschen die nötige Kraft zur Lebensbejahung und zum Dienst.

Auch eine so schöpferische Frau wie Mechthild von Magdeburg muß von sich sagen: «Manchen Tag lag ich in schwerer Krankheit meines irdischen Lebens. Und dann kam die gewaltige Minne und verzückte mich so durch ihre Wunder, daß ich nicht schweigen durfte. Es wurde mir aber angst, als ich meiner Einfalt gedachte, und sprach: Milder Gott, was willst du gerade mir erweisen? Du weißt doch, daß ich töricht und ein geringer Mensch bin an Leib und Seele. Diese Dinge solltest du weisen Menschen geben, dann möchtest du darum gepriesen werden.» Die Mystikerin macht ihrem Gott-Geliebten somit leise Vorwürfe, er habe mit ihr nicht die richtige Wahl getroffen. Aber gerade dieses innere Ringen, in das sie ihren Beichtvater ratsuchend mit einbezieht, erweist sich als die Voraussetzung für die Abfassung ihres Werkes. Jener Seelenführer war klug genug, sie zu beauftragen, «aus dem Herzen und Mund Gottes dieses Buch zu schreiben. Also ist dieses Buch der Liebe von Gott gekommen, und es ist nicht eines menschlichen Herzens Traum».[8]

Mit anderen Worten: Die ihres wahren Selbst noch unbewußte Frau muß sich erst vergewissern, welche Gabe ihr – von innen bzw. von oben – anvertraut ist. Keine äußere Instanz oder Autorität ist in der Lage, die erforderliche Selbstsicherheit zu vermitteln. Bestenfalls ermutigen kann der Beichtvater und Seelenführer die Ratsuchende. Und so gelingt beides, nämlich den inneren Gesichten standzuhalten und gleichzeitig die leibliche Krankheit zu überwinden – schöpferische Lebensgestaltung aus dem Geist der Mystik! Damit gesellt sich die Magdeburgerin zum großen Kreis derer, die wie sie mit der Sprache der Seele zu sprechen vermögen. Ihr Buch *Das fließende Licht der Gottheit* ist das erste große in deutscher Sprache verfaßte Werk der christlichen Mystik. Das niederdeutsche Original ist zwar verschollen, aber Heinrich von Nördlingen (gest. nach 1379) hat es ins Oberdeutsche übertragen. Daneben existiert eine freie Übersetzung ins Lateinische.

Visionäre und nach spiritueller Reifung suchende Ordensfrauen finden sich während des Mittelalters im gesamten deutschen Sprachraum. Einige Zentren, die als Pflegestätten der Frauenmystik gelten können, seien genannt:

Da sind die zahlreichen Dominikanerinnenklöster im Oberrheingebiet, in Süd- und Südwestdeutschland. Eines von ihnen ist das Kloster Unterlinden in der elsässischen Stadt Colmar, heute Standort von Matthias Grünewalds berühmtem Flügelaltar mit dem Gekreuzigten und Auferstandenen. Wichtig für die Geschichte der deutschen Mystik ist Unterlinden, weil man hier mit der Aufzeichnung der Lebensbeschreibungen mystisch begabter Nonnen begann. Nicht immer kamen dabei literarische Meisterwerke zustande.

Als solche waren diese Erinnerungen allerdings auch nicht gedacht. Derartige Konfessionen muß man daher nicht mit der Elle sprachlicher oder theologischer Kritik messen. Dennoch:

«Aus dem blühenden Garten der Kirche sind in Deutschland einige Rosen entsprossen, die durch ihre Schönheit und Lieblichkeit die in der Nähe Befindlichen anlocken und durch ihren Duft auch die an entfernteren Orten Weilenden heranziehen. Wahrlich, wir möchten sagen, daß diese Rosen ihr seid, die seinerzeit in dem herrlichen Rosenhaine, nämlich in dem gleichen Orden der Prediger [d. h. der Dominikaner], ein glücklicher Gärtner, Papst Innozenz IV. frommen Angedenkens, gepflanzt hat.»[9]

So schreibt der römische Kardinal Hugo deutschen Dominikanerinnen im Jahre 1257. Und einer der Beichtväter der Colmarer Nonnen, ein Pater Burkhart, berichtet 1281 dem Dominikanerprovinzial Konrad von Eßlingen vom beispielhaften Leben einer gerade verstorbenen Schwester, die als Priorin viele Jahre in Unterlinden gewirkt hat:

«Ach hättet ihr doch die mütterlichen, höchst heilsamen Ermahnungen vernommen, die sie als getreuestes Testament unseren Brüdern zu Colmar, unseren älteren und jüngeren Schwestern und endlich auch den Laienbrüdern, jedem einzelnen nach ihrem Stande, zur Erwägung und zur Befolgung hinterlassen hat! Das alles ist uns nun entrissen!»[10]

Entrissen ist den Trauernden vor allem die Zeugin jener inneren Christusbegegnung, die von der Glut der Bernhardschen Gottesminne erfüllt ist. Zwischen Himmelssehnsucht und Höllenpein schwingen die Erlebnisse so mancher Nonne, so auch die Adelheids von Rheinfelden, einer anderen Bewohnerin von Unterlinden. In der lateinisch abgefaßten Klosterchronik hat die

Priorin vom Ergehen und Erleiden ihrer verstorbenen Mitschwester berichtet. Zunächst eine allgemeine Charakteristik ihres Wesens:

«Sie war sehr geduldig und froh in den Drangsalen, die ihr wie den meisten [!] Schwestern damals aus dem Mangel an Nahrung und Kleidung erwuchsen, und brachte Gott gleichwohl allezeit ihren Dank dar. Überhaupt klagte sie nie in ihrem Leben, weder in gesunden noch in kranken Tagen wegen Trank und Speise, wegen des Lagers oder wegen ungenügender Pflege.»[11] Und dann über die Unmittelbarkeit des Erlebten:

«Bei den göttlichen Betrachtungen erhob sich ihr Gemüt so hoch, und sie vergaß sich dabei so ganz in Gott, daß sie sich, wenn sie aus dem Chor ging, über das Gras, die Bäume und die Klostergebäude wunderte und meinte, es stehe alles zum erstenmal vor ihren Augen. – Einmal, als sie durch den Kreuzgang wandelte, wurde sie gewürdigt, den Himmel offen zu sehen, und erblickte darin eine solche Fülle von Glanz und Licht und Glorie, daß keine Zunge es aussprechen kann. Ein andermal, als sie sich am Gemeinschaftswerk beteiligte und spann, was sie immer sehr gewissenhaft mit andächtiger Hingabe besorgte, ergoß sich die Gnade und Süße des göttlichen Trostes so reich in ihr Innerstes, daß sie meinte, der Überreichtum dieser himmlischen Süßigkeit und Gnade fließe ihr aus dem Innern ihrer Seele sprudelnd hervor.»[12]

Wie in Unterlinden, so lassen sich auch in anderen oberdeutschen Frauenklöstern die Stimmen jener vernehmen, die mitten in ihrem Alltag von Gebet und Arbeit, in Abgeschiedenheit und strenger Askese innerer Schau und geistlicher Einsicht teilhaftig geworden sind. Da ist Adelhausen, das Nonnenkloster bei Freiburg; das Kloster Engelthal östlich von Nürnberg im Mittelfränkischen, sodann Katharinenthal bei Dießenhofen oder Medingen am Oberlauf der Donau, nördlich von Dillingen, schließlich – neben vielen anderen – Kloster Töß bei Winterthur. Der Bericht Heinrich Seuses aus Konstanz beginnt mit den Worten:

«Es lebte in diesen Zeiten eine geistliche Tochter des Predigerordens bei einem geschlossenen Kloster zu Töß, die hieß Elsbeth Stagel und hatte nach außen einen überaus heiligen Wandel und inwendig ein engelgleiches Gemüt.»[13]

Dieser Gefolgsmann Meister Eckharts hat es wie kein anderer verstanden, die «Sprache der Seele» der ihm zur Seelenführung anvertrauten Ordensfrauen zu vernehmen und zu sprechen. Und weil ein geistliches Geben und Nehmen zwischen ihm und den Schwestern zu Töß erfolgt ist, das sich in einem Briefwechsel niedergeschlagen hat, ist Seuse mit den Schwestern, namentlich mit Elsbeth Stagel, eng verbunden gewesen. Seuses Lebensbeschreibung bildet der Form nach wohl die älteste geistliche Selbstbiographie in deutscher Sprache, auch wenn man anmerken muß, daß über deren Authentizität noch nicht das letzte Wort gesprochen ist. Doch richten wir den Blick auf Elsbeth Stagel, von der es im Seuse-Buch heißt:

«Die edle Kehr zu Gott, die sie mit Herz und Seele genommen hatte, war so kraftvoll, daß alle eitlen Dinge, mit denen so mancher Mensch seine ewige Seligkeit versäumt, von ihr abfielen. Ihr ganzer Fleiß war auf geistliche Lehre gerichtet, durch die sie zu einem seligen, vollkommenen Leben geführt zu werden hoffte. Ihre ganze Sehnsucht stand danach. Sie schrieb alles auf, was ihr an Erbaulichem vor Augen kam und wovon sie hoffte, daß es sie und andere Menschen zu göttlichen Tugenden bringen könnte. Sie tat wie die emsigen Bienen, die den süßen Honig aus den mannigfaltigen Blumen heimtragen.»[14]

Heinrich Seuse erzählt sodann von seiner Begegnung mit dieser Ordensfrau und wie sich ein spiritueller Dialog zwischen ihm und ihr entsponnen hat. Wer sich in den Briefwechsel zwischen diesem «Diener der göttlichen Weisheit» und der weisheitsdurstigen jungen Frau vertieft, der merkt wohl, daß bei ihr noch vieles zu klären ist und die Anfangsgründe eines geistlichen Weges aufgezeigt werden müssen. Die Intensität aber und die Beharrlichkeit des Fragens nimmt bisweilen selbst dem erfahrenen Seelenführer den Atem. Die Schwester aus Töß konfrontiert ihn mit den tiefsten Problemen der Gottesweisheit, so daß er einmal aufseufzt: «Weiß Gott, das sind hohe Fragen, daß alle Meister, die je gelebt haben, darauf keine Antwort gefunden haben, denn Gott ist über alle Sinne und Vernunft.»

Sie spricht: «Eia, das ist gut zu hören, denn es rührt das Herz und erhebt den Geist ‹*sursum*›, hoch über sich selbst hinaus. Davon, lieber Vater, davon sagt mir mehr!»

Und so geschieht's. Seuse lädt seine Briefpartnerin ein, mit ihm ein Weilchen stehenzubleiben und über den Meister des Himmels und der Erde zu «spekulieren», das heißt: wie in einem Spiegel das Tun des Schöpfers zu betrachten. Indem der Seelenführer seiner geistlichen Tochter im irdischen Gleichnis das Bild des Ewigen transparent werden läßt, wird er unversehens zum Dichter, der – im Geiste des Franziskus – Sonne, Mond und Gestirne preist:

«Sieh über dich und um dich! .. Wie schön der Anger grünt, wie Laub und Gras aufsprießen, die schönen Blumen lachen, der Wald und Heide und Auen vom süßen Gesang der Nachtigall und der kleinen Vöglein widerhallen, wie alle Tierlein, die sich vor dem argen Winter verkrochen hatten, sich hervormachen und sich freuen und sich paaren, wie unter die Menschen die frohe Lust jung und alt ergreift! O zarter Gott, bist du in deiner Kreatur so minniglich, wie schön und minniglich mußt du erst in dir selber sein! – Schau weiter, ich bitte dich, schau die vier Elemente, Erde, Wasser, Luft und Feuer und all die Wunder ... Sieh da, Frau Tochter, *da* hast du deinen Gott, den dein Herz so lange gesucht hat. Nun sieh aufwärts mit glänzenden Augen, mit lachendem Antlitz, mit aufhüpfendem Herzen, und sieh ihn an und umfange ihn mit den unendlichen Armen deiner Seele und deines Gemütes und sag ihm Dank und Lob!»[15]

In solchem Einklang der Herzen, der Seuse mit der Empfängerin dieser Zeilen verbindet, antwortet Elsbeth Stagel ergriffen:

«Ach Gott, welch große Gnade ist das, wenn der Mensch also jubilierend in Gott verzückt wird ... Wahrlich, ich schwimme in der Gottheit wie ein Adler in der Luft.»[16]

Wohl finden sich in den Briefen der Mystikerinnen und Mystiker auch recht alltägliche, um nicht zu sagen triviale Mitteilungen. Der gefühlvolle Überschwang in manchen Wortlauten mag uns heute befremden. Doch werden da und dort unbezweifelbare Innenwahrnehmungen beschrieben, durch welche die Zeugin aus der Normalität ihres klösterlichen Lebens herausgerissen wird, so daß Elsbeth Stagels kühnes Gleichnis verständlicher wird: «Ich schwimme in der Gottheit wie der Adler in der Luft.»

Derartige Erfahrungen sind es, die die großen Visionärinnen

des 12. und 13. Jahrhunderts schildern, neben Hildegard von Bingen vor allem Gertrud von Helfta, die als Gertrud die Große (1256–1302) in die Annalen der Kirchengeschichte eingegangen ist. Ihre Niederschriften beschränken sich nicht allein auf das Erlebte, sondern es regt sich in ihr auch das Bewußtsein der Unangemessenheit des menschlichen Sprechens für das zu Berichtende. Zwar schreibt sie vom «ewigen Sonnenstillstand», von der «Stätte, die alle Wonnen umschließt», vom «Paradies beständiger Freuden», um den Ort zu bezeichnen, an dem die Seele beheimatet ist. Gleichzeitig schreckt sie aber zurück in dem Wissen, das Gemeinte doch gar nicht einmal andeuten zu können. Und doch kann auch sie nicht schweigen. Sie kann es ebensowenig wie ihre Helftaer Mitschwester, die aus Nordthüringen stammende Mechthild von Hackeborn (1241/42–1299), deren Visionen sich in lateinischer Übertragung in dem *Buch der Sondergnade* (*Liber specialis gratiae*) erhalten haben. Es hat neben dem Visionsbuch Gertruds, *Legatus divinae pietatis* (*Gesandter der göttlichen Liebe* bzw. Frömmigkeit), auch «Gertruden-Buch» genannt,[17] im Mittelalter hohes Ansehen erlangt.

«Während das *Fließende Licht der Gottheit* Mechthilds von Magdeburg seit Ende des Mittelalters völlig in Vergessenheit geriet, sind die Bücher der beiden anderen großen Helftaerinnen nun seit sechs Jahrhunderten im geistlichen Leben der Christenheit wirksam. Aber die Werke der beiden Mechthilden und Gertruds sind nicht nur leuchtende Hochgipfel mystischer Frömmigkeit, sondern auch wahre Schatzkammern süßester Poesie», so urteilt Wilhelm Oehl,[18] der das Zisterzienserinnenkloster von Helfta mit gutem Grund «eine einzigartige Blütestätte der Mystik» in Deutschland nennt.

Bemerkenswert ist, daß sich die Helftaer Mystikerinnen nicht allein emporgerissen fühlen in die spirituelle Welt ihrer Visionen, sondern welche Unmittelbarkeit ihr Naturerleben annimmt. Die Schöpfung Gottes wird vor ihnen transparent für den Schöpfer, der alles in allem erfüllt. In ihren Aufzeichnungen, die von der Einwohnung des Herrn handeln, erzählt Gertrud von Helfta, wie sie das innere Geschehen in der freien Natur erlebt, nämlich an einem Tag nach Ostern. Es war vor dem Morgengebet, an dem Freisitz der Schwestern draußen am Klosterweiher, umgeben vom frischen Grün der Bäume, vor ihr die Klarheit des vorbeifließenden Wassers, der Flug der Tauben über ihr:

«Ich begann in der Seele zu bewegen, was ich diesen Dingen beifügen wollte, daß mir das Ergötzen dieses Sitzes vollkommen erscheine: dieses verlangte ich, daß der vertraute, liebende, schmiegsame und gesellige Freund [Jesus Christus] gegenwärtig sei und meine Einsamkeit lindere. Da, o Urheber unschätzbarer Wonnen, mein Gott, der du, wie ich hoffe, den Anfang dieser Betrachtung gelenkt hast, da zogest du auch ihr Ende auf dich hin und flößtest mir dieses ein: Wenn ich in unversieglicher Dankbarkeit aus der Einströmung deiner Gnaden mich in dich zurückgieße gleich dem Wasser; wenn ich in der Übung der Tugenden wachse und im Grün der guten Werke blühe gleich den Bäumen; wenn ich von oben das Irdische überschauend dem Himmlischen in freiem Fluge zustrebe gleich der Taube und mit diesen körperlichen Sinnen dem Getümmel der äußeren Dinge entfremdet mit dem ganzen Geiste dir obliege – dann wird mein Herz dir eine Stätte geben, die köstlicher ist als alle Lieblichkeit.»[19]

Auch hier bei Gertrud die Transparenz des Irdischen für die Dimension des Ewigen. Alles Vergängliche wird zum Gleichnis, so unzureichend das vergängliche Gefäß für den ewigen Inhalt auch immer sein mag. Die Farben und Formen der Natur werden zu Metaphern und Sympolen des inneren Wachsens und Reifens. Menschliche Belastungen aller Art, Krankheit, Einsamkeitsgefühle, Niedergeschlagenheit und dergleichen sind deswegen nicht ausgeschlossen. Auch bei den Zisterzienserinnen von Helfta weiß man von alledem. Weder Mechthild von Magdeburg noch die andere Mechthild sind davon ausgenommen. Entscheidend für die Mystikerinnen ist, daß die äußere Pein nicht Barriere, sondern Brücke zur Christusbegegnung wird. Was der äußeren Betrachtung als Minderung oder Schaden erscheinen muß, das enthüllt sich der mystischen Deutung als sinnvoll und als ein Geschenk der Gnade Gottes. Als man die erkrankte, mit geschlossenen Augen daliegende Mechthild von Hackeborn fragt, was sie in dieser Verfassung eigentlich tue, da gibt sie zur Antwort, ihre Seele vergnüge sich im göttlichen Genusse, «schwimmend in der Gottheit wie ein Fisch im Wasser». Nicht Pein, sondern Freude bewege ihr Herz.

Nicht anders fällt der Rat aus, den die Magdeburger Mechthild ihrem Bruder Baldwin erteilt, als sie ihm klarzumachen versucht, daß es gelte, auch das Unerfreuliche, das Negative, das Widerwärtige als den Willen Gottes anzunehmen, denn: «Peinliche [d. h. Pein bereitende] Gaben sollen wir mit Freude empfangen, tröstliche Gaben sollen wir mit Furcht empfangen: So können wir uns alle Dinge zunutze machen, die über uns kommen.»[20]

Angesichts dieser Umwertung aller Werte vollzieht sich das ganze Leben dieser Frauen, seitdem sie sich entschlossen haben, den Weg der kompromißlosen Gotteshingabe zu gehen. Im Spiegel der Passion Christi bekommt das eigene Leiden seinen besonderen Aspekt. Wichtig ist es, das eigene Schicksal als das von Gott Geschickte anzunehmen und der eigenen Lebensganzheit bejahend zu integrieren. Im VI. Buch ihres *Fließenden Lichts der Gottheit* berichtet Mechthild von ihrem eigenen Ergehen:

«In meinem großen Leiden offenbarte sich Gott meiner Seele, zeigte mir die Wunde seines Herzens und sprach: Sieh, wie weh man mir getan hat. – Da sprach meine Seele: Ach Herr, warum leidest du so große Not, da so viel von deinem heiligen Blut vergossen ward? In deinem Gebete allein sollte doch schon alle Welt erlöst sein! – Er antwortete: Nein, meinem Vater genügte das nicht. Denn all diese Armut und Mühsal, alle Marter und Schmach, das alles war nur ein Pochen an der Himmelspforte bis zu der Stunde, da mein Herzblut niederrann. Da erst wurde der Himmel aufgetan.»[21]

Einen weit aufgetanen Himmel schaut und empfindet die vom Geistfeuer der Mystik durchglühte Nonne bereits in ihren Erdentagen. Das befähigt sie, ihr Ausnahmeschicksal als leidende Klosterfrau zu ertragen, ja zu gestalten: in Armut, Ehelosigkeit und Gehorsam. Als der Dominikaner Heinrich von Halle, der Mechthilds Aufzeichnungen gesammelt hat, seine Verwunderung über den weiblichen Heroismus ausdrückt, der aus den Schriften der Magdeburger Mechthild spricht, da antwortet die Befragte beherzt:

«Meister Heinrich, Ihr wundert Euch über die männlichen Worte, die in diesem meinem Buche geschrieben sind. Mich wundert, daß Euch das wundern kann. Aber mich jammert das von Herzen sehr ..., daß ich die wahre Erkenntnis und die heilige, herrliche Beschauung niemandem beschreiben kann, außer allein mit jenen Worten, die mich allzu klein dünken gegenüber der ewigen Wahrheit.»[22]

Dabei sind es Worte einer begnadeten Dichterin, mit denen Mechthild das Geschaute sprachlich formt. Alle Sinnesqualitäten müssen herhalten, um der Zwiesprache zwischen Gott und Seele lebendige Leibhaftigkeit zu schenken, etwa wenn in Mechthilds Versen Gott es ist, der die menschliche Seele mit vier Dingen vergleicht:

«Du schmeckst wie eine Weintraube,
Du duftest wie ein Balsam,
Du leuchtest wie die Sonne,
Du bist ein Wachstum meiner höchsten Minne.»
Darauf antwortet die durch die Gottesliebe gewürdigte und entrückte Menschenseele:
«O du gießender Gott in deiner Gabe!
O du fließender Gott in deiner Minne!
O du brennender Gott in deiner Sehnsucht!
O du verschmelzender Gott in der Einung mit deinem Leib!
O du ruhender Gott an meinen Brüsten!
Ohne dich kann ich nicht mehr sein.»[23]

«Gott und die Seele», das große Thema des nordafrikanischen Kirchenvaters Augustinus, ist bei der deutschen Mystikerin zur inneren Erfahrung geworden, und zwar so, daß nicht etwa die eine im anderen auf- oder untergeht, sondern den Höhepunkt der personhaften Begegnung erreicht. Die Distanz von Ich und Du bleibt gewahrt, wenngleich die Mal um Mal erlangte Höhepunkt-Erfahrung (*raptus; peak experience*) alle Grenzen und Unterschiede vergessen macht, für einen Augenblick jedenfalls. Kein Wunder also, daß allein die Sprache des Eros geeignet scheint, dieses Außersichsein als ein unverlierbares Bei- und in Gottsein zu simulieren. So bleibt denn auch der Magdeburgerin kein anderes Bild als das der mystischen Hochzeit, von der sie dem «Gottesfreund», das heißt, dem auf dem Weg zur mystischen Erfahrung befindlichen Menschen, berichten muß:

«So geht denn die Allerliebste [Seele] zu dem Allerschönsten [Gott; Christus] in die heimliche Kammer der makellosen Gottheit und findet der Liebe Lager und der Liebe Gebärden und Gott und Mensch bereit. Spricht unser Herr: ‹Stehet still, Frau Seele!› – ‹Was gebietest du, Herr?› – ‹Ihr sollt vollendet sein!› – ‹Herr, wie soll mir denn geschehen?› – ‹Frau Seele, ihr seid schon also von meiner Natur, daß nichts zwischen euch und mir Raum hat. Es war nie ein Engel so herrlich erhaben, daß er, was euch ewig gegeben ist, eine Stunde besessen hätte. Darum sollt ihr alle äußere Tugend von euch tun und abtun Furcht und Scham. Nur die ihr in euch tragt, die eure adlige Natur trägt in sich selbst, die Reinheit sollt ihr ewiglich empfinden wollen. Das ist eure edle Sehnsucht und euer abgründiges Verlangen, das ich auch ewig erfüllen will in meiner endlosen Güte.›»

Antwort der Seele:

«‹Herr, nun bin ich eine nackende Seele, und du in dir selber ein herrlich geschmückter Gott. Unser zweier Gemeinschaft ist die ewige, unsterbliche Liebe.› –
Nun erfüllt sich ihrer beider Wille,
und es geschieht da eine verzauberte Stille.
Er gibt sich ihr
und sie gibt sich ihm.
Sie weiß, was ihr da geschieht, und dessen tröste ich mich. Leider, lange können sie so nicht sein. Wo zwei, die sich lieb haben, heimlich zueinander kommen, scheiden sie sich nicht mehr, aber sie müssen oft voneinander gehen. Lieber Gottesfreund, nun habe ich dir von diesem Weg der Liebe geschrieben. Gott möge ihn deinem Herzen geben!»[24]

Verbreitung und Wirkung der Zeugnisse mittelalterlicher Frauenmystik können wohl kaum hoch genug eingeschätzt werden. Und wenn eine «Donna Matelda» bei Dante (Purg. 28,40 ff.) und bei Boccaccio (Dekam. 7,1) vorkommt, so hat man schon früher an die Mechthild von Magdeburg bzw. an die von Hackeborn gedacht, was eine Ausstrahlung deutscher Frauenmystik bis nach Italien voraussetzen würde.

Die Stimmen, die aus dem Umkreis der mittelalterlichen

Frauenmystik zu vernehmen sind, artikulieren nicht allein eine Frömmigkeit, die mit der Elle von Dogma und kirchlich verordneter Ethik zu messen ist. Oft tönt aus diesen Stimmen der Ruf nach Unabhängigkeit von kirchlich gelenkter Heilsvermittlung. Es ist das Verlangen nach spiritueller Freiheit und religiöser Unmittelbarkeit, und zwar insbesondere bei Frauen, die sich nach geistlicher Selbstbestimmung sehnen. Es ist gewiß kein Zufall, daß immer wieder Beginen wie Mechthild von sich reden machen – Beginen deshalb, weil sie ja eine Lebensform praktizieren, die zwar ein religiöses Fundament hat, jedoch ohne Ablegung der klösterlichen Gelübde. Auch ihre «Meisterin» (*magistra*) wählen die Frauen in den zahlreichen Beginenhäusern der Städte selbst.

Bemerkenswert ist ferner, daß diese Frauen in der Mystik den gesuchten Freiraum für die ihnen gemäße Spiritualität gefunden haben. Kein Wunder auch, daß Meister Eckhart wiederholt mit den Schicksalen solcher Mystikerinnen in Berührung kam, zum Beispiel während seines Pariser Aufenthalts. Damals verbrannte man – am 1. Juni 1310 – in Paris die Begine Marguerite Porete, Autorin eines Lehrbuchs zur Liebesmystik (*Miroir des simples âmes*). Schließlich wurde Straßburg, die beginenreiche Stadt, ebenfalls zur Zeit von Eckharts dortiger Lehr- und Seelsorgetätigkeit, ein Schauplatz der Beginenverfolgung durch den dortigen Bischof Johann I. (1306–1328). Dabei muß offenbleiben, ob die (eher legendäre) Begine *Schwester Katrei* aus dem gleichnamigen (einst Eckhart zugeschriebenen) Traktat das darin enthaltene tief lotende Gespräch mit ihrem Beichtvater geführt hat. Allein der Text als solcher ist bedeutsam, vernimmt man, was Katrei im Zustand der mystischen Entrückung durchgemacht hat und zu welcher inneren Gewißheit sie gelangt ist:

> Sie sprach: Ich bin da, wo ich war, ehe ich geschaffen wurde, das ist: bloß Gott in Gott. Da ist weder Himmel noch Heilige noch Chöre noch Engel noch dies noch das. Manche Leute sagen von acht Himmeln und von neun Chören; das ist da nicht, wo ich bin. Ihr sollt wissen, alles was man so zu Worte bringt und den Leuten mit Bildern vorlegt, das ist nichts als

ein Anreiz zu Gott. Wisset, daß in Gott nichts ist als Gott. Wisset, daß keine Seele in Gott kommen kann, sie werde denn zuvor so Gott wie sie Gott war, ehe sie geschaffen wurde ... Was man zu Worte bringt, das begreifen die niederen Kräfte der Seele. Damit begnügen sich die oberen Kräfte nicht: sie dringen immer weiter, bis sie vor den Ursprung kommen, daraus die Seele geflossen ist ... Wenn die Seele in ihrer eigenen Majestät über allen geschaffenen Dingen vor dem Ursprung steht, dringt die Gewalt der Seele in den Ursprung, und alle Kräfte der Seele bleiben draußen. Das sollt ihr so verstehen: Es ist die Seele aller namenhabenden Dinge nackt und bloß ...[25]

Und weil das so ist, weil diese Seele im Zustand der Versunkenheit oder Entrücktheit sich von allem, auch von den irdischen Bildern zu befreien vermochte, deshalb kann Katrei ihrem Beichtvater das große Geheimnis anvertrauen: «Herr, freuet euch mit mir, ich bin Gott geworden!» Ist da anderes zu erwarten als der Zugriff der «heiligen» Inquisition, bei der die Frage des Verstehens weitgehend außer Betracht bleibt? Auf welche Seite wird sich Meister Eckhart in solcher Lage geschlagen haben?

Kurt Ruh, der Eckharts Beziehung zur Beginenspiritualität untersucht hat, meint dazu: «In diesem Straßburg heftiger geistlicher Machtkämpfe um die Beginen lebte Meister Eckhart. Es kann, auch wenn unmittelbare Zeugnisse fehlen, kein Zweifel darüber bestehen, daß der Generalvikar und Sonderbeauftragte in der [Dominikanerprovinz] Teutonia unmittelbar und von Amtes wegen mit ihnen befaßt war. Im Einklang mit seinem Orden und mit seiner Berufung als Prediger eines wahren geistlichen Lebens in Gott stand er auf der Seite der Betroffenen und Verfolgten, und sicher war er darüber hinaus ihr Tröster und Beschützer.»[26]

Bleibt nur noch anzumerken, daß auf der Gegenseite die Ketzerrichter der Inquisition in der Regel Angehörige seines eigenen Ordens waren, seine «Brüder» also: Dominikaner!

Wie gute Augen ein Mensch auch hat, er kann über eine Meile Weges nicht hinaussehen. Wie scharfe Verstandessinne der Mensch auch hat, er kann unsinnliche Dinge nur mit dem Glauben verstehen, [sonst] tappt er wie ein Blinder in der Finsternis. Die minnende Seele, die alles minnt, was Gott minnt, und alles haßt, was Gott haßt, besitzt ein Auge, das Gott erleuchtet hat. Damit sieht sie in die ewige Gottheit, wie die Gottheit mit ihrer Natur in der Seele gewirkt hat. Er hat sie nach sich selbst gebildet, er hat sie eingepflanzt in sich selbst, er hat sich ihr von allen Kreaturen am allermeisten vereint, er hat sie in sich geschlossen und hat von seiner göttlichen Natur so viel in sie gegossen, daß sie anders nichts sagen kann, als daß er in aller Vereinigung mehr als ihr Vater ist...

Nun höre: was wir erkennen, ist alles nichts, wenn wir Gott nicht in allen Dingen geordnet minnen, so wie er selbst alle Dinge in geordneter Weise erschaffen hat und es uns selbst geboten und gelehrt hat. *Das fließende Licht der Gottheit*, VI, 31

Den frommen Brüdern, die irgendein Amt haben, möchte ich dieses wahre Wort sagen, das ich in der Heiligen Dreifaltigkeit sah, als ich in meinem armseligen Gebete war:

Wenn der Mensch im christlichen Glauben betet, mit einem so demütigen Herzen, daß er keine Kreatur unter sich ertragen kann, und mit so abgeschiedner Seele, daß ihm alle Dinge in seinem Gebete entweichen müssen außer Gott allein, dann ist er ein göttlicher Gott mit dem himmlischen Vater. Doch bedenke dann der Mensch aufs eifrigste, wie sehr erbärmlich er an sich selber ist; dann fürchtet er auch in der innigsten Umarmung von sich selbst so sehr, daß ihm nichts [anderes] angelegen ist als Gottes Ehre allein. *Das fließende Licht der Gottheit*, VI, 1

Jan van Ruusbroec und die Niederländer

Die deutsche Mystik im Zeitalter Eckharts und seiner Schüler läßt sich nicht allein auf Oberdeutschland bzw. auf das Gebiet des neuzeitlichen Deutschland beschränken. Die «altdeutsche» Mystik ist geographisch weiter zu fassen. Das ist das Ergebnis neuerer Untersuchungen, und Kurt Ruh zieht daraus das Fazit:

«Die Abspaltung der niederländischen von der deutschen Mystik kann forschungsmäßig und methodisch nur zur Verarmung, sachlich zur Verzerrung des Bildes der deutschen Mystik führen.»[1] Es gehe daher nicht an, daß sich die Angehörigen der jeweiligen Nation, Deutsche und Niederländer, fast ausschließlich auf jene Mystiker konzentrierten, die man heute als deutsch bzw. niederländisch bezeichnet, ohne den Forschungsstand jenseits der Staatsgrenzen weiter zu berücksichtigen. Konkret heißt das: Gestalten wie Hadewijch, Ruusbroec und die Mystiker im Umkreis der *Imitatio Christi* sind um ihrer geistig-geistlichen und sprachlichen Verwandtschaft willen der deutschen Mystik zuzurechnen. Im übrigen gilt, was Wilhelm Oehl wie folgt resümiert:

«Die niederländische Mystik des 14. und 15. Jahrhunderts ist von nicht geringerer kulturgeschichtlicher Bedeutung als die Mystik Mittel- und Oberdeutschlands. Auf niederländischem Boden erwuchs eine der herrlichsten, kühnsten und genialsten Erscheinungen der gesamten altdeutschen Mystik, Jan van Ruusbroec (Ruysbroeck); hier wurde die letzte Spätblüte dieser vierhundertjährigen Geistesbewegung, die ‹Nachfolge Christi›, für die ganze Christenheit fruchtbar; hier endlich wurde im 16. Jahrhundert die Brücke geschlagen, auf der die deutsche Mystik nach Spanien wanderte und die herrliche Blüte der spanischen Mystik des 16. und 17. Jahrhunderts mit vorbereiten half.»[2]

Jan (Johannes) ist im Jahre 1293 in Ruusbroec, einem Dorf unweit von Brüssel, geboren. Früh verließ er seine Eltern und ging nach Brüssel zu seinem Vetter Jan Hinckaert, der als Chorherr an der Hauptkirche St. Gudula Dienst tat. In Brüssel erwarb er sich die nötigen humanistischen und theologischen Kenntnisse, die ihn befähigten, mit der kirchlichen Überlieferung durch die Werke ihrer wichtigsten Vertreter vertraut zu werden. Es wird ihm eine «geradezu enzyklopädische Bildung» (Louis Cognet) nachgesagt. Dennoch schrieb er später nicht das gelehrte Latein, sondern in der Volkssprache. Mit etwa vierundzwanzig Jahren wird er zum Priester geweiht und findet als Kaplan eine Anstellung an St. Gudula. Er bleibt damit für viele Jahre an der Seite seines Vetters.

Als Priester und Seelsorger lernt er die inneren und äußeren Nöte seiner Zeitgenossen kennen: Gottferne, Verflochtenheit mit dem Bösen, Armut, geistig-geistliche Orientierungslosigkeit, gepaart mit einem Hunger nach spiritueller Erfahrung und individueller Seelenführung. Gerade weil er sieht, wie sehr die theologisch in Unmündigkeit gehaltenen Volksmassen der geistlichen Führung bedürfen, um nicht Opfer der um sich greifenden «freigeistig»-schwärmerischen und daher von der Kirche verketzerten Bewegungen zu werden, greift Jan van Ruusbroec zur Feder. Schon in seiner Zeit als Weltpriester entsteht der Traktat *Von dem Reich der Liebenden* und bald danach – neben einer Reihe anderer Texte – das vielgerühmte Buch *Die Zierde der geistlichen Hochzeit oder Brautschaft* (*Die Gheestelike Brulocht*).

Als Seelsorger wie als Autor mystischer Schriften hat sich Ruusbroec mit den konkurrierenden Strömungen seiner Zeit auseinanderzusetzen, vor allem mit den «Brüdern und Schwestern des freien Geistes». Sie vertreten unter anderem die Überzeugung, daß die durch den «Geist» freigewordenen Seelen der konventionellen Tugendübung nicht mehr bedürfen. Selbst die Tröstungen (Sakramente, Segnungen) der Kirche verlieren für sie an Bedeutung. Namentlich genannt wird eine Dame aus der Brüsseler Gesellschaft, eine gewisse Bloemmaerdine, die predigend und schreibend freigeistiges Ideengut verbreitet und damit

Jans Widerspruch erregt. Dabei ist er keineswegs eine ausgesprochene Kämpfer- oder gar Ketzerrichternatur. In der Regel vermeidet er die offene Polemik. Wichtiger als die kritische Auseinandersetzung mit den Mängeln und Fehlern in seiner Umwelt, in Kirche und Gesellschaft, ist für Jan der Anschluß an die reiche geistliche Tradition, zu der auch der Komplex der Frauenmystik gehört.

An erster Stelle sind in diesem Zusammenhang die Visionen und Briefe seiner Landsmännin Schwester (Suster) Hadewijch zu nennen, die lange vor ihm, vielleicht noch vor Mechthild von Magdeburg, also um die Mitte des 13. Jahrhunderts, geschrieben hat. Es handelt sich um Zeugnisse von großer mystischer Unmittelbarkeit, wenngleich die Persönlichkeit der Hadewijch kirchengeschichtlich kaum faßbar ist.[3] Das mag mit ein Grund dafür sein, daß ihre bzw. die ihr zugesprochenen Texte über die Kreise der speziellen Mystik-Forschung hinaus noch wenig bekanntgeworden sind. Es liegt nahe, in der Suster Hadewijch eine mystische Lehrmeisterin Ruusbroecs zu sehen, denn beide umkreisen vor allem das große Thema der geistlichen Brautschaft, durch die die menschliche Seele von Gott her qualifiziert ist. Überwältigt von der Erfahrung der Gottesliebe, hebt eines ihrer Lieder an:

> Wer der Liebe alles schenkt,
> erlebt Wunderbares.
> In Einheit mit ihm hängt die Seele
> am klaren Gegenstand, den sie schaut,
> und schöpft durch die geheime Ader
> aus dem Brunnen, wo die Liebe
> die Herzen berauscht, die sich verwundern
> über ihre göttliche Gewaltsamkeit.
> Dies ist dem Weisen wohlvertraut,
> doch kein Fremder entdeckt dies.[4]

Die Seele ist für die mystische Sängerin der Schoß für alles, was ist und was sein wird, freilich nur dann, wenn sie «in lauterem Hinscheiden» sich dem Unendlichen öffnet. Aber wie jeder, der aus eigener mystischer Erfahrung spricht oder zu sprechen versucht, weiß die Hadewijch um die faktische Unaussprechlichkeit des Mysteriums, wenn sie schreibt:

«Alles von Gott, was ins Denken des Menschen eingeht und was dieser verstehen und sich bildlich vorstellen kann, ist nicht Gott. Wenn der Mensch mit seinen Sinnen und seinem Denken ihn begreifen und verstehen könnte, dann wäre Gott geringer als der Mensch, und die Liebe zu ihm hätte ein Ende gefunden.»[5]

Jan van Ruusbroec ist aber auch mit dem mystisch-mystagogischen, das heißt an das Mysterium heranführenden Schrifttum seiner Zeit bestens vertraut. Er erhält vor allem Kenntnis von den Predigten und Traktaten Meister Eckharts. Ein Vergleich des Brabanter (mittelniederländischen) Dietsch, das Ruusbroec spricht und schreibt, und dem relativ benachbarten kölnischen Dialekt zeigt, wie gering die sprachlichen Unterschiede sind. Was etwaige Nachschriften von Eckhartschen Texten anbelangt, so bedarf es keiner besonderen Übersetzung.

Etwa fünfzigjährig gibt Ruusbroec seine Brüsseler Tätigkeit als Weltpriester auf. Zusammen mit einigen gleichgesinnten Männern sucht er einen Ort, wo er sich ungestört der Askese und der kontemplativen Übung hingeben kann. Er findet ihn in der Einsiedelei von Groenendael, nur wenige Kilometer von Brüssel entfernt. Es entsteht eine kleine Gemeinschaft, die sich der Regel der Augustiner-Chorherren unterwirft. Damit betreten die Augustiner die Bühne der deutschen Mystik, sieht man einmal davon ab, daß auch der aus Sachsen oder Flandern stammende Hugo von Sankt Viktor (gest. 1141) diesem Orden angehörte. Doch ist der in Paris wirkende Scholastiker und Mystiker nicht der *deutschen* Mystik zuzurechnen.

In Groenendael wissen die Suchenden Ruusbroec zu finden. Hier kehren Freunde und geistliche Schüler ein, unter den Besuchern (wahrscheinlich) auch Johannes Tauler, vor allem jedoch Jans jüngerer Landsmann Gerhard (Geert) Groote (1340–1384), der Hauptinitiator der sogenannten «Devotio moderna» (moderne Frömmigkeit) und der «Brüderschaft vom gemeinsamen Leben», die ihrerseits eine weit ausstrahlende spirituelle Bewegung werden sollte.

Jan van Ruusbroec ist im Alter von etwa siebenundachtzig Jahren in Groenendael gestorben. Als Sterbetag wird der 2. Dezember 1381 angegeben; die römische Kirche hat ihn – nach einem über einige Jahrhunderte sich erstreckenden «Prozeß» (!)

– 1908 in den Chor der Seligen aufgenommen. Ruusbroec, der schon in seiner Brüsseler Zeit häretischen bzw. als häretisch diffamierten Strömungen entgegengetreten ist, entging selbst nicht dem Verdacht, Ketzerisches geäußert zu haben. Es war der angesehene Kanzler der Pariser Universität, der Theologe Johannes Gerson (gest. 1429), der lange nach Ruusbroecs Tod den Prior von Groenendael jener pantheistischen Tendenzen beschuldigte, deren man die «Brüder und Schwestern des freien Geistes» bezichtigte.

Ungeachtet solcher Verdächtigungen gilt Ruusbroec als der *«Doctor admirabilis»*, auch *«Doctor ecstaticus»*, als der bewundernswürdige, ekstatische Lehrer, zu dessen Grab die Geistesverwandten pilgerten, um dort im stillen Gebet und in der Kontemplation schweigender Anbetung vor Gott zu verharren.

Daß das geistliche Schrifttum Ruusbroecs nicht allein auf den niederländisch-niederdeutschen Raum beschränkt blieb, ist nicht zuletzt der Tatsache zuzuschreiben, daß Gerhard Groote eine Übersetzung seines Hauptwerks, *Zierde der geistlichen Hochzeit*, ins Lateinische besorgt hat. Auf diese Weise wurde dieses wichtige Werk des Mystikers über den volkssprachlichen Bereich hinaus bekannt.[6] Doch um Übertragungen seiner Schriften ins Lateinische hat sich auch Ruusbroec bereits selbst bemüht. Solche Texte waren es denn auch, die bis ins 19. Jahrhundert das Interesse am Groenendaeler wachhielten, ebenso wie die volkssprachlich abgefaßten Originale seiner Texte, die einen stattlichen Band füllen und sowohl im formalen Aufbau wie im geistigen Gehalt Perlen der geistlichen Literatur der Christenheit darstellen. Das gilt nicht nur für die *Zierde*, sondern auch für die *Sieben Stufen der geistlichen Liebestreppe*.[7]

Bestimmend für sein Schreiben ist das eigene Erleben, die eigene Erfahrung, zumindest aber das existentielle Anteilnehmen an dem, wovon er spricht. Er selbst versteht sich als ein «schauender Mensch», oder – im Sinne Meister Eckharts – als ein «Lebemeister», der aus eigener Betroffenheit heraus von dem Zeugnis ablegen muß, was ihn innerlich bewegt. Das Sich-Berufen auf traditionelle Meister, die Kirchenväter und die älteren christlichen Mystiker, das bei Rudolf von Biberach beinahe in jedem Satz durch direktes oder indirektes Zitat aufscheint, tritt in auffälliger Weise zurück. Das wird nicht als Mangel empfunden, zumal sich der Prior von Groenendael in erster Linie an Menschen wendet, die Führung und Geleit auf dem inneren Weg von ihm erwarten und weniger Ruusbroecs Meinung über die Äußerungen anderer wissen wollen.

Mit seinem Buch *Die Zierde der geistlichen Hochzeit*, das Ruusbroec als etwa Vierzigjähriger, also noch während seiner Brüsseler Zeit, geschrieben hat, ist bereits der literarische und spirituelle Höhepunkt seines Schaffens erreicht. Damit stimmt der Autor in den vielstimmigen Chor derer ein, die das Hohelied singen und meditieren. Gemeint ist die unter dem Namen «Hoheslied Salomonis» in den Kanon des Alten Testaments aufgenommene Sammlung erotisch getönter Lieder. Es ist der Chor der Sehnsüchtigen, der Gott-Trunkenen, der von der Freude über die Heilige Hochzeit (*hieros gamos*) Erfüllten. Es ist das große Thema der Menschheit: *mysterium coniunctionis*, Geheimnis der Vereinigung des Getrennten, vornehmlich der Verbindung zwischen Gott und Mensch im Bilde der Vereinigung von Mann und Frau.[8] Biblisch gesprochen geht es darum, daß der durch den tragischen «Fall» (Sündenfall) aus dem Urstand seiner Gott-Ebenbildlichkeit in den Zustand der Gottesferne geratene Mensch wieder «heil» wird, nämlich durch den «Heiland», den Bräutigam Jesus Christus. Er ist der Bräutigam der Menschenseele. Hier findet – wie viele andere vor und nach ihm – Ruusbroec seinen speziellen Ansatzpunkt. Aufgabe der Braut (d. h. der Seele) ist es, sich auf die Ankunft des sehnsüchtig Erwarteten vorzubereiten. Im Grunde sieht Ruusbroec seine Hauptaufgabe darin, die Wartenden – es sind konkret die «Gottesfreunde» im Rheingebiet – auf die Christuserscheinung heute und hier vorzubereiten. Er setzt damit auf seine Weise das Tun des großen Zisterziensers Bernhard von Clairvaux fort.

Mit Worten aus dem Matthäus-Evangelium läßt Ruusbroec sein Buch beginnen: «Siehe, der Bräutigam kommt; geht aus, ihm entgegen!» Wie der Autor bereits in seinem Vorwort mitteilt, beabsichtigt er, den Appell des Evangelisten in einer dreifachen Weise zu entfalten, nämlich: erstens im Blick auf das tätige Leben eines jeden Menschen; sodann im Blick auf das innere Leben und schließlich im Aufblick zur Gnade Gottes, von der das

Entscheidende zu erwarten ist, auch wenn es dem suchenden, wartenden Menschen obliegt, entschlossen einen Innenweg zu beschreiten. Damit ist eine Bewegungsrichtung angedeutet, die in den einzelnen Betrachtungen der *Zierde* zum Tragen kommt. Diese Bewegung verläuft zunächst von außen nach innen und von unten nach oben, vom natürlichen Bereich der Wirklichkeit in den übernatürlichen, das heißt zu Gott; es ist die Vereinigung mit Gott, die der Mystiker ersehnt. Weil aber andererseits jede echte Begegnung ein Aufeinander-zu-Gehen darstellt, das von zwei verschiedenen Richtungen her erfolgt, nämlich vom Ich zum Du und vom Du zum Ich, deshalb weist der Autor auch auf diesen Punkt ausdrücklich hin. Er sagt beispielsweise:

«Christus kommt von oben ... wir aber kommen von unten als arme Knechte, die von sich selbst aus nichts vermögen, jedoch alles bedürfen. Und das Kommen Christi geht *in uns* von innen her auswärts. Unser Auf-ihn-Zukommen indes geht von außen her einwärts. Deswegen muß denn hier eine geistliche Begegnung stattfinden.»[9]

Dieser Hinweis ist insofern von entscheidender Bedeutung – einst und heute –, als damit dem immer wieder anzutreffenden Mißverständnis entgegengetreten wird, die mystische Erfahrung der Gottesbegegnung und -vereinigung (*communio mystica*) sei in die Verfügungsgewalt des Menschen gestellt, also beliebig machbar. Man müsse nur bestimmte meditative Methoden anwenden, dann komme man gleichsam automatisch zum gewünschten Ziel. Das ist ein großer Trugschluß, vor dem westliche als auch östliche Esoteriker und Kenner des spirituellen Wegs mit Recht warnen, indem sie auf die Gefahren eines «spirituellen Materialismus» hinweisen.[10]

Bildlich gesprochen: Die Braut kann und soll sich zwar vorbereiten; sie kann aber die Ankunft des Bräutigams nicht von sich aus bestimmen. Die innere Begegnung ist und bleibt unverdienbares Geschenk, «allein aus Gnaden», wie später Martin Luther mit Nachdruck klarstellt. Als solches wird es jedenfalls stets von jenen empfunden, die von diesem Geschehen geradezu überwältigt und in der Tiefe ihres Seins getroffen sind, so daß sie aus eigener Erfahrung wissen: Ich bin nicht der Verursacher des Erlebens; ich bin vielmehr der Ergriffene – etwa in jenem Sinne, in dem der Apostel Paulus die Doppelbewegung des Ergreifen-Wollens des Menschen und das Ergriffen-Werden durch Christus in exemplarischer Weise ausgedrückt hat:

«Nicht daß ich – das erstrebte Kleinod – schon ergriffen habe oder schon vollkommen sei; ich jage ihm zwar nach, damit ich's auch ergreifen möchte, nachdem ich *von Christus ergriffen* bin» (Phil. 3,12).

Darin drückt sich eine Grunderfahrung mystischen Suchens und Strebens aus, daß der Wille zwar eingesetzt werden muß, daß er in einem Prozeß der Transformation aber auch wieder «gelassen» werden muß: «Dein Wille geschehe...»

Auf die Frage, wie der Mensch nun Gott begegnen solle und wie die Ankunft Christi aufzufassen sei, antwortet Ruusbroec unter Zugrundelegung des lateinischen Evangelientextes «*Ecce sponsus venit*» («Siehe, der Bräutigam kommt»):

«Das Wort umschließt in sich zwei Zeiten: die Zeit, die vorbei ist, und die Zeit, die im Augenblick gegenwärtig ist. Doch meint es hier die Zeit, die erst kommt. – Somit haben wir bei unserm Bräutigam Jesus Christus dreierlei Ankünfte zu unterscheiden. In der ersten Ankunft ist er Mensch geworden, um des Menschen willen, aus Liebe. Die zweite Ankunft *geschieht täglich und stündlich und immerzu* in jedem liebenden Herzen... Der dritten Ankunft wird man gewahr werden beim Gericht oder in der Stunde des Todes.»[11]

Wenngleich Ruusbroec mit diesem Zukunftsaspekt die neutestamentliche Vorlage offensichtlich überinterpretiert, so ist doch der zweite Aspekt der «immerzu» sich ereignenden Ankunft der eigentlich mystische. Denn die zeitliche Barriere – sei es Vergangenheit oder Zukunft – wird überschritten; «Gleichzeitigkeit» (im Sinne Kierkegaards) wird hergestellt. Der entscheidende Augenblick, der Augenblick der Entscheidung, ist *jetzt* und nirgendwo sonst als *hier;* Ruusbroec fügt hinzu, «in jedem liebenden Herzen... je nachdem der Mensch empfänglich [d. h. empfangsbereit] ist».

Der Ruf «Siehe, der Bräutigam kommt; geht aus, ihm entgegen!» besagt weiter, daß sich der Mensch tatsächlich aufmacht, indem er sich in den seelisch-geistig-geistlichen Zustand versetzt, der diesem Entgegengehen entspricht. So wie der Hochzeitsgast und der an der Hochzeit unmittelbar Beteiligte darum besorgt ist, daß er sich ein «hochzeitliches Kleid» (vgl. Matth. 22,11 f.) beschafft, so ist es dem Teilnehmer an der geistlichen Hochzeit, wie Ruusbroec sie versteht, darum zu tun, daß er angetan ist mit der «Zierde», als mit dem Brautschmuck, der diesem einzigartigen Erleben angemessen ist. Und in der Tat zielt das ganze Buch darauf hin, daß sich der Leser diesen Schmuck anlegt. Es sind die spirituellen Qualitäten, die Tugenden und Seelenfähigkeiten, die als Voraussetzungen für das innere Geschehen der Christusbegegnung gelten können. Zierde der geistlichen Hochzeit ist in diesem Sinne vor allem die Tugend der Demut, der Armut, das heißt die Bereitschaft und Offenheit, um «mit leeren Händen» die unverfügbare Gabe zu empfangen, sodann die Tugend der Gelassenheit, der Dankbarkeit und des Dienstes als Antwort auf die Gabe von oben.

Das zweite Buch dieses Ruusbroecschen Werkes (besonders die Kapitel 8 bis 13) hebt hervor, daß das Anliegen des Mystikers nicht als bloße moralische Forderung anzusehen ist, wie man sie etwa von einem Bußprediger erwarten könnte. Jan van Ruusbroec meint ein inneres Entbrennen. Er meint die Glut der Gotteshingabe. Er meint die Gotteshingabe des geeinten Herzens – Einheit des Herzens als Ausdruck der Sammlung und im Gegensatz zur Zwiespältigkeit, die einem ungeordneten, spirituell undisziplinierten Seelenleben anhaftet. Gerade diese innere Zerrissenheit gilt es zu überwinden.

Offensichtlich will *Die Zierde der geistlichen Hochzeit* als ein spiritueller Übungs- und Schulungsweg, als ein geistliches Exerzitium verstanden werden, auf dem bzw. in dem der Mensch den Prozeß eines inneren Wachstums erlebt. Verfolgt man daher den Gedankengang des Autors weiter, dann wird deutlich, wie aus der Glut und der Einheit des Herzens spirituelle Früchte wachsen. Aus dem geeinten, das heißt auf den inneren Christus gerichteten Herzen erwächst die rechte Innerlichkeit; aus der Innerlichkeit Inbrunst und – wie Ruusbroec sich ausdrückt – ein «zärtliches Gottverlangen». Das vom Willen her angetriebene Verlangen nach mystischer Vereinigung enthält hier, ähnlich wie bei Heinrich Seuse oder in der mittelalterlichen Frauenmystik, eine starke Beteiligung des Gefühlslebens.

Aus dieser Inbrunst erwächst Andacht. Man könnte sagen: Dieses An-Denken, verstanden als ein Akt des Sichkonzentrierens und Meditierens, kommt nicht allein aus dem Bereich einer «kühlen» Gedankentätigkeit. Die menschliche Ratio und die Denkfähigkeit sind auch bei Ruusbroec nicht ausgeblendet, wohl aber sind sie von einem frommen Fühlen her durchwärmt. Jedenfalls ist es nicht seine Sache, die Denkwege der zeitgenössischen Scholastik mit- oder nachzuvollziehen, wie wir dies von Eckhart als «Magister» bzw. Philosophieprofessor kennen. Insofern wächst für den Groenendaeler Mystiker die Andacht aus der Inbrunst und aus dem zärtlichen Verlangen nach Gott als dem Grund und Ungrund der Liebe. Aber dabei kann es nicht bleiben, denn der Beschenkte muß sich bedanken. Daher ist Dankbarkeit eine wie von selbst sich ergebende «Ausgeburt» dieser Andacht:

«Gott soll man loben mit Worten und Werken, mit Leib und Seele und Besitztum, mit Begierden und Leidenschaften, äußerlich wie innerlich in demütigem Dienste.»[12]

Gewiß ein bedenkenswertes Wort, wenn man sieht, daß die menschliche Emotionalität hier ganz bewußt einbezogen ist, nämlich «samt Begierden und Leidenschaften». Hier wird man – wie übrigens auch an manchen anderen Stellen im Werk – an den von Ruusbroec fleißig studierten Meister Eckhart erinnert, dem es darum zu tun war, «in allen Dingen» Gott zu ergreifen. Das ist die erstaunliche Totalität, die die Mystik Eckharts wie Ruusbroecs kennzeichnet, wenngleich ein Vergleich beider Werke, beider Entwürfe von Gott und Mensch, auch mancherlei Unterschiede erkennen läßt. Diese Ganzheitlichkeit ist es aber auch, die dem heutigen Menschen, dem durch die Vielfalt der Tendenzen, der Trends und der «Sachzwänge» aufgespaltenen Menschen, die Beschäftigung mit christlicher Mystik sinnvoll, ja lebensnotwendig erscheinen läßt. Ein Grund mehr, die Stimme des flämischen Meisters und Seelenführers zu vernehmen.

Was Jan van Ruusbroec seinen spirituellen Schülern einst wie heute einschärfen möchte, ist die Notwendigkeit der Eigenerfahrung. Bloßes Wissenwollen, wer oder was Gott sei, führt nicht zum Wesentlichen. Auch bloßes Sichabgeben mit der mystischen Überlieferung um der Information willen, führt den «Interessierten» am Eigentlichen vorbei. Wahres Inter-Esse meint – ganz wörtlich verstanden – «dabei sein», es meint lebendige Teilhabe. Es meint sich berühren, ja in ganzer Person sich ergreifen lassen, will man die dürftigen Bezirke der *«words, words»*, das heißt der bloßen Wörter und Meinungen, hinter sich lassen ...

Wozu führt nach Ruusbroec diese Eigenerfahrung? Sie führt dahin, daß der auf dem inneren Weg Befindliche sich sagen kann: Gott ist in mir präsent, und zwar in einem höheren Maße, als ich mir selbst bewußt sein kann. «Gott ist gegenwärtig» (Gerhard Tersteegen), er verbürgt eine Gegenwart, die sich freilich nicht, wie manche kurzschlüssig annehmen, im alltäglichen Bewußtsein des empirischen Ich manifestiert, sondern in dem diesem Ich-Bewußtsein normalerweise verdeckten Seelengrund. Gemäß der für unsere Fragestellung hilfreichen Anthropologie C. G. Jungs handelt es sich um das «Selbst», um die das Alltagsbewußtsein übersteigende Instanz also. Hier ist denn auch der «Ort», wo die unverfügbare Gnade in den Menschen einflutet, so daß Ruusbroec sagen kann:

«Die Einheit unseres Geistes ist unsere Wohnung im göttlichen Frieden und in der Überfülle fürsorgender Liebe; die ganze Mannigfaltigkeit der Tugenden schließt sich hier zum Ring und lebt in des Geistes Einheitlichkeit. – Die Gnade nun, die aus Gott ausflutet, die ist ein innerliches Antreiben oder Jagen des Heiligen Geistes; der bringt das Innere unseres Geistes in Aufruhr und stachelt an zu allen Tugenden. Diese Gnade flutet von innen, nicht von außen, denn *Gott ist uns innerlicher, als wir selbst es uns sind.* Und sein innerliches Antreiben oder Wirken geht in uns, natürlich oder übernatürlich, näher und tiefer vor sich als unser eigenes Wirken. Gott nämlich wirkt in uns von innen nach außen, die Welt der Erscheinungen aber von außen nach innen. Darum kommen auch die Gnaden und alle göttlichen Gaben und das Einsprechen Gottes von innen, aus der Einheitlichkeit unseres Geistes, und nicht von außen, aus den sinnenmäßigen Bildern der Vorstellung.»[13]

Diese Worte wollen sorgfältig erwogen sein, weil sie dazu anleiten, die hier gemeinte «Innerlichkeit» besser zu verstehen. Ruusbroec verweist auf den Ort der Gottesgegenwart im Menschen. Er ist nicht zu verwechseln mit dem Verfügungsraum des menschlichen Ich, das in seiner Vermessenheit allzuoft quasigöttliche Ansprüche stellt. Daher ist Hans Urs von Balthasar zuzustimmen, wenn er hervorhebt, «Ruusbroec, der Wunderbare» lehne «jede Wesensvergottung der Kreatur» energisch ab. Dafür stelle er den Menschen wie kaum eine andere Lehrer- und Mystikergestalt der christlichen Geistesgeschichte in den Kegel der überflutenden «Lichtherrlichkeit Gottes».[14] Einem solchen, der Erleuchtung fähigen Menschen erteilt Ruusbroec den Rat:

«Merkt ernstlich und mit Fleiß: wer es nicht selber im Gefühl erfuhr, für den ist es so leicht nicht zu verstehen.»[15]

«Im Gefühl» erfahren, darf sicher nicht als ein bloß diffuses, unbestimmtes Fühlen mißdeutet werden. Das käme einer erkenntnismäßigen Einengung gleich. Wohl ist damit die Notwendigkeit der Eigenerfahrung schlechthin gemeint. Jedenfalls ist der Vorrang der Eigenerfahrung *(experientia)* vor der Lehre oder Belehrung (*doctrina*) für den Mystiker unumstritten. Selbst Martin Luther, der seinerseits vom Geistfeuer der Mystik ergriffen worden ist, hat die Priorität der Erfahrung ausdrücklich bestätigt. Das ist auch der Punkt, an dem der spirituell suchende Mensch des zu Ende gehenden 20. Jahrhunderts den großen Repräsentanten der christlichen Mystik begegnen kann.

Wer wie wir Heutigen die Dominanz der Außenwelt erlebt, wer unter der Übermacht der Dinge leidet, der verlangt nach wahrer Esoterik, das heißt nach der Intimität einer Innenerfahrung, die stark genug ist, um jenem überstarken Sog nach «draußen» – «Extraversion» nennt es C. G. Jung – gewachsen zu sein. Der Mystiker möchte mit seiner Wendung nach innen (Introversion) diesen «Verlust der Mitte» therapeutisch-psychotherapeutisch rückgängig machen und die verlorene Ganzheit wiedergewinnen, und zwar genau in dem Sinn, in dem Jan van Ruusbroec in der Vorrede zu seiner *Zierde der geistlichen Hochzeit* die Situation des Menschen umreißt: «Also hat Christus, der getreue Bräutigam, unsere Natur mit sich vereinigt und hat uns aufgesucht im fremden Lande ... Er hat das Gefängnis zerbrochen und hat den Streit gewonnen und unseren Tod getötet mit seinem Tode ...»

Auf diese Weise gesellt sich Ruusbroec zum Kreis der Repräsentanten eines esoterischen Christentums, das seit den Tagen der Urchristenheit als eine von innen her erneuernde und verwandelnde Lebensmacht erfahren werden kann. Die Esoterik oder geistliche Intimität, der der Mystiker von Groenendael sein ganzes Leben gewidmet hat, wendet sich in erster Linie nicht an den philosophisch oder theologisch Forschenden, sondern an den Liebenden. Sie ist in des Wortes getreuem Sinn «Theophilie», Gottesliebe. Sie bezeugt er unablässig; zum Beispiel zu Beginn des III. Buchs seiner *Brulocht*:

«Der innige Liebhaber Gottes, welcher Gott im Genusse der Ruhe, sich selber in hingebender, wirkender Liebe und sein ganzes Leben in gerechter Tugendübung besitzt, ein solcher verinnerlichter Mensch gelangt kraft dieser drei Eigenschaften und Gottes heimlicher Offenbarung in das gottschauende Leben: Ja, der Liebende, der gerecht und innerlich ist, den will Gott aus freien Stücken erwählen und erhöhen zu einem überwesentlichen Schauen im göttlichen Lichte, nach seiner eigenen göttlichen Beschaffenheit. Dieses Schauen versetzt uns in eine Reinheit und in eine Lauterkeit weit über all unser Verstehen, denn es ist ein besonderer Schmuck und eine himmlische Krone und ein ewiger Lohn aller Tugenden und alles Lebens. Mit Kenntnissen und Scharfsinn oder mit irgendwelchen Andachtsübungen kann dazu aber niemand gelangen; sondern wen Gott in seinem Geiste vereinigen und durch sich selbst erleuchten will, der kann Gott schauen und sonst keiner.»[16]

Wenn man den spirituellen Stufengang und den stationenreichen Weg einer geistlichen Schulung zu beschreiten bereit ist, den Ruusbroec in seinen Büchern schildert, ist die Bedeutung dieser Sätze nicht zu unterschätzen. Gerade der auf dem Feld christlicher Mystik Erfahrene kann nur bezeugen: Durch Gottes Gnade bin ich, was ich bin, und zwar – immer wieder und echt lutherisch – «allein aus Gnaden».

Werfen wir schließlich einen Blick auf Jan van Ruusbroecs schriftstellerisches Werk, dann wird deutlich, daß er als Autor mystischer Schriften ständig um das große Thema des Aufstiegs zu Gott kreist. Und Bernhard Fraling betont: «Zeitlebens bleibt er diesem Grundanliegen verhaftet ... Es handelt sich hier nicht nur um ein ‹Lieblingsthema›, sondern um den Zielpunkt all seines denkerischen Bemühens, zu dem er hinfindet von den verschiedensten Seiten. Ob er einer Klosternonne schreibt, daß die

Einhaltung der Regel und vor allem der Klausur Vorbedingungen sind für den mystischen Aufstieg, oder ob er sich mit dem Empfang der heiligen Eucharistie befaßt, die er in etwa auch als ein Mittel ansieht, den Menschen zum mystischen Erleben zu führen, immer treibt ihn dieses eine bestimmende Anliegen.»[17]

Wie sich aus dem bisher Gesagten ergibt, darf *Die Zierde der geistlichen Hochzeit* aufgrund ihrer klaren Gesamtkonzeption, ihrer gedanklichen Tiefe und ihrer kunstvollen sprachlichen Gestaltung als sein ausgewogenstes Werk betrachtet werden. Das Werk gilt laut Böhringer und Otto Karrer als «die kunstreichste mystische Schrift der germanischen Mystik des Mittelalters, ein wahrhaft architektonisches Gebäude».[18]

Die erste Übertragung ins Deutsche erschien bereits 1701 in Offenbach. Es folgten die Übersetzungen von F. A. Lambert (Leipzig 1901), von F. M. Huebner (Leipzig 1919) und von W. Verkade (Mainz 1922).

Der *Brulocht* (*Zierde der geistlichen Hochzeit*) folgten eine Reihe kleinerer Schriften, die Ruusbroecs mystische Erfahrungen und Einsichten ergänzen und verdeutlichen. Dazu gehören *Das Handfingerlein oder vom blinkenden Steine* (etwa zwischen 1330 und 1340 geschrieben); *Von den vier Versuchungen* (zwischen 1333 und 1343); *Vom geistlichen Tabernakel*, in dem der Verfasser die im Mittelalter so beliebte allegorische Schriftauslegung übt und auf den Prozeß des geistlichen Lebens anwendet. Dann folgt *Samuel oder das Buch der höchsten Wahrheit*. Hier versucht der Verfasser, dem ausdrücklichen Wunsch seiner Freunde und Schüler entsprechend, die Essenz seiner Lehre und spirituellen Wegleitung besonders knapp und klar darzulegen. Auch dabei ist die mystische Praxis der theologischen Wissensvermittlung übergeordnet.

In der kleinen Schrift *Die sieben Stufen der geistlichen Liebestreppe* betont Ruusbroec noch einmal die einzelnen Stadien und Durchgänge auf dem Weg zur Gottesbegegnung. Dieser Weg mündet ein in ein «entleertes, bilderloses Denken und ein klares Schauen im göttlichen Lichte»; es übersteigt das menschliche Erkennen und Wissen und zielt auf ein «grundloses Nichtwissen».

Wer sich heute in die Schriften des altniederländischen Meisters vertieft, dem wird selbst noch in den Schlußsätzen der *Sieben Stufen* bewußtgemacht, daß er als Leser in eine spirituelle Gemeinschaft aufgenommen ist, die über Zeit und Raum hinweg existiert:

«Betet für denjenigen, der dieses Buch unter dem Beistande der Gnade Gottes verfaßt und niedergeschrieben hat, und vor allem auch für diejenigen, welche es hören und lesen, auf daß Gott selber sich uns schenke für ein ewiges Leben. Amen.»[19]

Den Abschluß seines literarischen Schaffens bildet *Das Buch von den zwölf Beginen.* Es beginnt mit einer Reimdichtung, die dem Preis der Jesus-Minne gewidmet ist. Jede der im Text auftauchenden zwölf Frauen läßt der Dichter in einer mehrzeiligen Strophe sagen, wie die menschliche Seele den Weg zur Begegnung und zur Vereinigung mit Gott antritt, auch wie Gott sich Gnade schenkend dem Menschen zuneigt. Als Mystagoge, das heißt als ein Geleiter auf dem inneren Weg, legt der Verfasser dar, wie die Andachtsübungen zu gestalten sind, daß ein Übergang vom «Schauen in erkennbaren Bildern und Vergleichen zu jenem anderen Schauen jenseits der Bilder» möglich wird. Was dieses Schauen anlangt, so schreibt Ruusbroec:

«Ein guter und inbrünstiger Mensch, der Einkehr hält bei sich selber und los und ledig ist von allen irdischen Dingen, und der sein Herze ehrerbietend hinauf zu Gottes ewiger Güte öffnet, vor diesem schließen die verborgenen Himmel sich auf, und aus dem Antlitze der göttlichen Liebe fällt ein jähes Licht, als wie ein Blitzstrahl in das offen stehende Menschenherz; und in dem Lichte spricht der Geist unseres Herren zu dem liebegeöffneten Herzen: ‹Siehe, ich bin dein, und du bist mein. Ich wohne in dir und du lebst in mir.›»[20]

Zeugnisse und Leitworte

Entleertes, bilderloses Denken, ein klares Schauen im göttlichen Lichte und eine reine Entrückung des Geistes vor das Antlitz Gottes; – diese drei zusammen bilden und erzielen das wahrhaft schauende Erleben, darin niemand sich irren kann. Der reine Geist nämlich neigt sich beständig zu dem verklärten Verstand und folgt ihm mit nackter Sehnsucht zu seinem Ursprunge. Unser himmlischer Vater aber ist Ursprung und Abschluß alles Werdens. In ihm entspringen wir allesamt, rein gedanklich und in einem bildlosen Gesichte. In seinem Sohne schauen wir mit verklärtem Verstande alle Wahrheit in göttlichem Lichte. Im Heiligen Geiste vollbringen wir alle unsere Werke. Hier, wo wir voll nackten Liebens verzückt sind in das Antlitz Gottes, sind wir los und ledig aller Geschehnisse und aller Träume. Das ist das schauende Leben obersten Grades. Es in jedem Augenblicke beginnen und vollbringen können, dies ist der Ratschlag der Liebe. Und dies ist die sechste Stufe auf unserer himmlischen Treppe.

Die sieben Stufen der geistlichen Liebestreppe, Kap. 13

Hierauf folgt die siebente Stufe, das Erlauchteste und Höchste, was man in Zeit und Ewigkeit erleben kann: Er ereignet sich, wenn wir über alles Erkennen und Wissen hinaus in uns zu einem grundlosen Nichtwissen gelangen; und wenn wir über alle Namen, die wir Gott und den Lebewesen beilegen, uns selber absterben und hinübergleiten in eine ewige Unbenennbarkeit, wo wir uns verlieren; wenn wir über alle Übungen der Tugend hinaus in uns selber eine ewige Leerheit erfahren und wahrnehmen, worin niemand mehr wirken kann. Dann erblicken wir, jenseits aller seligen Geister, ein grenzenloses Glücksgefühl, worin wir alle eins sind und selber zu diesem Einssein werden, welches die Seligkeit an sich ist. Und dann erschauen wir in der Tiefe eine Dämmerung, die artlos und unbekannt ist, alle die seligen Geister, wie sie wesentlich und verflammt, entflossen und verloren sind in ihr Überwesen. A. a. O., Kap. 14

Die Begegnung und Vereinigung, welche der liebende Geist in Gott erlangt und ganz unmittelbar besitzt, die muß im wesentlichen Begreifen geschehen, tief verborgen all unserem klugen Verstande, es sei denn in jenem wirklichen Verstande von Gnaden der Einfalt. In dieser genußreichen Vereinigung sollen wir allerwege ausruhen jenseits unserer selbst und jenseits aller Dinge. Aus dieser Vereinigung fließen alle Gaben, natürliche und übernatürliche; doch ruht der liebende Geist in dieser Vereinigung jenseits aller Gaben: hier ist nichts als Gott und der mit

Gott unmittelbar vereinte Geist... Dies steht allen frommen Menschen offen; aber wie das vor sich geht, das bleibt ihnen ihr Leben lang verborgen, es sei denn, sie würden verzückt und ledig alles Kreatürlichen. In diesem selben Augenblicke, wo der Mensch sich von den Sünden abwendet, da wird er in jener wesentlichen Einheit seines Selbstes, die der oberste Teil seines Geistes ist, von Gott empfangen, auf daß er in Gott ausruhe, nun und immerdar. *Die Zierde der geistlichen Hochzeit*, II, 59

Nun merkt auf, wie wir bei jedem Tun mit Gott zusammentreffen sollen und zunehmen an größerer Ähnlichkeit, an reinerem Besitzen und genußreicherer Vereinigung:

Durch jedes gute Werk, sei es auch noch so klein, das mit Liebe und aufrichtigem schlichten Gedanken Gott dargebracht wird, gewinnt man eine größere Ähnlichkeit und ewiges Leben in Gott. Das schlichte Gedenken zieht die zerstreuten Kräfte zusammen in die Einheit des Geistes und verbindet den Geist mit Gott. Schlichte Gedanken sind der Anfang und das Ende und die Adelung aller Tugenden. A. a. O. 62

Devotio moderna und *Nachfolge Christi*

Bisweilen verlangt das Streben nach spiritueller Erfahrung eine «zeitgemäße» Ergänzung, Erneuerung und Aktualisierung. Eine solche Anpassung an die Bedürfnisse einer sich verändernden Gesellschaft stellt die sogenannte «Devotio moderna» dar. Als eine «moderne» Frömmigkeitsform will sie die alten Formen (*devotio antiqua*) nicht etwa außer Kraft gesetzt wissen. Doch an der Wende zum 15. Jahrhundert können die großen monastischen Erneuerungsbewegungen des Mittelalters, etwa die der Franziskaner, der Dominikaner oder der Zisterzienser, bereits auf eine respektable Geschichte zurückblicken, namentlich auf Hoch-Zeiten der deutschen Mystik.

Nun ist es aber nicht jedermanns Sache, in einen geistlichen Orden einzutreten und die ewigen Gelübde (Armut, Ehelosigkeit und Gehorsam) abzulegen. In einem historischen Augenblick, da sich ein Teil des gesellschaftlichen Lebens in die nach und nach aufstrebenden Städte verlagert, beginnt die Stunde der Laien zu schlagen. Frauen und Männer, die mitten im Alltag stehen, verlangen nach einer Lebensform, bei der sich dieses In-der-Welt-Sein mit einer geistlichen Lebensgestaltung vereinbaren läßt. Die Devotio moderna versteht sich als eine solche Laienbewegung mit geistlichem Akzent. Dies ist zumindest ihr Ansatz.

Die von den niederländischen Städten Deventer und Zwolle ihren Ausgang nehmende Bewegung schließt sich an Jan van Ruusbroec an. Dennoch sind Unterschiede nicht zu verkennen. Sie ergeben sich aus dem angedeuteten Trend zu einer geistlichen Durchdringung des alltäglichen Lebens. Verbanden sich bei dem Prior von Groenendael noch «die alterprobten Kräfte der mystischen Spekulation mit der Gefühlsmächtigkeit des Nacherlebens der *unio mystica*»,[1] so zielt die «neue» Frömmigkeit auf eine *Lebenslehre* hin. Die Höhen der mystischen Spekulation werden mehr und mehr verlassen. Dafür kommt das Bild des biblischen Jesus stärker in den Blick. Leben und – bis zu einem gewissen Grade – leiden wie Jesus, lautet die Devise. Jedenfalls gilt es, dieses Jesus-Leben samt den verschiedenen Stufen seiner Passion zu meditieren und betrachtend «nachzuahmen» (*imitatio*). Als Begründer der Devotio moderna kann Geert Groote, einer der spirituellen Schüler Ruusbroecs, gelten. Und die wichtigste geistliche Frucht, die meist mit dem Namen des Thomas (Hemerken) von Kempen (Thomas a Kempis) verbunden wird, ist die «Nachfolge Christi» (*Imitatio Christi*).

Im Herbst 1340 wird Geert (Gerit, Gerhard) Groote – auch Gerhardus Magnus genannt – in der niederländischen Handelsstadt Deventer geboren. Hier ist sein Vater, Werner Groote, ein erfolgreicher Tuchhändler und angesehener Patrizier. Der Junge ist erst zehn Jahre alt, als die Pest beide Eltern hinwegrafft. Das Erbe des jungen Groote ist so groß, daß er sich um seine Zukunft keine Sorgen zu machen braucht. Noch ein Kind, verläßt er seine Heimatstadt, wo er die Lateinschule besucht hat; 1352 taucht der Zwölfjährige zusammen mit anderen fahrenden Schülern in Köln und Aachen auf, und 1355 bezieht er die Universität Paris. Drei Jahre später absolviert er die dortige Artistenfakultät mit dem Grad eines «Magister artium». Das philosophische Grundstudium ist damit absolviert. Das väterliche Erbe gestattet ihm weiterhin ein freizügiges Leben. Statt den Abschluß seiner kirchenrechtlichen Ausbildung zu forcieren, geht er zunächst seinen privaten Interessen nach. Mathematik, Astronomie und das, was man gegen Ende des Mittelalters die Pflege der «geheimen Wissenschaften» nennt, liegt ihm, dem großen Bücherfreund, am Herzen. Reisen führen den Lebenshungrigen und Wissensdurstigen nach Avignon, Köln und Prag, bevor er sich – mit zweiundzwanzig Jahren – in Aachen als Kirchenrechtler um ein Kanonikat bewirbt. Eine glänzende Laufbahn als Jurist und Diplomat steht dem reich Begüterten offen.

Da trifft Groote im Jahre 1374, also um die Lebensmitte, mit seinem einstigen, zwölf Jahre älteren Pariser Studienfreund Heinrich Eger von Kalkar zusammen. Er, der Prior des Kartäuserklosters Monnikhuizen in der Nähe von Arnheim, hilft dem seiner Erfolge bereits Überdrüssigen, ein neues Leben zu beginnen. Groote läßt sich für einige Jahre im Kloster als Donatus, das heißt als Bruder ohne Gelübde, aufnehmen. Unter der Anleitung Heinrich Egers lernt er das geistliche Leben kennen. Die Einsichten, die er hier gewinnt, zeichnet er später als *Beschlüsse und Vorsätze* auf. Da heißt es unter anderem (in der Überlieferung des Thomas von Kempen):

«Zu Gottes Ruhm, Ehre und Dienst bin ich bedacht, mein Leben zu ordnen, und zum Heil meiner Seele. Kein zeitliches Gut an Leib, Ehre, Habe oder Wissenschaft dem Heil meiner Seele voransetzen! Jede Nacheiferung Gottes befolgen, von der ich sicher bin, daß sie der wissenschaftlichen Einsicht und besonnenen Unterscheidungskraft gemäß ist in Anbetracht meiner leiblichen Verfassung und meines Standes, woraus sich etliche Nacheiferungen ergeben.»[2]

Groote beschließt, keine weiteren Pfründe mehr zu begehren, denn: «Je mehr Güter ich habe, desto mehreren diene ich: und bin mit mehrerlei belastet; das ist gegen die Freiheit des Geistes, die das Hauptgut ist im geistlichen Leben.»

Zweierlei bestimmt Grootes Leben in der Kartause neben Stundengebet und Gottesdienst: manuelle Arbeit und das Studium von Mystikertexten, darunter Schriften von Hugo von Sankt Viktor, Heinrich Seuse, Meister Eckhart, Ludolf von Sachsen, Jan van Ruusbroec, den er persönlich gekannt hat, und anderen. Aber es ist offensichtlich nicht der Seelenaufschwung, das mystische Einswerden (*unio mystica*), das er ersehnt, vor allem dann nicht, wenn darüber der Dienst an den Mitmenschen vernachlässigt werden sollte. So wäre es seiner Meinung nach schlecht, wenn man über der beschaulichen Andacht die praktische Nächstenliebe vernachlässigte.

Damit ist dem neuen Leben die Richtung gewiesen. Aber Geert Groote ist von seiner physisch-psychischen Konstitution her nicht fürs Klosterleben geschaffen; er muß selbst ratend, lehrend, wegweisend tätig sein. Auf seine Haupteinnahmequellen verzichtet er jedoch. Sein Stadthaus in Deventer überläßt er einer spirituell geschulten Frau, die hier eine kleine «Schwesternschaft vom gemeinsamen Leben» aufbaut. Er selbst entwirft für diese Gemeinschaft eine Art Regel, um das Zusammenleben der Gleichgesinnten zu ordnen. Eine Verwechslung mit den als häretisch verschrieenen «Brüdern und Schwestern des freien Geistes» ist aber von vornherein auszuschließen. An seiner eigenen Rechtgläubigkeit läßt er keinen Zweifel aufkommen. So sucht er weitere Unterweisung bei Jan van Ruusbroec, den er in dessen Kloster in Groenendael bei Brüssel besucht und mit dem er auch korrespondiert: «Ich sehne mich brennend nach euerer Gegenwart und aus eurem Geiste erneuert, erleuchtet und beschenkt zu werden», heißt es in einem Brief aus dem Jahr 1378/79.[3] Außerdem übersetzte er einige Schriften Ruusbroecs ins Lateinische. Und wie demselben Brief zu entnehmen ist, geht er dabei kritisch und verantwortungsbewußt zu Werke.

Angesichts des allgemeinen Niedergangs im kirchlichen Klerus verzichtet Groote auf die Priesterweihe. Die Diakonatsweihe aber läßt er sich erteilen, um, ausgestattet mit bischöflicher Vollmacht, als Bußprediger durch die Niederlande zu ziehen. Das Echo im Volk ist groß. Wohin er auch kommt – nach Amsterdam, Zwolle, Deventer, Zütphen, Harlem –, immer ist der nunmehr Vierzigjährige von Zuhörern umlagert. Seine Botschaft ist die der «Nachahmung» (*imitatio*) des armen Lebens Christi. Gleichzeitig verurteilt er mit aller Schärfe Simonie (d. h. die Verquickung geistlicher Funktionen mit Geldgeschäften), Habsucht, Konkubinat und Häresie unter den Priestern. Die Sache der Weltpriester, aber auch die der Bettelorden, wird durch das beispielhafte Leben und die Predigten Grootes sowie seiner «Brüder vom gemeinsamen Leben» in Frage gestellt. Groote hat den Wert der Arbeit als Übungsfeld christlicher Spiritualität erkannt. Von daher erscheint es ihm unstatthaft, wenn gesunde, kräftige Menschen nur deshalb vom Betteln leben, weil sie einem dieser Orden (etwa den Franziskanern) beigetreten sind. In einem Brief an seinen Freund, den als Schulleiter überaus erfolgreichen Johannes Cele in Zwolle, schreibt Groote (1380):

«Ich will nämlich, daß diejenigen, die von Gott die Gnade haben, arbeiten zu können, mit ihren Händen arbeiten sollen; und wenn sie zur Arbeit wirklich und ohne Verstellung zu schwach geworden sind, dann wäre es an der Zeit, daß sie Mahlzeiten annehmen, [und zwar] im Verhältnis zu ihrer Schwäche und Bedürftigkeit.»[4]

Um den unliebsamen Kritiker des verlotterten Klerus zum Schweigen zu bringen, entzieht der Bischof allen Nichtpriestern die öffentliche Predigterlaubnis. Damit sind Groote und seine Freunde mundtot gemacht bzw. der Ketzerei verdächtig, wenn sie dennoch an die Öffentlichkeit treten. Er reagiert, indem er an den Kirchen zu Deventer und Zwolle sein Glaubensbekenntnis (*protestatio fidei*) anschlagen läßt und von Papst Urban VI. eine spezielle Predigterlaubnis zu erwirken sucht – ohne Erfolg. Knapp vierundvierzigjährig wird Geert Groote am 20. August 1384, wie einst seine Eltern, ein Opfer der Pest.

Trotz seines frühen und plötzlichen Todes konnte Groote noch rechtzeitig den entscheidenden Impuls zur Gründung der Devotio moderna geben. Nach einem Wort von Wilhelm Oehl, der Grootes Briefe herausgegeben hat, ist dies «jene Umbildung der älteren deutschen Mystik, die im wesentlichen die Grundlage der katholischen Frömmigkeit der folgenden Jahrhunderte bis zum heutigen Tage geworden ist. In der ‹Devotio moderna› stieg die ältere deutsche Mystik, zumal dominikanischer Prägung, aus den schwindelnden Höhen philosophischer Spekulation und aus den verschwärmten Regionen der Ekstasen und Visionen herab auf den festen Boden gut holländischer Nüchternheit, in den bürgerlichen Alltag, und wurde hausbackenes Brot für jedermann, das heißt die geistige Nahrung für alle Jahrhunderte und für alle Völker.»[5]

Eine hohe, vielleicht zu hohe Einschätzung des Grooteschen Werks, wenn man bedenkt, daß in der Praxis die gesteckten Ziele nicht erreicht werden konnten. Dennoch gilt Geert Groote als der Vater der Devotio moderna, die sich in zweifacher Weise ausgestaltet hat: zum einen in jener Laienbewegung der «Brüder und Schwestern vom gemeinsamen Leben», die besonders Groote am Herzen lag. Zum andern entstand die sogenannte «Windesheimer Kongregation», die sich, ausgehend von dem Chorherrnstift Windesheim bei Zwolle, nach Grootes Tod zu einer klösterlichen Reformbewegung entwickelt hat. Sie folgte der Augustinerregel, wohl in Anlehnung an die geistliche Lebensform des Groenendaeler Klosters.

Beide Gemeinschaftsformen erwiesen sich als lebenskräftig, die Brüderbewegung vor allem im Hinblick auf die späteren Schulgründungen. Männer wie Nikolaus von Kues (Cusanus), Nikolaus Kopernikus, Erasmus von Rotterdam und Martin Luther gingen einst bei den «Brüdern vom gemeinsamen Leben» in die Schule. Und was die Augustinerchorherrn anbelangt, so wurden die rasch sich ausbreitenden Stifte der «Windesheimer Kongregation» zu Zentren des geistlichen Lebens, auch über die Grenzen der Niederlande hinaus.

Das geistig-geistliche Erbe hat sich nicht in größeren originären theologischen Arbeiten niedergeschlagen, wohl aber in solchen der geistlichen Übung und der Meditation. An erster Stelle ist da die etwa hundertfach übersetzte, in einigen tausend Auflagen verbreitete *Nachfolge Christi* zu nennen, die damit wie kein anderes Erbauungsbuch ihren Weg in die Welt genommen hat, und zwar über die Konfessionsgrenzen hinweg. Die Tatsache, daß sie in diesem Jahrhundert bei so verschiedenen Persönlichkeiten wie Johannes XXIII. und Dag Hammarskjöld sowie nicht zuletzt in Kreisen der außerkirchlichen religiösen Jugendbewegung neu zu Ehren kam, unterstreicht die Raum und Zeit überwindende Wirkung der Devotio moderna. Josef Sudbrack S.J. erblickt in ihr eine «gelebte Existenztheologie», wiewohl manche Einseitigkeit und Verkürzung christlicher Weltdeutung und Verkündigung in der *Nachfolge Christi* nicht zu leugnen ist, etwa in Form eines Rückzugs aus der Welt, um deren geistliche Durchdringung und Bewältigung es eigentlich gehen sollte.

Die literarischen Quellen, aus denen die Devotio moderna schöpft und die daher auch in die *Nachfolge Christi* einmünden, sind in erster Linie die Bibel, die Kirchenväter, sodann mystisch so erfahrene Autoren wie Augustinus, Gregor der Große, der Mönchsvater Johannes Cassian, Bernhard von Clairvaux, Bonaventura, David von Augsburg, Heinrich Seuse und der Kartäusermönch Ludolf von Sachsen, ein Zeitgenosse Taulers, der wie dieser (ab 1340) in Straßburg tätig gewesen ist. Woran sich die *Nachfolge Christi* orientiert, ist den ersten Abschnitten des Werks zu entnehmen:

«‹Wer mir folgt, wandelt nicht in der Finsternis‹, spricht der Herr (Joh. 8,12). Dies sind Christi Worte, mit denen wir ermahnt werden, seinem Leben und Wandel nachzufolgen, wenn wir erleuchtet und von aller Blindheit befreit werden wollen. – Daher sei unser höchstes Studium, uns in Jesu Leben zu versenken. Seine Lehre überragt ja alle Lehren der Heiligen; und die Gottes Geist haben, werden dort ‹verborgenes Manna› (Offb. 2,17) finden.»[6]

Der anonyme Autor, hinter dem wir wohl Geert Groote und Thomas a Kempis als Redaktoren bzw. Kopisten zu sehen haben, folgt damit einer Empfehlung, wie sie bereits Ludolf von Sachsen in seiner *Vita Jesu Christi* ausgesprochen hat. Auch sein Rat geht dahin, das Leben des irdischen Jesus so in die Betrachtung hineinzunehmen, daß es in leibhafter Gegenwart erlebt werden kann:

«Wenn du aber hieraus eine Frucht ernten willst, so mußt du dich von ganzem Gemüt mit Sorgfalt, Lust und Muße, ohne alle Sorgen und Kümmernisse, in die Gegenwart der Worte und Taten des Herrn Jesus und der Berichte über sie hineinversetzen, als ob du sie mit deinen Ohren hörtest und mit deinen Augen vor dir sähest, denn sie sind das Allersüßeste für denjenigen, der sie mit Verlangen überdenkt und vielmehr schmeckt. Und obwohl viele Dinge davon gleichsam als Taten der Vergangenheit erzählt werden, sollst du sie doch alle bedenken, als geschähen sie in deiner *Gegenwart*, denn ohne Zweifel wirst du dadurch größere Lust empfinden. Lies also, was geschehen ist, als geschähe es *jetzt*! Stelle dir die vergangenen Ereignisse vor Augen, als wären sie dir *gegenwärtig*, so wirst du an ihnen mehr Geschmack und Vergnügen finden.»[7]

Eben dieser Empfehlung schloß sich übrigens Ignatius von Loyola an, als er daranging, seine *Exercitia spiritualia* (*Geistliche Übungen*) auszuarbeiten: Es war das *Leben Jesu* des deutschen Kartäusermönchs Ludolf, das der verwundete baskische Offizier Iñigo während seines Krankenlagers in die Hand bekam.

Was nun die *Nachfolge Christi* anbelangt, so handelt es sich um ein Werk, bestehend aus vier selbständigen Büchern, dessen Titel sich aus dem zitierten Anfang des ersten Abschnitts herleitet. Eine systematische Lehre von der Christusnachfolge oder vom mystischen Leben will das Werk nicht bieten.

Das erste Buch läßt sich als eine Sammlung geistlicher Lebensregeln verstehen. Die biblischen Elemente sind dabei mit allgemeinen Weisheitssentenzen vermischt. Diese Regeln legen eine nüchterne, zugleich bescheidene, demütige Selbsteinschätzung nahe. Das theologische Wissen und der geschickte Umgang mit den großen Worten und Begriffen der Verkündigung werden der praktizierten Frömmigkeit und Nächstenliebe ausdrücklich untergeordnet. Man höre auf die Stimme der Wahrheit, lasse Klugheit im Handeln walten, meide die Überheblichkeit, hüte sich vor allzugroßer Intimität und vor unbedachtem Urteil, man mache sich mit dem Vorbild der im geistlichen Leben Bewährten ebenso vertraut wie mit dem Gedanken an den eigenen Tod und das Jüngste Gericht. So sorge man sich mehr und mehr um eine Besserung des Lebenswandels.

Darauf folgen im zweiten Buch geistliche Selbstgespräche: «Das Reich Gottes ist in euch, spricht der Herr (Luk. 17,21). Kehre dich von ganzem Herzen zum Herrn und laß von dieser jämmerlichen Welt, und deine Seele wird Ruhe finden. – Lerne das Äußerliche verschmähen und dich dem Innerlichen hingeben, und du wirst das Reich Gottes in dich kommen sehen. – Denn das Reich Gottes ist ‹Friede und Freude im Heiligen Geist› (Röm. 14,17) . . .»[8]

Wer auf diese Weise zu einem Freund Christi wird, der nimmt bereitwillig sein Kreuz auf sich und folgt ihm nach. Dabei weiß der Autor, daß es dem Menschen aus eigener Kraft nicht möglich sein kann, diesen Auftrag zu erfüllen. Und doch bleibt er bei seinem Appell, weil es darum geht, den Weg ins innere Reich, in das Reich der Himmel zu finden.

Das dritte und vierte Buch bestehen aus einem Dialog zwischen dem Menschen und Gott bzw. Christus. Es gilt, das niedere Ich zu opfern, um die wahre Freiheit zu erlangen und schließlich eins zu werden mit dem Höchsten:

«Danach sollst du sorgsam streben, daß du an jedem Ort, in jedem Tun oder äußerem Beschäftigtsein innerlich frei seiest und deiner selbst mächtig; daß alle Dinge unter dir seien, und nicht du unter ihnen; daß du Herr und Lenker deiner Handlungen seiest; nicht ihr Knecht oder Sklave.»[9]

Die Vereinigung mit Christus erfüllt sich schließlich im vierten Buch durch das Abendmahl. Die Gespräche, die dabei um die sakramentale Kommunion kreisen, münden ein ins Gebet, während der Sakramentsempfang selbst der Meditation zugeordnet ist: «Denn jeglicher Andächtige kann alle Tage und zu jeder Stunde zur geistlichen Kommunion Christi heilsam und ohne Hinderung hintreten. Denn jedesmal kommuniziert er in mystischer Weise und wird unsichtbar gestärkt, wenn er das Mysterium von Christi Menschwerdung und seine Passion andächtig betrachtet und in Liebe zu ihm entbrennt.»[10] Damit schließt sich der Kreis, das heißt, die «Nachfolge Christi» kehrt zur Vergegenwärtigung des Lebens Jesu zurück.

Diese Vergegenwärtigung ist den Frommen der Devotio moderna wichtiger als der bloße Nachvollzug äußerer Übungen der Frömmigkeit – wie etwa das im Mittelalter so extensiv geübte Wallfahrtswesen samt Reliquienverehrung. Gegen die Veräußerlichung der Frömmigkeit arbeitet die Devotio moderna in ähnlicher Weise wie im 16. Jahrhundert die katholische Reform oder wie die Reformation Martin Luthers. Von daher gesehen sind ihr ökumenisch-überkonfessionelle Züge eigen. Weil aber die Verinnerlichung mit einer Verkürzung des Geheimnisses der Schöpfung wie der Inkarnation verbunden ist, droht die Frömmigkeit der «Imitatio» weltlos zu werden. Im Gegensatz zur älteren Mystik sieht die «Nachfolge Christi» nicht die in der Schöpfung begründete Würde der Dinge. Diese werden nur als verführerischer Glanz und nicht als Zeichen auf Gott hin erlebt. Die Welt ist nur noch dazu angetan, uns den Blick auf Gott zu verstellen. «Siehst du auf das Geschöpf, so entzieht sich dir der Schöpfer» (III 42,10) – zweifellos eine problematische These!

Auf der anderen Seite ist nicht zu verkennen, daß die in der «Nachfolge Christi» vereinten Menschen den Impuls der deutschen Mystik – wenngleich in verwandelter Gestalt – weitergetragen haben. Es ist das beglückende Erlebnis jener, die erfahren, welch eine innige Verbindung zwischen Gott und Mensch dank der Christuserscheinung auf Erden möglich ist. Dies geschieht da wie dort aufgrund der christlichen Botschaft «vom unüberbietbaren Wert des Einzelmenschen», der einen *individuellen* Weg der Christusnachfolge sucht.[11] Dies entspricht (um 1400) einem Prozeß der Bewußtseinswandlung, bei dem der einzelne bis in seinen Glaubensvollzug hinein eine Verselbständigung gegenüber den traditionellen Normen und kirchlichen Autoritäten erlebt. Im Zeitalter der sich ankündigenden Renaissance ist es die Forderung nach Autonomie im kulturell-geistigen Leben; im anschließenden Zeitalter der Reformation ist es die Parole von der «Freiheit des Christenmenschen» (Luther), der sich auf sein am Wort Gottes orientiertes Gewissen beruft.

Neben Geert Groote haben noch einige andere Männer die Bewegung der Devotio moderna geprägt, zum Beispiel Florens Radewijns (1350–1400), dessen Predigten Groote seine «Bekehrung» verdankte. Der Priester begründete das Brüderhaus in Deventer, das unter seiner Leitung Vorbild wurde für viele andere vergleichbare Einrichtungen.

Zu den literarisch Tätigen dieses Kreises gehörte Gerhard Zerbolt van Zutphen (gest. 1398). In seinem Buch *De spiritualibus ascendionibus* leitet er dazu an, das Gehörte und Gelesene zu überdenken und auf das eigene Leben anzuwenden. Andere Autoren wie Dirc van Herxen (gest. 1457) empfehlen, die täglichen Meditationen einem bestimmten Zeitplan zu unterwerfen, indem sie einzelne Tage und Stunden den meditativen Übungen in der Betrachtung des Lebens Jesu zuordnen. Aus dem Kreis der «Windesheimer Kongregation» hat zweifellos der erwähnte Thomas von Kempen (gest. 1471) im Zusammenhang mit der «Nachfolge Christi» den höchsten Bekanntheitsgrad erlangt – neben Gerhard Zerbolt van Zutphen und Johannes Vos van Heusden (gest. 1457), die die Methodik der Meditationspraxis verfeinert haben.

Wenn hier von Meditation die Rede ist, dann muß auch eines Mannes gedacht werden, dessen Werk, das sogenannte *Rosétum geistlicher Übungen* (*Rosétum execitiorum spiritualium et sacrum meditationum*) Geschichte gemacht hat: Jan Mombaer, genannt Mauburnus. Dieser Johannes Mauburnus aus Brüssel (ca. 1460–1501) war im Augustinerkloster St. Agnetenberg bei Zwolle ein Freund des Thomas von Kempen und Mitglied der «Windesheimer Kongregation». Gegen Ende des Jahrhunderts hat er sich als Klosterreformer in Frankreich einen Namen gemacht. Ihm ging es offensichtlich darum, einen Beitrag zu einer gewissen Methodisierung der Meditation zu leisten und dabei aus dem reichen Erfahrungsschatz der Christenheit zu schöpfen.

«Dieses Buch ist eine Art Kompendium, das die christliche Gesamttradition der Meditation vom ältesten Mönchtum, von der griechischen und syrischen Mystik bis hin zu den zahlreichen katholischen lateinischen Mystikern des frühen und hohen Mittelalters umfaßt und sogar noch einige Gestalten der Renaissance-Mystik wie Pico de la Mirandola mit berücksichtigt.»[12] Mit gutem Grund wird dieses in den Klöstern der Devotio moderna als Meditationsbuch benutzte umfangreiche Werk – es hat mehr als siebenhundert zweikolumnige Seiten – als «die überfeinerte Spätblüte mittelalterlichen Meditierens» betrachtet.[13]

Geschichte hat das *Rosétum* des Mauburnus insofern gemacht, als sich von da einerseits eine geistige Wirkungslinie zur Reformation Luthers als auch zur spanischen Reform und zu den ihrerseits folgenreichen Exerzitien des Ignatius von Loyola (*Exercitia spiritualia*) ziehen läßt. Zwar wird neuerdings der Meinung von Ernst Benz widersprochen, wonach Martin Luther im Erfurter Augustinerkloster nach diesem *Rosétum* das Meditieren gelernt habe – wichtiger als das Buch wird ohnehin die persönliche Einführung durch den Novizen- bzw. Exerzitienmeister gewesen sein –, doch steht außer Frage, daß der Wittenberger Reformator mit der Geisteshaltung der Devotio moderna lebenslang sympathisiert hat. Wiederholt verwies er auf die Windesheimer Augustiner Gerhard Zerbolt und Johannes Mauburnus.[14] Und was die spanische Klosterreform betrifft, so war es der Abt Ximenes de Cisneros des berühmten Klosters am Montserrat, der seinem *Exercitatorio espiritual* Exzerpte aus dem *Rosétum* eingefügt hat. Und auf diesem Weg gelangten Elemente der Devotio moderna – abgesehen von den erwähnten Einflüssen durch Ludolf von Sachsens *Leben Jesu* – in die geistlichen Übungen der Jesuiten. So liegt der zweifellos interessante Fall vor, daß zwei so konträre Bewegungen wie die Reformation Luthers und die Gegenreformation des Ignatius durch ein und dieselbe spirituelle Strömung erreicht und bis zu einem gewissen Grad auch geprägt worden sind. Die Wandlung, die dabei die deutsche Mystik da wie dort durchgemacht hat, ist freilich nicht zu übersehen.

Wer Christi Worte völlig verstehen und schmecken will, der muß danach streben, sein ganzes Leben ihm nachzubilden . . .

Wüßtest du die ganze Bibel auswendig und aller Philosophen Aussprüche, was frommte das Ganze ohne Liebe und Gnade? Eitelkeit der Eitelkeiten und alles ist eitel (Pred. 1,8), außer Gott lieben und ihm allein dienen. (I,1)

Jedermann wünscht sich natürlicherweise Wissen; aber was bringt Wissenschaft ohne Gottesfurcht schon ein? Besser ist wahrlich ein demütiger Bauer, der Gott dient, als ein hochmütiger Philosoph, der sich selber vernachlässigend den Lauf des Himmels kennt. (I,2)

Die Wahrheit ist in den heiligen Schriften zu suchen, nicht Beredsamkeit. Jegliche heilige Schrift muß aus dem Geiste heraus gelesen werden, aus dem sie entstand. – Und stoß dich nicht an der Einfachheit eines Buches oder der Person, welche es schrieb, sondern die Liebe zur reinen Wahrheit ziehe dich zum Lesen. Frag nicht, wer das sprach oder schrieb, sondern was er schrieb oder sprach, das lies. (I,5)

Es ist uns gut, daß wir zuweilen manche Beschwerden und Widernisse haben, da sie den Menschen zu sich selber zurückrufen – wobei er erkennt, daß er jetzt in der Verbannung ist –, und daß wir manchmal Widerspruch und gegen uns Übelgesinnte erdulden müssen, auch wenn wir gut handeln. – Durch die Demütigung sollen wir uns eitlen Ruhms erwehren. – Wenn ein Mensch guten Willens geplagt und draußen geringgeachtet ist und ihm bisweilen nicht geglaubt wird, oder wenn er mit argen Gedanken geschlagen ist, dann versteht er, daß Gott ihm notwendiger ist; er entdeckt, daß er ohne ihn nichts vermag. Andächtiger betet er dann. (I,12)

Selig die Ohren, die nicht auf die draußen tönende Stimme lauschen, sondern auf die drinnen lehrende Wahrheit.

Selig die Augen, die dem Äußeren verschlossen, auf das Innere aber gerichtet sind.

Selig, die das Ewige durchdringen und sich durch tägliche Übungen immer eifriger bereiten, die himmlischen Geheimnisse zu fassen. (III,1)

Rede Herr, dein Diener hört! ...

Nicht Moses oder einer von den Propheten rede zu mir, vielmehr du rede, mein Herr und Gott, Lehrer und Licht aller Propheten! Denn du kannst allein und ohne ihre Vermittlung mich vollkommen unterweisen, sie aber vermögen ohne dich nichts. Sie können tönende Worte sprechen, aber den Geist geben sie nicht.

Sie reden schön, aber wenn du schweigst, entzünden sie nicht das Herz. Sie überliefern die Schriften, du aber eröffnest den Sinn. Sie tragen Geheimnisse vor, du aber erschließest das Verständnis des Versiegelten. Sie verkünden Gebote, du aber hilfst sie erfüllen. Sie zeigen den Weg, du aber belehrst und erleuchtest die Herzen. Sie gleißen von außen, du aber spendest die Fruchtbarkeit. Jene rufen mit Worten, du gibst Verständnis für das Gehörte.

Darum soll nicht Moses reden, sondern du, mein Herr und Gott, die ewige Wahrheit! Sonst könnte ich gar sterben und ohne Frucht sein, wenn ich nur Zuspruch von außen hätte und nicht innen entzündet würde. Sonst könnte mir zum Gericht werden das Wort, das ich hörte und nicht erfüllte, das ich erkannte und nicht liebte, das ich glaubte und nicht befolgte.

Rede also, mein Herr, dein Diener hört! Du hast ja Worte des ewigen Lebens! Rede mit mir zu jeglichem Trost meiner Seele und zur Besserung meines ganzen Lebens, dir aber zu Preis und Ruhm und ewiger Ehre! (III,2)

Die Gottesfreunde

So sinnvoll es ist, einzelne Persönlichkeiten herauszustellen, um an ihrem Beispiel die jeweils besondere Geistesart mystischer Verwirklichung sichtbar zu machen, so nötig ist auch der Hinweis auf die zwischenmenschlichen Beziehungen bzw. auf Strömungen, in denen Geistesverwandte miteinander in Verbindung treten. Die Devotio moderna stellt eine solche Gemeinschaft dar, doch ist sie nicht die einzige, die über Generationen hinweg wirken konnte. Von großer Bedeutung während des Mittelalters ist auch die Bewegung der Gottesfreunde (*amici dei*). Darunter ist freilich keine in sich geschlossene Gruppierung zu verstehen, denn das Ideal des Gottesfreundes predigten auch jene, die von der Kirche als Häretiker gebrandmarkt wurden, etwa die Waldenser oder die besonders verfolgten «Brüder und Schwestern des freien Geistes».

So liegt der Fall vor, daß Scholastiker und Mystiker, Frauen und Männer die Gottesfreundschaft rühmen, daß sie eine ausgeformte Lehre der Liebe zu Gott und zu denen, die Gott lieben, entwickelt haben;[1] daß sie aber andererseits immer wieder Anlaß fanden, sich von falschen Freunden zu distanzieren. So ist dem Vorwort der berühmten *Theologia Deutsch* aus dem 14. Jahrhundert zu entnehmen, mit welcher Zielrichtung sie verfaßt ist, nämlich «wie und woran man erkennen mag die wahrhaftigen, gerechten Gottesfreunde und auch die ungerechten, falschen ‹freien Geister›, die der heiligen Kirche gar schädlich sind».[2] Jedenfalls ist der Begriff der Gottesfreundschaft schon von der alten Kirche her bekannt, wiederum seit Bernhard und Mechthild von Magdeburg. Sie bildet sodann bei Ruusbroec und anderen eine vertraute Vorstellung, wenn man an jene Menschen denkt, die das «vollkommene Leben» suchen, das Erlebnis der Vereinigung bzw. der «Vergottung».

Eine besondere Form der Gottesfreundschaft hat sich im süd- und südwestdeutschen Raum entwickelt. Das ist nicht zuletzt auf die unmittelbare Prediger- und Seelsorgetätigkeit von Seuse und Tauler zurückzuführen. Hunderte von Mystiker-Briefen gewähren uns Einblick in das von Freuden und Sorgen bewegte, von Hoffnungen und Sehnsüchten getragene Leben solcher Frauen und Männer, die sich durch die Gottesliebe (*charitas dei; amicitia charitatis*) zueinander gehörig fühlen. Wieder sind es schon bekannte Ordensfrauen, die wie Elsbeth Stagel im Schweizer Kloster Töß, die aus Donauwörth stammende Margarethe Ebner in Maria-Medingen bei Dillingen/Donau oder wie die beiden Nürnberger Bürgerstöchter Adelheid Langmann und Christine Ebner in dem fränkischen Dominikanerinnenkloster Engelthal bei Nürnberg von ihren geistlichen Beratern Unterweisung für ihr mystisches Leben erwarten. Und nicht nur das; sie und ungezählte andere Nonnen drängt es, das Erlebte, Erlittene ihren Seelenführern zu beichten oder an spirituell noch weniger Erfahrene weiterzugeben.

Ihre – wie Martin Buber sie nennt – «ekstatischen Konfessionen»[3] wollen und müssen sie loswerden; etwa Adelheid Langmann, die in ihrem Tagebuch von Verzückungen und göttlichen Einsprachen erzählt oder an Ulrich, den Abt im Kloster Kaisheim (nördlich von Donauwörth) schreibt, wie sie zum «Kindbett der reinen, keuschen Jungfrau Marie» geladen gewesen sei. In dieser Weihnachtsvision nimmt die ekstatische Dominikanerin am Ereignis der Christgeburt teil. Es wird, so wie bei anderen die Versenkung in das Leiden Christi, zum beherrschenden Inhalt ihres Lebens, jedenfalls soweit es ihr religiöses Fühlen, Sinnen und Kontemplieren betrifft. Die Distanz zur beherrschten Nüchternheit eines Johannes Tauler ist nicht zu verkennen.

In der ältesten uns erhaltenen deutschen Briefsammlung, die auf den zur Gottesfreundschaft gehörenden Heinrich von Nördlingen zurückgeht, kommt das mystisch-visionäre Element gleichfalls stark zur Geltung, etwa wenn er an die Nonne Margarete im Kloster Medingen (Mitte der dreißiger Jahre des

14. Jahrhunderts) schreibt und auf deren innige Beziehung zu Christus als dem Kind der Maria anspielt. Unschwer erkennt man, wie das der Nonne versagte Mutterglück auf die Gottesmutter projiziert wird, um daran mystischen Anteil zu gewinnen. Heinrich schreibt:

«Dir, in dem neugeborenen Kinde Jesu Christo allen Kreaturen verborgenem Kinde, entbietet meine Seele, was sie ist und hat in demselben Kinde. – Meine getreueste Treue, es verlangt mich sehr zu wissen, wie dein Herz in deiner gottruhigen Stille und in deinem heiligen Schweigen in diesem schweigenden Kinde erneuert sei. Denn ich denke mir, daß es dir gar notwendig ist, daß du deine äußere Rede um des schweigenden Kindleins willen in der Absicht gelassen hast, daß deine wohlredende Seele und dein laut singender Geist und dein hochbegehrendes Herz sich in Kraft des Heiligen Geistes mit dem ewigen Worte so erhöhen, daß niemand Fremdes hier zugelassen wird. Wahrlich, mein getreuestes Lieb in Jesu Christo, ich bin froh, daß du so gar innerlich, zärtlich, minniglich und seliglich gekoset wirst in deinem Lieb Jesu. Hiermit sende ich dir ein heiliges Marienbad, das uns von ihm gegeben wird in diesen acht Tagen: Das ist die keusche, jungfräuliche Milch, die dieses Kind gesogen hat; das sind die kindlichen Tränen, die es geweint hat, und das gar zeitige, milchfarbene Blut, das es vergossen hat. Mit ihm hat er seinen süßen Namen Jesus vergossen, auf daß er zumal in uns fließe und wir in ihm . . . Lieb, danke ihm darum für alle Menschen!»[4]

Man sieht, der gefühlvolle Überschwang kennt selbst bei einem Mann wie Heinrich von Nördlingen kaum Grenzen. Bisweilen wird, so muß man befürchten, das mystische Erleben mancher Nonnen von halluzinatorischen Bildern geradezu überschwemmt. Wie schon im Zusammenhang der mittelalterlichen Frauenmystik gesagt, wird man sich allerdings davor hüten müssen, derartige «Grenzfälle» als typisch für die christliche Mystik anzusehen.

Die geradezu lebensbedrohende Askese lernten wir schon bei dem jungen Heinrich Seuse kennen. Sie begegnet uns auch bei visionären Nonnen, etwa bei der schon zu Lebzeiten ihres frommen Rigorismus wegen verehrten Christine Ebner, die im Kloster Engelthal das vielgerühmte *Büchlein von der Gnaden Überlast* (vor 1346) auf Anordnung ihrer Oberin niedergeschrieben hat. «Dieses Büchlein ist zugleich mit den Tösser Nonnen-Viten der Elsbeth Stagel das Reizvollste, Poetischste, Wertvollste, was diese Gattung mystischer Nonnenbiographien aufzuweisen hat», urteilt Wilhelm Oehl.[5] Ihren Beichtvater, den Dominikaner Konrad von Füssen, grüßt sie, «Christina die Ebnerin in unserem Herrn Jesu Christo, der sich uns lieb gemacht hat aus Minne» und rät ihm: «Liebet die Wissenschaft nicht vor [d. h. nicht mehr als] Gott! Die Wissenschaft hat kurze Zeit, aber die Frucht der Minne bleibt ewiglich. Wer sich munter dünkt, der sündigt oft wegen der Leute. Wer allzeit auf der Leute Willen achtet, der ist nicht Gottes Freund. Es wird niemand heilig, er sei denn kühn in der Gerechtigkeit ... Dazu helfe uns Jesus, der minnigliche!»[6]

Als Seelenführer und Berater im Umkreis der oberdeutschen Gottesfreunde kommt dem unter anderem von Basel aus wirkenden Weltpriester Heinrich von Nördlingen einige Bedeutung zu. Er pflegt Kontakte mit dem Konstanzer Seuse und mit dem Straßburger Tauler, der ihm die seelsorgerliche Tätigkeit gestattet hat. Wenn Heinrich auch bei weitem nicht die spirituelle und menschliche Reife seiner großen zeitgenössischen Vorbilder erreicht, so nimmt er doch eine zumindest regional wichtige Stellung in der Geschichte der deutschen Mystik ein, so fremd uns die unmännlichen Gefühlsergüsse in seinen Briefen an Margarethe Ebner und an andere Ordensfrauen in Medingen auch anmuten. Da schreibt er – um ein weiteres Beispiel zu geben – im Frühjahr 1335 an Margarete:

«Der ferne entrückten Braut unseres lieben Herrn Jesu Christi, deren Treue ich wahrlich unwürdig bin, entbietet ihr Armer und Getreuer die Frucht des minniglichen Grußes, den nun Gabriel Marien gebracht hat, sowie des erhöhten und gottergebenen Herzens Mariä Reinigkeit und Demut mit dem minniglichen Kusse, in dem vereint sind das ewige Wort und die Seele deines Liebs [d. h. Geliebten] Jesu Christi, der der einzige Friede ist und von den Engeln auf die Erde verkündet wurde den Menschen, die guten Willens sind.»[7]

Wortlaute wie diese, die sich einerseits um das Leidensgeheimnis Christi und der in Christus Verbundenen, andererseits aber auch um die geistliche Brautschaft (im Sinne Ruusbroecs) derer, die Jesus lieben, drehen, sind nicht für die breite Öffentlichkeit bestimmt gewesen. Man wird daher Heribert Christian Scheeben zustimmen können, der zum Thema Tauler und Gottesfreundschaft zu bedenken gibt: «Die Mystiker in jener Zeit waren in gewissem Sinne Esoteriker, die in ihrer näheren Umgebung meist auf Mißverständnis und sogar auf Ablehnung stießen und daher die Verbindung miteinander pflegten. Sie bildeten zwar keinen Klub, aber doch eine Gesinnungsgemeinschaft, deren Mitglieder sich gegenseitig unterstützten und bestärkten.»[8]

Eine besondere Bewandtnis hat es mit dem Tauler-Schüler und -Freund Rulman Merswin in Straßburg, der nicht nur dem Kreis der oberdeutschen Gottesfreunde angehörte, wie aus den diversen Briefwechseln hervorgeht, sondern darüber hinaus beigetragen hat, der Gottesfreunde-Bewegung und -Literatur einen besonderen, geheimnisvoll-esoterischen Akzent zu verleihen.

Mit dem Einverständnis seiner zweiten Ehefrau entsagt der wohlhabende Straßburger Bürger und Geldwechsler etwa vierzigjährig dem weltlichen Leben und setzt sich für die geistlichen Zielsetzungen Taulers, Seuses und Heinrichs von Nördlingen ein. Am klösterlichen Leben anderer Gottesfreunde nimmt er sich ein Beispiel. Zu diesem Zweck erwirbt er im Jahre 1367 – er ist inzwischen sechzig Jahre alt – das heruntergekommene Benediktinerkloster auf dem Grünenwörth bei Straßburg, um dort ein Leben der Zurückgezogenheit und der mystischen Gotteshingabe zu führen. Er übergibt sodann das Anwesen den Johannitern als Stiftung, jedoch ohne auf seinen eigenen geistlichen Einfluß zu verzichten. Er, der Laie, behauptet nun, mit einem namentlich nicht bekannten, in der totalen Verborgenheit lebenden «Gottesfreund vom Oberland» in Verbindung zu stehen, Briefe mit ihm zu wechseln und dessen besondere geistliche Unterweisung zu empfangen. Rulman Merswin betrachtet sich als den Vertrauten dieses Gottesfreundes, dessen Auftrag er dadurch zu erfüllen sucht, daß er dessen Mitteilungen den Johannitern auf dem Grünenwörth und anderen Gleichgesinnten weiterreicht.

Es ist viel gerätselt worden, wer dieser Gottesfreund wirklich gewesen sein mag. Man meinte, in ihm Nikolaus von Basel sehen zu sollen. Aber der wurde im Jahre 1409 in Wien als Ketzer verbrannt, während der anonyme Gottesfreund noch um 1420 gelebt haben muß. Eine andere Vermutung identifizierte den Gottesfreund als Nikolaus von Löwen. Der Eckhart- und Tauler-Forscher Heinrich S. Denifle gelangt indessen zu dem ernüchternden Schluß: «Der Gottesfreund hat nicht existiert; Merswin hat sowohl die Johanniter als auch die Nachwelt getäuscht, indem er der Dichter aller Schriften des Gottesfreundes ist.»[9]

Die «Gottesfreund»-Literatur wäre demnach nichts anderes als eine literarische Fälschung, «eine der merkwürdigsten des an Fälschungen so reichen und darin erstaunlich naiven Mittelalters». Was den literarischen Befund anbelangt, so mag es zwar angebracht sein, in dem «Gottesfreund vom Oberland» eine Mystifikation zu sehen, deren Spuren mit großer Wahrscheinlichkeit zu Rulman Merswin zurückführen – völlig geklärt ist dessen Autorschaft jedoch nicht. Aber was wäre eigentlich gewonnen, wenn diese samt den noch zu untersuchenden literarischen Abhängigkeiten zweifelsfrei festgestellt würde?

Unbestreitbar ist immerhin zweierlei: Einmal ist die «Gottesfreund»-Literatur zum Ausgangspunkt einer bemerkenswerten geistlich-esoterischen Bewegung geworden. In den Seelenuntergründen war demnach eine Bereitschaft zur Aufnahme dieses Gedankens vorhanden. Die Zeit war offensichtlich reif dafür, und es bedurfte – tiefenpsychologisch ausgedrückt – nur eines geeigneten archetypischen Kristallisationspunktes. Die besagte Mystifikation erklärt eher noch die nachhaltige Wirkung. Mit bloßen moralischen Appellen oder mit theologisch-rationalen Erörterungen, wie sie die zeitgenössische Scholastik zur Genüge hervorgebracht hat, hätte Rulman Merswin kaum die Anregung geben können, die ein in tieferen Seelenschichten empfangener Impuls auszulösen vermochte.

Das ist das eine. Eng mit dieser Mystifikation verbunden ist die andere Tatsache, daß im 13. und 14. Jahrhundert Menschen lebten, die in der geschilderten Weise eine mystische Gottesfreundschaft gepflegt haben. So wie Tauler, Seuse, Merswin, Niederdeutsche bzw. Niederländer im Mittelpunkt derartiger Kreise standen, gab es viele andere, etwa Otto von Passau oder Marquard von Lindau. Sie schrieben für breite Volksschichten, in denen sich Gottesfreunde zu einem frommen Leben anleiten ließen. Und neben dem lebhaften Briefwechsel zwischen ekstatischen Nonnen und deren Beichtvätern sind uns Traktate und Schwesternbücher überliefert, etwa aus den Nonnenklöstern Adelhausen bei Freiburg und aus dem mehrfach genannten Töß bei Winterthur sowie aus anderen Klöstern. Im Falle jenes Straßburger Johanniterklosters und im Zusammenhang mit Rulman Merswin handelt es sich um einige Sammelhandschriften, sogenannte «Memoriale» (*Das große deutsche Memorial, Das kleine deutsche Memorial* u. a.), ferner um sechzehn Traktate, die dem großen Unbekannten zugeschrieben worden sind, darunter das sogenannte «Meisterbuch», das für das charismatisch begabte Laientum gegenüber dem zeitgenössischen Priestertum eine geistliche Eigenständigkeit beansprucht. Dieses Phänomen entspricht offensichtlich einem allgemeinen Zeitbedürfnis, wie bereits im Zusammenhang mit der Devotio moderna zu sehen war. Die hohe mystische Schau und philosophische Spekulation eines Meister Eckhart sind längst in weite Ferne gerückt. Aber die inzwischen eingetretene Bewußtseinsentwicklung kommt den bislang in Abhängigkeit von den Priestern gehaltenen Laien zugute – alles in allem ein Emanzipations- und Wandlungsprozeß, der sich langsam auf ein «allgemeines Priestertum der Gläubigen» (Luther) zubewegt. Dennoch wäre es verfehlt, diese spätmystischen Regungen als «vorreformatorisch» bezeichnen zu wollen.

Schließlich ist zu erwägen, was Ernst Benz zu unserem Thema bemerkt: «Gegenüber dem Bild der Entartung, das die zeitgenössische Klerikerkirche zeigte, erschien hier plötzlich das Bild einer esoterischen Gemeinschaft wahrer Christen, die, obwohl Laien, ein Leben der Gottesliebe und der Nächstenliebe lebten, die durch ihre Briefe und geistlichen Schriften als die Seelsorger des einfachen Mannes wirkten, die dem Laienbürger Anweisungen zum geistlichen Leben gaben, die in die verschiedenen Stufen der Gottesminne einführten. Inmitten der zeitgenössischen Verderbnis erschien hier die Idealgestalt einer geheimen Kirche, in der die wichtigsten Reformwünsche der Zeit bereits erfüllt erschienen und die als verheißungsvoller Ausgangspunkt einer größeren und allgemeinen Reformation galt.»[10]

Die Bezeichnung einer «esoterischen Gemeinschaft» darf sicher nicht mit einer Art von Geheimbund vewechselt werden. Aber der in des Wortes engerem Sinn gemeinte Esoterikerkreis deutet hin auf eine «innere» Einheit von Menschen, die durch die Spiritualität der Gottesliebe miteinander verbunden sind. Außenstehender oder Profaner ist dann derjenige, dem derlei Bestrebungen fremd sind und der (noch) keinen Zugang zur Mystik gefunden hat. Bislang deutet jedenfalls nichts auf eine Geheimgesellschaft hin, vielmehr sind es vornehmlich die Texte der deutschen Mystik, die unter den Gottesfreunden kursieren und die deren geistig-geistliches Profil mitbestimmen: Jan van Ruusbroec sendet seine Schriften den ihm bekannten Gottesfreunden im Rheingebiet; Heinrich von Nördlingen vermittelt Mechthilds *Fließendes Licht der Gottheit* seinen oberdeutschen Landsleuten, indem er das Buch ins Hochdeutsche übersetzt. In dieser Fassung hat es sich bekanntlich bis heute erhalten. Eckhartsche Gedanken kursieren und blitzen dann und wann in den Texten auf. Vor allem werden die Eckhart-Schüler Seuse und Tauler zu Garanten der oberdeutschen Gottesfreundschaft, wie dies etwa für Ruusbroec im Hinblick auf die Devotio moderna im niederländisch-niederdeutschen Raum der gleichen Zeit gilt.

Und so wie die Rulman Merswin und seinem Johanniterkreis zugeschriebenen Schriften aus dem Zusammenhang der Gottesfreundschaft nicht wegzudenken sind, gehören weitere literarische Produktionen in dieses Umfeld. Neben der *Theologia Deutsch,* von der noch eigens zu sprechen sein wird, muß das ebenfalls anonym überlieferte *Buch von geistlicher Armut* erwähnt werden. Es schlägt einerseits das große Thema der hochmittelalterlichen Armutsbewegung an, andererseits das der berühmten Armutspredigt von Meister Eckhart «*Beati pauperes spiritu* ... Selig sind die geistlich arm sind ...»[11] Das geschieht offensichtlich in einer Art, die die Eckhartsche Gedankenkonstruktion so aufbereitet, daß auch ein spirituell nicht so beweglicher, größerer Kreis innerlich zu folgen vermag. Der Mensch soll in der Weise arm sein, daß er das bewußte Suchen und jedes differenzierte Begreifen unterläßt. Es gilt, den Mitmenschen zu lieben, sein Leid zu teilen, damit im Liebenden und Mitleidenden die göttliche Freude geboren wird:

«Und dann kommt das göttliche Werk, das ist: So die Vernunft alle Bilder der Kreaturen abgehauen hat, so daß sie entbildet worden ist von allen geschaffenen Bildern, so kommt Gott in die Seele und setzt sich an die Stelle der wirkenden Vernunft und wirkt sein Werk ... Denn Gott ist in allen Dingen gegenwärtig, und falls alle Dinge in ihm getan werden, so bleibt Gott ‹bloß› da, und diese Bloßheit muß man suchen mit Streben. Und in der Bloßheit, in der die Seele entblößt ist von aller Anderheit, ist sie empfänglich, zu gebären den Sohn in der Gottheit, so daß sie dann eine ‹Mutter Gottes› wird. Und so, wie Gott der Vater seinen Sohn in der Gottheit gebiert, so wird geboren der Sohn in der bloßen Seele, und die Seele wieder in Gott.»[12]

Das Buch von geistlicher Armut, das Daniel Sudermann 1621 herausgab und damit in pietistischen Kreisen starkes Interesse erweckte, gilt als «ein treffliches Beispiel dafür, wie die Lehre Eckharts und Taulers für die große christliche Öffentlichkeit zurechtgemacht und in Kleingeld umgewechselt worden ist» (Louis Cognet).

Martin Luther und die *Theologia Deutsch*

Es ist nicht ganz unproblematisch, Martin Luther (1483–1546) in den Zusammenhang der deutschen Mystik zu stellen – in den er tatsächlich auch gehört. Inwiefern war Luther ein Mystiker?[1]

In einer Zeit der «Himmelssehnsucht und der Höllenangst» (Walther von Loewenich) rang der Wittenberger Augustinermönch um Beantwortung der Frage nach der Gerechtigkeit und Barmherzigkeit Gottes: «Wie kriege ich einen gnädigen Gott?» Der Heilsegoismus, der zumindest *auch* daraus spricht, ist nicht zu verkennen! Damit verband sich der fromme Mönch mit den religiösen Idealen seiner Zeit, in der eine eigentümliche Vermengung von Mystik und Antimystik, zum Ausdruck kommt; denn einerseits sind (um 1500) weiterwirkende Momente der mittelalterlichen Mystik nicht zu übersehen, zum Beispiel in Gestalt der weitverbreiteten Sakramentsmystik mit ihren Heilig-Blut-Wundern und dergleichen, andererseits stellt das starke, bewußte Verlangen (in: «Wie kriege ich ...?») das strikte Gegenteil des mystischen Lassens und Entwerdens dar, um das die großen Mystiker einst gerungen haben.

Nun ist Luther von verschiedenen Seiten her mit mystischen Gedankengängen vertraut gemacht worden. So wurde der vierzehnjährige Magdeburger Schüler von den «Nullbrüdern» (das sind die «Brüder vom gemeinsamen Leben») unterrichtet und auf diese Weise mit deren Form der Frömmigkeit bekannt. Später lernte er Schriften dieses Zweigs der Devotio moderna kennen, namentlich solche von Gerhard Zerbolt van Zutphen sowie das berühmte *Rosétum*, das Meditationsbuch des Johannes Mauburnus. Ob Luther selbst anhand dieses Werks in die Praxis der Meditation eingeführt worden ist, wie Ernst Benz angenommen und Martin Nicol in Zweifel gezogen hat,[2] kann hier offenbleiben. Fest steht, daß die Erfurter Augustiner genügend Berührungspunkte mit dieser mystisch-meditativen Tradition gehabt haben – und Luther mit ihnen.

In seinem Ringen um den gnädigen Gott sollte der spätere Reformator durch die intensive, und das heißt: durch die meditative Beschäftigung mit dem Bibelwort zu den bahnbrechenden Einsichten seines Lebens gelangen. Dazu gehört das unablässige Hinblicken und Hinhören auf das Wort der «Schrift», das letztlich doch ein «inneres Wort» ist, also qualitativ mehr als das, was der theologischen Analyse und Reflexion zugänglich wird. Diese hat zwar ihre Berechtigung, doch ihr geht die Glaubens*erfahrung* voraus. Deshalb lautet eine von Luthers Maximen: «*Experientia fit theologus* – durch Erfahrung wird der Theologe.» Und Mystik ist der Inbegriff religiöser Erfahrung. Meditation, die in eine kontemplative «Innerung» übergeht, ist ein Weg zu solcher Erfahrung, ein Sich-Öffnen für das, was dem Menschen «ohne all sein Verdienst' und Würdigkeit» durch den Geist Gottes geschenkt wird. Der Bereich der Machbarkeit ist damit verlassen!

Daß es sich tatsächlich um ein unverfügbares Geschenk und um einen Akt der Gnade handelt, das mußte der Mönch in seinen inneren Kämpfen erst einsehen lernen. «Glaub mir's, auch ich bin in dieser Schule gewesen», so sagt der Sechzigjährige einmal, «wo ich wähnte, ich sei zwischen den Chören der Engel, obwohl ich doch vielmehr zwischen Teufeln weilte ... Auf meine Gefahr hin lerne dich davor hüten und steige mit dem Sohn herab, der darum zu dir herabstieg, daß du in ihm Gott erkennst. Wo ich bin, sagt er, da werden meine Diener auch sein.»[3]

Worte wie diese beziehen sich auf ein mystisches Erleben und Erstreben, dem er freilich, je weiter er auf dem Weg seiner reformatorischen Erkenntnis vorankommt, eine deutliche Absage erteilt. Denn, so fügt er summarisch hinzu, «es waren lauter satanische Illusionen, von denen ich als Mönch beinahe gefangengenommen worden wäre, wenn mich nicht Staupitz zurückgerufen hätte».[4] Mit anderen Worten: Der junge Luther war einst fasziniert von den Inhalten, Methoden und Zielen der neuplatonischen Mystik eines Dionysius Areopagita, der, wie wir gesehen haben, das ganze Mittelalter hindurch eine gleichsam apostolisch-kanonische Autorität genoß. Zwar könne man demnach Gott nicht durch irgendwelche Aussagen beschreiben und sozusagen theologisch dingfest machen. Doch gebe es einen Weg, ins Mysterium mystischer Gotteserfahrung zu gelangen, nämlich auf dem bekannten Drei-Stufen-Pfad der Reinigung, der Erleuchtung und der Vereinigung in der Unio mystica.

Es sind sodann die großen Gestalten mystischer Frömmigkeit, die auch der Augustinermönch und Theologe gründlich kennengelernt hat: allen voran Bernhard von Clairvaux, sodann Hugo von Sankt Viktor, Bonaventura und Johannes Gerson. Angesichts der Nennung dieser Namen muß der heutige Leser sich vergegenwärtigen, daß Luther dabei keineswegs einer besonderen «mystischen Welle» gefolgt ist, sondern daß diese Mystik fester Bestandteil des geistlichen Lebens eines Ordensmannes war.

Nun muß man einerseits zugeben, daß Luther jener erhebenden, bis in die Geistes- und Gottesunmittelbarkeit vorstoßenden Mystik – sofern er sie in ihrer Fülle und Tiefe gekannt hat – allerdings wieder entfremdet worden ist. Die Schriften eines Meister Eckhart hat er offenbar nicht zu Gesicht bekommen. Das beinahe unablässige Ringen um den gnädigen Gott und die Sorge darum, das Buß- und Altarsakrament «würdig» zu empfangen, hat ihm das Unvermögen des sterblichen Menschen überdeutlich zu Bewußtsein gebracht, von sich aus einen Stufenweg bis zum höchsten Ziel der Unio mystica gehen zu können. Daher immer wieder das Lamento:

> Die Angst mich zum Verzweifeln trieb,
> Daß nichts denn Sterben bei mir blieb,
> Zur Höllen mußt' ich sinken!

Wer dergleichen als meditierender und kommunizierender Homo religiosus (religiöser Mensch) von sich bekennen muß, dem liegt es näher zu sagen: Die Engel des Satans haben mich traktiert, statt: Ich wurde bis in den dritten Himmel erhoben, wie dies etwa der Apostel Paulus von sich sagen kann. Daher Luthers Abkehr von der spekulativen Versenkungsmystik. Doch das ist nur die *eine* Seite. Denn einmal bezeugt auch Luther (1523) von sich, bis in den dritten Himmel entrückt (*raptus*) worden zu sein und damit den höchsten Grad mystischer Erfahrung erlangt zu haben.[5] Jedoch hat Luther «seine Autorität niemals mit besonderen Offenbarungen oder tiefen mystischen Erfahrungen begründet, und ebensowenig hat er für ‹Aristokraten des Geistes› geschrieben, denen bereits ein Vorgeschmack der künftigen Herrlichkeit verliehen wäre.»[6]

So sehen wir auf der anderen Seite, wie sich der so vielen Anfechtungen ausgesetzte Klosterbruder von seinem Ordensoberen Johann von Staupitz auf die Christusverbundenheit hinweisen läßt, und zwar in Gestalt der *«conformitas cum Christo»*, der willentlichen Gleichförmigkeit mit Christus. Das ist wohl etwas anderes als die substantielle Wesensverschmelzung des Menschen mit Gott, aber es ist doch die Einigung des Geistes und Willens, für die sich der Christus zugewandte Mensch bereithält. Es ist die mystische Tugend der *«conformitas et humilitas»* (Gleichförmigkeit und Demut), die mystische «Gelassenheit», bei der der Mensch seine egozentrische Ichhaftigkeit aufgibt, die auch noch den mystischen Aufschwung in ichsüchtiger Weise genießen will, und sich Gott «überläßt»: Nicht mein, sondern dein Wille geschehe!

Wer sich auf diese Weise dem Willen eines Größeren unterwirft, wer Gelassenheit übt, indem er diesem Größeren sein Heil anheimgibt, der ist freilich alles andere als ein verwegener Himmelsstürmer. Auf besondere spirituelle Erlebnisse, auf Schauungen oder Entrückungen kann er es nicht abgesehen haben. Luther ist ohnehin bald klargeworden, daß das Hochziel aller Mystik, die Unio mystica, da problemisch, ja gefährlich wird, wo der Mensch versucht, dem in Christus geoffenbarten Gott auszuweichen und auf irgendwelchen asketisch-psychotechnischen Pfaden in die Dunkelheiten Gottes spekulativ einzudringen. Und wo Männer der Kirche wie der große (nicht identifizierbare) Dionysius Areopagita oder der Franziskaner Bonaventura dazu ermuntern, derlei spirituelle Höhenwege zu beschreiten, da fühlt sich Luther eher irritiert. Aus der Zeit seiner Klosterkämpfe weiß er zu berichten, die Lektüre Bonaventuras habe ihn «schier toll gemacht». Und in anderem Zusammenhang gesteht Luther: «Ich bin auch auf derselben Treppe gewesen, ich habe aber ein Bein darüber zerbrochen.»[7] Eine Kehrseite mystischer Erfahrung!

Und doch hatte Luther von Männern wie Bonaventura und auch von Bernhard von Clairvaux Wesentliches zu lernen. Er sagt gelegentlich, was das ist: «Bernhard hat die Menschwerdung Christi sehr lieb, ebenso Bonaventura [!]; diese beiden lobe ich sehr!» Ein Wort des alten Luther übrigens aus dem Jahre 1542.[8] Wichtig wird ihm dieser mittelalterliche Mönch, weil er bei ihm das andächtige Sich-Versenken in die Passion Christi beobachten kann. Dessen ist sich schon der junge Luther bewußt, wenn er notiert: «Die Seele hat nach Bernhard keine Ruhe, es sei denn in den Wunden Christi.» Dabei wird dem um den gnädigen Gott ringenden Wittenberger klar: Es ist nicht meine Gerechtigkeit, vor allem nicht die von mir durch fromme Werke zu leistende Gerechtigkeit, die mich in die Nähe Gottes bringt. Und noch eine weitere wichtige Erkenntnis gewinnt er durch Bernhard, nämlich wodurch sich echte Mystik von einer in abstrakten Formeln und Lehrnormen erstarrenden Scholastik unterscheidet, denn: «Die mystische Theologie ist eine auf Erfahrung, nicht auf Lehre bezogene Weisheit» (*sapientia experimentalis est non doctrinalis*).[9]

Die mystische *Erfahrung* ist es also, die für Luther den letzten Ausschlag gibt. Diese Erfahrung ist nun freilich eine andere, als wir aus den Schilderungen eines Meister Eckhart kennen, der vom «Fünklein» im Seelengrund oder vom «Bürglein» (*castellum*) zu sagen weiß, in dem und durch das der Mensch gleichsam von Natur aus «göttlichen Geschlechts» sei, weil in dem «Bürglein» als dem innersten Zentrum der Seele Gott sein Zelt aufgeschlagen habe und dort durch immer neue Einkehr zu finden sei.

Hier wandeln wir auf schmalem Grat, was Luthers Einschätzung der Realität mysitscher Spiritualität betrifft, denn einerseits kennt er sehr wohl den außerordentlichen Charakter des Hineingerissenwerdens (*raptus*) in Gott, bei sich und bei anderen, aber nicht weniger bekannt ist ihm die Gefährdung des Menschen, die damit verbunden ist, zumindest verbunden sein kann. Die Gefährdung besteht zum Beispiel darin, daß der dergestalt Ergriffene meint, sich in irgendeiner Weise selbst erlösen zu können. Doch uns ist auch der Luther vertraut, der sich wie kein zweiter in das Mysterium des Wortes vertieft, und zwar so, daß dieses Wort äußerlich wie innerlich wirkt. Darüber sollte die Möglichkeit der Unmittelbarkeit der Wirksamkeit Gottes allerdings nicht übersehen werden:

«Denn es mag niemand Gott noch Gottes Wort recht verstehen, er hab's denn ohne Mittel [d. h. ohne Vermittlung] von dem Heiligen Geist. Niemand kann's aber von dem Heiligen Geist haben, er *erfahre* es, versuche und empfinde es denn; und in derselben Erfahrung lehret der Heilige Geist, als in seiner eigenen Schule, außer[halb] welcher nichts gelehret wird, denn nur Schein, Wort und Geschwätz.»[10] Und in seiner Schrift *Von beiderlei Gestalt des Sakraments* schärft Luther seinen Lesern ein:

«Du mußt bei dir selbst im Gewissen fühlen Christus selbst, und unerschütterlich empfinden, daß es Gottes Wort sei, wenn auch alle Welt dawider stritte.»

Damit erkennt der Schreiber dieser Sätze dem Menschen ein spirituelles Wahrnehmungs- und Erkenntnisorgan zu, das einer derartigen Empfindung fähig ist. Und an Äußerungen wie diese sollte deshalb immer wieder erinnert werden, weil es oft den Anschein hat, Luther lasse nur die äußere Predigt und das Bibellesen als einzig richtigen Umgang mit Texten gelten. Aber wenn er – in Übereinstimmung mit der Mystik – hie und da von «innen» und «außen» spricht, setzt er doch stillschweigend voraus, daß es letztlich gar kein Innen und Außen geben könne, wo es um das Wort der Schrift, um die lebendige Stimme des Evangeliums (*viva vox Evangelii*) und um den im Geist gegenwärtigen Christus geht. Mit Recht kann daher bei Luther von einem «pneumatischen Realismus» gesprochen werden. Und nur ein aus dem Geist der Mystik schöpfender Mensch wie Luther ist einer solchen geistrealen Einschätzung des Wortes fähig. Das läßt ihn nach eigener leidvoller Erfahrung zu einem «Mystiker des Wortes» werden, der nicht nur eigenes Erleben und Wahrnehmen bezeugt, sondern der auch andere dazu anregt, selbst einen Weg solcher Erfahrung zu beschreiten. Also doch wieder ein «Weg»? Ja, und zwar in der klaren Abgrenzung zwischen menschlicher Frömmigkeits*leistung* und göttlicher Selbstoffenbarung, die niemals herbeizuzwingen ist. «Mein' gute Werk', die galten nicht / Es war mit ihnen verdorben . . .» – entspricht einer

Erfahrung Luthers, die alles menschliche Streben, selbst das auf dem mystischen Weg, in Frage stellt.

Und doch muß es Martin Luther selbst als eine glückliche Schickung empfunden haben, daß ihm in den entscheidenden Jahren seines religiös-theologischen Ringens Schriften unter die Augen gekommen sind, die wesentlich dazu beitrugen, daß er sein eigenes Erleben und Erkennen – den «reformatorischen Durchbruch» – klären und vertiefen konnte: eben Schriften der deutschen Mystik. Vor allem zwei sind in diesem Zusammenhang von Bedeutung: die Predigten des Dominikaners Johannes Tauler sowie der Text eines anonymen Frankfurter Priesters, daher (jedoch nicht ganz zutreffend) genannt *Der Frankforter* oder laut Luthers eigener Titulierung *Theologia Deutsch.*[11] Machen wir uns einmal klar, in welcher Situation Luther sich zur fraglichen Zeit befindet:

Man schreibt das Jahr 1515. Der Wittenberger Theologieprofessor Dr. Martinus Luder («Luther» schreibt er sich erst wenige Jahre später, nachdem ihm die Erkenntnis der Freiheit des Christenmenschen aufgegangen ist!) arbeitet an seiner Vorlesung über den paulinischen Römerbrief (1515/16); es ist die Auslegung jenes Paulusbriefs, über den Luther in der Vorrede sagt: Die Summe dieses neutestamentlichen Buches heißt Entthronung des selbstgerechten Menschen – eine Umwertung aller bis dahin gekannten Werte in Kirche und scholastischer Theologie. Wenn es auch nicht angeht, den reformatorischen Erkenntnisdurchbruch ausschließlich auf seine intensive Beschäftigung mit mystischem Schrifttum zurückzuführen – das hieße die seelischen Erschütterungen des Erfurter und Wittenberger Mönchs verharmlosen –, so scheint doch der Zeitpunkt des «Fundes» von einiger Bedeutung, denn Luther ist kein Lob zu groß, um seine Entdeckung zu rühmen:

«Ich habe in ihm [Johannes Tauler] mehr von wahrer Theologie gefunden als in allen Doktoren aller Universitäten zusammengenommen», heißt es in einem Brief aus dem Jahr 1518.[12] Seinem Erfurter Ordensbruder Johann Lang, dessen Tauler-Exemplar er benutzt, schärft er ein, er solle nur bei seinem Tauler verharren. Denn, so in einem anderen Brief aus dem Jahre 1516: «Weder in lateinischer noch in deutscher Sprache habe ich eine gesündere und mit dem Evangelium mehr übereinstimmende Theologie gesehen. ‹Schmecke und siehe daher, wie freundlich der Herr ist›, wenn du zuvor geschmeckt und gesehen haben wirst, wie bitter alles ist, was wir sind.»[13] Und damit der Briefempfänger – es ist der am sächsischen Hof amtierende Georg Burckhardt aus Spalt bei Nürnberg (genannt «Spalatin») – buchstäblich Geschmack dran finden kann, legt er ihm gleich einen Auszug aus Taulers Schriften dazu. Doch bei derlei persönlichen Empfehlungen bleibt es nicht. Als Zuhörer der Wittenberger Vorlesung über den Römerbrief bekommen Luthers Studenten ähnliche Ratschläge, beispielsweise:

«Über jenes Erleiden und Ertragen Gottes vergleiche Tauler, der vor allen anderen diesen Gegenstand ganz vortrefflich in deutscher Sprache ans Licht gebracht hat.»[14]

Das ist freilich eine Besonderheit: eine Theologie, die nicht im Gewand der steifen Kirchen- und Gelehrtensprache des Lateinischen einhergeht, sondern in der Muttersprache, so daß die ganz persönliche Empfindung des Predigers mitschwingen kann. Man hat für die Zeit zwischen 1515 und 1544 allein 26 ausdrückliche Hinweise auf Tauler ausfindig gemacht, wobei Luther sich positiv über den Mystiker ausspricht! Natürlich ist die deutsche Textfassung nicht das einzige Moment, das auf Luther Eindruck macht. Ihm imponiert vor allem die erfahrungsgesättigte Theologie dieses bedeutenden Eckhart-Schülers. Luther sieht sich in wichtigen Punkten seiner eigenen Erfahrung bestätigt. Auf einen einfachen Nenner gebracht: Will der Mensch die «Freiheit des Christenmenschen» erlangen, so muß er von den Dingen und den Verstrickungen in die Dingwelt Abschied nehmen. Dieser Abschied gilt dem vom (niederen) Ego geknechteten Ich. Glauben als die vertrauensvolle Zuwendung des Menschen verdient allein Gott.

Luther sieht sich in seinem Paulus-Verständnis, wie er es sich in den Jahren vor seinem berühmten Thesenanschlag von 1517 zu erarbeiten beginnt, bestätigt. Und so fließt diese paulinisch-taulerische Anschauung in die Römerbrief-Auslegung des Wittenberger Professors ein. Gewiß, es ist bei weitem nicht der ganze Tauler, so wie es auch nicht der ganze Paulus ist, für den Luther einen Blick bekommen hat. Aber die innere Kehrtwendung ist unverkennbar:

Mit unsrer Macht ist nichts getan,
Wir sind gar bald verloren.
Es streit' für uns der rechte Mann,
Den Gott hat selbst erkoren...

Oder anders gesagt und mit Rücksicht auf die ethische Konsequenz: «Aus dem allen folget der Beschluß, daß ein Christenmensch nicht sich selbst lebt, sondern in Christus seinem Nächsten: in Christus durch den Glauben, im Nächsten durch die Liebe. Durch den Glauben fährt er über sich hinaus in Gott, aus Gott fährt er wieder unter sich durch die Liebe, und doch bleibt er immer in Gott und in der göttlichen Liebe.»[15]

Man mag fragen, ob da die Sphäre der mystischen Theologie nicht bereits verlassen ist. Aber weil es so wesentlich darauf ankommt, die Stimme Gottes zu *vernehmen*, nämlich *im* Wort der Schrift, bedarf es auch einer mystisch-meditativen Praxis. Taulers Rat lautet: «Wenn Gott sprechen soll, so mußt du schweigen; soll Gott eingehen, müssen alle Dinge ausgehen.» Gemeint ist die Grundhaltung des Menschen gegenüber der bestrickenden, verstrickenden Weltlichkeit der Welt, die einer Gottesentfremdung samt einer tiefgreifenden Selbstentfremdung entspricht. Luther kann zu alledem nur bemerken: «Diese ganze Rede [Taulers] entstammt der Theologia mystica», und diese ist eben *«sapientia experimentalis et non doctrinalis»* – also eine Weisheit, die nicht bloßer Lehre oder einem bloßen theologischen Wissen, sondern innerer Erfahrung entspringt.

Auf der gleichen Linie wie die Entdeckung Taulers liegt für Martin Luther jener andere Fund, den er um das Jahr 1516 macht: die *Theologia Deutsch* des unbekannten Frankfurters bzw. Sachsenhauseners. Es handelt sich nicht um eine «Theologie» im schulmäßigen Sinne, sondern um einen Traktat, der in den großen Zusammenhang der mystischen Spiritualität gehört, und zwar, wie Luther hervorhebt, «nach Art des erleuchteten Doktor Tauler». Wieder könnte die Wertschätzung des glücklichen Finders nicht größer sein. Das Manuskript nennt er «ein geistlich-edles Büchlein von der rechten Unterscheidung und Verstand, was der alte und neue Mensch sei, was Adam und was Gottes Kind sei und wie Adam in uns sterben und Christus auferstehen soll». Diese Titel- und Inhaltsangabe besagt, was Luther beim Lesen wichtig geworden ist. Dabei handelt es sich noch nicht um die gesamte Schrift, sondern um die Kapitel des Mittelteils, also erst um ein Fragment der *Theologia Deutsch.* Wichtig werden mußte ihm eben dieses Fragment, weil er gleichzeitig mit dem Römerbrief beschäftigt war: Das Thema vom Sterben des alten Adam und vom Auferstehen des neuen Menschen Jesus Christus sieht er in beiden Texten machtvoll angeschlagen. Mit den Augen des Römerbrief-Lesers entziffert er die *Theologia Deutsch.* Da wie dort geht es um das Mysterium des mystischen Sterbens und Erwecktwerdens, und zwar in deutscher Sprache. So ist es – auf einen einfachen Nenner gebracht – die Sprache der deutschen Mystik, die den Wittenberger Augustiner zum Meister der deutschen Sprache werden läßt. Diese Tatsache kann man nicht hoch genug einschätzen! Denn sieht man einmal von der Edition der Wittenberger Vorlesungen ab, so ist es eine mystische Schrift, eben die *Theologia Deutsch*, mit der Martin Luther zum theologischen Schriftsteller – dem größten deutscher Sprache – geworden ist. Man muß nur die Vorreden lesen, die er den von ihm besorgten beiden Ausgaben dieses Traktats mitgegeben hat.

Am 4. Dezember 1516 kann das schmale Büchlein, das zunächst nur die Kapitel 7 bis 26 enthält, die Druckerpresse verlassen. Zwei Jahre später (1518) gibt es Luther zum zweiten Mal, nun vollständig, heraus. Dank dieser Ausgabe, und nicht zuletzt dank seiner rühmenden Worte, wird damit eine bis dahin unbeachtete Grundschrift deutscher Mystik bekannt, und zwar auf Jahrhunderte hinaus – bei Luther-Anhängern und bei seinen Gegnern, bei Protestanten und bei Katholiken, in deutscher Sprache und in zahlreichen Übersetzungen, darunter in lateinischer Fassung unter dem Titel *Theologia Germanica.* Die zeitweise Indizierung duch die römischen Zensurbehörden konnte dem Erfolg des Buches letztlich nichts anhaben, auch wenn es lange nicht jene weite Verbreitung gefunden hat, die der *Nachfolge Christi* beschieden war. Immerhin machte es in hundert und mehr Auflagen (samt den Übersetzungen) seinen Weg in die Welt. Und dazu haben Luthers Lob und nachdrückliche Empfehlung wesentlich beigetragen. In der Vorrede zur zweiten, der vollständigen Ausgabe, die in Wittenberg und in Augsburg durch die Presse ging, finden sich Luthers bedenkenswerte Worte:

«Gott straft die hochdünkenden Menschen, die sich ob denselben Einfältigen stoßen und ärgern ...» Damit ergreift er Partei für den Autor, der sich der schlichten Sprache des Volks bedient und nicht einer der klassischen Sprachen der hohen Theologie (Lateinisch, Griechisch, Hebräisch). «Das sage ich darum, daß ich gewarnt haben will einen jeglichen, der dies Büchlein liest, daß er seinen Schaden nicht verwirke, und sich ärgere an dem schlechten Deutsch oder ungefransten, ungekränzten Worten, wenn das edle Büchlein, als arm und ungeschmückt es ist in Worten und menschlicher Weisheit, also und viel mehr reicher und köstlicher ist es in Kunst und göttlicher Weisheit. Und daß ich nach meinem alten Narren rühme, ist mir näher der Bibel und Sankt Augustin nicht vorkommen ein Buch, daraus ich mehr erlernt habe und [erlernt haben] will, was Gott, Christus, Mensch und alle Dinge seien, und befinde nun allerst, daß es wahr sei ...

Lese dies Büchlein, wer da will, und sage dann, ob die Theologie bei uns neu oder alt sei, denn dieses Buch ist ja nicht neu ... Ich danke Gott, daß ich in deutscher Zunge meinen Gott also höre und finde, als ich, und sie mit mir, allhier nicht gefunden haben, weder in lateinischer, griechischer noch hebräischer Zunge. Gott gebe, daß dieser Büchlein mehr an den Tag kommen, so werden wir finden, daß die deutschen Theologen ohne Zweifel die besten Theologen sind. Amen.»[16]

Sollte, fragt man sich, angesichts dieser Lobeshymne, der Herausgeber selbst ein wenig nachgeholfen und eigene Gedanken dem geistesverwandten Frankfurter Anonymus untergeschoben haben? Vermutet wurde es bisweilen. Indes vermochte die Forschung nachzuweisen, daß die Textüberlieferung der lutherischen Übermittlung als zusatzlos, unverändert, also von keiner theologischen Tendenz beeinträchtigt, erfolgt ist.[17] Und was die Anonymität betrifft, so war die Sache jenem Frankfurter offensichtlich wichtiger als die Hervorkehrung seiner Autorschaft. In einer anderen etwa zeitgenössischen Schrift, im *Neun-Felsen-Buch*, findet sich die auch für die *Theologia Deutsch* bemerkenswerte Notiz: «Niemand darf und soll fragen, wer der Mensch sei, durch den Gott dies Buch geschrieben hat; denn dieser Mensch trauet es der Güte Gottes gar wohl zu, sie möge behüten und beschirmen, daß es bei seinen Lebzeiten keine Kreatur erfahre.»[18]

Und so «hebt an der Frankfurter und sagt aus gar hohe und gar schöne Dinge von einem vollkommenen Leben: Jesus – Maria – Johannes». Die Nennung dieser drei Namen zu Beginn des Traktats wirkt wie die Vorstellung dreier intimer Freunde, die als Repräsentanten und Garanten der Gottesliebe gelten können und in deren Geist das Büchlein geschrieben ist. Vermittelt werden soll eine bestimmte Erkenntnis. Der Autor nennt sie (im Vorwort) selbst die Wahrheit, «wie und woran man erkennen möge die wahren, rechten Gottesfreunde, und auch die unrechten, falschen, freien Geister, die der heiligen Kirche gar schädlich sind». Dabei liegt es nahe, anzunehmen, daß die *Theologia Deutsch* einige Jahrzehnte, wenn nicht einige Menschenalter nach Eckharts, Seuses und Taulers Tod niedergeschrieben worden ist, eventuell in Form von geistlichen Ansprachen (*collationes*), wie wir sie von anderen Mystikern, etwa Eckhart, kennen. Aber eines ist sicher: Wer zu diesem Büchlein greift, der hält ein markantes Dokument der deutschen Mystik in Händen; übrigens gar nicht so schmucklos «ungefranst» oder «ungekränzt», wie es Luthers Vorrede entschuldigend glauben machen möchte. Immerhin geht es darum, «was das Vollkommene sei und das Stückwerk und wie man das Stückwerk aufgibt, wenn das Vollkommene kommt».

Diese unverkennbare Anknüpfung an das berühmte paulinische Hohelied der Liebe (Agape) aus dem 13. Kapitel des 1. Korintherbriefs läßt durchblicken, daß der Prozeß einer Transformation des Menschen gemeint ist, wodurch er als Teilhaber am Vollkommenen zu einem der wahren Gottesfreunde *wird*.

Einen bemerkenswerten Gedanken greift der Frankfurter im 3. Kapitel seines Buches auf, wenn er dort auf eine «Besserung» des seit Adam bestehenden «Falles» sinnt. Es ist die Frage: «Wie des Menschen Fall und Abkehren gebessert werden muß gleich Adams Fall.» Die Antwort lautet: «Der Mensch vermag es nicht ohne Gott und Gott nicht ohne den Menschen.» Und eben daraus leitet der Autor die Begründung für die Menschwerdung Gottes in Jesus Christus ab. Menschwerdung, das ist die Bewegung, die

Gott von sich aus zum Menschen hin vollzieht. Ihr muß eine Gegenbewegung vom Menschen her, zu Gott hin, erfolgen. Der Menschwerdung Gottes muß die Vergottung des Menschen entsprechen.- Der Mensch wird – mit Paulus zu reden – «Gottes Mitarbeiter».

So lesen wir ferner im 3. Kapitel: «Also muß auch mein Fall gebessert werden. Ich vermag das nicht ohne Gott, und Gott kann und will es nicht ohne mich. Darum, soll es geschehen, so muß Gott auch *in mir* vermenscht werden, also, daß Gott an sich nehme alles das, was in mir ist von innen und von außen, daß nichts in mir sei, was Gott widerstrebe oder seine Werke hindere ...» – Es geht, wie man sieht, um den ganzen Menschen, nicht allein um äußere Verhaltensweisen, aber eben auch nicht um eine Innerlichkeit, die keine praktischen Konsequenzen im äußeren Leben hat.

Die Folgerung, um die es dem Frankfurter geht, entspricht jener neuen Ethik oder «Lebenslehre» (Friedrich Wentzlaff-Eggebert), für die der Weg Christi den Prototyp jenes Wegs darstellt, der letztlich für jeden Menschen gut ist. Christus erscheint somit als Urbild und Zielbild des Menschen, ein Gesichtspunkt, der unter anderem zum Vergleich mit der *Nachfolge Christi* des Thomas von Kempen (Geert Groote) anregt. So mündet die Mystik des Frankfurters in die lebenslange Aufgabe der Christus-Nachfolge ein. In der Passion und in der Erhöhung Christi sind Leid und Verherrlichung des Menschen gleichsam vorgebildet. Dabei sei noch eigens angemerkt, daß sich der Frankfurter immer wieder am Zeugnis der Bibel orientiert, daß er den längst Tradition gewordenen Verdienstgedanken der sogenannten guten Werke ebenso ablehnt wie das Mittlertum der Heiligen. Diese und ähnliche Gesichtspunkte sind es, die dann für den nach dem gnädigen Gott fragenden Wittenberger Augustiner wichtig geworden sind, zumal bei ihm die Erfahrung vorausgegangen war: «Mein' gute Werk', die galten nicht ...»

Und wenn Luther später in seiner reformatorischen Grundschrift *Von der Freiheit eines Christenmenschen* (1520), also bald nach der zweiten Herausgabe der *Theologia Deutsch*, darlegt, inwiefern der Christ «frei» und inwiefern er «ein dienstbarer Knecht und jedermann untertan» sei, so scheint mancher dieser

Gedankengänge durch den Frankfurter vorgebildet zu sein, denn im 33. Kapitel folgert dieser beispielsweise, «daß in einem vergotteten Menschen die Liebe lauter, unvermischt und guten Willens ist, und darum muß sie alle und alles lieben, allen Menschen und Dingen wohlwollen und Gutes gönnen und tun, ganz lauter». Damit klingt das «Prinzip Verantwortung» an, das einmal mehr zeigt, wie für den christlichen Mystiker Aktion und Kontemplation zusammengehören. Selbst das Übel jeglicher Art müsse ein vergotteter Mensch ertragen, ohne in der Liebe gegen jedermann nachzulassen. Dazu kommt das andere: Es sei Gottes Art, «daß er niemand zwingt, mit Gewalt zu tun oder zu lassen, sondern läßt einen jeglichen Menschen tun und lassen nach seinem Willen, es sei gut oder böse, und will niemand widerstehen».

Dennoch bleibt diese auf religiöse Lebenspraxis drängende, die geistliche Übung empfehlende Schrift ein *vor*reformatorisches Buch, will sagen: ein Zeichen, das auf Reformation hindeutet, ein Zeichen, das dem Menschen gewidmet ist, der nach wahrer Freiheit und Erneuerung verlangt. Kein Wunder also, daß dieses Buch bis heute überlebt hat. Arthur Schopenhauer zählte den *Franckforter* zu seinen Lieblingsbüchern – wichtig genug, um es den Werken Buddhas oder Platons an die Seite zu stellen! Und in seiner *Kulturgeschichte der Neuzeit* feiert Egon Friedell das Büchlein als «eines der leuchtendsten Dokumente menschlicher Höhe und Tiefe, Größe und Demut».[19] Mit dem Luther-Biographen Martin Brecht läßt sich sodann resümieren:

«Die deutsche Mystik mit ihrer Erfahrung und ihren Verstehenskategorien hat Luther geholfen, die richtige oder falsche Ausrichtung des Menschen vor Gott zu diagnostizieren. Luther hat sich dabei keineswegs an die Mystik verloren, sondern sie seiner Schriftkonzeption ebenso dienstbar gemacht wie vorher schon Augustin. Die Mystik bot eine kritische Alternative zum Menschenbild der scholastischen Theologie; alles andere interessierte ihn offensichtlich nicht.»[20]

Aber welche Vorstellung mag den Autor vorstehender Sätze beherrschen, wenn er vom «Sichverlieren an die Mystik» schreibt!?

Wie stark und wie eindringlich der Geist der Mystik den zukünftigen Reformator angesprochen hat, zeigen im übrigen sein Wortschatz und die Gleichnissprache mystischer Rede. Der von seinem Ordensoberen Johann von Staupitz auf den Gekreuzigten aufmerksam gemachte Mönch gelangt zu seiner eigentümlichen «Theologia crucis», jener Kreuzestheologie Luthers, die den nachhaltigen mystischen Einschlag verrät. Wir begegnen ihm auch in einer Reihe deutschsprachiger Traktate, die Luther ein Jahr nach der zweiten Auflage der *Theologia Deutsch* erscheinen läßt – zum Beispiel im *Sermon von der Betrachtung des heiligen Leidens Christi* (1519). Es ist die Sprache der Mystik, wenn Luther Worte wie «Einbilden», «gleichförmig werden», «wesentlich» gebraucht. Angesichts der Passion Christi ist letzte Entschlossenheit gefordert. Luther schreibt: «Dem Bild und Leiden Christi mußt du gleichförmig werden, es geschehe in dem Leben oder in der Höllen.» Denn Sterben heißt »alles fühlen, was Christus am Kreuz leidet». Ein «wahres Bedenken», also Meditieren und Vergegenwärtigen des Leidens Christi «wandelt den Menschen wesentlich».[21] Der protestantische Mystikforscher Winfried Zeller weist in diesem Zusammenhang darauf hin, daß Luthers Verhältnis zur Mystik weit vielschichtiger sei, als es ein oberflächlicher Eindruck vermuten lasse. Noch in späteren Jahren seien mystische Begriffe wie etwa der des «Augenschließens» nachweisbar. Das für die Verkündigung zentrale Geschehnis der Passion Christi ist für Luther nicht allein ein äußeres Geschichtsereignis, sondern unmitelbare, in das gegenwärtige Leben des Christen hineinreichende, ihn umformende Wirklichkeit.

An dieser Vergegenwärtigung liegt dem Seelsorger und – man darf gleichwohl sagen: Seelenführer – Martin Luther viel. Daher seine Forderung, man müsse dem Bild und Leiden Christi «gleichförmig» werden. Die wahre Meditation dieses Leidens zielt nicht auf ein gefühlsseliges Nachempfinden, sondern auf die *Wandlung* des Menschen. Dabei vergesse man nicht, daß der den Opfergedanken und das sakramentale Wandlungsgeschehen (Transsubstantiation) des Heiligen Abendmahls negierende Reformator an der Notwendigkeit eines tiefgreifenden Verwandeltwerdens des Christenmenschen lebenslang festhält. Man muß nur den *Kleinen Katechismus* aus dem Jahre 1529 aufschlagen, um dort der Deutung des Taufmysteriums zu begegnen, nämlich, «daß der alte Adam in uns durch tägliche Reue und Buße soll ersäuft werden und sterben mit allen Sünden und bösen Lüsten, und wiederum täglich herauskommen und auferstehen ein *neuer Mensch*, der in Gerechtigkeit und Reinigkeit vor Gott ewiglich lebe».

Das heißt doch, daß Luther an diesem Leitmotiv des mystischen Sterbens bzw. der Wandlung und des neuen Lebens festhält. Dasselbe Motiv, welches er auf das Titelblatt seiner Ausgabe der *Theologia Deutsch* gesetzt hat, wird somit Bestandteil eines «Hauptstückes» christlicher bzw. lutherischer Spiritualität. Bekanntlich gehört dieser *Kleine Katechismus* Luthers bis heute zu den fundamentalen Bekenntnisschriften des Luthertums. Auf einem anderen Blatt steht freilich, ob und in welchem Maße dieses Katechismus-Wissen meditativ angeeignet, in seiner mystischen Dimension erfaßt und als unveräußerliches (allgemeinchristliches!) Glaubensgut Mal um Mal erfahren wird...

In diesem Zusammenhang ist an die frühen Psalmenauslegungen zu erinnern, etwa an seine Auslegung des 5. Psalms (1519). Hier und an vielen anderen Stellen umkreist Luther das Symbol und Gleichnisbild der geistlichen Brautschaft, wie wir es seit dem Alten Testament (beim Propheten Hosea und im Hohenlied Salomonis) und dann wiederum seit Augustinus und Bernhard von Clairvaux kennen: Christus ist der Bräutigam, der seine geliebte Braut – die menschliche Seele bzw. die Gemeinde (*ecclesia*) – heimführt, um sich mit ihr in einer geistlichen Hochzeit zu vereinen (*mysterium coniunctionis*).[22] Auch wenn nun Luther die Akzente anders setzt als etwa der Hohelied-Ausleger Bernhard so steht für ihn doch fest, daß es der Glaube ist, der «die Seele mit Christus als eine Braut mit ihrem Bräutigam vereinigt».[23] Diese Feststellung ist übrigens in einer seiner reformatorischen Hauptschriften, in *Von der Freiheit eines Christenmenschen*, begründet und erläutert, das heißt in einem Text, den Luther niederschrieb, nachdem der entscheidende religiöse Erkenntnisdurchbruch bereits vollzogen war und er dabei war, das gewonnene theologische Neuland nach allen Seiten hin zu durchschreiten. Bedeutsam ist auch, daß diese Brautmystik in einen engen Zusammenhang mit dem Freiheitserlebnis gebracht wird, wie Luther es versteht: *Mystische Erfahrung und christliche Freiheit* in einem nahen Wechselbezug![24]

Aber bleiben wir noch einen Moment bei jener Psalmenauslegung, in der Luther das paulinische Dreigestirn von Glaube, Hoffnung und Liebe (1. Kor. 13) als Bewirker und als Werk allein auf Gott zielt. Denn «hier zieht der Bräutigam sich mit der Braut in das geheime Brautgemach zurück, er und sie allein ... Was darum im Hohenlied gleichsam sinnlich über Bräutigam und Braut und über die fleischliche [d. h. erotische] Liebe der Menschen gesagt wird ... bedeutet in Wirklichkeit die vollkommensten Werke des Glaubens, der Liebe und der Hoffnung.»[25] Und weiter in derselben Auslegung, unter Verweis auf Johannes Tauler und auf die spirituelle Bedeutung einer leidvollen «Bewährung»: «Wie Kinder ihren leiblichen Vater auch inniger lieben, wenn er sie mit der Rute gezüchtigt hat, so läßt der Bräutigam Christus seine Braut erst, nachdem er sie umarmt hat, Wonnen empfinden, die dem Fleische fremd sind. Die Umarmung selber aber ist Tod und Hölle [gemeint ist: für den alten Menschen, der sterben muß, damit der neue Mensch lebe]. Darin steht und waltet jenes große Geheimnis: ‹Die zwei werden *ein* Fleisch sein, nämlich Christus und die Gemeinde› (Eph. 5,31 f.). Wahrlich ein ‹großes Geheimnis› ist es, denn es tut sehr weh, bringt aber die süßesten Früchte hervor ... So wird denn ‹die Rebe gereinigt, daß sie mehr Frucht bringe› (Joh. 15,2).»[26]

Aber offenbar gibt Luther in seiner Brautmystik dem Vorstellungsbereich der Verlobung von Braut und Bräutigam den Vorzug vor dem Motiv der hochzeitlichen Vereinigung (*mysterium coniunctionis*). Und so wie das mittelalterliche Eherecht den «Mahlschatz» (etwa Verlobungsring) von der «Morgengabe» (als Gabe des Mannes nach der Hochzeitsnacht) deutlich unterscheidet, spricht auch Luther von diesem Mahlschatz. Er versteht darunter den Glauben, mit dem sich der Bräutigam seiner Braut anverlobt. Denn allein im Glauben wird die Verbindung mit Christus vollzogen. So heißt es in einer Predigt aus dem Jahre 1522:

«Also sollen wir hier wissen, daß Christus unser lieber, freundlicher Gespons [Bräutigam] ist, und wir sind die Braut; da ist kein Mittel [keine fremde Mittelsperson] vonnöten, sondern wir sollen selbst mit solcher ganzen Zuversicht zu ihm treten, wie je eine geliebte Braut zu ihrem holdseligen, freundlichen ehelichen Gemahl immer getreten ist; denn der christliche *Glaube* bringt zuwege, daß Christus ist der Bräutigam, ich bin die Gespons [Braut].»[27] Daß dies für ihn nicht nur eine beiläufig-belanglose Metapher ist, bringt Luther in seiner späten Schrift *Von der Winkelmesse und Pfaffenweihe* (1533) zum Ausdruck, indem er die Bedeutung des «allgemeinen Priestertums aller Gläubigen» (ähnlich wie schon in seiner Adelsschrift von 1520) hervorhebt und an dieser Stelle schreibt: «Von dem Bräutigam – nämlich Christus – und dieser Braut – nämlich der Christenheit – sind wir geboren durch die heilige Taufe und so erblich zu rechten Pfaffen [d. h. zu Trägern des geistlichen Amtes] in der Christenheit geworden, durch sein Blut geheiligt und durch seinen Heiligen Geist geweiht.»[28]

Geistliche Brautschaft und allgemeines Priestertum sind demnach unabhängig von äußeren Institutionen oder kirchlichen Autoritäten – insofern Taufe und Glaube das Werden des neuen Menschen begründet haben. Jedes kirchliche Amt und die aus organisatorischen Gründen kaum aufzuhebende Hierarchie bleiben somit menschliche Vereinbarung und haben in jedem Fall dienende, niemals jedoch herrschende Funktion. Alles in allem: Unnötig zu sagen, wie weit diese urchristlich begründete Anschauung von einstiger wie heutiger Praxis entfernt ist. Dieser Entfernung entspricht die Distanz zwischen dem mystischen Ansatz bei Luther und dem vorwiegend antimystischen Luthertum der nachfolgenden Jahrhunderte!

Frühzeitig mündet die Brautmystik Luthers ins konkrete Leben ein, nämlich in den Ausführungen seiner erwähnten Freiheitsschrift. Jedenfalls lenkt er dort unsere Aufmerksamkeit auf die Hauswirtschaft, ganz im Stile seiner Zeit, und so, als stehe dem Bewohner des Wittenberger Augustinerklosters bereits seine in allen Fragen des Haushalts und des Bauernhofs bewanderte Käthe von Bora tätig zur Seite. (Er hat sie erst fünf Jahre später kennengelernt und geheiratet, 1525.) Im übrigen bezieht sich Luthers Gleichnisbild von der «fröhlichen Wirtschaft» auf das Gegenüber von Gott und Mensch, auf die Ehe von Christus und Gemeinde, wenn es da heißt:

«Ist nun das nicht eine fröhliche Wirtschaft, wo der reiche, edle, fromme Bräutigam Christus das arme, verachtete, böse Hürlein zur Ehe nimmt und sie entledigt [befreit] von allem Übel, zieret mit allen Gütern?»[29] Dieser «Eheherr» räumt dem Christen durch den Glauben Rechte ein, wie sie der Bräutigam seiner Braut einräumt. Es «geht nicht anders zu, als wie es mit einem leiblichen Bräutigam und Braut zugeht. Der Bräutigam nimmt sich der Braut an, die Braut wiederum des Bräutigams und alles dessen, was sein ist, als sei es ihr eigen, nimmt die Schlüssel zu sich, macht und schafft damit wie mit ihrem eigenen Gute.»[30]

So ist es der Impuls der Mystik, wenngleich von Luthers eigenen Innenerfahrungen näher bestimmt und auch begrenzt, der sein theologisches Denken, seine Verkündigung, sein geistliches Leben als Beter und als Bibelleser, als Priester und als Seelsorger befruchtet hat. Die Erforschung des meditativen Lebens bei Luther hat in den letzten Jahren zusätzliche Einblicke gewährt.[31] Was die Befruchtung der Frömmigkeit und Theologie Luthers durch die Mystik anbelangt, so hat sie in den verschiedenen Abschnitten seines Lebens und Schaffens naturgemäß Wandlungen durchgemacht:

Da ist etwa die feinsinnige, sehr stark auf mystische Grunderfahrungen ausgerichtete Auslegung des Lobgesangs der Maria (Magnificat) aus dem für den Reformator so wichtigen Jahr 1521. In seiner Vorrede macht er deutlich, daß hier «die hochgelobte Jungfrau Maria aus der eigenen Erfahrung heraus redet». Der Heilige Geist habe sie erfüllt und erleuchtet. Anders als durch den Heiligen Geist könne niemand Gottes Wort reden. Von daher seien auch die Grunderfahrungen gewonnen, die Maria nicht allein empfangsbereit für die frohe und befreiende Botschaft macht; die «feine Mutter Christi» gebe eben dadurch auch ein Beispiel für uns, nämlich «mit fröhlichem, freudig springendem Geist» zu rühmen, daß Gott gerade den Menschen in seiner Niedrigkeit ansehe und annehme.

Da ist andererseits die heftige Auseinandersetzung mit jenen anfänglichen Luther-Freunden und reformatorischen Mitstreitern, die bald eigene Wege gehen – auf dem «linken Flügel der Reformation». Ihnen gegenüber muß Luther sein Verständnis von Glaube und Mystik in einer Weise verteidigen, daß es den Anschein hat, er habe sich ganz von seinen mystischen Anfängen entfernt. Aber offensichtlich schrecken ihn die Gefahren, die er gerade an einigen seiner ebenfalls vom Geist der Mystik entflammten Widersacher, den sogenannten Schwärmern, zu beobachten meinte, etwa bei Andreas Bodenstein-Karlstadt und vor allem an Thomas Müntzer. Und Müntzer ist – von seiner eschatologisch-apokalyptischen Sichtweise abgesehen – wesentlich *Mystiker*![32]

Schließlich ist es das Herzstück lutherischer Frömmigkeit, der unablässig apostrophierte Glaube, der bei Martin Luther mystische Züge annimmt. Stellt man zu dem bisher Gesagten weitere Aussagen des Reformators zusammen, wie es zum Beispiel der Katholik Erwin Iserloh getan hat,[33] dann ist die Tatsachenbehauptung kaum mehr zu erschüttern. Während suchende Menschen der Faszination außerordentlicher spiritueller Wahrnehmungen verfallen und dabei einen empfindlichen Realitätsverlust erleiden (können), und zwar sowohl im westlichen wie im asiatischen Bereich, ist es Luther um die Glaubenserfahrung zu tun, bei der der Mensch zwar in die Gottesbeziehung eintritt, aber gleichzeitig die Gotteserfahrung realisiert und den Weg in die Welt antritt. Nicht ein mystisches Hineingerissenwerden (*raptus*) in die Tiefen der Gottheit ist Luthers primäres Ziel. Und dennoch gibt es für Luther ein «Hineingerissensein des Geistes in die klare Erkenntnis des Glaubens». Denn «der Christusglaube ... ist ein Hinweggenommen- [*raptus*] und Entrücktwerden [*translatio*] von allem, das innen und außen fühlbar ist, auf das hin, was weder innen noch außen fühlbar ist, eben auf Gott, den unsichtbaren, gar hohen, unbegreiflichen».[34]

Und: «Der Glaube läßt ja das Herz sich heften und hängen an das Himmlische, läßt es ganz und gar hingerissen werden und verweilen in dem Unsichtbaren [*rapi et versari in invisibilibus*] ... Denn so geschieht es, daß der Gläubige zwischen Himmel und Erden hängt und ‹mitten zwischen den Grenzen›, wie Psalm 68,14 sagt, ‹schläft›, das heißt in Christus, in der Luft hängend, gekreuzigt wird.»[35]

Und weiter: «Einerseits wird Christus durch den Glauben unsere ‹*substantia*›, das heißt unser Reichtum, genannt, andererseits werden wir durch denselben Glauben seine ‹*substantia*›, das heißt eine neue Kreatur.»[36]

Noch eine Reihe anderer Wendungen gebraucht Luther, um seine Glaubensmystik zu artikulieren, etwa wenn er den Glauben ein Hinüberspringen, ein Hinübergeworfenwerden, ein Christus-an-sich-Reißen, ein Sich-selbst-entrissen-Werden und eine Zusammenleimung (*conglutinatio*) von Christus und dem Sünder nennt. Und Bilder der Brautmystik aufnehmend, heißt es einmal:

«Der wird auf Christi Schultern getragen, der im Glauben sich auf ihn stützt; und eben er wird seliglich den Hinübergang gewinnen mit der Braut, von der geschrieben steht (Hoheslied 8,5), sie steige herauf durch die Wüste und stütze sich auf ihren Geliebten.»[37]

Unnötig zu sagen, daß diese Glaubens- und Christusmystik Luthers mit jenem vulgären Glaubensbegriff nichts mehr zu tun hat, der Glauben als ein Nicht-Wissen oder als ein Für-wahr-Halten abtun wollte. Wie sehr es Luther um Realität geht, um eine Geist-Realität freilich, die das bloß Sinnbildliche oder von der Leiblichkeit abgehobene Spiritualistische hinter sich läßt, wird klar durch sein folgendes Wort, mit dem er sich gegen Spiritualisten seiner Zeit abgrenzt:

«Ich glaube an den Sohn Gottes, der für mich gelitten hat, sehe meinen Tod in seinen Wunden, und nichts sehe und höre ich als ihn. *Das* heißt Glaube Christi und an Christus. Die Schwärmer sagen, geistigerweise ist er in uns, das heißt spekulativ; realiter aber sagen sie, ist er droben. Aber es muß Christus und der Glaube verbunden werden, und *wir müssen im Himmel weilen*, und *Christus im Herzen*. Es geht nicht ‹spekulative›, sondern ‹realiter› zu.»[38]

Schließlich ist der Glaube für Luther – im Gegensatz zum Gros der Lutheraner! – ein Erkennen im Sinne einer mystischen Liebesvereinigung:

«Der Glaube ist eine experimentelle Erkenntnis und findet Ausdruck in dem Wörtchen: ‹Adam erkannte sein Weib›, das heißt in der Erfahrung [*sensu*] erkannte er sie als sein Weib, nicht spekulativ und historisch, sondern experimentaliter. Der historische Glaube sagt zwar auch: Ich glaube, daß Christus gelitten hat, und zwar auch für mich, aber er fügt nicht diese sensitive und experimentelle Erkenntnis hinzu. Der wahre Glaube aber statuiert dieses: Mein Geliebter ist mein, und ich greife ihn mit Freude.»[39]

Zeugnisse und Leitworte

Theologia Deutsch

Gott spricht: «Ich will meine Ehre keinem andern geben» (Jes. 42,8). – Das bedeutet soviel, als daß Lob, Ehre und Würdigkeit niemandem zugehöre denn Gott allein. Wenn ich mir nun ein Gut aneigne, also daß ich es sei oder vermöge oder wisse oder tue oder daß es mir zugehöre oder zukomme und dergleichen: so oft und so häufig ich das tue, so eigne ich mir auch etwas Ruhm oder Ehre an und begehe damit zwei Übeltaten:

Zum ersten tu ich einen Fall und ein Abwenden [von Gott], wie zuvor gesagt ist. Zum anderen greife ich Gott in seine Ehre und eigne mir das an, was Gott allein zugehört. Denn alles, was man für gut hält oder gut nennen muß, das gehört niemandem zu, denn allein dem ewigen wahren Gut, das Gott allein ist. Darum, wer sich das selber zueignet, der tut Unrecht und handelt wider Gott. (4. Kap.)

Etliche Menschen sprechen, man soll wegelos, willenlos, liebelos, wunschlos und erkenntnislos und desgleichen werden. Das ist nicht also zu verstehen, daß in dem Menschen keine Erkenntnis sein soll und daß Gott in ihm nicht geliebt, gewollt oder begehrt werde oder gepriesen und geehrt werde; denn das wäre gar ein großer Übelstand, und der Mensch wäre gleich dem Vieh und wie ein unvernünftiges Tier.

Sondern es soll davon kommen, daß des Menschen Erkenntnis so ganz lauter und vollkommen ward, daß er recht eigentlich und in Wahrheit erkenne, daß er von sich selbst aus nichts Gutes habe und vermöge, und daß alle seine Erkenntnis, Weisheit und Kunst, sein Wille, seine Liebe und seine guten Werke nicht von ihm herrühren und auch nicht des Menschen sind noch einer

Kreatur, sondern daß es alles dem ewigen Gott zugehört, von dem alles kommt, wie Christus spricht: «Ohne mich könnt ihr nichts tun» (Joh. 15,4)... Wenn man dann der Dinge ledig wird, das ist die beste, vollkommenste, lauterste und edelste Erkenntnis, die je im Menschen sein mag, und auch die alleredelste und lauterste Liebe, Gewilltheit und Begierde; denn dies ist dann alles allein Gottes. Es ist viel besser, es sei Gottes, denn der Kreatur... Denn wo der Wahn und die Unwissenheit zu einem Wissen und einer Erkenntnis der Wahrheit wird, so fällt das Aneignen von selber weg. So spricht dann der Mensch: Siehe, ich armer Tor, ich meinte, ich wäre es: nun ist und war es wahrlich Gott. (5. Kap.)

Nun soll man wissen, daß niemand kann erleuchtet werden, er sei denn zuvor gereinigt oder geläutert und frei gemacht. Auch mag niemand mit Gott vereinigt werden, er sei denn zuvor erleuchtet. Und deshalb gibt es drei Wege:

Zum ersten die Reinigung, zum andern die Erleuchtung, zum dritten die Vereinigung.

Die Reinigung gehört zu dem anfangenden oder dem büßenden Menschen, und das geschieht in dreierlei Weise: mit Reue und Leid um die Sünde, mit ganzer Beichte, mit vollkommener Buße. – Die Erleuchtung gehört zu dem zunehmenden Menschen und geschieht auch in dreierlei Weise, das ist: in Verschmähung der Sünde, in Übung der Tugend und guter Werke und in willigem Erleiden aller Anfechtung und Widerwärtigkeit. – Die Vereinigung betrifft die vollkommenen Menschen, und geschieht auch in dreierlei Weise, das ist: in Reinigkeit und Lauterkeit des Herzens, in göttlicher Liebe und in Anschauung Gottes, des Schöpfers aller Dinge. (14. Kap.)

Niemand mag zweien Herren dienen, die widereinander sind: wenn er eines haben will, muß er das andere fahren lassen. Darum: soll der Schöpfer herein, so muß alle Kreatur heraus, das wisset fürwahr! (53. Kap.)

Das Magnificat, verdeutscht und ausgelegt durch D. Luther, Augustiner (1521); Vorrede:

Um diesen heiligen Lobgesang seiner Ordnung nach zu verstehen, ist zu beachten, daß die hochgelobte Jungfrau Maria aus der eigenen Erfahrung heraus redet, in der sie durch den Heiligen Geist erleuchtet und gelehrt worden ist.

Denn es kann niemand Gott oder Gottes Wort recht verstehen, wenn er es nicht unmittelbar vom Heiligen Geist hat; niemand kann's aber von dem Heiligen Geist haben, wenn er es nicht erfährt, versucht und empfindet. In dieser Erfahrung lehrt der Heilige Geist als in seiner eigenen Schule. Außerhalb dieser wird nichts gelehrt als nur auf Schein bedachtes Wort und Geschwätz. So ist es bei der heiligen Jungfrau.

Nachdem sie an sich selbst erfahren hat, daß Gott in ihr so große Dinge wirkt, obwohl sie doch gering, unansehnlich, arm und verachtet gewesen war, lehrt sie der Heilige Geist diese reiche Erkenntnis und Weisheit: daß ein solcher Herr sei, der nichts anderes zu schaffen habe, als nur zu erhöhen, was niedrig ist, zu erniedrigen, was da hoch ist, kurz: zu zerbrechen, was da gemacht ist, und zu machen, was zerbrochen ist . . .

Aus dieser Grunderfahrung fließt nun die Liebe zu Gott und sein Lob. Es kann niemand jemals Gott loben, wenn er ihn nicht zuvor lieb hat. Ebenso kann niemand Gott lieben, wenn Gott ihm nicht aufs liebevollste und allerbeste bekannt ist. Durch nichts aber kann er so bekannt werden als durch seine Werke, die an uns erzeigt, gefühlt und erfahren werden. Wo aber erfahren wird, wie er ein solcher Gott ist, der in die Tiefe sieht und nur dem Armen, Verachteten, Elenden, Jammervollen, Verlassenen hilft und denen, die gar nichts sind, da wird er einem so herzlich lieb, da geht das Herz über vor Freude, hüpft und springt vor großem Wohlgefallen, das es in Gott bekommen hat.

Mystische Impulse einer Wendezeit

Mit Martin Luther und der *Theologia Deutsch* ist in der Geschichte der deutschen Mystik ein wichtiger Meilenstein erreicht, ein Wendepunkt, eine geistig-geistliche Wasserscheide. Das «Zeitalter der Glaubensspaltung», wie speziell römisch-katholische Historiker das 16. Jahrhundert zu überschreiben belieben, ist angebrochen. Mit Recht sprach Will-Erich Peuckert schon in den vierziger Jahren von der «großen Wende»,[1] einerseits rückblickend auf das apokalyptische, von Gegenwarts- und Zukunftsängsten erfüllte Säkulum – aber auch vorausschauend, treten doch jetzt Menschen und Mächte auf den Plan, denen es bestimmt sein sollte, das Antlitz der «Neuzeit» zu prägen. Altes und Neues liegen im Streit: der alte Glaube der immer noch von Rom her regierten Christenheit und die religiöse Revolte derer, die – angeführt von Luther, Zwingli, Calvin und deren Parteigängern – die traditionellen Autoritäten nicht länger gelten lassen können, weil sie sich an ihrem Gewissen orientieren, das seinerseits am Wort der Schrift ausgerichtet ist. Im Widerstreit liegen Altes und Neues auch unter einem anderen Gesichtspunkt: Die alten Bastionen des Glaubens und Denkens werden von denen bestürmt, die als Wortführer von Renaissance und Humanismus die bisherige Fremdbestimmung (Heteronomie) des Menschen nicht länger gelten lassen wollen und auf Autonomie pochen. Die seit einem halben Jahrtausend virulente Emanzipationsbewegung hat in dieser Wendezeit ihren geschichtlichen Ort. Der lebendige kritische Geist durchbricht die Phalanx der dogmatischen Lehrnormen der Kirche und erobert forschend, zählend, messend, experimentierend die äußere Welt.

Was wird angesichts dieser und ähnlicher Umbrüche und Entwicklungen aus dem alten Mysterienwissen und den hermetischen Künsten wie Astrologie oder Alchymie? Dem Reformator der Religion stellt sich der große Paracelsus als Reformator der Medizin und der Naturbetrachtung an die Seite – ein Mann, der ähnlich wie der Wittenberger Augustinermönch von niemand anderem abhängig sein will. Seine Devise lautet daher:

Alterius non sit, qui suus esse potest –
Niemand sei eines anderen, der für sich selbst sein kann!

Was nun Luther und den werdenden Protestantismus lutherischer bzw. zwinglisch-kalvinistischer Prägung betrifft, so entspricht es einer Gesetzmäßigkeit jeder geschichtlichen Entwicklung, daß der Bewegung des reformatorischen Aufbruchs die konfessionelle Erstarrung folgt. In der Sorge um den geistlich-theologischen Ertrag der Reformation, der bewahrt («konserviert») werden soll, schwören die Konfessionalisten der nachreformatorischen Orthodoxie auf die Formeln ihrer «Bekenntnisschriften»: «Gottlob, wir haben den rechten Weg zur Seligkeit ...», heißt es in der Reformationskantate von J. S. Bach. Wird es gelingen, die «lebendige Stimme des Evangeliums» auch späteren Generationen zu erhalten? Oder wird die originäre spirituelle Erfahrung – und damit das Geistfeuer der Mystik – verlorengehen?

Sicher wird sich das geistige Panorama eines ganzen Zeitalters nicht in der Weise vereinfachen lassen, daß man die Fortführung des als große religiöse Bewegung Begonnenen allein von der Mystik abhängig macht. Andererseits ist die Bedeutsamkeit mystischer Impulse für das 16. Jahrhundert und die Folgezeit nicht zu unterschätzen. Zum einen sei verwiesen auf den nachreformatorischen Katholizismus, der ja nicht nur mit dem antireformatorischen Konzil von Trient (1545–1563) auf das Jahrhundertereignis der europäischen Kirchengeschichte reagiert hat. Es war nicht zuletzt die spirituell reformierende Kraft, die mancherlei innerkatholischen Widerständen zum Trotz von der spanischen Mystik ihren Ausgang genommen hat, und zwar (wie erwähnt) dank wichtiger Anstöße und Einflüsse aus dem Bereich der deutschen Mystik des 14. und 15. Jahrhunderts (Ludolf von Sachsen,

Devotio moderna, Johannes Mauburnus). Es muß an dieser Stelle genügen, wenigstens drei Repräsentanten dieser Strömung zu nennen: Ignatius von Loyola, Teresa von Avila und Johannes vom Kreuz.[2]

Zum anderen hat das Reformationszeitalter eine Reihe von Persönlichkeiten hervorgebracht, die neben, wenn nicht gegen Luther gewirkt haben, deren Wirksamkeit jedoch ohne Beeinflussung durch die deutsche Mystik kaum vorstellbar ist: Andreas Bodenstein, genannt Doktor Karlstadt, Thomas Müntzer, Kaspar Schwenckfeld und Sebastian Franck.

Andreas Bodenstein-Karlstadt

Um das Jahr 1480 in dem mainfränkischen Städtchen Karlstadt geboren, hatte der promovierte Theologe und Jurist an der Universität von Wittenberg hohes Ansehen erlangt. Er stand deren theologischer Fakultät vor, als sich Martin Luther anschickte, im Jahre 1512 zum Doktor der Theologie promoviert zu werden. Insofern kann man Karlstadt als seinen Doktorvater betrachten. Doch aus dieser Tatsache ist nicht der Schluß zu ziehen, daß beide Männer in theologischer Hinsicht einer Meinung gewesen wären. Aber sieht man einmal davon ab, daß trotz früher Parteinahme für die Sache der lutherischen Reformation ihre Freundschaft in erbitterten Streit umschlug, in dessen Folge Karlstadt auf Luthers Betreiben Wittenberg verlassen mußte, so betonte auch der «einflußreiche Nebenreformator» (R. J. Sider) in seinem Schaffen immer wieder die Bedeutung der Mystik. In einer seiner Mutter gewidmeten Schrift heißt es beispielsweise:

«Ich muß meinen Willen ganz und gar in den göttlichen Willen versenken und den Eigenwillen in allen Dingen ertränken. Also muß ich wollen wie Gott will. Derhalben hat er allen Werken und Leiden und den Personen selbst die Gelassenheit fürgesetzt, sprechend: Welcher nach (bzw. zu) mir kommen will, und mir nachfolgen, der verleugne sich selber! – Sieh' und höre, wie die Werke von unserem Eigenwillen abfallen.»[3]

In den Zustand der göttlichen Gelassenheit eintreten ist Karlstadt keine akademisch-unverbindliche, sondern eine überaus existentielle Angelegenheit. In dieser Hinsicht kennt er weder Vater noch Mutter, das heißt: Er stellt die Heilige Schrift und den Ruf zu bedingungsloser Nachfolge höher als die Blutsbande oder als konventionelle «Selbstverständlichkeiten». So kommentiert der vermögensmäßig gutgestellte Professor und Pfründeinhaber, als ihn seine eigenen Freunde unter Schmähungen aus Amt und Würden vertreiben, diesen Verlust seiner wirtschaftlichen Grundlage mit den Worten: «Ich weiß, daß ich gelassen sein muß, und zwar allen Kreaturen.» So wird nicht allein der mystische Begriff, sondern dessen praktische Umsetzung in die «Tugend der Gelassenheit» zu einem bestimmenden Faktor seiner Theologie wie seiner christlichen Existenz. Dafür hat Karlstadt auch eine menschenkundliche Begründung. Ähnlich wie Meister Eckhart weiß er von einem Seelenfunken – er nennt ihn *«igniculus»* –, durch den der Mensch an der ursprünglichen Gottebenbildlichkeit teilhat. Und was die göttlichen Gebote anbelangt, so empfindet er diese nicht als starres Gesetz, denn: «Gott hat alle Gebote und Verbote dem Menschen derhalben vorgelegt, daß der Mensch seines inwendigen Ebenbildes gewahr werde», heißt es in Karlstadts Schrift *Vom Sabbat* (1524). Es geht ihm um das «gottförmige» Leben, also um praktizierte Mystik.

Schließlich baut der einstige Wittenberger Theologe auf die Gewißheit und Erfahrung der Gotterfülltheit des einzelnen, wenn er sagt:

«Es ist ja ganz ungewöhnlich, daß einer Gottes Freund oder Sohn werde, ohne die *inwendige* und heimliche Offenbarung Gottes. Ebensowenig kann es geschehen, daß einer Gottes äußerliches Wort annimmt und für ein Wort des Bräutigams ... hält, wenn sich Gott nicht zuvor oder gleichzeitig im äußeren Gehör mit seinem hellen und lichten Strahl offenbart, soviel daß er hören kann, wer Gott ist, was er will.»

Thomas Müntzer

Die Harmonisierung des inneren und des äußeren Wortes, mehr noch die Verbindung von Geistempfang und sozialrevolutionärer Aktion hat in eigentümlicher Weise das Leben und Schaffen und nicht zuletzt die Leidensbereitschaft Thomas Müntzers bestimmt.[4]

Um bzw. kurz vor 1490 in Stolberg geboren und damit wenige Jahre jünger als Martin Luther, hatte der vielseitig gebildete Theologe schon bald die Bedeutung der reformatorischen Erkenntnis von der Rechtfertigung des Gottlosen erfaßt. Anläßlich der entscheidenden Leipziger Disputation von 1519 mit dem Ingolstädter Luthergegner Johann Eck wird Müntzer Luther persönlich begegnet sein. Der empfahl den rastlosen Geist auf eine Predigerstelle ins lutherfreundliche Zwickau, wo der rasch Entflammbare zu einem Stein des Anstoßes werden sollte. Denn hier wurde der junge Prediger nicht nur mit den «Zwickauer Propheten» bekannt, sondern auch mit der sozialen Kluft zwischen Arm und Reich. Da waren auf der einen Seite die Besitzer von Silberminen, die sogenannten Fundgrübner von Zwickau, auf der anderen Seite die verarmten Tuchgesellen und Bergarbeiter als Vertreter einer frühen Form des Proletariats. Spätestens hier wurde Müntzer klar: Reformation der Christenheit darf nicht allein auf den unmittelbaren religiösen oder theologischen Bereich beschränkt bleiben. Gerechtigkeit, die Gott schenkt «ohne alle Verdienst und Würdigkeit» des Menschen, muß sich auch als gesellschaftliche Gerechtigkeit auswirken. So hofften und dachten übrigens auch die Bauern, wie die Flugschriften und Artikelbriefe des unruhvollen Jahres 1525 zeigen. Was Müntzer ins Auge faßte, das könnte man *der Reformation zweiten Teil* nennen, und zwar auf der Basis der reformatorischen Erkenntnis Luthers und auf der Grundlage einer tief lotenden religiösen Erfahrung, einer Erfahrung aus dem Geist der Mystik.

Wie andere aus dem Umkreis des Wittenberger Reformators hat sich auch Müntzer in die Schriften der Mystik vertieft, in die Werke Seuses, Taulers und in die von Luther herausgegebene *Theologia Deutsch.* Daraus hat er auch anderen gegenüber keinen Hehl gemacht, wie zum Beispiel dem Brief einer Nonne Ursula (Mai 1520) an Müntzer zu entnehmen ist. Seit dem in verschiedenen Fassungen vorliegenden *Prager Manifest* (1521), das zu den ersten Verlautbarungen aus Müntzers Feder gehört, ist Müntzers enge Beziehung zur Mystik vielfältig bezeugt. Da ist davon die Rede, daß die «Auserwählten» – Müntzers Bezeichnung für «Gottesfreunde» – vom Geist Gottes «siebenmal» überströmt und erfüllt werden müssen. Anders könne man den lebendigen Gott nicht hören oder verstehen, denn – so schließt das *Manifest* (in seiner ausführlichen deutschen Fassung) – «Thomas Müntzer will keinen stummen, sondern einen redenden Gott anbeten».[5]

Das ist keine nur beiläufige Redensart, sondern ein Programm, weil dieser «redende Gott» jetzt und hier spricht. Seine Stimme ist in jedem als inneres Wort zu vernehmen. Und: «Wer nicht [unmittelbar] aus dem Munde Gottes das rechte lebendige Wort hört [und unterscheidet], was Bibel und was Babel ist, der ist nichts anderes als ein totes Ding. Aber Gottes Wort, das durch Herz, Hirn, Haut, Haar, Gebein, Mark, Saft, Macht, Kraft hindurchdringt, das darf wohl anders einhertrapen als unsere närrischen hodensäckischen Doktoren plappern.» Eine derbe Sprache, immerhin: Es gilt die «Stimme des Bräutigams» zu vernehmen, von dem die Schriftgelehrten seiner Zeit offenbar nichts wissen. Darum sollen «alle rechten Pfaffen [Priester] innere Offenbarungen haben». Anders gelingt es ihnen nicht, den «Schlüssel Davids» zu finden, das heißt die Kunst der Bibelauslegung zu üben. Der spirituelle Same des göttlichen Wortes muß erst ins Herz des Menschen fallen, «das ist dann das Papier und das Pergament, darin Gott nicht mit Tinte, sondern mit seinem lebendigen Finger schreibt als in die rechte heilige Schrift», die der äußeren Schrift der Bibel letztlich zugrunde liegt. «Und es ist auch kein gewisseres Zeugnis, das die Bibel als Wahrheit erweist, als die lebendige Rede Gottes, da der Vater den Sohn *im Herzen des Menschen* anspricht. Diese Schrift können alle auserwählten Menschen lesen.»

Bemerkenswert und typisch für Müntzer ist es, daß er aus der mystischen Erfahrung heraus wesentliche Anstöße für sein reformatorisch-revolutionäres Handeln gewinnt: Jetzt ist die Zeit der Ernte für die eschatologischen Schnitter Gottes. Daher sein Bekenntnis: «Ich hab' meine Sichel scharf gemacht!»

Der Mann mit der spitzen Feder und der scharfen Sichel schreibt an Philipp Melanchthon ein Jahr später, im März 1522: «Eure Theologie bejahe ich von ganzem Herzen, denn sie errettet die Seelen vieler Auserwählter vom Verderben.» Doch hält er auch nicht mit seiner Kritik zurück, wenn er im selben Brief fortfährt: «Berücksichtigt die Schrift, ... die besagt: ‹Der

Mensch lebt nicht vom Brot allein, sondern von jedem Wort, das aus dem Mund Gottes hervorgeht [*procedit*].›

Beachtet: ‹aus dem Mund Gottes›, und nicht aus den Büchern! Das Zeugnis ist zwar in den Büchern niedergelegt; wenn es aber nicht *im Herzen* Wurzeln schlägt [seinen Anfang nimmt], verdammt das Menschenwort die Schriftgelehrten, die die heiligen Propheten stehlen (Jeremia 23). Denen hat der Herr niemals geredet und sie reißen sein Wort an sich. O meine Lieben, tut das Werk [im Geist] der Propheten, andernfalls ist eure Theologie keinen Pfennig wert!»

Beschwörende Worte eines Mannes, der auf die enge Verbindung des inneren Wortes mit dem äußeren Wort der Verkündigung schwört. Wer nicht selbst Träger des göttlichen Geistes ist, der darf auch nicht so tun, als könne er anderen den Geist vermitteln; Müntzer nennt das, «mit gestohlener Schrift» umgehen, ein Vorwurf, den er schließlich selbst den Wittenbergern macht, sofern die sich der «Offenbarung Gottes im Abgrund der Seele» verschließen. Und, so heißt es in Müntzers bedeutsamer *Fürstenpredigt* über das 2. Kapitel aus dem Buche Daniel:

«Der Mensch, der dies nicht gewahr wird und durch das lebendige Gezeugnis Gottes nicht empfindet (Röm. 8), der weiß von Gott nichts [Grundlegendes] zu sagen, auch wenn er hunderttausend Bibeln gefressen hätte ... Ein tierischer Mensch vernimmt nicht, was Gott in die Seele hineinspricht (1. Kor. 2), sondern er muß durch den Heiligen Geist auf die ernstliche Betrachtung des lauteren, reinen Verständnisses gewiesen werden (Psalm 18), sonst ist er im Herzen blind.»

So war Thomas Müntzer beides: Theologe und politischer Prediger, religiös Ergriffener und ein zur sozialrevolutionären Tat Entschlossener, den der Geist trieb und in dem das Feuer der Mystik entbrannte. Für ihn gab es diesbezüglich keine Alternative. Vielmehr war – wie für jeden rechten Mystiker – die äußere Tat die unabdingbare Konsequenz des innen Empfangenen.

Kaspar Schwenckfeld von Ossig, einem Gut im niederschlesischen Kreis Lüben, wurde Ende 1489 geboren und ist damit etwa ebenso alt wie Müntzer.[6] Er hatte in Köln und in Frankfurt an der Oder studiert, ehe er als Hofrat schlesischer Herzöge Dienst tat. Lebensbestimmend wurde auch für ihn die Begegnung mit dem Schrifttum Martin Luthers, zum Beispiel mit dessen Auslegungen der Bußpsalmen. Unter diesem Eindruck versuchte er mit seinen Freunden, in Schlesien den neuen Glauben zu verbreiten.

Doch bei aller Hochschätzung des Wittenberger Reformators kamen Schwenckfeld ernsthafte Zweifel, je mehr er sein eigenes Innenerlebnis von der inspirierenden, zu einem neuen Sein antreibenden Kraft des Heiligen Geistes überdachte. Es ist die «himmlische Philosophie», wie Schwenckfeld sie nennt, «die aus der Kraft des göttlichen Geistes von Gott, ohne allen menschlichen Zusatz und ohne allen Affekt des Fleisches, ja aus lauter Inbrunst des Herzens» genährt wird. Er selbst versteht sich als Lehrer und Verkünder dieser Einsicht. Ihn leitet der Gedanke: Solange «das Wort der Lehre Christi noch nicht in der Kraft des Heiligen Geistes in unser Herz eingepflanzt ist», solange handelt es sich lediglich um einen «äußerlichen, buchstabischen, historischen Glauben». Für Schwenckfeld wird das innere Wort wichtig, das heißt ein Christentum der Erleuchtung, denn «unser christlicher Glaube ist keine Finsternis, sondern ein helles Licht». Er bejaht zwar Luthers Lehre von der Rechtfertigung des Gottlosen. Aber für ihn kommt die «ganze Justifikation [Rechtfertigung] aus der Erkenntnis Christi». Christi Stimme zu vernehmen ist wichtiger als bloße theologische Begründung, die ohne ein inneres Erkennen und Erfahren auszukommen meint.

Die Nähe zur christlichen Mystik ist unverkennbar. Mit Recht hat Gottfried Maron darauf hingewiesen, daß Schwenckfelds Sprachschatz stark von der Vorstellungswelt der deutschen Mystik geprägt sei.[7] So ist es auch nicht weiter verwunderlich, daß er in späteren Jahren immer wieder zu den Schriften eines Thomas von Kempen (*Nachfolge Christi*), zu den Predigten Taulers und zur *Theologia Deutsch* greift. Von Tauler kann er in grundsätzlicher Übereinstimmung mit Luther und Müntzer sagen: «Es ist ein herrlicher Prediger gewesen, daran man spüret, daß Gott, der Herr, vor zweihundert Jahren auch hat daselbst in großer sophistischer Dunkelheit die Seinen visitiert oder heimgesucht... in der freien Schule des Heiligen Geistes.»

Wenn dem so ist, dann stellt sich die Frage, welche Bedeutung den traditionellen Sakramenten, Taufe und Abendmahl, zuzumessen sei. Damit steht Schwenckfeld in der Mitte der zwanziger Jahre nicht allein, denkt man an die Auseinandersetzung Luthers mit Zwingli und den oberdeutschen Reformatoren. Luther betont – im Gegensatz zu Karlstadt und Zwingli – die Auffassung von der wirklichen Gegenwart (Realpräsenz) Christi in Brot und Wein. Schwenckfeld dagegen sagt: Wenn dies zuträfe, dann dürfte der Abendmahlsgenuß nicht so unwirksam sein, wie er es – bei den Lutherischen zumal – für jedermann offenkundig ist. Denn wer kein christliches Leben führen will, obgleich er unter Brot und Wein angeblich Leib und Blut Christi empfangen hat, der kann am Ende der Tage auch nicht gerettet werden – wie jedoch Luther behauptet, nachzulesen in dessen *Kleinem Katechismus*.

Die Kontroverse ist somit vorprogrammiert. Schwenckfelds Gespräche mit den Wittenbergern, unter ihnen neben Luther Justus Jonas und Johannes Bugenhagen, Ende Dezember 1525 in Wittenberg, vermögen die entstandene Kluft nicht zu überbrükken. Der rührige schlesische Lutheranhänger sieht sich alsbald als schwärmerischer «Sakramentarier» diffamiert. Schwenckfeld ist für seinen Teil nur konsequent, wenn er dem inneren Wort und der inneren Gewißheit von der Gegenwart Christi mehr traut als äußeren Zeremonien und wenn er von da an (d. h. ab 1525) bis zu seinem Lebensende der Abendmahlsfeier fernbleibt. Er wird nun vollends zum «Spiritualisten», das heißt zu einem Christen, der das Naturhaft-Äußere zugunsten des Geistlich-Innerlichen geringschätzt oder ganz ablehnt. Damit bricht ein gefährlicher Dualismus auf, weil ihm die Ganzheit der Wirklichkeit verlorenzugehen droht.

Aber schon allein die lehrmäßige Abweichung von der als offiziell erklärten Wittenberger Theologie genügt, um den auch literarisch tätigen Verfechter eines inneren Wegs zu Christus überall zu diffamieren, wohin er im Laufe seines ruhelosen Wanderlebens auch kommt, bis er am 10. Dezember 1561 im Alter von etwa zweiundsiebzig Jahren in Ulm stirbt.

Vergessen ist er nicht, obwohl er es zeitlebens abgelehnt hat, eine eigene Gemeinschaft zu gründen. Zwar wünscht er den Lesern seiner Bücher, sie sollten jemanden haben, mit dem sie sich in den Fragen ihres Glaubens und Lebens besprechen können. Jede veräußerlichte Form einer kirchlichen Organisation aber blieb ihm stets fremd. Und was seine Schriften anbelangt, die wegen der Nachstellungen von seiten der «Rechtgläubigen» teils anonym erscheinen, teils im verborgenen verbreitet werden mußten, so sagt Schwenckfeld selbst, daß er nicht die Masse, sondern den kleinen Kreis einer spirituell aufgeschlossenen Elite, eine Art Gottesfreundschaft also, anspreche:

«Meine Bücher werden nicht den Prädikanten [Predigern, Priestern] noch der unbußfertigen Welt geschrieben . . ., die sie auch weder lesen noch verstehen kann, sondern es wird allein den gutherzigen Menschen und Kindern Gottes, so hin und wieder mitten unter der Irrung zerstreut sind, Anleitung damit gegeben, zur Wahrheit und zum Herrn Jesus zu kommen . . . und durch ihn in der Einigkeit des Geistes zu einem Leibe versammelt zu werden.»

Immerhin gibt es, über die Jahrhunderte hinweg, bis heute den Kreis der Schwenckfelder, die in der vielbändigen Sammlung des *Corpus Schwenckfeldianorum* (1907 ff.) vom nordamerikanischen Pennsburg/Pennsylvanien aus das spirituelle Erbe ihres Meisters zu erhalten suchen. Die über Jahrhunderte währende Verfolgung der Schwenckfelder durch Katholiken und Lutheraner vermochte die Bezeugung des inneren Wortes nicht auszulöschen. Dies erweist sich nicht nur aus der Tatsache, daß schwenckfeldisches Schrifttum in zahlreichen kleinen Gemeinschaften und Konventikeln Aufnahme fand. «Wenngleich sie» – so bemerkt der Kirchenhistoriker Horst Weigelt – «unter dem Einfluß täuferischer Ideen und teils infolge stärkerer Rezeption mystischen Geistesgutes die Theologie Schwenckfelds nicht unwesentlich modifizierten, haben sie doch die Erinnerung an den schlesischen Edelmann wachgehalten.»[8] Und mit Walter Nigg läßt sich die Frage stellen: «Wie lange dauert es noch, bis die evangelische Christenheit ihre Heiligen und Mystiker auch noch anerkennt? ... [Schwenckfeld] ist als eine unumgängliche Ergänzung zum reformatorischen Verständnis des Evangeliums aufzufassen.»[9]

Der Akzent in dem Votum des Schweizer Kirchenhistorikers liegt auf «Ergänzung», denn die Fragen «Natur oder Geist», «inneres oder äußeres Wort» stellen letztlich keine echten Alternativen dar. Dadurch ginge die Fülle der Christusbotschaft verloren. Die Leibhaftigkeit des Wortes bräche in einen wirklichkeitsfeindlichen Dualismus von Materie und Geist auseinander. Darin liegt die große Gefahr eines realitätsfernen und weltfremden Spiritualismus und Mystizismus.

Sebastian Franck

Wer die mystisch-theosophische Geistesströmung verfolgt, die im Reformationszeitalter ein wichtiges Quellgebiet hat, der kommt an Sebastian Franck nicht vorbei, einmal weil er in der Auseinandersetzung mit Luther und den «Konfessionen» seiner Zeit deren spirituelle Überwindung fordert, zum andern weil sich mit Franck ein Ausblick auf weite Gebiete der mitteleuropäischen Geistes- und Kirchengeschichte eröffnet, zum Beispiel auf Theosophie und Pietismus, bis hin zu Francks Nachwirkungen im deutschen Idealismus.

Sebastian Franck stammt aus der ehemals freien Reichsstadt Donauwörth, wo er 1499 geboren wurde.[10] Nach dem Studium der Theologie an den Universitäten Ingolstadt und Heidelberg war er zuerst Priester im Bistum Augsburg, dann evangelischer Prädikant in den beiden mittelfränkischen Dörfern Büchenbach und Gustenfelden bei Schwabach, ehe er sich 1528 mit der Nürnbergerin Ottilie Behaim verheiratete und sich in der Stadt an der Pegnitz als freier Publizist niederließ. Hier im Nürnberg Albrecht Dürers und Hans Sachsens, wo sich auch Müntzer und Paracelsus kurze Zeit aufgehalten hatten, verfaßte er unter anderem seine berühmte *Chronica – Zeitbuch und Geschichtbibel*, ein Werk der Geschichtsschreibung, aus dem hervorgeht, daß sein Autor fundamentale Kritik an den Inhabern der weltlichen und geistlichen Macht übt. Und nicht nur das, Sebastian Franck gibt zu erkennen, daß er sich auch nicht mit dem «neuen Glauben» eines Luther, Zwingli oder der Täufer einverstanden erklären kann. Eine vierte Gestalt des Christseins sei «schon auf der Bahn», nämlich ein *freies Christentum*, das ohne äußerliche Zeremonien und Ämter auskommt, eine «unsichtbare geistliche Kirche». Vieles erinnert an die *«ecclesia spiritualis»*, die zukünftige Kirche des Heiligen Geistes, die bereits der kalabresische Seher-Abt Joachim von Fiore gegen Ende des 12. Jahrhunderts angekündigt hat. Auch Thomas Müntzer wußte davon und schätzte das «Gezeugnis» Joachims hoch ein.

Eines der Leitworte Francks lautet: «Gott braucht kein äußerliches Mittel zu seinem inneren Handeln.» Entscheidend ist das Ereignis einer spirituellen Wiedergeburt, die eben durch das lebendige Gotteswort geschieht, das sich durch die äußere Predigt nicht ersetzen läßt. Außerdem bedarf es zur Wiedergeburt der Tugend der Gelassenheit. Zwar erfolgt die Geburt des Geistesmenschen aus der Gnade Gottes heraus, aber die menschliche Einwilligung muß hinzutreten. Im Gegensatz zu Luther, jedoch in Übereinstimmung mit Erasmus von Rotterdam (*De libero arbitrio – Vom freien Willen*), setzt Franck die volle Entscheidungsfreiheit des Menschen voraus. Das Geschehen selbst aber drückt er mit dem mystischen Bild von der bräutlichen Liebe aus. In seinem Werk *Paradoxa* (1534) heißt es hierzu: «Sobald wir nun das Wort ledig [d. h. in mystischer Gelassenheit] annehmen und unsere Seele dies wie eine reine Braut ihrem Manne zuläßt, in demselben Augenblick geschieht diese Wiedergeburt. Wir gehen wohl das ganze Leben damit schwanger und Gott hat diesen neuen Menschen in uns gelegt, da er uns nach seinem Bilde formiert und mit seinem Wort erschaffen und besamt hat; [der neue Mensch] wird aber erst geboren, wenn wir das Wort in uns aufgehen, leuchten, wirken lassen. Das heißt dann: den neuen Menschen oder Christum, den anderen Adam, anziehen.»[11]

Kennzeichnend für Franck ist, daß er die von ihm ins Auge gefaßte Kirche des Geistes nicht glaubensmäßig begrenzt sieht. Viele seien selig, so liest man weiter in *Paradoxa* (135–137), die vom Wort oder vom Christenglauben nie etwas gewußt oder erkannt haben, also auch Nichtchristen. Von äußeren Bekenntnisformeln oder Theologien kann die unmittelbare Erfahrung der Gottesgegenwart nicht abhängig gemacht werden. Sie ist im letzten mystischer Natur. Und die deutsche Mystik gehört denn auch für Franck zu den bestimmenden Kräften in seinem Leben und Denken. Es sind namentlich die Schriften Taulers und die *Theologia Deutsch*, die er ins Lateinische übersetzt und auf diese Weise den Gelehrten zugänglich macht. Sein ganzes Heilsverständnis, das sich von Luthers Lehre von der Rechtfertigung deutlich abhebt, gründet in Tauler und in der Vorstellung vom Seelenfunken (*scintilla animae*). Um nun das Heil zu erlangen, erübrigen sich äußere Gnadenmittel (*media salutis*). Franck setzt auf die Gottunmittelbarkeit des Menschen. Sie verbindet er mit Prinzipien des zeitgenössischen Humanismus. Daher seine hohe – freilich begrenzte – Einschätzung des Erasmus und sein Rückgriff auf die Weisheiten der antiken Klassiker. Auch der Magus seiner Zeit, Agrippa von Nettesheim, ist ihm wichtig genug, um Teile aus dessen Schriften ins Deutsche zu übersetzen.

Ein Mann von der geistigen Regsamkeit und Unabhängigkeit eines Sebastian Franck verdient, als ein «Ökumeniker des Geistes» betrachtet zu werden. Daß er als solcher bei Luther und den Wittenbergern keinen Anklang fand, ebensowenig bei den oberdeutschen Reformierten (Zwingli, Bucer u. a.), kann nicht verwundern. Einflußreiche Kirchenleute erheben Klage gegen ihn, etwa weil er angeblich Ketzerisches über die sogenannten Ketzer schreibt. König Ferdinand I. beschwert sich über den Autor der *Chronica*, die gegen seinen Bruder, den deutschen Kaiser Karl V. gemünzt sei. Und nicht einmal in seinem ehemaligen Studienfreund aus Heidelberger Tagen, eben dem Straßburger Reformator Martin Bucer, findet Franck während seiner kurzen Straßburger Zeit einen Verteidiger.

So kommt, was kommen muß. Sebastian Franck hat mit Weib und Kind die als tolerant gerühmte Stadt zu verlassen. In Kehl am Rhein erhält er im Herbst 1532 das Bürgerrecht. Aber bei ihm konnte das nur soviel wie eine kurzfristige Aufenthaltsgenehmigung bedeuten. Der ehemalige Priester, Prediger und Schriftsteller arbeitet für geraume Zeit als Seifensieder, um so seine größer werdende Familie durchzubringen. Esslingen und Ulm sind seine weiteren Stationen. Zeitweise dient er als Drukkereigehilfe, bis ein Augsburger Patrizier, ein gebürtiger Donauwörther, es ihm ermöglicht, eine eigene Druckerei mit drei Gesellen zu betreiben. Daß Franck nicht aufhört, zu denken und zu schreiben, versteht sich von selbst. Buch um Buch entsteht innerhalb weniger Jahre. Ebenso veständlich ist aber auch, daß er auf erbitterten theologischen Widerspruch stößt, wohin er kommt. In Ulm ist es der Stadtpfarrer Martin Frecht, der gegen sein Werk *Paradoxa* wettert. Indes ermuntert der Autor seine Leser:

«Ist jemand geistlich, der erwäge und erkenne, was ich sage, er lösche die Prophetie nicht aus, prüfe aber frei alles, und das Gute behalte er!»

Die Betonung einer spirituellen Schriftauslegung aus dem Geist der Mystik, die nicht am Buchstaben klebt, sondern des lebendigen Wortes Gottes inne wird, begegnet auch hier. Wichtiger als ein nur lehrbuchmäßiger Umgang mit der Schrift ist für Franck daher die Erfahrung, wenn er an gleicher Stelle hinzufügt:

«Wer wissen will, was in einem Tempel sei, darf nicht draußen bleiben und allein davon lesen und sagen hören. Das ist alles ein totes Ding, sondern er muß drein gehen und selbst erfahren und besichtigen. Dann erst lebt alles. Und dieses Im-Geiste-Sehen und -Erfahren heißt die Schrift ‹glauben›.»[12]

Nach einem unruhigen kurzen Leben von nur dreiundvierzig Jahren starb Sebastian Franck im Oktober 1542 in Basel, vermutlich an der Pest. Und das Fazit dieses Lebens, das Zeichen blieb, Zeichen bleiben mußte und Hoffnung auf eine Kirche der Freiheit und des Geistes? Er sagte einmal:

«Sobald man das Christentum in Regel und in ein vorgeschriebenes Gesetz und Ordnung will einfassen, so hört es auf, ein Christentum zu sein. Niemand will verstehen, daß die Christen dem Heiligen Geist überliefert sind und daß das Neue Testament kein Buch, keine Schrift, keine Lehre und kein Gesetz ist, sondern der Heilige Geist. Wo nun der Geist Gottes ist, da muß stets Freiheit sein, [da muß] Moses schweigen, alles Gesetz weichen . . .»[13]

Zeugnisse und Leitworte

Thomas Müntzer

Der Mensch soll und muß wissen, daß Gott in ihm sei, daß er nicht [irgend etwas] ausdichte oder ersinne, als sei er tausend Meilen von ihm entfernt, sondern [vielmehr erkenne], wie Himmel und Erde *voll, voll Gottes* sind und wie der Vater den Sohn *in uns* ohne Unterlaß gebiert und der Heilige Geist nichts anderes als den Gekreuzigten *in uns* durch herzbewegende Betrübnis erklärt. Darüber gebricht uns nichts anderes, als daß wir unsere Blindheit nicht erkennen ...

Damit wir nun solche hohe, mächtige Anfechtung geduldig ertragen mögen, nehmen wir die Weise, die Jesus Christus, der Sohn Gottes, seiner Kirche einzuhalten befohlen hat, das heißt seiner dabei durch alle Trübsal hindurch zu gedenken, damit unsere Seele [geradezu] schmachte und hungrig werde nach der Speise des Lebens. So ist es uns vonnöten, aufs allerherrlichste die allerherrlichsten Worte Christi zu halten, allen Menschen das Festhalten an diesem Leben zu zeigen, [und zwar] durch den, der sein Gedächtnis, Wesen und Wort in der Seele des Menschen will, nicht etwa wie im Vieh, sondern als in seinem Tempel, welche er mit seinem kostbaren Blut ganz teuer erworben hat.

Ordnung und Berechnung des Deutschen Amtes (1523), Kap. 6 und 7

Wenn der Mensch den Vorwitz des natürlichen Lichts [seines Verstandes] durchschaute, würde er ohne Zweifel [mangels Erfahrung] nicht sich mit gestohlener Schrift behelfen wie die Schriftgelehrten, sondern er würde bald empfinden die Wirkung des göttlichen Worts aus seinem Herzen quellen ... [Die Schriftgelehrten] verhindern dem Wort seinen Gang, welcher vom Abgrund der Seele herkommt wie Moses sagt: «Das Wort ist nicht weit weg von dir; es ist in deinem Herzen ...» Nun fragst du vielleicht, wie kommt es ins Herz? – Antwort: «Es kommt oben von Gott hernieder mit großer Erschütterung ...»

Fürstenpredigt (1524)

II. Teil – Christliche Theosophie

Mit guten Gründen wird immer dann von einer «Wendezeit» gesprochen, wenn sich mit dem Wandel des menschlichen Bewußtseins eine neue Sicht der Wirklichkeit eröffnet und wenn sich von daher eine neue Einstellung zum Leben ergibt. Das 16. Jahrhundert, von dem zuletzt die Rede war, trägt bedeutsame Signaturen: das Ende der Glaubenseinheit in Europa, das Ende des geozentrischen Weltbildes; den bisherigen Autoritäten und Normen wird der Kampf angesagt. Im Zeichen von Renaissance und Humanismus wird das Ende der Fremdbestimmtheit des Menschen (Heteronomie) proklamiert und die Autonomie des Menschen unter Berufung auf Vernunft und Gewissen ausgerufen – alles in allem ein überaus langer, nur langsam fortschreitender, heute noch nicht abgeschlossener Prozeß!

Für die mystisch-religiöse Erfahrung konnte dieser Umschwung nicht folgenlos bleiben. Denn in dem Maße, in dem sich beispielsweise die moderne Naturwissenschaft herausbildete und die physische Gestalt von Erde und Kosmos immer deutlicher in den Blick kam, wurde ebenfalls eine dieser Bewußtseinshaltung angemessene Spiritualität gefordert, so vehement die am alten Bewußtsein orientierten Kräfte sich dem «neuen Geist» in Kirche und Gesellschaft entgegenstellen mochten. Zu den Fragen, die die neue Natursicht aufwarf, gehörte auch folgende: Darf man künftig der messenden, zählenden Wissenschaft und der zu allen Manipulationen bereiten Technik die Totalität von Mensch und Erde überantworten? Geht es an, weiterhin eine mystische Frömmigkeit zu pflegen, als sei nichts geschehen, etwa indem man sich auf eine weltferne Innerlichkeit zurückzieht? Geht es an, künftig «im Herzen Christ, aber im Kopf Heide» zu sein, so daß das gläubige Herz sich dem verschließt, was die Rationalität des Kopfes ersinnt? Oder muß nicht vielmehr eine Spiritualität entwikkelt und eingeübt werden, die, gleichsam parallel zur Naturwissenschaft, dem neuen Bewußtsein eine adäquate Erkenntnisweise gegenüberstellt?

Inzwischen sind die Resultate eines Denkens und Handelns offenbar geworden, das in der kreatürlichen Welt nur ein Objekt des menschlichen Ausbeutungswillens und des Mißbrauchs erblickte. Diesem oft geschilderten Tatbestand liegt ein Bild der Wirklichkeit zugrunde, das wohl die Dimensionen der quantitativ erforschbaren und infolgedessen beliebig handhabbaren Physis berücksichtigte. Und wer wollte leugnen, daß wir dem naturwissenschaftlichen Denken der Neuzeit sowie der darauf basierenden Technik überaus imposante, unverzichtbare Leistungen verdanken! Doch darüber verloren wir andere Dimensionen aus dem Blick, nämlich jene, die Leben, Seele, Geist (*pneuma; spiritus*) repräsentieren und die für den Sinn, die Mitte, die Tiefe und die Fülle des Seins stehen. Unschwer läßt sich zeigen, wie die auf die Wert- und Sinnfrage antwortenden Disziplinen – Theologie und Philosophie – sich weitgehend abseits der «exakten» Wissenschaften entwickelten, ohne auf diese geistig befruchtend und spirituell ergänzend einzuwirken.

Auf die christliche Theologie bezogen heißt das: Der christliche Theologe überließ – von «frommen Außenseitern» abgesehen – nicht nur dem Naturwissenschaftler den gesamten Kosmos, er beraubte sich auch selbst der Spiritualität, indem er sich auf eine Verkündigung entmythologisierender «daß»-Sätze zurückzog (z. B. «daß» Gott schuf; «daß» Christus den Tod überwand usw.). Das galt zwar in erster Linie für den Protestantismus, jedoch nicht ausschließlich, wie die Entwicklung zeigt. Auf der anderen Seite wurde zwar eine weltzugewandte Theologie des sozialen Engagements («Kirche für andere» im Sinne Dietrich Bonhoeffers) und der gesellschaftlichen Veränderung («Theologie der Revolution» etc.) proklamiert. Doch daß echte Veränderung *innen* beginnen muß und daß sie nur aus den Grundkräften der religiösen Erfahrung bzw. des erfahrbaren Glaubens heraus zu gewinnen ist, verlor man aufs ganze gesehen aus dem Blick.[1] Dem Geist-Verlust entsprach ein Welt-Verlust und umgekehrt ...

Heute wird der Welt- wie der Geist-Verlust in seinen negativen Auswirkungen, unter anderem auf dem Feld der ökologischen Zusammenhänge, endlich auch von der Theologie erkannt, ansatzweise zumindest. Gleichzeitig artikuliert sich das Bedürfnis, an die lange unterbrochene, nicht selten kirchenoffiziell diffamierte esoterische Tradition der Christenheit von neuem anzuknüpfen und – was nicht vernachlässigt werden darf – vor dem *heutigen* Bewußtseinshorizont weiterzuführen. Mit der bloßen Restauration atavistischer, das heißt bewußtseinsgeschichtlich überlebter spiritueller Praktiken, kann es dabei nicht getan sein. Es reicht nicht, lediglich die mystische Innenschau zu wiederholen, wie sie einstmals mittelalterliche Nonnen und Mönche in Ordenszusammenhängen vollzogen. Rückbesinnung muß nicht Rückschritt bedeuten. Eine Vergewisserung dessen aber, was die eigene Tradition birgt, ist geboten, nicht zuletzt angesichts der Herausforderung, die die östlich-fernöstlichen Religionen, Philosophien und spirituellen Schulungswege heute darstellen.

Ein positiver Aspekt dieser Herausforderung ergibt sich gewiß, wenn man – zeitlich über mittelalterliche Mystik hinausschreitend – nach jener Tradition einer christlichen *Theosophie* fragt, deren Träger in jener Wendezeit des 16./17. Jahrhunderts ein auf spiritueller Erkenntnis gegründetes Welt- und Menschenbild zu formen versuchten, um die aus dem Blick geratende Ganzheit zu erhalten. Jene Theosophen, die sich bisweilen als «Pansophen» (von griech. *pan*, alles) verstanden, entwickelten schließlich eine Ethik, die den individuellen wie den sozialen Bereich umfaßt, nämlich in Ehrfurcht vor dem, was über uns ist, und nicht zuletzt in Ehrfurcht vor dem Leben, indem die hiervon abgeleitete Ethik Erde und Kosmos in die menschliche Verantwortung einbezog. Wer sich einer solchen Verantwortung bewußt ist, weil er erkennend und schauend in Weltzusammenhängen *lebt*, der praktiziert eine andere Beziehung zu der Wirklichkeit, die als Kreatur unter uns existiert, als jener, für den die Güter dieser Erde zu Gebrauchs- und Wegwerfartikeln verkommen sind.

«Der Sinn der Welt ist verlorengegangen. Wir sind beim Buchstabieren stehengeblieben. Wir haben das Erscheinende über der Erscheinung verloren. Formularwesen» – so notiert Novalis einmal in seinen Fragmenten (VI, 316). Der Dichter und Denker der Romantik hat aber auch eine Parole ausgegeben, die in ihrer Tragweite erst begriffen und realisiert werden kann, wo sich eine christlich-theosophische Einsicht durchsetzt:

«Wir sind auf einer Mission. Zur Bildung der Erde sind wir berufen» (IV, 32).[2]

«Weisheit reden wir unter den Vollkommenen, jedoch nicht die Weisheit dieser Welt noch Herrschaft dieser Welt, die dem Untergang verfallen ist. Vielmehr verkünden wir *Gottes geheimnisvolle Weisheit.*»

Diese Sätze aus dem zweiten Kapitel des 1. Korintherbriefs sprechen unverblümt und durch keine Metapher verstellt aus, worin die Verkündigung des Christus-Bevollmächtigten (Paulus) ihrem innersten Wesen nach besteht, nämlich in der Pflege und in der Bezeugung der Weisheit Gottes oder – anders ausgedrückt – in der Darstellung einer auf Christus hin zentrierten *Theosophie.* Der neutestamentliche Grundtext spricht von der *«sophia theoú»;* das lateinische Mittelalter verwendet die Bezeichnung *«sapientia dei»,* die Weisheit Gottes, oder einfach auch *«philosophia»,* womit nicht eine Studienrichtung neben anderen gemeint ist, sondern die Weisheit in ihrer urbildlichen Gestalt. Und diese Weisheit kann nur mit der Weisheit Gottes, mit der «Theosophia», ebenfalls archetypisch – urbildhaft – verstanden, identisch sein, deren Mitte der gekreuzigte und auferstandene Christus als Zentrum eines Mysteriums ist.

Versuchen wir uns das Gemeinte in bildhafter Form zu veranschaulichen: Eine der vielen Darstellungen der Weisheit oder Philosophia, wie wir sie in dem *Hortus deliciarum* antreffen, finden wir bei Herrade von Landsberg, Äbtissin der Augustinerinnen vom Odilienberg im Elsaß. Sie verfaßte (um 1180) das Buch der Belehrung und meditativen Intensivierung des Studiums in ihrer Kommunität. Geschildert wird in großer Geschlossenheit der Gang der Heilsgeschichte von der Erschaffung der Welt bis zur Wiederkunft Christi. Werfen wir einen Blick auf das Bild, das mandalagestaltig an die Rosette einer gotischen Kathedrale erinnert, Ausdruck der Ganzheit und Universalität aller Elemente, zentriert auf die eine Mitte: Beherrschend thront die Weisheit (*philosophia*) im Zentrum dieser Rosette. Über ihrer Krone stehen die Namen der Disziplinen: Ethik, Logik und Physik. Das Band in ihren Händen trägt die lateinische Inschrift: Alle Weisheit ist von Gott dem Herrn (Sirach 1,1). Aus der Brust der Weisheit strömen sieben Quellen. Gemäß der Anordnung der mittelalterlichen Gelehrsamkeit handelt es sich um die sieben «freien Künste» (*artes liberales*). Wie sieben Blütenblätter, die eine Blüte umschließen, so reihen sich die Repräsentantinnen dieser einen Weisheit um die Mitte, nämlich über der Weisheit beginnend mit der Grammatik, dann folgen die Rhetorik, die Dialektik, die Musik, die Arithmetik, die Geometrie und die Astronomie. Während die Dichter und Magier (*poetae vel magi*) außerhalb des Kreises und damit außerhalb der Sphäre göttlicher Weisheit bleiben, weil sie angeblich nicht von ihr inspiriert werden, sondern den Einflüsterungen schwarzer Vögel folgen, sind die «Priester der Heiden» (*clerici gentium*), die Wissenden unter den Weisheitsliebenden auf Erden, in den inneren Kreis gerückt. Sie agieren, über ihre Bücher gebeugt, zu Füßen der Gottesweisheit. Erstaunlicherweise sind es keine christlichen Kirchenlehrer, sondern die vorchristlichen Philosophen Sokrates und der «göttliche» Platon.

Damit ist, alles in allem, auf eindrückliche Weise die ebenso zentrale wie universale Stellung der Weisheit zum Ausdruck gebracht. Sie steht über allem; sie speist alle; alles quillt letztlich aus ihr.

Kehren wir nochmals zu dem Pauluswort von Gottes geheimnisvoller Weisheit zurück, so handelt es sich in keinem Fall nur um eine singuläre oder zufällige Stelle in dem aspektereichen Epistelwerk des Völkerapostels. Es lassen sich vielmehr noch viele andere neutestamentliche Aussagen diesem Wort von der Gottesweisheit oder Theosophie zuordnen. Paulus ist in *diesem* Sinne selbst Theosoph; er ist Mystiker und damit einer der maßgeblichen Väter urchristlicher Esoterik.[3] Ihm ist es eine *Erfahrungs*tatsache, wenn er (1. Kor. 2,10) schreibt: «Der Geist erforscht alle Dinge, auch die Tiefen der Gottheit.»

Bei alledem ist nicht zu übersehen, daß derselbe, die christliche Theosophie proklamierende Paulus mit großer Nüchternheit von der Vorläufigkeit und Uneigentlichkeit menschlicher Erkenntnis, auch der spirituellen, spricht: «Denn Stückwerk ist unser Erkennen und Stückwerk unser Prophezeien; wenn aber das Vollkommene kommt, dann wird das Stückwerk zunichte werden» (1. Kor. 13,9 f.). Daneben steht der Satz, daß der kosmische Christus die Fülle und den Grund jener Gottesweisheit repräsentiert (Kol. 2,3).

So gibt es seitdem jenen gewaltigen spirituellen Strom, der in den Tagen der frühen Christenheit seinen Ausgang genommen hat und bis in die Gegenwart fließt, selbst wenn er in Zeiten einer Geistverschlossenheit und «Gottesfinsternis» (Martin Buber) wieder und wieder zu versickern drohte. Denn es gibt eine legitime Theosophie, und zwar eine solche, die sich nicht allein damit begnügt, das überkommene Dogma der Kirche weiterzureichen und auf vielfältige Weise in Zeugnis und Aktion vor der Welt zu vertreten. Es gibt ein *Erkenntnis*-Christentum, weil der Glaube (*pistis*) niemals «blinder» Glaube, sondern seinem ursprünglichen Wesen nach immer ein erkenntnisgetragener, sehender, schauender Glaube ist. Erkenntnis (*gnosis*), die niemals mit einem äußeren Wissen verwechselt werden darf, ist nach dem Verständnis des johanneischen Christus identisch mit «ewigem Leben» (Joh. 17,3). *Solche* Gnosis verbürgt ein überraum-zeitliches Leben und damit Teilhabe am Christus-Geist im Sinne der großen Ich-bin-Worte des Johannesevangeliums. Oder unter einem anderen Gesichtspunkt:

«Da im Neuen Testament, besonders im Kolosserbrief (2,3), Christus als die Quelle aller Weisheit bezeichnet wird, aus der die christliche Gemeinde ihre Einsicht gewinnen soll und nicht von den (vergänglichen) Weltelementen her, war von diesem Ansatz aus die Möglichkeit zur Entfaltung einer christlichen Theosophie durchaus gegeben ... Die Theosophie ist von dem Verlangen erfüllt, die religiöse bzw. christliche Überzeugung nicht nur lebensmäßig zum Ausdruck zu bringen, sondern auch nach der Seite der Erkenntnis hin so weit wie möglich auszubauen. Die Theosophie begnügt sich nicht mit dem, was Philosophie, Metaphysik und Theologie über Gott, Welt und Mensch auszusagen wagen, man will vom Glauben aus zu höheren Formen der Wahrheitsschau aufsteigen.»[4]

So ist christliche Theosophie nicht an eine bestimmte Geschichtsepoche gebunden. Es läßt sich vielmehr eine Christus-

Sophia-(bzw. Gnosis-)Linie aufzeichnen, die von Paulus und Johannes über gewisse Repräsentanten der frühchristlichen Gnosis, auch des Manichäertums der ersten Jahrhunderte, über die großen alexandrinischen Esoteriker Klemens und Origenes, über den einflußreichen (Pseudo-)Dionysius Areopagita bis hin zu den christlichen Theosophen und Sophiologen der Ostkirche, aber auch der nachreformatorischen Zeit verläuft, von der noch zu sprechen sein wird. Es ist eine Linie, die keinesfalls immer «gerade» zwischen ihrem Ausgangs- und Zielpunkt verlaufen ist.

Worauf kommt es der christlichen Theosophie an? Die Antwort kann lauten: Immer gilt es, Weltall, Erde und Mensch von Christus her ebenso erkennend, gestaltend, umgestaltend zu umfassen, wie es zur Aufgabe des Menschen gehört, im Sinne des Pauluswortes in staunender Verehrung und Hingabe in die «Tiefen der Gottheit» einzudringen. Dabei kann man mit Adolf Köberle die Frage offenlassen, ob man für eine solche Zielsetzung das Wort Theosophie verwenden will oder nicht. Es sind nicht zuletzt die Vertreter dieser so bezeichneten Frömmigkeits- und Erkenntnisrichtung selbst, die dieser Bezeichnung Inhalt und Kontur verliehen haben, im Protestantismus etwa Jakob Böhme, Friedrich Christoph Oetinger, Michael Hahn, im Katholizismus unter anderen Karl von Eckhartshausen oder Franz von Baader.

In seiner kleinen, längst vergessenen, jedoch der Erinnerung werten Schrift *Beiträge zu einer Geschichte deutscher Theosophie* faßt der lutherische Theologe Rudolf Rocholl um die Mitte des 19. Jahrhunderts das Gemeinte so zusammen: «Solange ein Thomas von Aquin und Albertus, solange ein Ruysbroeck und Seuse die Schärfe abendländischer Ethik mit der großartigen kosmischen Physik morgenländischer Religionslehre in sich vereinigten, solange hatte die Christenheit eine Theosophie, reich wie ihre Münster und Basiliken ... Es entstand eine Theosophie des Abendlandes, welche das Kreuz zum Mittelpunkte einer Himmel und Erde, Geist und Natur umfassenden Geschichte machte.»[5]

Wegbereiter in nachreformatorischer Zeit

Als die Vertreter einer nachreformatorischen Theosophie auf den Plan treten, an ihrer Spitze Jakob Böhme, ist ihnen längst der Boden bereitet. Zum einen können sie an die deutsche Mystik des Mittelalters anschließen, zum anderen an Luther und die Spiritualisten des 16. Jahrhunderts, die je auf ihre Weise den reformatorischen Erkenntnisdurchbruch zu vertiefen und zu erweitern versuchten, sei es mit dem revolutionären Elan eines Thomas Müntzer, mit dem Streben nach einer Kirche des inneren Wortes wie Kaspar Schwenckfeld oder im Ausblick auf eine Ökumene des Geistes, auf die Sebastian Franck seine Hoffnung setzte.

Diese neuere Form einer «Gottesfreundschaft», in deren Dienst sich schon die vorreformatorische *Theologia Deutsch* stellte, fand durch einen weiteren Aspekt eine wichtige Ergänzung, nämlich durch die Naturphilosophie an der Schwelle zur Neuzeit, durch die Ärzte und alchymistischen Laboranten, als deren Exponent Paracelsus (1493–1541) gelten kann.[1] Die Welt als Makrokosmos ist demnach ein einziges «*mysterium magnum*», ein großer Geheimniszusammenhang, dem der einzelne Mensch als Mikrokosmos organisch eingefügt ist. Noch stellt die Naturerkenntnis eine einzige große Ganzheitsschau dar. Sie ist noch lange nicht in einzelne Spezialgebiete zerstückelt, deren Experten jeweils nur über sehr detailliertes, jedoch eben diese Ganzheit entbehrendes Wissen verfügen. Für Paracelsus, den Reformator der Medizin, besteht die Aufgabe darin, aus einer solchen Gesamtschau von Leib, Seele und Geist heraus den Menschen zu kurieren. Nicht was die Autoritäten von einst in ihren Folianten niedergeschrieben haben, ist oberste Richtschnur für den paracelsischen Arzt, sondern die eigene «Experienz und Erfahrenheit». Die ganze Schöpfung, vom unscheinbarsten Stein bis zum erhabensten Gestirn, stellt sich als ein einziges weites Feld der Selbstoffenbarung Gottes dar. Hier herrscht er durch die Urkräfte und Polaritäten, durch Gut und Böse, durch Licht und Finsternis, vor allem mit der Wirkkraft der «drei Prinzipien» Sulphur, Mercurius und Sal, worunter nicht etwa chemische Elemente im heutigen Sinne zu verstehen sind, sondern Wirkweisen einer geistig-physischen Dynamik.

Dem Wissenden leuchtet das «Licht in der Natur». Mit diesem Wissen und mit der Geschicklichkeit seiner Hände vermag er die «Arcana», die Geheimrezepte, zum Heil von Mensch und Tier zu bereiten. Dieses Naturwissen (*philosophia*) gilt es schließlich und zuhöchst in den Dienst der Transsubstantiation, das heißt der Substanzverwandlung und -veredelung, zu stellen. So wie der Priester gemäß dem Evangelienwort Brot und Wein in Leib und Blut Christi wandelt, so hat der Alchymist auf seine Weise Priesterdienst zu tun. Statt am Altar zu stehen und die Sakramente zu zelebrieren, hantiert er an seinem Ofen und mit den diversen Gerätschaften seiner Kunst, um den rätselumwobenen «Stein der Weisen» (*lapis philosophorum*) herzustellen – ein Symbol der Stoffveredelung und vor allem der Selbstverwandlung. Dabei ist eines kennzeichnend: Während die spätere Chemie und die Naturwissenschaften auf die besondere Pflege der Religiosität und Glaubensanschauung bewußt verzichten, dergleichen für das «exakte» Forschen für irrelevant halten, gibt es für den alchymistischen Adepten noch das polare Zusammenspiel von Laboratorium und Oratorium. Gebet und Arbeit, Aktion und Meditation gehören für ihn noch zusammen. Es kann nicht gleichgültig sein, in welcher Bewußtseinsverfassung und aus welchem Ethos heraus er forschend und manipulierend tätig wird. Überflüssig aufzuzeigen, wohin das Auseinanderdriften von Technik und Ethik, auch von Technik und Spiritualität geführt hat ... So notiert einer jener chymischen «Sucher», der zunächst am sächsischen Hof in Dresden, dann unter Kaiser Rudolf II. tätige Sebald Schwerzer in seinem Manuskript *Von der wahrhaftigen Bereitung des philosophischen Steines*:

«Am Tage Sankt Michaelis 1584 habe ich angefangen zu schreiben diese[s] große Geheimnis der wunderbarlichen Verwandelung derer Metallen und sonderlichen Offenbarung des höchsten Gottes, welches mir der allmächtige Gott geoffenbaret hat durch sonderliche Mittel, dafür ich dem allmächtigen ewigen Gott und unserm Erlöser Jesu Christo samt dem Heiligen Geist Lob, Ehr und Dank sage...»[2]

So ist das chemisch-handwerkliche Tun eingebettet in den religiösen Vollzug. Es ist getragen von einer Spiritualität, für die die Materie noch nicht toter «Stoff» geworden ist, sondern – in des Wortes buchstäblicher Bedeutung – als mütterlicher Lebensgrund des zeugenden Geistes geachtet bleibt. Nicht vordergründige «ökologische» Interessen der Zweckmäßigkeit gebieten diese Haltung, sondern die Ehrfurcht vor dem Lebendigen, vor der Kreatur, die aus der Hand des göttlichen Kreators kommt. Oder sehen wir uns noch ein anderes Zeitdokument dieser Art an, die vielgerühmte *Basilica chymica* des als Medicus und Chymicus ebenfalls unter Rudolf II. dienenden Oswald Croll(ius). Er schreibt zur Frage der Einheit von religiöser Hingabe und wissenschaftlichem Studium:

«Die Werke Gottes sind zweierlei: Die Werke oder den Weg der Natur begreift die Philosophia. Die Werke aber oder den Weg Christi die Theologia. In diesen *beiden* Wegen sollen wir all unser vergänglich Leben zubringen. Daraus denn zu sehen, daß ein jeder rechtschaffener Theologus auch ein Philosophus, und wiederum ein jeder rechter und wahrer Philosophus auch ein Theologus sei...»[3]

Unnötig zu sagen, daß hier Philosoph und Theolog in einem anderen Sinn verstanden werden als heute üblich. Oswald Croll, der sich selbst diesem Weg verpflichtet fühlt, weil er eigentlich «Theosoph», eben Philosophus und Theologus in *einer* Person sein will, beruft sich unter anderem auf Valentinus Weygelius (Valentin Weigel), den zu Lebzeiten heimlichen, in seinen nachgelassenen Schriften jedoch unverkennbaren Theosophen, der daher auch in diesem Zusammenhang erwähnt zu werden verdient.

Weil denn Gotteserkenntnis und Natur- bzw. Selbsterkenntnis aufs engste zusammengehören, deshalb haften allen Erscheinungsformen der Natur gewisse, ihr Wesen und ihre Eigenart anzeigende «Signaturen» an. Es ist – mit Goethe zu sprechen – die «anschauende Urteilskraft», die der Kenner der Signaturenlehre, der spätmittelalterliche Naturkundige, zu handhaben weiß. Man lese nach bei Paracelsus oder – ein Jahrhundert später – bei Jakob Böhme (u. a. in *De signatura rerum*). Für sie werden die Naturdinge mittels der Signaturen oder «Merkzeichen» ihrer äußeren Gestalt (Form, Farbe, Beschaffenheit und Qualität) gleichsam transparent für das, was nicht etwa in mysteriöser Weise «hinter» den Dingen liegt. Nein, die Phänomene selbst sprechen eine «Natursprache». Mit ihrer Hilfe und durch ihr Medium spricht sich jeweils das Urphänomen, also eine geistig-physische Wesenheit oder Qualität aus. Die gesamte Schöpfung Gottes wird auf diese Weise zu einem einzigartigen Hinweis auf den Schöpfer.

Anders ausgedrückt: Es ist die Stimme des Schöpfergottes, der sich in dem «ausgesprochenen Wort» der Schöpfung artikuliert und den Menschen anredet, nämlich geistunmittelbar und konkret zugleich. Die gesamte Natur trägt die Struktur des göttlichen Logos. Nicht nur «die Sonne tönt nach alter Weise in Brudersphären Wettgesang». Und weil nun gemäß alter hermetischer Überlieferung das Obere dem Unteren und das Untere dem Oberen entspricht, mit ihm korrespondiert, mehr noch: weil der Mensch als Gottes Ebenbild (1. Mose 1,26) gestaltet ist, deshalb ist diesem Menschen das unmöglich Scheinende zugetraut und zugemutet, nämlich immer von neuem an dem Bild des durch kein Bild noch Gleichnis Abbildbaren zu arbeiten und Theosophie, Gottesweisheit zu schöpfen. Das ist so lange legitim, solange es in dem Bewußtsein geschieht, daß wir diesen Schatz der Gotteserkenntnis immer nur «in irdenen Gefäßen» empfangen, aber eben empfangen (gemäß 2. Kor. 4,7).

Unter diesem Aspekt wollen wir den Blick auf wichtige Vertreter dieser Theosophie richten.

Alles, was in der Natur vorhanden ist, ist um des Menschen willen da. Und da alle Dinge seinetwegen geschaffen wurden und der Mensch es ist, der ihrer bedarf, so folgt daraus, daß er alles erforschen soll, was in der Natur verborgen liegt.

Sämtliche Werke, hrg. von Karl Sudhoff (XII, 149)

Nach dem rechten Grund zu reden, so ist der Mensch allein darum geschaffen, daß er der Natur Arbeiter sei, das zu tun, was Gott in sie gegeben, gelegt und geschaffen hat. (XII, 53)

Das höchste und erste Buch aller Arznei heißt Sapientia (Weisheit), und ohne dieses Buch wird keiner etwas Fruchtbares ausrichten. Und das ist Sapientia: daß einer wisse und nit wähne, so daß er alle Dinge verstehe und mit Vernunft gebrauche.

(XI, 191)

Das Licht der Natur ist allein die Vernunft, und nichts anders. Wer daher will ein gerechter Arzt sein, der muß aus seiner Vernunft, das ist aus dem Licht der Natur, glauben und arzneien, und nit ohne das Licht. (I, 300)

So viel hab ich erfahrn, daß Spekulieren keinen Arzt macht, sondern die Kunst; die Kunst ist keine Spekulation, sondern ein Experiment, das wird durch die Hände gefunden, und nachfolgend gehört Contemplatio dazu, das heißt: acht haben auf die Natur, wie man sie brauchen soll. Dann kommt die Erfahrenheit derselben Kunst, die ist Meister... Und so wollen wir vor uns stellen die allerbereiteste Jungfrau Experientia, die ohne männlichen Samen ist eine Mutter aller Künste – und sie wird sein eine Bewährerin unseres Schreibens. (II, 363)

Wiewohl sie (die Naturerkenntnis) ins Papier des Buchs gebracht mag werden, so ist es doch ein toter Buchstabe. Aber aus dem Licht der Natur muß die Illumination kommen, daß der Textus libri naturae (d. h. des Buches der Natur) verstanden werde, ohne welche Elucidierung (Erleuchtung) kein Philosophus noch Naturalis sein mag. Darum soll sich keiner verlassen allein auf das Papier, sondern auf die Illumination, die da ausgehet von dem, der selbst das Licht ist. (XI, 201)

Das Auftun der Augen ist weiter mein Fürnehmen, dieweil im Licht der Natur so heiter gezeiget wird, unsichtbare Dinge sichtbar zu sehen. (IX, 253)

Hab acht auf deinen inwendigen Garten! (VIII, 292)

Das ist der ganze Grund: zu wandeln in dem natürlichen Licht, das der Mensch aus sich selbst und aus eigner Vernunft nicht geben kann. Etwas gibt der Mensch wohl, aber unvollkommen. Was vollkommen sein soll, das muß weiter gesucht werden, nämlich bei dem Brunnen, da alle Menschen draus trinken. (XI, 163)

Dahin ist es gekommen: Wenn die Königin Austri (von Saba) auf diesmal käme und suchte die Weisheit Salomonis, sie würde keinen finden, der mit ihr Gespräch hielte. Und doch ist das Licht der Natur und des Heiligen Geistes nicht erloschen, sondern noch so gut als vom Anfang des Pfingsttages! (XII, 28)

Ob gleich wohl mit der Natur angefangen wird, so folgt doch nicht aus dem, daß in der Natur soll aufgehört werden und ihr bleiben. Sondern weiter suchen und enden in dem Ewigen, das ist: im göttlichen Wesen und Wandel! . . . Also hab ich mit dem Licht der Natur angefangen, und ungezweifelt in Gott dem Herrn im Licht des Ewigen will ich beschließen. (XII, 8 und 273)

Valentin Weigel – *Erkenne dich selbst*

In den Schriften des lutherischen Theologen Valentin Weigel findet sich folgender Dialog zwischen einem Priester und einem Laien:

Priester: Nach dem äußeren Menschen habe ich Beichte gesessen und tue es noch, lasse auch den äußeren Menschen ein[en] Absolvierer sein. Denn ich weiß wohl, daß Christi Reich geistlich, innerlich ist, an nichts Äußerliches gebunden, und daß die Vergebung der Sünden müsse gewirket werden durch den Heiligen Geist im Herzen, ohne eines andern Maul und Hand.
Laie: Sollten auch mehr Prediger sein, die solchen Irrtum erkenneten?
Priester: Es sind hin und her Lehrer heimlich, welche diese Greuel der Verwüstung an der heiligen Stätte wohl erkennen. Doch sitzen sie Beichte, bleiben in ihrem Stande, laufen nicht davon, tragen das Kreuz geduldig nach dem äußern Menschen. Inwendig klagen sie es Gott und sind nach dem inwendigen Menschen weder Priester noch Beichtvater...
Laie: Die Prediger sind in einem gefährlichen Stande. Man macht sie zu Beichtvätern und Priestern und schreibet ihnen alleine zu die Gewalt der Kirche, daß sie an Gottes Statt sollen Sünde vergeben.
Priester: Der meiste Teil ist wohl zufrieden, nimmt diese Ehre gar gerne an und will herrschen über der andern Glauben, ist selbst ungläubig. Aber der es verstehet, hat ein Mißfallen dran und [es] schmerzet ihn, daß er in einem solchen Netze gefangen lieget. Doch läuft er nicht draus, unterstehet sich auch nicht, solchen Greuel einzuwerfen...[1]

Der Dialog, in dem ein Laie seinen (protestantischen) Beichtvater überzeugen will, daß der Priester letztlich gar nicht bevollmächtigt sei, an Gottes Statt die Sünden zu vergeben, stammt nicht etwa von einem polternden Kritiker der Kirche, der von außen gegen die Institution ankämpft, sondern von einem ihrer «verordneten Diener». Er, Valentin Weigel, ist seit mehr als zehn Jahren lutherischer Pfarrer und nimmt sein Amt durchaus ernst. Aber dieses um 1580 aufgezeichnete Wechselgespräch ist eines der zeitgenössischen Dokumente, aus denen hervorgeht, daß die junge Glaubensbewegung der Reformation ein Menschenalter nach Luther in einer tiefen Glaubenskrise steckt.

Hatte der Reformator einst die erschütternde, sein Leben und das Leben ungezählter Zeitgenossen grundlegend verändernde Erfahrung gemacht – dank der Entdeckung von der Rechtfertigung des Gottlosen «ohne des Gesetzes Werke, allein aus Gnaden» –, so ist der Aufbruch der frühen zwanziger Jahre des 16. Jahrhunderts längst vergessen und in ein Stadium orthodoxlehrhafter Verfestigung eingetreten. Bekenntnisschriften, vor allem inner- und interprotestantische Einigungsformeln (Konkordienformeln) samt den darin enthaltenen theologischen Spitzfindigkeiten scheinen wichtiger geworden zu sein als das Glaubens*erleben* und das Leben aus dem Glauben. Winfried Zeller, Erforscher der protestantischen Frömmigkeitsgeschichte dieser Epoche, hat die Ausgangslage folgendermaßen charakterisiert:

«Es ist eine geschichtlich nicht außer acht zu lassende Tatsache, daß das Reformationsjahrhundert während seines letzten Drittels in eine umfassende Frömmigkeitskrise ausmündet. Diese ist um so tiefgreifender gewesen, als sie mit einer allgemeinen geistigen Krise Hand in Hand ging, deren Ausstrahlungen bis in die Kirchenmusik hinüberreichen. Im Grunde ist es die Krise der dritten nachreformatorischen Generation. Ihr sind die tiefen religiösen Erlebnisse und theologischen Erkenntnisse der Reformatoren nicht mehr selbst errungene und selbst gedachte Wahrheit gewesen... Man ist unsicher, ob und wie einem die kirchlich verkündigte Wahrheit zu eigen werden könne.»[2]

Des Ernstes der Lage werden sich einzelne, meist Einzelgänger, wohl bewußt. Valentin Weigel ist einer von ihnen.

Im Jahre 1533 wird Weigel in Großenhain-Naundorf (heute

Bezirk Dresden) geboren. Er ist also erst dreizehn Jahre alt, als Luther stirbt. Sechzehnjährig (1549/54) besucht er die berühmte Fürstenschule Sankt Afra in Meißen. Ein außerordentlich langes Studium schließt sich ab 1554 in Leipzig an. Theologie, Philosophie, Naturwissenschaft und Medizin stehen auf seinem Programm. 1558 erwirbt er den akademischen Grad eines Bakkalaureus, ein Jahr danach den des Magisters. Um seine ohnehin schon umfangreichen Studien abzurunden, bezieht er 1564 die Universität Wittenberg. Erst im Alter von vierunddreißig Jahren wird Valentin Weigel ordiniert und zum Pfarrer im kursächsischen Zschopau ernannt. Dort heiratet er Katharina Beuche. Das Pfarramt bekleidet er bis zu seinem Tod am 10. Juni 1588.

Kaum sind zwei Jahrzehnte vergangen, da erscheinen – von 1609 an – allerlei Manuskripte im Druck, deren Inhalt und Zielrichtung den Autor Valentin Weigel als einen protestantischen Theologen ausweisen, der sich nicht allein der problematischen inneren Situation seiner Kirche bewußt ist, sondern der zu einer Neubesinnung aufruft. Bis zu seinem Tod hat Weigel als evangelisch-lutherischer Pfarrer amtiert, ohne die Bekenntnisgrundlagen seiner Kirche öffentlich in Frage zu stellen. Seine Schriften zeigen uns einen religiös strebenden, nach Verinnerlichung des öffentlich deklarierten Glaubens trachtenden Menschen, dem die äußere Übereinstimmung mit den Wortlauten von «Schrift und Bekenntnis» bei weitem nicht genügt. Weigel fragt nach tieferer Erkenntnis. Er fordert, Erkenntnis müsse «von innen heraus und nicht von außen herein» kommen. Und was die in dem eingangs zitierten Dialog erwähnte Beichte und Buße anbelangt, so könne diese nicht kraft einer äußeren Amtsausübung vollzogen werden, sondern Christus selbst, der «Christus in uns», müsse wirken. *Er* sei der wahre «Absolvierer in uns». *Er* allein schafft einen Neuanfang und ein neues Leben in dem umkehrenden Menschen. Es ist im besonderen die Mystik Johannes Taulers und der schon mehrfach erwähnten *Theologia Deutsch*, die ihm hilft, einen theologisch-religiösen Neuansatz zu gewinnen.

Doch Valentin Weigel ist nicht nur einer von denen, die die bei dem jungen Luther und bei den Spiritualisten auf dem linken Flügel der Reformation (Thomas Müntzer u. a.) wirksamen Impulse der mittelalterlichen deutschen Mystik aufnehmen. Auch diese nach innen gerichtete Mystik bedarf – wie wir gesehen haben – noch einer Erweiterung, insbesondere seit dem Heraufkommen der modernen Naturwissenschaft. Nun hat Weigel im Rahmen seiner ausgedehnten Studien neben der Theologie auch die Naturphilosophie und Medizin seiner Zeit gründlich kennengelernt. Wichtig wurden ihm die Schriften des großen Hohenheimers, Paracelsus. Deshalb richtet er seinen Blick nach innen *und* nach außen. Ihm leuchten *beide* Lichter: das «Licht der Gnade» und das «Licht der Natur». Eine Einheitsschau tut sich ihm auf. Eben diese Tatsache macht ihn, den nach einer vertieften und erweiterten religiösen Erkenntnis Strebenden, zu einem christlichen Theosophen, dem der klerikale Dogmatismus zuwider ist.

Und diese seine spirituell ausgerichtete Einheitsschau ist nicht das Ergebnis bloßer Literaturstudien. Sie ist mehr als «Bücherwissen», dem schon Paracelsus eine Absage erteilt hat. Man müsse selbst zum «Anfang des wahren Glaubens» kommen, sagt Weigel. Und eben davon berichtet er in seinem autobiographischen Buch *Der güldene Griff* (Kap. 24). Weigel muß demnach so etwas wie ein geistig-religiöses Durchbruchserlebnis erfahren haben, das den Beunruhigten, Irrenden, um den Mangel an spiritueller Kraft Bekümmerten aus der Dunkelheit zum Licht geführt hat. Weigel nennt es – durchaus in Übereinstimmung mit Luther – eine «Gnade von oben herab, denn es wurde mir ein Auge gezeiget, welches mich erfreute und mein Herz erleuchtete, daß ich alle Dinge sehen und beurteilen konnte, viel klarer und lauterer, als daß mich alle Lehrer mit ihren Büchern in der ganzen Welt lehren konnten ...»

Und auf die Frage nach einer näheren Bestimmung der gewonnenen Erkenntnisgrundlage antwortet Weigel: «Es ist das Buch in mir.» Gottes Finger hat es eingeschrieben – und nicht nur bei ihm oder bei wenigen Wissenden. Im 25. Kapitel betont Weigel ausdrücklich, dieses innere Buch sei allen, ohne Ausnahme, anvertraut als Inbegriff von Leben und Licht der Menschen, nämlich als das Wort Gottes in jedem einzelnen. Von ihm heißt es in diesem Zusammenhang: «Das Wort ist die Weisheit Gottes im Menschen; es ist das Bildnis Gottes im Menschen; es ist der Geist oder Finger Gottes im Menschen; es ist der Same Gottes, das Gesetz Gottes, Christus, Gottes Reich; es ist das Weib des Lebens in uns. Solches kann an Joh. 1 erwiesen werden, daß dieses Wort, Geist, Licht, Samen, Sohn *ein* Ding ist.» Damit ist das Zentrum der Weigelschen Menschenkunde klar bezeichnet. Es ist, wie es zum Schluß des Buches heißt, die Basis, «uns alle miteinander zum innersten Zeugnis zu führen».

Unter den ersten bekannten Schriften Weigels befindet sich neben zwei Traktaten über die Bekehrung des Menschen und von der Armut des Geistes oder über die wahre Gelassenheit (1570) auch der *Kurze Bericht und Anleitung zur Deutschen Theologie* (1571). Dabei handelt es sich für den Autor weniger um das, was der anonym gebliebene Frankfurter in seiner seit Luther vielgelesenen Schrift gemeint hat, als er einen Weg mystischer Gelassenheit zu zeigen versuchte. Weigel schließt zwar an die *Theologia Deutsch* an, betont aber vor allem die Erkenntnisaufgabe, die dem in der Hingabe an Gott lebenden Menschen obliegt: Das antike «*Nosce te ipsum* – Erkenne dich selbst!» ist denn auch eines der großen durchgängigen Themen des Zschopauer Pfarrers. In seiner Theosophie fließen Theologie und Philosophie, Gottesweisheit und Menschenerkenntnis zusammen und verbinden sich in einer einzigartigen Naturschau, wie wir sie durch Paracelsus kennen. Deshalb schreibt er den Gedanken nieder, «Propheten und Christus samt den Aposteln lehrten nichts anderes, als daß sie auslegen und erklären die ersten drei Kapitel des Buches der Schöpfung».[3]

Auf den ersten Blick mag eine solche Feststellung verwundern.[4] Der Zusammenhang macht jedoch deutlich, daß es dem Kommentator der *Theologia Deutsch* darum zu tun ist, Schöpfungsgeschichte und Heilsgeschichte, Schöpfung und Erlösung unter einem alles zusammenfassenden Spannungsbogen zu betrachten, denn – so heißt es im Kontext bei Weigel: «Die ganze Heilige Schrift treibet, reizet und vermahnet uns dahin, auf daß Adam in uns sterbe und Christus in uns auferstehe und lebe.» Es geht dem Zschopauer demnach um nichts Geringeres als um die Wiederherstellung des gefallenen Menschenbildes, welches Adam, das Urbild des Menschen, repräsentiert.[5] Damit stimmt Weigel den *cantus firmus* theosophischer Rede an, den wir später bei Böhme, auch bei Andreae und bei den ihnen Folgenden in voller Stärke vernehmen können.

Und was für Adam, den Prototypus des Menschen, gilt, das besitzt für jeden einzelnen heute und immer Gültigkeit. Der einzelne hat an dem Adam-Schicksal teil, und das heißt: auch an der Chance Adams, die verlorene Urbildlichkeit wiederzuerlangen. Dem Menschen, der seit dem kopernikanischen Schock den Himmel nicht länger «oben» und die Hölle nicht länger unter der Erde suchen kann, dem muß nunmehr ausdrücklich gesagt werden, daß wir das Reich Gottes nicht an einem geographischen oder astronomischen Ort finden. Wir dürfen es überhaupt nicht außer uns suchen, sondern allein in uns selbst. Denn «wie nun die Seele wohnet im [sterblichen] Leib, also wohnet Gott in der unsterblichen Seele».[6]

Da hängt es freilich ganz entscheidend davon ab, daß der Mensch sich dieser seiner Situation bewußt wird und in das neue Sein eintritt, indem er zu den beiden Weisen der Erkenntnis Zugang findet, zur «natürlichen Erkenntnis im Licht der Natur» und zur «Erkenntnis durch den Glauben» im Licht der Gnade, wie schon Paracelsus gesagt hat. Letztere Erkenntnisart setzt die «andere Geburt» voraus: «Denn alldieweil der Mensch klebet an ihm [sich] selber und hanget an der Kreatur, so bleibt das vollkommene Gut unbekannt und kommet das Reich Gottes nicht zu uns. Soll es zu uns kommen, das ist: sollen wir das Reich Gottes *in uns* finden, fühlen und schmecken, so müssen wir mit Nikodemus neu geboren werden. Das ist: wir müssen uns umwenden und werden wie die Kinder.»[7]

Gotteserfahrung setzt totale Veränderung und Erneuerung voraus. Bemerkenswert ist, daß Weigel die Lehre von der Gottebenbildlichkeit des Menschen nicht nur als Lehrgegenstand der Schule sehen will, wodurch zu seiner Zeit nur wenige Privilegierte davon erführen, weil es eine allgemeine Volksbildung kaum gibt. Seine Forderung lautet daher: «Die Lehre von dem Bildnis gehöret ... auf die Kanzel für das Volk!» Das heißt doch: Theosophie, wiewohl sie hohe Ansprüche stellt, soll schließlich *allen* zugänglich werden, «denn aus solcher Betrachtung lernen wir, was der Wille Gottes sei gegen uns in Zeit und Ewigkeit». Zeit und Ewigkeit sind auch die beiden großen Bereiche des menschlichen Erkennens. Ihm schenkt Weigel in seinem Buch *Nosce te ipsum* (*Erkenne dich selbst*)[8] besondere Aufmerksamkeit, und zwar bis hin zu einer differenzierten Betrachtung der hierfür nötigen Erkenntnisorgane. Es ist die menschliche Seele selbst, in der Gott und Natur, eben Zeit und Ewigkeit, als eine Ganzheit erfahren werden können. Gemäß seinem dreigegliederten Bild von Mensch und Kosmos unterscheidet Weigel drei Arten der Wahrnehmung:

Zunächst das *leibliche* Auge (*oculus carnis*); es richtet sich in erster Linie auf die äußeren Objekte der Wahrnehmung, auf das Physische. Aber auch die Imagination als das innerlich Vorgestellte rechnet er noch dem *oculus carnis* zu, insofern die Imagination äußeren Wahrnehmungen entspricht, wenngleich ein äußeres Objekt im Moment des Vorstellens fehlt.

Eine nächste Stufe des Erkennens wird betreten, wenn «der Mensch durch die *Vernunft* [*oculus rationis*] siehet und erkennet die Dinge, welche der Imagination unmöglich sind zu sehen oder welche dem Menschen durch die Imagination zu erkennen unmöglich sind» (Kap. 11). Während das Imaginieren, wie Weigel es versteht, infolge der Bildmotive noch an die Gegebenheiten sinnlicher Wahrnehmung gebunden ist, vermag sich die Vernunft darüber, und das heißt: über Raum und Zeit, zu erheben.

Die höchste Erkenntnisstufe übersteigt auch noch die Vernunft-Ebene, «denn dasselbe erkennet über sich den ewigen, unbegreiflichen Gott». Weigel spricht hier von der *Geist*-Erkenntnis (mittels des *oculus mentis*). «*Oculus mentis* ist das edelste und höchste Auge . . .» (11. Kap.).

Wie hoch die Gottes- und Geisteserkenntnis einzustufen ist, wird für ihn in der Todesstunde offenkundig, also in dem Augenblick, in dem mit der Vergänglichkeit des physischen Leibes auch alle Sicherungen und Ansprüche hinfällig werden, die menschlichen Ursprungs sind, auch solche der kirchlichen Institution. Dies deutlich zu machen, ist Weigels besondere Absicht. Einen Beleg dafür liefert sein Buch *Dialogus de Christianismo* (1584).[9] In ihm läßt der Verfasser «die drei fürnehmsten Personen der Welt», nämlich den Laien (*Auditor*), den Vertreter der (kirchlichen) Geistlichkeit und den mit Christus identischen Tod (*Mors*) auftreten und «ein christliches, hochwichtiges, notwendiges Colloquium» führen:

Für welche dieser drei charakteristischen Hauptgestalten Weigel Partei ergreift, ist schon bald unschwer zu sehen, denn den Laien läßt er gleich eingangs seiner Freude über die Vereinigung mit Christus Ausdruck geben (1. Kapitel). Er bekennt sich zu der Überzeugung, daß ohne das «innere Wort» die äußere Predigt umsonst sei (2. Kapitel). Entscheidend sei letztlich, daß der «Tod Christi *in uns* ... unser Leben ist» (3. Kapitel). In diesem Dialog bekräftigt Christus sodann die innere Gewißheit des Laien und weist auf die «notwendige wesentliche Einwohnung Gottes im Menschen» hin (5. Kapitel). Welchen Wert diese Einwohnung und dieses innere Leben mit Christus habe, beschreibt schließlich das 8. Kapitel, das vom Tod des Laien berichtet, der ohne die kirchlichen Segnungen stirbt und infolgedessen gemäß dem Brauch der Zeit außerhalb des kirchlichen Friedhofs «auf dem Feld» begraben wird. Wer sich aber um das Seelenheil eines solchen, dem äußeren Anschein nach verfluchten Menschen sorgt, dem sagt der undogmatische Christus im Dialog ausdrücklich:

«Wer das Vaterunser verstehet und den dritten Artikel des Glaubens [von der Wirklichkeit des Heiligen Geistes], der erkennet ja wohl, daß ein *jeder* Gläubiger in der christlichen Kirchen sei, habe die Gemeinschaft aller himmlischen Güter *in ihm selber,* darf [d. h. braucht] von außen zu dem Priester der Absolution nicht gewarten, darf auch nicht aus dem Sakrament weder Trost noch Vergebung der Sünden holen. Der nicht die Beichte und Absolution in ihm hat durch den Glauben an Christo, dem hilft die Beichte und Absolution bei dem Priester gar nichts. Dem Unbußfertigen nutzet das Maulabsolvieren nichts, ob ers gleich hat, und dem Gläubigen schadets nichts, wenn ers gleich nicht hat ... Es lieget alles an dem inwendigen Menschen, darauf allein Gott siehet.»[10]

Damit erteilt Valentin Weigel, wiewohl selbst ein Amtsträger der Kirche, allem bloßen Formalismus der institutionellen Kirche eine klare Absage. Alles in allem: Aus dem Geist einer verinnerlichten Reformation und einer universalen Naturschau initiiert er eine christliche Theosophie, die in der nächsten Generation vor allem durch Jakob Böhme weiter ausgestaltet und vertieft werden sollte.

Jakob Böhme – «Philosophus teutonicus»

Wer die Spuren christlicher Theosophie zurückverfolgt, stößt immer wieder auf den Namen eines Mannes, der zwar außerhalb der Schulen und der orthodoxen theologischen Lehrmeinungen steht, aber einen über Jahrhunderte sich erstreckenden Einfluß auf das Denken und auf die Frömmigkeit ausgeübt hat, und zwar über die Konfessions- und Weltanschauungsgrenzen hinweg. Schon seine Zeitgenossen verliehen ihm den Titel «Philosophus teutonicus», deutscher Philosoph. Dabei wird Philosophie im Sinne jener All-Weisheit (Pansophie) verstanden, die die Grenzen der einzelnen wissenschaftlichen Disziplinen überschreitet. In seinem Spätwerk, den berühmten Berliner Vorlesungen *Philosophie der Offenbarung,* sagt Friedrich Wilhelm Joseph Schelling über diesen Mann:

«Man kann nicht umhin, von Jakob Böhme zu sagen, er sei eine Wundererscheinung in der Geschichte der Menschheit und besonders in der Geschichte des deutschen Geistes. Könnte man je vergessen, welcher Schatz von natürlicher Geistes- und Herzenstiefe in der deutschen Nation liegt, so dürfte man sich nur an ihn erinnern ... Jakob Böhme ist wirklich eine theogonische Natur!»[1]

Friedrich Christoph Oetinger, der umfassend gebildete schwäbische Theologe, Theosoph, Alchymist und Kabbalist des 18. Jahrhunderts, von dem noch zu sprechen sein wird, verdankt seiner geistigen Begegnung mit dem schlesischen Schuster Entscheidendes. Ihm fiel bereits auf, daß kein Geringerer als der englische Naturforscher Sir Isaak Newton Jakob Böhme «aufs fleißigste geprüft» haben müsse, um zu seinen naturwissenschaftlichen Einsichten gelangen zu können. Daß Böhme indes ein anderes, ein qualitatives Naturbild hatte – in dieser Hinsicht ein richtungweisender Vorläufer des naturforschenden, die Urphänomene des Lebens anschauenden Goethe –, steht auf einem anderen Blatt.

So ist es verständlich, wenn einer der bedeutendsten marxistischen Denker des 20. Jahrhunderts, Ernst Bloch, zu der lapidaren Feststellung gelangt: «Dergleichen ward seit Heraklit nicht mehr gehört.»[2] Die Fülle dieser und ähnlicher Belege spricht für die außerordentliche geistig-geistesgeschichtliche Strahlkraft dieses Mannes. So kommt denn auch der amerikanische Kulturhistoriker William Bossenbrook zu dem Ergebnis (mit dem er den Görlitzer Meister historisch einordnen hilft):

«Böhme ist das wichtigste Bindeglied in der Reihe der Denker, die sich von Eckhart bis Hegel erstreckt; er verband die Ideen von Eckhart, Nikolaus von Kues, Paracelsus und Luther und formte sie zu einer Theosophie um, die im Laufe der Säkularisierung, der sie von Leibniz bis Hegel unterzogen wurde, jene Merkmale annahm, die im allgemeinen als der spezifisch deutsche Beitrag zur Philosophie angesehen werden.»[3]

So ist es, alles in allem, gerechtfertigt, mit dem um die Böhme-Forschung verdienten früheren Marburger Kirchen- und Geistesgeschichtler Ernst Benz zu sagen: «Die Geschichte der Nachwirkung Jakob Böhmes auf das europäische Geistesleben ist eines der anregendsten und aufregendsten Kapitel der abendländischen Geistesgeschichte.»[4]

Werfen wir jetzt einen Blick auf seinen Lebenslauf: Jakob Böhme wurde im Jahr 1575 in Alt-Seidenberg bei Görlitz/Schlesien geboren. Der genaue Geburtsmonat ist nicht mehr zu ermitteln. Er entstammte einer alteingesessenen, nicht unbegüterten, allgemein angesehenen Bauernfamilie. Dafür sprechen einige Dokumente.[5] Seiner schwächlichen Konstitution wegen erlernte Jakob das Schuhmacherhandwerk. Im Jahre 1599 ließ er sich in Görlitz nieder, erwarb dort das Bürgerrecht und heiratete die Metzgerstochter Katharina Kuntzschmann.

In den Tagen, als dem etwa fünfundzwanzigjährigen Schuhmachermeister der erste Sohn geboren wurde, löste der Anblick eines Zinngefäßes in ihm – offensichtlich nicht zum ersten Male! – eine geistige Schau aus, der weitere ähnliche innere Erlebnisse folgen sollten. Böhmes erster Biograph, der Schlesier Abraham von Franckenberg, berichtet darüber in barocker Weitschweifigkeit:

«Unterdessen und nachdem er sich als ein getreuer Arbeiter seiner eigenen Hand im Schweiß seines Angesichts genähret, wird er mit des 17. Saeculi [Jahrhunderts] Anfang, nämlich anno 1600, als im 25. Jahr seines Alters, zum andern Mal vom göttlichen Lichte ergriffen und mit seinem gestirnten Seelengeiste durch einen gählichen [plötzlichen] Anblick eines zinnern Gefäßes ... zu dem innersten Grunde oder centro der geheimen Natur geführet. Da er, als in etwas zweifelhaft, um solche vermeintliche Phantasie aus dem Gemüte zu schlagen, zu Görlitz vor dem Neißtore, allwo er an der Brücken seine Wohnung gehabt, ins Grüne gegangen, und doch nichts destoweniger solchen empfangenen Anblick je länger je mehr und klarer empfunden, also daß er vermittels der angebildeten Signaturen gleichsam in das Herz und die innerste Natur hineinsehen können ... wodurch er mit großen Freuden überschüttet, stille geschwiegen, Gott gelobt, seiner Hausgeschäfte und Kinderzucht wahrgenommen und mit jedermann fried- und freundlich umgegangen und von solchem seinen empfangenen Lichte und inneren Wandel mit Gott und der Natur wenig oder nichts gegen jemanden gedacht.»[6]

Und weil kein einziges authentisches Böhmebildnis existiert – alle vorhandenen wurden mehrere Jahre nach Böhmes Tod angefertigt! –, ist Abraham von Franckenbergs knappe Charakteristik seiner äußeren Erscheinung von einigem Belang:

«Seine äußere Leibesgestalt war verfallen und von schlichtem Ansehen, kleiner Statur, niedriger Stirne, erhobener Schläfe, etwas gekrümmter Nase, grau und fast himmelblau glitzernde Augen, sonsten wie die Fenster am Tempel Salomonis, kurzdünnen Bartes, kleinlautender Stimme, doch holdseliger Rede, züchtig in Gebärden, bescheiden in Worten, demütig im Wandel, geduldig im Leiden, sanftmütig im Herzen.»[7]

Nach verschiedenen mißlungenen Versuchen schrieb Böhme im Frühjahr 1612 innerhalb weniger Monate sein erstes Buch, die berühme *Morgenröte im Aufgang*, auch *Aurora* genannt, und zwar, wie er immer wieder betont hat: sich selbst «zum Memorial», und nicht etwa mit der Absicht zur Veröffentlichung. Das noch unabgeschlossene Manuskript lieh Böhme an interessierte Freunde aus, die ohne Wissen des Verfassers für Abschriften gesorgt haben. So wurde das Werk des Görlitzer Schuhmachers unter religiös aufgeschlossenen Menschen bekannt. Es handelte sich vor allem um Leute, die mit dem Gedankengut Kaspar Schwenckfelds bereits in Berührung gekommen waren.[8] So haben wir mit einer Fortsetzung der Tradition zu rechnen, die ein bzw. zwei Generationen zuvor in Schlesien bereits ihren Anfang genommen hatte, wenngleich Böhme sich in vielen Punkten von Schwenckfeld als dem Verkünder des inneren Wortes unterscheidet.

Auch der Görlitzer Oberpfarrer Gregor Richter, ein zwar gebildeter, aber theologisch engherziger orthodoxer Lutheraner, erfuhr von dem umfangreichen Schriftwerk seines Gemeindemitglieds. Richter kanzelte Jakob Böhme öffentlich als einen angeblichen Ketzer ab. Außerdem veranlaßte er, daß der Görlitzer Magistrat den unbescholtenen Schuster kurzfristig inhaftieren und sein Erstlingswerk konfiszieren ließ. Der Autor bekam sein Buch zeitlebens nicht mehr zu Gesicht. Dank der diversen Abschriften durch Freunde zirkulierte die *Aurora* jedoch in ganz Schlesien und wurde nach und nach auch darüber hinaus bekannt, ja berühmt.

Der Oberpfarrer hatte den Schuhmacher verpflichtet, künftig jegliche schriftliche Äußerung zu unterlassen, weil eine derartige Schriftstellerei nicht die Sache eines unstudierten Laien sein könne. Böhme hielt sich auch jahrelang an das Schreibverbot seines «geistlichen» Inquisitors. Als jedoch die öffentlichen Schmähungen von seiten Gregor Richters nicht aufhörten, gab Böhme dem Drängen seiner Freunde nach und griff von neuem zur Feder. Zwar begann 1618 der Dreißigjährige Krieg, der auch die Heimat des Schusters in Mitleidenschaft zog, aber trotzdem lag im Jahr darauf, 1619, Böhmes zweites Buchmanuskript fertig vor: *Die Beschreibung der drei Prinzipien göttlichen Wesens* (*De tribus principiis*). Der Titel verweist bereits auf die Anlehnung an Vorstellungen der spätmittelalterlichen Naturphilosophie, wie sie von Paracelsus her bekannt ist. Seinen Lebensunterhalt verdiente Böhme zusammen mit seiner Frau, indem er in jenen Jahren sein Schuhmacherhandwerk aufgab und einen Garnhandel betrieb. Auf diese Weise war er geschäftlich viel unterwegs. Seine Reisen und Wanderungen konnte er gleichzeitig dazu nutzen, Gesinnungsfreunde in Schlesien bzw. in der Lausitz zu besuchen und als Lehrer eines esoterischen Christentums und als Seelenführer im verborgenen tätig zu sein.[9]

Der Kreis der Böhmefreunde und der an ihm sich orientierenden geistig-geistlichen Sucher wuchs rasch. Es waren Menschen aus verschiedenen Volksschichten, unter ihnen auch Angehörige des schlesischen Landadels und eine Reihe von Ärzten. Ein Großteil seiner *Theosophischen Sendbriefe* geben uns unmittelbaren Aufschluß über diesen Kreis, vor allem über das spirituell-theosophische Streben der einzelnen Adressaten, aber auch über die Lebensumstände des Briefschreibers. Für die Kenntnis seines Lebens und Werks sind diese Zeugnisse von unschätzbarem Wert![10]

In rascher Folge entstanden weitere Schriften, in denen Böhme die Ergebnisse seines Schauens niederlegte. In ihnen entwarf er das vielgestaltige, auch mannigfachen Veränderungen unterworfene Bild seiner Theosophie, die er zu einer Kosmosophie, Anthroposophie und Christosophie ausweitete. Unter letzterer verstand er vornehmlich die Beschreibung des inneren Wegs zu Christus, wie er ihn selbst ging und wie er seine Geistesschüler darin methodisch und seelsorgerlich unterwies. Zu den Hauptschriften, die bis zum Jahr 1623 entstanden, gehören unter anderen: *Von dem dreifachen Leben des Menschen – Vierzig Fragen von der Seelen – Von der Menschwerdung Jesu Christi – Sechs theosophische Punkte – De signatura rerum* (auch diese Schrift erinnert an Paracelsus und seinen Kreis!) – *Von der Gnadenwahl* – und *Mysterium magnum*, Böhmes umfangreichstes Werk, eine Art Kommentar zum Buche Genesis.

Der esoterisch-intime Charakter seiner *Theosophischen Sendbriefe*, aber auch all der anderen genannten Bücher sowie der zahlreichen kleineren Schriften wird dadurch unterstrichen, daß sie nur in handschriftlicher Form in Umlauf waren und auch weiterhin nur handschriftlich vervielfältigt wurden. Das einzige Büchlein, das (Anfang 1624) zu Böhmes Lebzeiten gedruckt vorlag, ist *Der Weg zu Christo*, die ebenfalls bedeutsame *Christosophia*.[11] Johann Sigismund von Schweinichen, ein Freund und Schüler, gab es mit Wissen des Autors heraus. Es ist eine Art christlicher Einweihungsweg und beschreibt den «Prozeß», den Böhme initiieren wollte.

Von äußeren Ereignissen im Leben Jakob Böhmes ist nicht viel zu berichten: Kaum war das auch für einen orthodoxen Lutheraner durchaus unverfängliche Büchlein im Druck erschienen, überschüttete der Oberpfarrer Gregor Richter den ehrbaren Schuster abermals mit den unflätigsten Schmähungen. Es kam zu neuerlichem Verhör vor dem Magistrat von Görlitz. Böhme verließ die Stadt für kurze Zeit und folgte einer Einladung an den kurfürstlich-sächsischen Hof nach Dresden. Dabei nährte er die langgehegte Hoffnung, eine neue, innere und doch die ganze Welt umspannende Reformation könnte mit Unterstützung einsichtiger Menschen unter den politisch Einflußreichen in Gang gebracht werden. Die Gespräche mit den sächsischen Regierungsbeamten und Offizieren führten jedoch – wie kaum anders zu erwarten – nicht zu dem gewünschten Ergebnis. Böhmes Familie war während dieser Zeit dem aufgehetzten Pöbel in Görlitz schutzlos preisgegeben.

Als sein Hauptgegner Gregor Richter im August 1624 starb, waren auch Böhmes Tage schon gezählt. Von einer letzten Besuchsreise bei schlesischen Freunden kehrte er am 7. November schwer krank und körperlich geschwächt nach Görlitz zurück. Freunde, unter ihnen der Görlitzer Arzt Tobias Kober, betreuten den Todkranken. Dem Brauch orthodoxer Lutheraner entsprechend mußte sich Jakob Böhme noch auf dem Sterbebett einem Glaubensverhör stellen. Am 17. November 1624 starb er in seinem Haus an der Neißebrücke, erst neunundvierzig Jahre alt.

Da sich der Nachfolger von Gregor Richter, der Oberpfarrer Nikolaus Thomas weigerte, die kirchliche Beerdigung pflichtgemäß vorzunehmen, mußte Tobias Kober durch Stadtratsbeschluß die Abhaltung des Trauergottesdienstes und die Beisetzung erzwingen. Die aufgebrachte Menge zerstörte das Grabkreuz, das Böhmes auswärtige Freunde gestiftet hatten. Auf einer Abbildung in der holländischen Böhmeausgabe von 1686 trägt das symbolgeschmückte Grabkreuz Böhmes einen Text, der an den alten Rosenkreuzer-Spruch erinnert:

Aus Gott geboren
In JHSVH gestorben
Mit dem Heiligen Geist versiegelt.

Damit ist zugleich auf die geistige Atmosphäre hingewiesen, in der sich das zeitgenössische Rosenkreuzertum entfalten konnte. Parallelen gibt es zweifellos, doch ist Böhme nicht als «Rosenkreuzer» einzuordnen.

Welcher Art ist nun die Theosophie Jakob Böhmes? Was er als den Niederschlag einer universalen Gottes-, Welt- und Menschenweisheit mitzuteilen hatte, das empfing er Mal um Mal durch die Inspirationen und Impulse eines übermächtigen «feurigen Triebes», wie er diesen inneren Anstoß gelegentlich genannt hat. Diesem Impuls konnte er sich nicht entziehen. Sein Schaffen, auch und gerade das als Schriftsteller, ist von diesem «feurigen Trieb» gespeist. Er selbst ist nicht der «Macher», wiewohl er sich als «Autor» versteht. Diese Selbsteinschätzung ist im Zusammenhang mit dem Geständnis zu sehen: «Bei mir suche niemand das Werk... Nicht rede ich von mir, sondern von dem, was der Geist zeiget, dem niemand widerstehen kann. Denn es stehet in seiner Allmacht und lieget nicht an unserem Wähnen und Wollen.»

Menschen, die spirituelle Innenerfahrungen machen, stellen sich notgedrungen die Frage: Wie sollen, wie können wir von dem im Grunde Unsagbaren, Unnennbaren denken und reden? Das ist auch die bewegende Frage, mit der sich Jakob Böhme von Anfang an konfrontiert sieht. Sie läßt ihn lebenslang nicht mehr los, wenngleich die Antworten, die er zu geben hat, differieren. Das ist nicht zuletzt in der Eigenart seines anschauenden Denkens begründet – der Ton liegt auf «Anschauen»! –, bis zu einem gewissen Grade auch im Inhalt seines Schauens. Und so hebt Böhmes Erstling, die berühmte *Aurora*, an:

«Wiewohl Fleisch und Blut das göttliche Wesen nicht ergreifen können, sondern der Geist, wenn er von Gott erleuchtet und angezündet wird; so man aber will von Gott reden, was Gott sei, so muß man fleißig erwägen die Kräfte in der Natur, dazu die ganze Schöpfung, Himmel und Erden, sowohl Sternen und Elementen und die Kreaturen, so aus denselben sind herkommen, sowohl auch die heiligen Engel, Teufel und Menschen, auch Himmel und Hölle» (*Aurora* 1,1).

Worum es dem Schreiber dieser präludierenden Sätze geht, ist klar: Er will die papierenen Götterbilder hinter sich lassen und damit all das, was mehr oder minder fromm verbrämter Rationalismus an Vorstellungen über ihn, den «Ganz Anderen», hervorgebracht hat. Das alttestamentliche Gebot – Du sollst dir weder Bildnis noch Gleichnis von ihm, diesem Unnennbaren, machen! – ist Böhme wie mit flammenden Lettern ins Herz gebrannt. Indem er aber forscht und weiterfragt – agnostischer Erkenntnisverzicht ist ihm fremd –, stößt er auf die gewaltige Paradoxie von Gut und Böse, von Licht und Finsternis, die beide in Gott selbst ihren Grund und «*Un*grund» haben müssen. Zweifellos handelt es sich hier um eine Widersprüchlichkeit, die nicht verharmlost, nicht harmonisiert werden kann, sondern deren spannunggeladene Dialektik ertragen werden muß. Das ist Böhmes Einsicht. Sie läßt ihn erschrecken. Keine Spur von jenem im «christlichen Abendland» verbürgerlichten «lieben Gott» und «sanften Jesulein, das nicht beißt» (so Ernst Bloch). Böhmes Erlebnis ist, daß er der Dimension der «Tiefe» gewahr geworden ist. Darüber droht er, in eine schwere Melancholie zu verfallen. Doch letztlich sind seine *Aurora* und auch seine anderen Werke selbstredende Belege dafür, daß er der Bestürzung Herr geworden ist, in einem eindrucksvollen Ringen, das in den Texten mehrfach bezeugt ist. Denn mitten im Erschrecken eröffnet sich ihm der Blick in die «innerste Geburt der Gottheit». Der Unsichtbare, Verborgene enthüllt sich in der geistigen Schau. Er tritt aus seiner Finsternis heraus. Er schenkt sich, jedoch ohne sich preiszugeben.[12] Geschaut wird nicht ein statisches, in sich ruhendes Gottesbild, sondern eben die «Geburt der Gottheit», Gott als ein in Gang gekommener und fortschreitender Prozeß. Das macht Böhmes Theosophie so faszinierend!

Kennzeichnend für Böhmes Erlebnis- und Denkstruktur ist sodann, daß er die Metapher der «Tiefe» dort einführt, wo man den Begriff der Höhe und der Erhabenheit erwarten könnte. Böhme, der als Theosoph der modernen *Tiefen*psychologie zu denken gibt – C. G. Jung hat den Görlitzer Meister hoch geschätzt! – und der zu einer noch viel zu wenig ernstgenommenen

Tiefentheologie[13] Anstöße geben könnte, zieht einmal eine Verbindungslinie zwischen der Tiefe in der Natur und der Tiefe, an der der Mensch teilhat:

«Die ganze Tiefe zwischen Erde und Sternen ist wie ein Gemüte eines Menschen ... Und die Sonne ist König und das Herze der Tiefe. Die leuchtet und wirket in der Tiefe und machet also ein Leben in der Tiefe, gleichwie das Herze im Leibe ist, also ist auch die Sonne in der Tiefe, und die sechs Planeten machen die Sinnen und den Verstand in der Tiefe, daß es alles zusammen ist als ein lebendiger Geist.»

Kennzeichnend für Böhmes Schauen ist außerdem das Bedürfnis, so konkret und so wirklichkeitsnah wie nur möglich zu bleiben. Als ihn einmal die Vision heimsucht und die Dinge um ihn herum gleichsam transparent, durchscheinend werden, sucht er sich der Untrüglichkeit des von ihm Geschauten zu vergewissern. Er eilt ins Grüne, wo er mit Genugtuung feststellt, daß dort seine Schaukraft bei vollem Wachbewußtsein andauert. Derartige Erlebnisse berechtigen ihn, einem Skeptiker zuzurufen: «Siehe, du blinder Mensch, ich will dirs zeigen: gehe auf eine Wiese!»[14] Und einem Zweifler rät er: «Tue deine Augen auf und gehe zu einem Baum und siehe den an und besinne dich!»[15] Eine Aufforderung zur naturalen Meditation.

Weil die Gotteserfahrung für Jakob Böhme eine ungemein konkrete, von den irdischen Erscheinungen dieser Welt geradezu ablesbare Tatsache ist, die sich Mal um Mal ereignet, darf sein Sehertum nicht mit irgendwelchen rauschhaften «High»-Zuständen verwechselt werden. Ebensowenig ist seine kosmisch-überkosmische Schau, die auch die Geheimnisse der göttlichen Dreieinigkeit einbezieht, auf dem Weg rationaler Analysen zu erschließen. Daher lautet sein Rat: «Du wirst kein Buch finden, da du die göttliche Weisheit könntest mehr inne finden zu forschen, als wenn du auf eine blühende Wiese gehest, da wirst du die wunderliche Kraft Gottes sehen, riechen und schmecken, wiewohl es nur ein Gleichnis ist, und ist die göttliche Kraft im dritten Principio[16] materialisch worden und hat sich Gott im Gleichnis offenbaret. Aber dem Suchenden ist's ein lieber Lehrmeister. Er findet viel allda.»[17]

Jakob Böhme, der drei Prinzipien der Wirklichkeit unterscheidet, die auf höchster Ebene mit der göttlichen Trinität korrespondieren, muß einem doppelten Mißverständnis zu wehren suchen. Einmal dem Mißverständnis der Manichäer und gewisser Gnostiker, denn: «Der heiligen Welt Gottes und der finsteren Welt Gott sind nicht zween Götter. Es ist ein *einiger* Gott. Er ist selbst *alles* Wesen.» Das ist eine deutliche Absage an eine Aufspaltung der einen Wirklichkeit, durch die die Materie als «böse» verdächtigt würde.

Dieser *eine* Gott ist der alles Umgreifende. Nur die Berufung auf ihn ermöglicht eine universale Schau alles dessen, was als Geschöpflichkeit aus der Hand des Schöpfers hervorgegangen ist. Die dunklen Wesensanteile und Aspekte dürfen dabei nicht verharmlost oder geleugnet werden. Sie gehören zur Fülle der Wirklichkeit auch der «guten Schöpfung» hinzu. Gerade Jakob Böhme hebt hervor, daß das Widersprüchliche nötig ist und daß erst durch das Nein das Ja in Kraft gesetzt wird. Erst wo die Negativität von einem übergeordneten Gesichtspunkt aus bejaht wird, wird Ganzheit konstituiert.

Auf der anderen Seite muß Böhme auch dem pantheistischen Mißverständnis begegnen. Spinozas *«Deus sive natura»*, Gott sei gleich der Natur, hätte Böhme nicht anerkennen können. Worauf er hingegen besonderen Wert legt, ist die Feststellung, daß alles Gewordene aus ein und derselben Wurzel hervorgewachsen und gleichsam der verdichtete Hauch des «ausgesprochenen Wortes» sei. Wie nun in jedem Ding ein Ewiges in der Zeit verborgen ist, so läßt sich umgekehrt an den Erscheinungen dieser Welt ablesen, welche Kräfte in ihnen pulsieren. Das gesprochene Wort der Naturphänomene legt Zeugnis ab von dem sprechenden Wort des Schöpfers, dessen «Aushauchen» fortdauert. Böhmes Blick richtet sich auf den dynamischen, zukunftsorientierten Aspekt der «großen Taten Gottes».

Für den Theosophen Böhme besteht des weiteren die Aufgabe darin, dieses konkrete Wort Gottes, das zu allen Sinnen spricht, und nicht nur zur menschlichen Ratio, aufmerksam zu vernehmen und anderen vernehmbar zu machen. Doch wie ist das möglich? Wie gelingt es dem Görlitzer Schuster, das Tun des Schöpfers zu bezeugen?

Jakob Böhme steht in einer bereits langen naturphilosophischen Tradition, wenn er sagt, daß alle Rede Gottes in der Schöpfung deutlich lesbare Spuren hinterlassen habe. Wir werden dabei insbesondere an Paracelsus erinnert, denn hier wird auf die «Signaturen» angespielt. Durch sie geben sich die Geschöpfe in ihrer verborgenen Logos-Struktur (gemäß Joh. 1,1) zu erkennen, das heißt: Es spricht sich in ihnen das Wort des Schöpfergottes aus. Durch die einzelnen Signaturen, etwa Form, Farbe, Geruch, Gebärde, Standort und dergleichen, artikuliert er sich. Diese Signaturen sind wie ein spezifisches Vokabular und wie eine Grammatik zu benutzen. Böhme geht dabei behutsam vor, denn diese Signaturen sind noch nicht das göttliche Wort als solches oder der Geist, sondern sie sind:

«... Behälter oder Kasten des Geistes, darinnen er lieget; denn die Signatur stehet in der Essenz und ist gleichwie eine Laute, die da stille stehet, die ist ja stumm und unverstanden. So man aber darauf schläget, so verstehet man die Gestaltnis, in was Form und Zubereitung sie stehet und nach welcher Stimme sie gezogen ist. Also ist auch die Bezeichnung der Natur in ihrer Gestaltnis ein stumm Wesen. Sie ist wie ein zugericht' Lautenspiel, auf welchem der Willen-Geist schläget. Welche Saiten er trifft, die klinget nach ihrer Eigenschaft.»[18]

Somit liegt es am Erkenntniswillen des Menschen, das Instrument der Schöpfung zu stimmen und ihm den innewohnenden Klangreichtum, das heißt dessen Qualitäten und Wesensart zu entlocken. Im Mikrokosmos des Menschen spiegelt sich die makrokosmische Welt – eine uralte Vorstellung, die Böhme weitgehend teilt. Wo immer man Böhmes Werk aufschlägt, fällt einem diese universale, auf Ganzheitserkenntnis hinzielende Betrachtungsweise auf. Wo eine spätere, «wissenschaftliche» Betrachtungsart nur physikalische oder chemische Gesetzmäßigkeiten gelten läßt, da gibt es für ihn vielfältige Beziehungen, eben die Erfahrung eines Ganzheitlichen. Besondere Beachtung verdient in diesem Zusammenhang Böhmes Feststellung, die Erkenntnisfähigkeit des Menschen sei letztlich Ausfluß der Liebe Gottes.

Somit sind auch Gottes Liebe und das menschliche Erkenntnisvermögen aufeinander bezogen. Einen oberflächlichen Erkenntnisoptimismus lehnt Böhme freilich ab. Er weiß, «in welche grausame erschreckliche Finsternis wir geraten» sind, vor allem wenn wir meinen, jener Tiefenschau nicht zu bedürfen, die zu wahrer Selbst-, Welt- und Gotteserkenntnis führt. Doch was ist damit gemeint?

Der Görlitzer Meister rechnet damit, daß der Mensch einst makellos und in engelhafter Vollkommenheit aus der Hand des Schöpfers hervorgegangen ist, Inbegriff der guten Schöpfung, und daß der Fall Luzifers eine kosmische Katastrophe ausgelöst hat, durch die auch der Mensch in die Finsternis gestoßen wurde. Dem sogenannten Sündenfall des Menschen ging demzufolge ein übermenschlich-kosmischer «Sündenfall» voraus, der ganz außerhalb und vor jeglicher menschlichen Verantwortlichkeit steht. Seine Gottebenbildlichkeit hat der Mensch dadurch jedoch nicht verloren. Es gibt für ihn begründete Hoffnung. Sie stützt sich auf den Christus. Und auch er wird nicht allein als der Jesus von Nazareth begriffen, vielmehr gibt es für Böhme eine mystische und transpersonale Christustatsache – etwa im Sinne von Paulus Kolosserbrief. Auch diese Heilshoffnung umfaßt die kosmischen Dimensionen, weil sie nicht allein den «Sünder» und die gefallene Menschheit ins Auge faßt, sondern alle Kreaturen.

In mehrfacher Hinsicht ist auf die Christologie des Apostels Paulus angespielt. Denn ganz im Sinne dieses Apostels ist auch für Böhme der Christus der «neue Adam». Vom Menschenbild reden heißt für Böhme, mit der den ganzen Kosmos durchwirkenden Tat Christi rechnen. In jenen Heilsprozeß, den Christus in Gang gebracht hat, ist der Mensch einbezogen. Und im Rahmen dieses Vorgangs soll und kann der Mensch seinen verlorenen Urstand wiederfinden. Der Mensch verlangt danach, neuer Vervollkommnung entgegengeführt zu werden. Dahin ist der Weg zu weisen. Insofern ist der Mensch heute noch gar nicht der, der er sein soll. Er ist erst noch im Werden. Der Werdeprozeß hat aber bereits begonnen. Das Ziel ist noch nicht erreicht, aber es steht vor Augen. Böhme erblickt seine wichtigste, mit großer Sorgfalt zu erfüllende Aufgabe darin, Wegweisung und Anleitung auf dem Weg zu diesem Christus zu geben. So gesehen ist seine Christosophie aufs engste mit seiner «Anthroposophie» verknüpft.

Verweilen wir zunächst einen Augenblick bei den anthropologisch-menschenkundlichen Vorstellungen: Im Mittelpunkt des

Böhmeschen Menschenbildes steht ein Geheimnis. Es ist das Mysterium von der androgynen, das männliche und das weibliche Prinzip umfassenden Vollständigkeit des Menschen – also auch hier das Streben nach Ganzheit! Wenngleich sich Böhmes Denken an der geistigen Schau entzündet hat, so ist doch sein Beitrag zur Androgynfrage aus der übrigen Geistesgeschichte nicht auszugliedern. Denn das Wissen um die männlich-weibliche Urgestalt des Menschen taucht immer wieder in den religiösen Überlieferungen der Menschheit auf, nicht nur im Osten.[19]

Im Abendland sind es vor allem zwei Überlieferungsstränge, mit denen die Androgynidee verknüpft ist: einmal der vorchristlich-platonische Mythos vom doppelgeschlechtlichen Kugelmenschen im berühmten *Symposion*-Dialog Platons; zum anderen die jüdisch-kabbalistische Deutung des biblischen Schöpfungsberichtes, wo die entscheidende Genesis-Stelle (1. Mose 1,26/27 – in der Übersetzung Martin Bubers) lautet:

> Gott schuf den Menschen in seinem Bilde;
> im Bilde Gottes schuf er ihn,
> *männlich-weiblich* schuf er sie.

Trotz der nachdrücklichen Ablehnung der erwähnten Androgynvorstellung durch das rabbinische Judentum und durch die offizielle kirchliche Theologie hat gerade dieser kühne Gedanke immer wieder die Menschen zu allerlei Spekulationen beflügelt. Der russische Philosoph und Böhmeverehrer Nikolaj Berdjajew kommt zu dem Schluß:

«Der Mythus vom Androgynen ist der einzige große anthropologische Mythus, auf dem die anthropologische Metaphysik aufgebaut werden kann.» Es ist daher kein Zufall, wenn die Schau des männlich-weiblichen Menschen vor allem seit den Tagen Böhmes nachhaltigen Einfluß auf die europäische Geistesgeschichte ausgeübt hat.

Bei Jakob Böhme ist es die Sehnsucht nach der Wiederherstellung des Urstandes, den der Mensch vor dem tragischen Fall gehabt haben soll. Es ist das Verlangen, den Menschen in seiner ursprünglichen Größe und Schönheit erneuert zu sehen. Kennzeichnend für diese Erneuerung ist, daß die menschliche Leiblichkeit dabei prinzipiell einbezogen wird. In Böhmes großer Genesis-Auslegung *Mysterium Magnum* heißt es hierzu beispielsweise: «Adam war ein Mann und auch ein Weib . . . Er hatte beide Tinkturen vom Feuer und Lichte in sich, in welcher Konjunktion die eigene Liebe als das jungfräuliche Zentrum stund.»[20]

Und auf die Frage, wie der Ursprungszustand des Menschen wiederhergestellt werden könne, antwortet der Autor:

«Als Christus am Kreuze unser jungfräulich Bild wieder erlösete vom Manne und Weibe und mit seinem himmlischen Blute in göttlicher Liebe tingierte [färbte, durchtränkte], als er dies vollbracht hatte, so sprach er: Es ist vollbracht . . . Christus wandte Adam in seinem Schlaf von der Eitelkeit [d. h. Vergänglichkeit] und vom Manne und Weibe [d. h. von seiner Geschlechtlichkeit] wieder um in das englische [engelhafte] Bild. Groß und wunderlich sind diese Geheimnisse, welche die Welt nicht ergreifen mag . . .»[21]

So finden wir bei Jakob Böhme eine Theosophie, die in engstem Zusammenhang mit einer Kosmosophie steht und die ihrerseits wiederum in eine Weisheit vom Menschen (Anthroposophie) einmündet. Damit sind wir an dem Punkt seiner Gedankengänge angelangt, an dem ein Wort zu dem *Weg* zu sagen ist, der zu dem neuen Menschen hinführt. Es ist der *Weg zu Christo,* ein Weg der Nachfolge und der meditativen Wesenswandlung. So ist auch der schmale Band betitelt, in dem Böhme einige kleine Schriften zusammengefaßt hat und der als ein spirituelles Vermächtnis und als ein religiöses Schulungsbuch anzusehen ist. Als Leser denkt sich der Autor solche Menschen, «die gerne wollten Buße tun und in Begierde sind zum Anfang. Sie werden beiderseits erfahren, was darinnen für Worte sind, und woraus sie erboren.»[22]

So heißt es im Vorwort seiner *Christosophia.* Und wenn hier immer wieder von «Buße» gesprochen wird, dann ist darunter ein geistliches Exerzitium zu verstehen, das Gebet, Meditation und Christusnachfolge im gelebten Leben umschließt. Böhme redet hier in der Sprache der mittelalterlichen Mystik. So fehlt es daher nicht an Anspielungen auf Wortlaute eines Meister Eckhart, eines Johannes Tauler oder auch der *Nachfolge Christi* des

Thomas a Kempis, wenngleich deren Namen ungenannt bleiben und die zeitliche Distanz nicht zu übersehen ist.

Was ist auf diesem mystisch-meditativen Weg zu erfahren? Jakob Böhme beschreibt diesen Innenweg so: «Wenn der Mensch will zur Buße schreiten und sich mit seinem Gebete zu Gott wenden, so soll er vor allem Gebete sein Gemüt betrachten, wie dasselbe so ganz und gar von Gott abgewandt steht, wie es an Gott sei treulos geworden, wie es nur in das zeitliche, zerbrechliche, irdische Leben gerichtet sei.»[23] Dieser Aufruf zur Selbstprüfung erinnert auch an die *Exercitia spiritualia* des Ignatius von Loyola.

Doch man mißverstände den Autor dieser *Christosophia*, wenn man ihn aufgrund derartiger Hinweise mit einem der zeitgenössischen Bußprediger verwechselte, wie sie auch in Schlesien und in der Lausitz, im unmittelbaren Umkreis von Böhmes Wirkungsfeld also, in Erscheinung getreten sind. Bezeichnend ist freilich die immer wiederkehrende Aufforderung zu meditativer Betrachtung, verbunden mit einer konzentrierten Willensanspannung. Für einen lutherischen Christen, dem man von klein auf das «allein aus Gnaden» eingebleut und die prinzipielle Unfähigkeit zur Umkehr gepredigt hat, gewiß ein bemerkenswerter Ansatz! Dem, der sich in den Prozeß der geistlichen Erneuerung hineinbegibt, schärft Böhme jedenfalls ein: «Dieser ergreife nur die Worte Christi und wickle sich in Christi Leiden und Tod ein!» Ein eindrückliches Bild für den meditativen Vollzug!

Hinzu tritt der Appell zu rückhaltloser Entschlossenheit, jetzt und hier übend zu beginnen und nur ja nicht zu zögern. Es ist der Rat eines erfahrenen Seelenführers, der da lautet:

«Er [der Meditierende] raffe Sinnen und Gemüte mit aller Vernunft zusammen in Eines und mache sich zur selben Stunde, alsobald in der ersten Betrachtung, wenn er sich in Lust [d. h. in Bereitschaft] zur Buße fühlet, einen gewaltigen Vorsatz, daß der *diese* Stunde und *diese* Minute *alsobald* will in die Buße eingehen und von dem gottlosen Wege ausgehen, auch aller Welt Macht und Ehre für nichts achten.»[24]

Damit ist der Eintritt in die große Gelassenheit, in das bedingungslose und rückhaltlose Lassen bezeichnet, durch das sich der Meditierende völlig leer macht. Böhme scheut sich nicht, diese und ähnliche Wendungen mehrmals zu wiederholen. Das entspricht nicht nur seiner Diktion, es entspricht vor allem dem Gesetz der Wiederholung, das in der spirituellen Exerzitienliteratur zur Geltung gebracht werden soll. Wesentlich ist, daß hierbei weder ein theologischer Lehrsatz noch eine kirchliche Autorität anzuerkennen ist. Es geht vielmehr um jenen mystischen Prozeß, der dem Prozeß Christi mit den einzelnen Stufen der Passion, seines Leidens, des Sterbens und der Auferstehung entspricht. Insofern ist es angebracht, Böhmes *Christosophia*, mit den Schriften *Von wahrer Buße* und *Von wahrer Gelassenheit*, als einen christlichen Einweihungsweg anzusehen. Theosophie wird zur Christopraxis. In diesen Zusammenhang gehört auch der Dialog *Vom übersinnlichen Leben*, in dem der Meister mystischer Erfahrung seinen Schüler unterweist und berät.[25]

Schließlich hat Jakob Böhme das letzte Menschheitsziel vor Augen, nämlich die Hochzeit des Lammes, die Begegnung mit der «edlen Jungfrau Sophia», Inbegriff der endgültigen Menschwerdung des Menschen, wenn er sagt: «Willst du ihn [Christus] anziehen, so mußt du durch seinen Prozeß, von seiner Menschwerdung bis zu seiner Himmelfahrt gehen . . . Denn die Jungfrau Sophia vermählt sich anders gar nicht mit der Seelen.»[26] Diese Vermählung entspricht der Wiederherstellung des zerbrochenen, in die beiden Geschlechter aufgespaltenen Menschenbildes; sie entspricht der ersehnten «Reintegration», wie Franz von Baader diesen Vorgang später genannt hat.

Ziehen wir hier eine Summe, dann kann man sagen: Jakob Böhme, der vom Geist Ergriffene, der Schauende, der auf den Weg zu Christus Geleitende, hat es sich und seinen Zeitgenossen nicht leicht gemacht. Für ihn, den frommen Lutheraner, war die Reformation kein in sich abgeschlossenes theologisches Lehrsystem, das man in den offiziellen Bekenntnisschriften, ein für allemal verbrieft, vorweisen und akzeptieren kann. Denn die Devise von der ständig reformbedürften Kirche (*ecclesia semper reformanda*) war für ihn nie nur eine inhaltslose Parole. Die Gewißheit, daß Reformation fortschreiten müsse, gehörte so sehr zum Inhalt seines Lebens, daß er sich in einen Prozeß der Wiedergeburt, in einen Prozeß des Ersterbens und des Erwecktwerdens hineingestellt sah. Dabei war er sich aber bewußt, daß dieses christusförmige Leben in größten kosmischen Zusammenhängen gesehen und ergriffen werden müsse. So ist es kein Zufall, jedoch erstaunlich genug, daß selbst Friedrich Engels sich an Jakob Böhme erinnert, als er es unternimmt, seinen dynamischen Materiebegriff zu bestimmen, so groß die geistige Distanz zwischen diesen beiden sonst auch sein mag.[27]

Nicht als ein nur geruhsam Betrachtender, sondern als ein zur Christusnachfolge Entschlossener stellt sich Böhme in den Prozeß der Menschwerdung des Menschen hinein. So haben ihn die Görlitzer in den heftigen Auseinandersetzungen erlebt, in die ihn seine kirchlich-orthodoxen Widersacher hineingezogen haben. Er folgte der Maxime: «Alles Spintisieren und Forschen von Gottes Willen ohne Umwenden des Gemütes ist ein nichtig Ding! . . . Es muß ein ganz neuer Wille aus Christi Tod aufstehen, ja aus Christi Eingehung in die Menschheit muß er ausgeboren werden und in Christi Auferstehung aufstehen!»[28]

Schließlich hat der schlichte Schuster, der keine hohe Schule von innen gesehen hat, in der europäischen Geistesgeschichte unverkennbare Spuren hinterlassen, indem er Dichtern und Denkern weiterwirkende Impulse vermittelt, denkt man nur an Schelling und Hegel, an Ludwig Tieck, Novalis und Franz von Baader, an Louis-Claude de Saint-Martin, Wladimir Solowjow und Nikolaj Berdjajew neben vielen anderen. In einem Augenblick, in dem die moderne Naturwissenschaft im Begriff war, die meßbare, wägbare, zählbare und manipulierbare Welt zu erobern, erkannte der schlesische «Philosophus teutonicus», daß es neben dieser berechtigten quantitativen Sichtweise auch eine *qualitative* Betrachtung und Einschätzung der Welt geben müsse, die es ermöglicht, die «Tiefe des Seins» (Paul Tillich) als zu der *einen* Wirklichkeit gehörig wahrzunehmen. In der Sprache Jakob Böhmes heißt das lapidar: die «Ewigkeit in der Zeit» zu erkennen.

Insofern bezeichnet der Name des großen Görlitzers die Richtung eines religiösen, pansophischen Erkenntniswegs, der zwischen Skylla und Charybdis eines mystizistisch verschwommenen erdflüchtigen Spiritualismus und eines die Realität des Spirituellen verleugnenden Materialismus verläuft.

Die zeitbedingten Anschauungen, mancherlei vorwissenschaftlich Naives können nicht die Fülle der Wahrheitsmomente schmälern, die Böhmes Werk birgt und durch die er allen jenen Denkern voraus ist, die sich lediglich mit Teilaspekten der Wirklichkeit begnügt haben. Sicher gibt es kein Zurück zu den Positionen des frühen 17. Jahrhunderts, aber das geistig-geistliche Erbe Böhmes verpflichtet. Als christlicher Theosoph und als anschauender Denker hat er seinen Freunden – einst und heute – ins Stammbuch geschrieben:

Wem die Zeit ist wie Ewigkeit
und Ewigkeit wie die Zeit,
der ist befreit
von allem Streit.

Zeugnisse und Leitworte

Gott hat mir das Wissen gegeben. Nicht ich, der ich der Ich bin, weiß es, sondern Gott weiß es in mir. Die Weisheit [Sophia; Theosophia] ist seine Braut, und die Kinder Christi sind in Christo, in der Weisheit, auch Gottes Braut. So nun Christi Geist in Christi Kindern wohnet und Christi Kinder Reben am Weinstocke Christi sind, und mit ihm ein Leib sind, auch ein Geist, wem ist nun das Wissen? Ist es mein oder Gottes? Sollte ich denn nun nicht im Geiste Christi wissen, woraus diese Welt sei geschaffen, so derselbe in mir wohnet, der sie geschaffen hat?

Aurora, Rechenschaft des Schreibers 1

Weil ich aber befand, daß in allen Dingen Böses und Gutes war, in den Elementen sowohl als in den Kreaturen, und daß es in dieser Welt dem Gottlosen so wohl ginge als den Frommen... ward ich derowegen ganz melancholisch und hoch betrübet, und konnte mich keine Schrift trösten...

Als sich aber in solcher Trübsal mein Geist... ernstlich in Gott erhob als mit einem großen Sturme und mein ganz Herz und Gemüte samt allen andern Gedanken und Willen sich alles darein schloß, ohne Nachlassen mit der Liebe und Barmherzigkeit Gottes zu ringen, und nicht nachzulassen, er segnete mich denn, das ist: er erleuchtete mich denn mit seinem Heiligen Geiste, damit ich seinen Willen möchte verstehen und meiner Traurigkeit loswerden, – so brach der Geist durch ... Alsbald nach etlichen harten Stürmen ist mein Geist durch der Höllen Pforten durchgebrochen bis in die innerste Geburt der Gottheit und allda mit Liebe umfangen worden, wie ein Bräutigam seine liebe Braut umfähet.

Was aber für ein Triumphieren im Geiste gewesen, kann ich nicht schreiben oder reden. Es läßt sich auch mit nichts vergleichen als nur mit dem, wo mitten im Tode das Leben geboren wird, und vergleicht sich der Auferstehung von den Toten.

In diesem Lichte hat mein Geist alsbald durch alles gesehen und an allen Kreaturen, sowohl an Kraut und Gras Gott erkannt, wer der sei und wie der sei und was sein Wille sei. Auch so ist alsbald in diesem Lichte mein Wille gewachsen mit großem Trieb, das Wesen Gottes zu beschreiben. *Aurora* 19,8–13

Also, mein liebes Gemüte, forsche nach dem Baum des christlichen Glaubens recht. Er steht nicht in dieser Welt. Wohl muß er *in dir* sein, aber du mußt mit dem Baume mit Christo in Gott sein, daß dir diese Welt nur anhange, wie sie denn auch Christo auch nur anhing. Doch nicht also zu verstehen, daß diese Welt vor Gott nichts taugte oder unnütze wäre. Sie ist das große Mysterium; und ist der Mensch darum in diese Welt geschaffen worden als ein weiser Regent desselben, daß er soll alle Wunder ... eröffnen und nach seinem Willen in Formen, Figuren und Bildnissen bringen, alles zu seiner Freude und Herrlichkeit.

Von der Menschwerdung Jesu Christi, III. Teil, 6,6

Wiewohl Fleisch und Blut das göttliche Wesen nicht ergreifen kann, sondern der Geist, wenn er von Gott erleuchtet und angezündet wird; – so man aber will von Gott reden, was Gott sei, so muß man fleißig erwägen die Kräfte in der Natur, dazu die ganze Schöpfung, Himmel und Erden, sowohl Sternen und Elementen und die Kreaturen, so aus denselben sind herkommen, sowohl auch die heiligen Engel, Teufel und Menschen, auch Himmel und Hölle. *Aurora* 1,1

Wenn ich einen Stein oder Erdenklumpen aufhebe und ansehe, so sehe ich das Obere und das Untere, ja die ganze Welt darinnen. *Mysterium Magnum* 2,6

Und ist kein Ding in der Natur, das geschaffen oder geboren ist, es offenbaret seine innerliche Gestalt auch äußerlich, denn das Innerliche arbeitet stets zur Offenbarung, als wir solches an der Kraft und Gestaltnis dieser Welt erkennen, wie sich das ewige Wesen mit der Ausgebärung in der Begierde hat in einem Gleichnis offenbaret, wie es sich hat in so viel Formen und Gestaltnissen offenbaret, als wir solches an Sternen und Elementen, sowohl an den Kreaturen, auch Bäumen und Kräutern sehen und erkennen. *De signatura rerum* 1,15

Das Buch, da alle Heimlichkeit innen lieget, ist der Mensch selber. Er ist selber das Buch des Wesens aller Wesen, dieweilen er die Gleichheit der Gottheit ist. Das große Arcanum lieget in ihm, allein das Offenbaren gehöret dem Geiste Gottes.

Theosophische Sendbriefe 20,3

Und ist alles tot an Gott, was nicht die lebendige Stimme und das göttliche Gehör der neuen Geburt im Ente [d. h. Wesen] Christi in sich hat, daß der Geist Gottes in ihm Zeugnis seines äußeren Hörens und Lehrens giebet, in welchem Gehör und inwendigem Sehen allein Gott erkannt und sein Wesen verstanden wird, zu welchem das äußere buchstabische Wort nur eine Form und zugerichtetes Instrument ist. *Theosophische Sendbriefe* 35,6

Nicht durch unsere scharfe Vernunft und Forschen erlangen wir den wahren Grund göttlicher Erkenntnis. Die Forschung muß von innen im Hunger der Seelen anfangen, denn das Vernunft-Forschen gehet nur bis in sein Astrum [d. h. Bereich] der äußern Welt, daraus die Vernunft urständet. Aber die Seele forschet in ihrem Astro, als in der inneren geistlichen Welt, daraus die sichtbare Welt entstanden oder ausgeflossen ist, darinnen sie mit ihrem Grunde stehet . . .

Allda ist erst die rechte theosophische Pfingst-Schule, da die Seele von Gott gelehret wird . . .

Es kann es keiner dem andern geben; es muß es ein jeder selbst von Gott erlangen. Anleitung kann einer dem andern wohl geben, aber den Verstand kann er nicht geben.

Theosophische Sendbriefe 55,4,8,12

Johann Georg Gichtel –
rigoros-spiritueller «Engelsbruder»

Es spricht für die geistesgeschichtlich weitreichende Wirkung Jakob Böhmes, daß seine Sophienlehre, genauer: sein Sophienerlebnis, auf die Zeitgenossen wie auf die Nachgeborenen einen tiefen Eindruck gemacht hat. Das trifft besonders auf all jene zu, die nicht nur die Anweisungen und Schilderungen ihres religiösen Seelenführers übernommen haben, sondern die zu ganz individuellen Eigenerfahrungen gelangt sind. Zu ihnen gehört neben den sogenannten Philadelphen in England – das sind die Theosophen und Mystiker Thomas Bromley, John Pordage und Jane Leade[1] – vor allem Johann Georg Gichtel, der seinerseits zum Mittelpunkt eines Kreises von spirituell Strebenden geworden ist. Diesem Mann war es bestimmt, der christlichen Theosophie eine besondere Ausformung zu geben und gleichzeitig das Erbe des schlesischen «Philosophus teutonicus» weiterzureichen. Aus der Tatsache seiner Böhme-Schülerschaft macht Gichtel nicht nur kein Geheimnis, er hat sich sogar als Herausgeber der ersten Gesamtausgabe der Werke Böhmes im Jahre 1682 ein bleibendes Verdienst erworben.

Johann Georg Gichtel gehört zu jenen Gestalten, die von der Kirchengeschichtsschreibung lange Zeit vernachlässigt worden sind. Geboren wurde er am 14. Mai 1638 in Regensburg als Sohn einer angesehenen Bürgerfamilie. Früh stellen sich bei dem hochbegabten, religiös suchenden Jungen visionäre Erlebnisse ein. Er vertieft sich in die Bibel und ist dabei vor allem von jenen Berichten fasziniert, die vom Umgang auserwählter Menschen mit Gott Zeugnis ablegen. Später erzählt er selbst, wie sehr er sich schon in jungen Jahren nach originärer Gotteserfahrung gesehnt habe. In seiner *Eröffnung und Anweisung der drei Prinzi-*

pien und Welten im Menschen, die auch unter dem Titel *Theosophia Practica* wiederholt nachgedruckt wurde,[2] schreibt Gichtel (I, 4 f.):

«Wie ich in meiner Jugend dann auch sehr darnach getrachtet, weil ich in Heiliger Schrift gelesen, daß Moses, Josua, David und andere heilige Männer mit Gott gesprochen, und [wie ich] manchen halben Tag allein ins Feld ausspazieret und den Himmel angesehen, mein Intent [Absicht] aber nicht [habe] erreichen mögen. Bis der gnädige Gott mir endlich innerlich von Angesicht zu Angesicht erschienen, und seinen Himmel *in mir* eröffnet, auch mit meiner Seele entaliter [wesenhaft] und mentaliter [geistig], Mund zu Mund gesprochen, welches mich nicht wenig erquicket und zur Gegenliebe meines liebsten Jesu sehr feurig gemacht . . .»[3]

Doch mit diesem Bericht greifen wir Gichtels Entwicklung voraus. Zunächst besucht der Junge die Lateinschule seiner Vaterstadt, wo er sich das Griechische und das Hebräische aneignet. Danach beginnt Gichtel mit dem Studium der Theologie in Straßburg. Doch der religiös Suchende fühlt sich von den Vertretern der zeitgenössischen rationalistisch gestimmten protestantischen Theologie und Kirche abgestoßen. Er erwägt, zu konvertieren und in ein Kloster einzutreten. Aber wohin er auch blickt, sein Ideal meint er selbst an den Stätten mönchischer Frömmigkeit nicht finden zu können. Einmal notiert er: «Ich habe alle Klöster durchsuchet, aber lauter reiche Bettelmönche gefunden.» Gichtel, der den nur drei Jahre älteren Philipp Jakob Spener, das spätere Haupt des deutschen Pietismus, in Straßburg kennen- und schätzen lernt, wechselt von der Theologie zur Rechtswissenschaft über. Er wird Advokat (Rechtsanwalt). Als solcher kehrt er nach Regensburg zurück, ohne jedoch in seinem religiösen Streben nachzulassen. Ihm ist klargeworden, daß theologische Studien keinesfalls die Gewähr für die Pflege der christlichen Spiritualität bieten.

Wichtig wird für ihn in Regensburg die Begegnung mit Justinian Freiherrn von Welz, einem aus Österreich stammenden protestantischen Adeligen. Der juristisch gebildete, in religiöser und theologischer Literatur ebenfalls beschlagene Baron findet Gichtels Interesse, weil er für die Bildung einer «Jesusliebenden Gesellschaft» wirbt und mit ihrer Hilfe eine Erneuerung des kirchlichen Christentums herbeizuführen hofft. Daß diese Jesus-Liebe nicht allein auf den Gefühlsbereich beschränkt bleibt, zeigen die Pionierleistungen des Barons für eine christliche Heidenmission, in deren Dienst er sich später selbst zu stellen wagt, und zwar nicht etwa mit Unterstützung der Kirche, sondern gegen deren erbitterten Widerstand. Die Lebensspuren des Justinian von Welz, der im Jahre 1616 als Missionar nach Surinam ging, verlieren sich dort.

Gichtel schließt sich dem Kreis der Welzschen Jesus-Gesellschaft an. Als Justinian von Welz Deutschland verläßt, um sein Missionswerk zu betreiben, begleitet ihn Gichtel nach Holland. Hier gibt es Geistesverwandte, die von der orthodoxen Geistlichkeit als Schwärmer verrufen und – weil sie ihren Blick auf das in der Johannes-Offenbarung angekündigte tausendjährige Reich richten – «Chiliasten» gescholten werden. Unter ihnen, den sogenannten Spiritualisten, befindet sich auch der aus dem Schleswigschen stammende Friedrich Breckling, der aus Glaubensgründen nach Amsterdam hatte emigrieren müssen. Zwischen 1660 und 1668 amtierte er in Zwolle als evangelischer Pfarrer. Gichtel wird hier mit dem entschiedenen Pietisten, den selbst Spener als ein Musterbeispiel christlicher Frömmigkeit bewundert hat, bekannt und ergreift dessen Partei. Als er nach Regensburg zurückkehrt und dort seine «spiritualistischen Umtriebe» unter der Pfarrerschaft bekannt werden, macht man mit dem Advokaten kurzen Prozeß. Man steckt ihn ins Gefängnis. Die Sehnsucht nach einer kirchlichen Erneuerung, die auf eigener religiöser Erfahrung gründet und die entsprechende ethische Konsequenzen verlangt, ist in diesen Tagen ein strafwürdiges Verbrechen! Damit sind die Fronten klar.

Gichtel gelingt die Flucht nach Holland. In Amsterdam kommen ihm die Schriften seines deutschen Landsmannes Jakob Böhme zu Gesicht. Sie üben auf ihn eine ähnliche Wirkung aus wie auf Johann Scheffler, den späteren «Angelus Silesius», der bereits vor Gichtel in Holland die Schriften des «Philosophus teutonicus» in die Hand bekam. Ehe Böhmes wahre Bedeutung in seiner Heimat erkannt wurde, sorgten niederländische «Böhmisten» für die Sammlung seiner geistigen Hinterlassenschaft.[4]

Was die Werke Böhmes für Gichtel so wichtig werden läßt, das ist die für ihn beglückende Entdeckung, daß dieser schlichte Schuster über unbezweifelbare spirituelle Erfahrung verfügt, wenn er von der göttlichen Sophia und damit von Erlebnissen berichtet, die er selbst durchgemacht hat, deren Bedeutsamkeit «diese gegenwärtige grobe, säuische Welt» jedoch nicht zu ermessen vermag. In engem Zusammenhang damit stehen Böhmes Anschauungen von der androgynen, der männlich-weiblichen Ganzheit des Menschen. Es handelt sich um das Paradieseserbteil des Urmenschen, das durch den Fall Adams verlorenging. Seine ursprüngliche lichte Leiblichkeit, die die «Tinkturen» des Männlichen und des Weiblichen harmonisch umschloß, verdichtete und verfinsterte sich. Der ursprüngliche Adam zerteilte sich in die Zweiheit der Geschlechter und verlor damit seine Gottebenbildlichkeit weitgehend.

Gichtel sagt: Er ging seiner Engelhaftigkeit verlustig. Deshalb bedurfte es einer Wiedergeburt und damit jener Wiederherstellung, wie sie Böhme bereits geschildert hat. Deshalb gelte es, alle Aufmerksamkeit auf die Begegnung mit der göttlichen Sophia zu richten. Die gottentflammte Seele sehne sich nach dem Verlöbnis und schließlich nach der ehelichen Verbindung mit dieser Sophia. Für den Menschen hat dieses Verlangen Konsequenzen: Alles ist zu meiden, was der Vereinigung mit ihr im Wege steht, jede Verunreinigung durch die vergängliche Welt, wozu auch die Verbindung mit einer irdischen Frau gehört – bezeichnenderweise ist alles aus männlicher Perspektive heraus betrachtet! Dieser betont asketisch-frauenfeindliche Aspekt findet sich in dieser Radikalität bei Böhme noch nicht. J. G. Gichtel blieb es vorbehalten, diese rigoros-spiritualistische Lehre auszubilden und im Kreise seiner Anhänger, den enthaltsam lebenden «Engelsbrüdern», zu leben. «Zur Ehelichung mit Sophia konnte ich lange Zeit nicht gelangen, weil ich erst mußte probieret werden, ob ich auch das Weib verleugnen konnte», gesteht Gichtel einmal in einem Brief.[5]

Welche überragende Bedeutung Gichtel dem literarischen Nachlaß Jakob Böhmes beigemessen hat, ist daran zu sehen, daß er sich der niederländischen Böhme-Gemeinde anschließt und die dort mit großer Sorgfalt gesammelten Schriften des Görlitzer Meisters für den Druck vorbereitet. Er und seine holländischen

Freunde, unter ihnen vor allem der Amsterdamer Bürger Abraham Willemsz van Beyerland,[6] sind es gewesen, die die sichergestellten Böhme-Handschriften sowie zuverlässige Kopien erworben haben. Im Jahre 1682 ist es soweit: Es erscheinen *Des Gottseligen Hoch-Erleuchteten Jacob Böhmens Philosophi Alle Theosophische Wercken*. Diese Edition ist ein Ereignis, weil es sich um die erste kritische Gesamtausgabe (in 16 Teilen) handelt. Zum ersten Mal ist damit die Möglichkeit gegeben, Böhmes Schaffen zu überblicken und zu erforschen.

Nach Gichtels Tod – er starb am 21. Januar 1710 in Amsterdam – ist es wiederum ein naher Freund und Gefolgsmann, der aus Frankfurt am Main stammende Kaufmann Johann Wilhelm Ueberfeld, der bei der zweiten Böhme-Ausgabe (1715), der in Hamburg veröffentlichten *Theosophia Revelata*, beteiligt ist. Demselben J. W. Ueberfeld haben wir schließlich die dritte, bis heute maßgebliche Böhme-Gesamtausgabe von 1730 zu verdanken.[7] Da wie dort hat sich Gichtels Pionierarbeit als fruchtbar erwiesen, weshalb ihm ein bedeutender Platz in der Geschichte der christlichen Theosophie sicher ist.

Neben seiner editorischen Arbeit legen eigene Aufzeichnungen von Gichtels spirituellen Einsichten Zeugnis ab. Sie sind unter dem Titel *Theosophia Practica* in verschiedenen Auflagen an die Öffentlichkeit gelangt, heute jedoch kaum mehr bekannt. Es handelt sich in erster Linie um ein Briefwerk, das Gichtel weder selbst für den Druck bestimmt hat noch veröffentlicht wissen wollte. Unter dem Titel *Erbauliche theosophische Sendschreiben eines in Gott getreuen Mitgliedes an der Gemeinschaft Jesu Christi* legte Gottfried Arnold im Jahre 1701 das zunächst zweiteilige Werk vor. Arnold (1666–1714), der sich vor allem durch seine berühmt gewordene *Unparteiische Kirchen- und Ketzerhistorie* (1699/1700) einen Namen gemacht hat,[8] gehört selbst zum Kreis der Böhme-Schülerschaft, und zwar sowohl hinsichtlich der literarischen Bezüge als auch der gleichgerichteten spirituellen Eigenerfahrung, über die er verfügt haben wird.

Ein schönes Zeugnis dieser Erfahrung, die sich mit einer umfassenden kirchen- und geistesgeschichtlichen Bildung verbunden hat, ist das im Jahr 1700 veröffentlichte Werk *Das Geheimnis der göttlichen Sophia*. Das Buch zeigt, wie die Sophia als die

Gottesweisheit in der Gottheit selbst wurzelt, wie sie sich in der Schöpfung, insbesondere in Jesus Christus, kundgibt und wie sie schließlich im Menschen auf seine Vollendung und Erneuerung hindrängt, gleichsam als die innere, geistliche Gefährtin des urbildlichen Adam. Daher die große Sehnsucht nach Wiedergeburt und Ganzwerdung. Und es liegt somit nahe, so tief bewegende Liebesbeziehungen wie etwa die zwischen Dante und Beatrice oder Novalis und Sophie unter dem Symbol der Sophienmystik zu sehen. Von daher betrachtet steht Arnolds Buch in der unmittelbaren geistigen Nachbarschaft zu den Bezeugungen Gichtels, wenngleich der aufmerksame Betrachter deutliche Akzentverschiebungen feststellen kann. Schließlich ist noch zu erwähnen, daß Johann Wilhelm Ueberfeld die auf sieben Teile vermehrte Brief- und Schriftensammlung im Jahre 1722 als *Theosophia Practica* vorgelegt hat. Über diese Lehrmitteilungen, die sich mit Böhmes *Theosophischen Sendbriefen* vergleichen lassen, schreibt Ernst Benz:

«In diesen Briefen Gichtels ist wohl die ausführlichste Darlegung und Systematisierung der Böhmeschen Spekulation über den androgynen Mythus enthalten. Bei der großen Bedeutung, die dieses Werk im späteren Pietismus wie auch in den verschiedenen theosophischen Sekten und religiösen Freimaurerlogen erhalten hat, verdient es eine besondere Beachtung.»[10]

Schließlich ist an den oben erwähnten schmalen Band *Eine kurze Eröffnung und Anweisung der drei Prinzipien und Welten im Menschen* nochmals zu erinnern, der ebenfalls unter dem Titel *Theosophia Practica* ediert wurde, mit dem Briefwerk jedoch nicht identisch ist. Von der Sache her ist der prägnante Titel freilich berechtigt. Die Nähe zu Böhme läßt sich bis in die Terminologie hinein feststellen. Wie dieser umkreist auch Gichtel das Thema Transmutation, Transformation und damit die spirituelle Menschwerdung des Menschen. In ihrem Dienst stehen auch die bemerkenswerten Abbildungen, die der Autor seinem Text beifügen ließ und um deren Deutung er sich selbst bemüht:

Dabei wird der mit der okkulten Menschenkunde und den verborgenen Kräftezentren (Chakras) vertraute Leser überrascht sein, daß auch der Schüler Jakob Böhmes von der Existenz solcher spirituellen Zentren im Menschen weiß. Der anglo-indische

Theosoph Charles Webster Leadbeater (1847–1934) hat wohl als einer der ersten auf diese Parallelität zwischen der östlichen Chakra-Lehre und den Vorstellungen Gichtels aufmerksam gemacht. Es wäre jedoch völlig abwegig, wollte man eine etwaige Abhängigkeit des christlichen Theosophen des 17. Jahrhunderts von hinduistischer Spiritualität vermuten. Darum geht es im geistigen Leben auch gar nicht, wer von wem empfangen hat (bzw. empfangen haben könnte) oder wie die Frage nach der Priorität eines Motivs zu beantworten sei. Denn echte Esoterik bedarf – bei aller Achtung vor der Tradition – keiner Übermittlung von außen. Es gibt eine geistig-seelische Unmittelbarkeit, die sich Mal um Mal manifestiert. Das ist das eine.

Im Falle Gichtels ist auf der anderen Seite nicht zu übersehen, daß er die Drei-Prinzipien-Lehre Böhmes zu Hilfe nimmt. Die ganze Schrift will ja *Eröffnung und Anweisung der drei Prinzipien und Welten im Menschen* sein. Eine Frage für sich ist es, ob und wie sich eine Übereinstimmung oder doch eine Korrespondenz an diesem Punkt zwischen West und Ost anbahnen läßt. Völlig ausgeschlossen ist eine solche nicht, wenn man bedenkt, daß hier wie dort ein spiritueller Entwicklungsprozeß in Gang gebracht werden soll, der eine vertiefte Selbsterkenntnis und damit eine Selbstverwandlung zum Ziel hat.

Die einzelnen Kapitel der Gichtelschen *Eröffnung und Anweisung...* stehen im Dienst dieser Zielsetzung:

1. «Vom großen Mysterio göttlicher Offenbarung»,
2. «Vom natürlichen Menschen»,
3. «Vom wiedergebornen Menschen»,
4. «Vom inwendigen Menschen»,
5. «Vom Streit Michaels und des Drachens»,
6. «Vom Gebet».

Einen Exkurs stellt der angehängte Traktat dar, der als «Kurze und einfältige Betrachtung des Ehestandes» überschrieben ist und der – nach dem Vorwort zu schließen – nicht aus der Feder des «hocherleuchteten seligen Gichtel» stammen muß. Daß dieser Text jedoch seinen Intentionen folgt, indem er aufs ganze gesehen die Unvereinbarkeit des ehelichen Vollzugs mit der Verbindung mit der «Jungfrau Sophia» hervorhebt, steht außer Zweifel. Unnötig zu sagen, daß eine solche Sophiendeutung nicht nur zu Böhme, sondern vor allem zu einem schöpfungsgemäßen Verständnis der Leiblichkeit in erheblicher Distanz steht.

Zeugnisse und Leitworte

Wenn der weisheitsliebende Leser Gott in seinen Wundern forschen und in seiner verborgenen Dreiheit in sich schauen will, so muß er vor allen Dingen in sich selbst einkehren, sich selbst in seiner instehenden dreifachen Geburt und Leben gründlich erkennen lernen, dieweil er in sich selbst Gottes ewiges Bildnis und Gleichnis ist: nach der Finstern[is]-, Feuer- und Lichtwelt...

Das äußere Leben, so aus denen ewigen oder innern Welten als eine Gleichnis ausgeboren, hat sein Zentrum im äußern Herzen, stehet im Fleisch und Blut und ist mit allen Tieren gemein, sich nur zu nähren und zu vermehren suchend...

Das andere ist das seelische Leben, aus dem inneren ewigen Feuer, welches sein Zentrum zwar auch im Herzen hat, aber tiefer hinein...

Das dritte Leben ist das heilige Lichtleben, in diesem Naturmenschen aber verborgen, unwirkend und unempfindlich. Sein Feuer ist Gottes Liebefeuer, darinnen sein Wille in den Wiedergebornen brennet. Dieses urständet auch im Herzen aus dem Feuer... Seine Speise ist himmlische Wesenheit, Christi Fleisch und Blut und seine Kraftelementen im neuen Leib, nämlich: demütige Liebe, Sanftmut, Gerechtigkeit, Wahrheit... Sein Weben, Treiben und Bewegen ist der Heilige Geist und gebieret aus sich himmlische Freude.

Kurze Eröffnung und Anweisung II, 1, 4, 6, 12 ff.

Recht beten nach meiner Erfahrung und Praxis ist, nicht viele Worte machen; sondern eine Ersinkung des Seelengeistes oder Willens in Gott und eine Ausgebärung der heiligen Dreiheit und Weisheit durch die sieben Gestalten der Natur... So fasset er [der Wille] Christi Verheißungen in die Imagination zu seinem Leib und dringet mit der Begierde zu Gott ein.

A. a. O. VI, 26 ff.

Angelus Silesius – *Cherubinischer Wandersmann*

Er gehört noch in den weiteren Umkreis der Böhme-Schule. Von ihm gilt: «Als eine Persönlichkeit, die in einer großen seelischen Harmonie noch einmal aufleuchten ließ, was Tauler, Weigel, Jakob Böhme und andere vorbereitet hatten, erschien im siebzehnten Jahrhundert Johann Scheffler, genannt Angelus Silesius. Wie in einem geistigen Brennpunkte gesammelt und in erhöhter Leuchtkraft strahlend erscheinen die Ideen der genannten Denker in seinem Buche *Cherubinischer Wandersmann.*»[1]

Es ist wahr, was Rudolf Steiner zu Beginn dieses Jahrhunderts in seinem Mystik-Buch über den schlesischen Dichter und dessen berühmte Spruchsammlung gesagt hat. Auf einem anderen Blatt steht freilich, wie es um die seelische Harmonie auf dem Lebensweg Schefflers tatsächlich bestellt war, denkt man an die Spannungen und Auseinandersetzungen, die den Protestanten zur Konversion gedrängt haben. Doch sein mystisch-theosophisches Lebenswerk bleibt davon unberührt.

Johann Scheffler wird Ende Dezember 1624, also im siebten Jahr des Dreißigjährigen Krieges, in Breslau geboren.[2] Sein Vater, ein begüterter polnischer Landedelmann, legt Wert darauf, daß der Sohn eine strenge lutherische Erziehung erhält. Achtzehnjährig bezieht er die Universität Straßburg, um dort Medizin zu studieren. Ein Jahr später findet man ihn im holländischen Leiden. Aber es ist nicht allein die Arzneikunst, die sein Interesse erweckt. Der junge Studiosus gerät in mystisch bewegte Kreise und kommt dabei mit mystisch-religiöser Literatur in Berührung. Seine späteren rechtgläubigen Gegner, engstirnige Lutheraner, halten ihm dies immer wieder vor. Im Zeitalter orthodoxer Rechthaberei steht religiöse Erfahrung dieser Art nicht hoch im Kurs, ja, sie erweckt immer wieder unliebsamen Verdacht, durch Mystik könne die «reine Lehre» in Mißkredit gebracht werden. In den Niederlanden wird Scheffler auch mit den Büchern seines schlesischen Landsmannes Jakob Böhme bekannt und entdeckt überrascht, daß er nur wenige Tage nach Böhmes Tod geboren ist. Mehr noch: Ihn fasziniert die Tiefe der verborgenen Gottesweisheit, die aus den Schriften Böhmes zu ihm spricht. Nach seiner Promotion zum Doktor der Medizin und der Philosophie an der Universität Padua kehrt Scheffler nach Schlesien zurück.

Hier gewinnt er abermals Freunde, die für sein mystisches Streben Verständnis aufbringen. Zu diesem Freundeskreis gehört Daniel Czepko von Reigersfeld,[3] ein Dichter, der selbst aus der Spiritualität Meister Eckharts, aber auch Valentin Weigels und Jakob Böhmes geschöpft hat. Unter den Geistesverwandten, die sich des jungen Mediziners annehmen, ist vor allem Abraham von Franckenberg zu nennen, der persönliche Schüler und erste Biograph Böhmes.

Im November 1649 wird der knapp Fünfundzwanzigjährige zum fürstlichen Hof- und Leibmedikus ernannt. Er untersteht dem in Öls bei Breslau residierenden Herzog Sylvius Nimrod von Württemberg, einem strengen Lutheraner, dessen nicht minder kompromißloser Hofprediger Christoph Freitag über die Einhaltung der orthodoxen Kirchenlehre wacht. Inzwischen hat Scheffler eine folgenschwere Entscheidung getroffen: Er läßt sich durch Abraham von Franckenberg tiefer ins Werk Böhmes einführen. Dieser gewährt ihm auch geistliche Führung und vermacht ihm seine reichhaltige Bibliothek mit mystischer Literatur. Der väterliche Freund und Förderer des jungen Dichter-Arztes erlebt noch, wie es diesem gelingt, die Fülle seines spirituellen Erkennens in jene poetische Form zu gießen, die wir als den *Cherubinischen Wandersmann* kennen.

Diese «Geistreichen Sinn- und Schlußreime», wie sie der Dichter zunächst nennt, suchen ihn geradezu heim. Vier Tage dauert der erste Zustrom dichterischer Inspiration – das ganze erste Kapitel des fünfteiligen Buches schreibt er in dieser Zeit nieder. Die Verse sind ihm – seinem eigenen Zeugnis zufolge –

«meistenteils ohne Vorbedacht und mühsames Nachsinnen in kurzer Zeit von dem Ursprung alles Guten eingegeben worden». Aber wer ist denn der, der da schreibt? Seine Antwort lautet:[4]

Ich weiß nicht, was ich bin; ich bin nicht, was ich weiß;
Ein Ding und nicht ein Ding, ein Stüpfchen und ein Kreis.

Bald folgen Reimsprüche von unerhörter Kühnheit:

Ich auch bin Gottes Sohn, ich sitz an seiner Hand:
Sein Geist, sein Fleisch und Blut ist ihm an mir bekannt.
Gott ist in mir das Feu'r und ich in ihm der Schein;
Sind wir einander nicht ganz inniglich gemein?

Und auf die Frage, ob der Dichter nicht den Boden unter den Füßen verliere, antwortet er mit der Ortsbestimmung:

Wo ist mein Aufenthalt? Wo ich und du nicht stehen.
Wo ist mein letztes Ende, in welches ich soll gehen?
Da, wo man keines find't. Wo soll ich denn nun hin?
Ich muß noch über Gott in eine Wüste ziehn.

Es ist keine Frage, ein Platzregen mystischer Inspiration hat den Cherubinischen Wandersmann eingeholt. Und so läßt er sich in seinen Versen von Superlativen und Paradoxien mannigfacher Art überschütten. In den Augen und Ohren vieler seiner kirchenfrommen Zeitgenossen, nicht zuletzt der theologischen Beckmesser aus dem Lager der lutherischen Orthodoxie, muß dergleichen den Eindruck hemmungsloser Ketzerei erwecken. Was aber die sprachliche wie die spirituelle Dichte betrifft, durch die sich die Zwei- und Vierzeiler auszeichnen, so ist Walter Niggs Urteil zuzustimmen: «Wer nach dem *Cherubinischen Wandersmann* greift, der hat ein inspiriertes Werk in den Händen.»

An dieser Tatsache ändert auch der Hinweis des Literaturhistorikers nichts Entscheidendes, wonach Scheffler auf Vorlagen und Vorbilder zurückgreifen konnte – die Dichtungen Daniel

Czepkos wären hier an erster Stelle zu nennen. Doch Komposition und Geistgestalt eines Sprachwerks sprechen für sich, ganz gleich, woher die Materialien dazu stammen mögen.

Des Geistes voll, beschließt der Dichter, nun auch eine Blütenlese mystischer Texte und einige «hochinbrünstige, das Gemüt zu Gott erhebende Gebete» zusammenzustellen, um sie suchenden Menschen in die Hand zu geben. Und eben da kommt es zur verhängnisvollen Konfrontation mit dem Hüter der lutherischen Rechtgläubigkeit. Christoph Freitag, der Hofprediger, waltet seines Amtes. Was ein Menschenalter zuvor Jakob Böhme durch den lutherischen Oberpfarrer von Görlitz widerfahren ist, das passiert in abgewandelter Form nun dem Dichter des *Cherubinischen Wandersmann.* Scheffler muß einige Streichungen hinnehmen, schließlich versagt der Hofprediger die Druckerlaubnis ganz.

Scheffler ist empört. Sein aufbrausendes Naturell vermag er selbst nicht zu zügeln. Abraham von Franckenberg, der ihm zweifellos zur Mäßigung und zu einer Art innerer Emigration geraten hätte, lebt nicht mehr. So kommt es, daß Scheffler seinen Unwillen über den engstirnigen Hofprediger alsbald auf das gesamte Luthertum überträgt. Er zögert nicht, daraus auch äußere Konsequenzen zu ziehen. Er quittiert seinen Dienst und konvertiert zur katholischen Kirche.

Im Katholizismus hofft der spirituell Entflammte einen Hort mystischer Frömmigkeit zu finden, die er bei den Theologen seiner bisherigen Konfession seit langem vermißt hat. Daß Männer wie Valentin Weigel oder Jakob Böhme trotz Kritik an der «Mauerkirche» ihre lutherische Bibelfrömmigkeit niemals preisgegeben haben, steht auf einem anderen Blatt. Und die Möglichkeit, als esoterischer Christ nach innen gekehrt seinem Glauben zu leben, ohne sich viel um die eine oder die andere Amtskirche zu kümmern, scheint er nicht zu erwägen. Hier liegt zweifellos die große Tragik im Leben des Johann Scheffler.

Um nun auch nach außen sichtbar zu machen, daß für ihn ein neues Leben beginnt, nennt er sich «Angelus», Engel, Bote, als er am 12. Juni 1653 in der Breslauer St.-Matthias-Kirche das Sakrament der Firmung empfängt. Um jede Verwechslung auszuschließen, heißt er fortan: «Angelus Silesius», schlesischer Engel.

Und eben das will er sein, der Bote einer anderen Welt, eben jener, der er sich seit langem innig verbunden fühlt. Das hindert ihn nicht, seine mystische Innenerfahrung auf die katholische Kirche zu projizieren, als sei ernste Christusnachfolge nur in ihr möglich. Doch religiöse Dichtung überschreitet die Konfessionsgrenzen. Jedenfalls ließen sich die Herausgeber protestantischer Gesangbücher nicht davon abhalten, auch solche Lieder des Konvertiten aufzunehmen, die im Blick auf die neue geistliche Heimat niedergeschrieben wurden. Das im Jahre 1657 verfaßte Lied «Ich will dich lieben, meine Stärke» gehört zu den Perlen barocker geistlicher Dichtung. In ihm spielt der Dichter auf den späten Konfessionswechsel an, wenn es dort in der dritten Strophe heißt:

Ach, daß ich dich so spät erkennet
Du hochgelobte Schönheit du,
Und dich nicht eher mein genennet,
Du höchstes Gut und wahre Ruh!
Es ist mir leid und bin betrübt,
Daß ich so spät geliebt.

Noch im Jahr seines Konfessionswechsels sieht sich Johann Scheffler veranlaßt, in einer in Olmütz veröffentlichten Schrift die Ursachen und Motive darzulegen, warum er vom Luthertum «abgetreten» ist und sich zur römisch-katholischen Kirche bekannt hat. Der polemische Charakter der Publikation ist kaum zu übersehen. Tatsächlich leitet sie eine Kette von Streit- und Schmähschriften ein, die von Schefflers lutherischen Gegnern in höchst unwürdiger Weise erwidert werden. Wäre Scheffler nur der Autor dieser theologischen oder theologisch verbrämten Pamphlete, man dürfte seinen Namen getrost vergessen. Menschlich-Allzumenschliches artikuliert sich im Stil einer streitsüchtigen Zeit.

Was aber den überzeitlichen Ruhm des Angelus Silesius begründet, das sind zweifellos die «Geistreichen Sinn- und Schlußreime», die er im Jahre 1657 erstmals in Wien drucken läßt. Das Vorwort ist auf Juni 1656 datiert. Aber wie schon erwähnt, wurde der Grundbestand des *Cherubinischen Wandersmann* vor der Konversion niedergeschrieben. Obwohl die fünf Bücher der

Erstausgabe nicht in allen Stücken die gleiche poetische Dichte aufweisen, so stellen diese Zwei- und Vierzeiler doch eine Einheit dar. Ihnen gegenüber fällt das in der Ausgabe von 1675 hinzugefügte sechste Buch deutlich ab.

Zur Biographie bleibt nur noch weniges nachzutragen: Der ehemalige Leibarzt studiert nun katholische Theologie und empfängt im Jahre 1661 als Sechsunddreißigjähriger die Priesterweihe. Sieben Jahre lang hat er das Amt eines Hofmarschalls beim Fürstbischof Sebastian von Rostock inne. Als der bischöfliche Förderer stirbt, zieht sich Johann Scheffler aus dem öffentlichen Leben zurück. Im Kreuzherrenstift von St. Matthias in Breslau findet der rastlos streitbare Geist ein letztes Zuhause. Am 9. Juli 1677 stirbt Johann Scheffler, noch nicht einmal dreiundfünfzig Jahre alt. Eine Inschrift in der Breslauer Stiftskirche, der späteren Gymnasialkirche des St.-Matthias-Gymnasiums, in der er seine letzte Ruhe gefunden hat, lautet:

Deutschlands großer christlicher Dichter,
Mahner zu gottinniger Frömmigkeit.

Johann Valentin Andreae – Rosenkreuzer und Vorkämpfer eines praktischen Christentums

Die alten Institutionen, Kirche und Schule, haben versagt; die Gesellschaft, die Wissenschaft, das gesamte kulturelle Leben sind erneuerungsbedürftig: Das ist eine Feststellung, die nicht nur für *einen* historischen Augenblick Gültigkeit beanspruchen kann. Und es ist das Vorrecht der jeweils jungen Generation, das Ersehnte, Erhoffte, die Utopie endlich zu versuchen, es endlich «besser» zu machen als die Väter, und zwar von der Wurzel her, also «radikal».

Junge «Radikale», junge Utopisten dieser Art finden sich an deutschen Universitäten des eben begonnenen 17. Jahrhunderts, zum Beispiel in Tübingen. Einer von ihnen heißt Johann Valentin Andreae, Sproß einer renommierten lutherischen Theologenfamilie. Der Großvater ist Jakob Andreae (1528–1590), einst Kanzler der Universität von Tübingen und Mitautor der Konkordienformel von 1577, also ein Vertreter lutherischer Rechtgläubigkeit. Doch aus dem Enkel spricht der Geist der *neuen* Zeit, der Wille, die Welt in ihrer Fülle und Vielgestaltigkeit zu erfahren, sie gegebenenfalls zu verändern, und vor allem in die Geheimnisse der Natur einzudringen. Dieses Streben gehört zu den großen Idealen am Beginn der naturwissenschaftlichen Revolution.

Und was Johann Valentin Andreae anlangt, so kann er in seinem Lebensrückblick von sich sagen:

«Mich hat immer und immer ein unbegreiflicher Geist getrieben, mehr leisten und wissen zu wollen, als mir gut war, und überdies hat mir die Enge der häuslichen Verhältnisse, aus denen ich kam, früh Schwereres aufgeladen, als meine Schultern tragen konnten, und das ist mir mein Leben lang eine Last gewesen ...»[1]

Johann Valentin Andreae wird am 17. August 1586 im württembergischen Landstädtchen Herrenberg unweit von Tübingen geboren, als fünftes von sieben Kindern. Der Vater ist zu jener Zeit lutherischer Pfarrer in Herrenberg. Da das Kind von zarter körperlicher Konstitution ist, sorgen die Eltern schon früh für eine gründliche schulische Ausbildung. Der bereits 1601 als Abt von Königsbronn gestorbene Vater, dem man nachsagt, daß er sein Vermögen mit «Alchymisterei» vertan habe, unterrichtete den Knaben in den ersten Jahren selbst. Wie wir späteren autobiographischen Aufzeichnungen entnehmen, ist es jedoch die Mutter, die auf den ebenso scharfsinnigen wie phantasiebegabten und an den Wissenschaften interessierten Sohn einen nachhaltigen Einfluß ausgeübt hat. Alfons Rosenberg kommt daher zu dem Schluß: «Der Reformator Andreae war ein Schüler seiner von ihm als heiliges Vorbild verehrten Mutter.»

Mit ihr zieht der Fünfzehnjährige nach dem Tod des Vaters nach Tübingen, wo er sogleich eifrig zu studieren beginnt. Nichts, was «profane und geistliche Bildung» zu bieten hat, läßt der lesehungrige Student ungenossen. Von einem auf eine einzige Disziplin ausgerichteten Fachstudium, etwa der für den Pfarrerssohn geradezu obligatorischen Theologie, kann bei dem blutjungen Andreae noch nicht die Rede sein. Er hat ohnehin erst das Alter eines Unterprimaners erreicht, als er sich an der Alma mater umsieht. Mit dem Feuereifer des Frühreifen macht er sich über alle ihm gerade zugänglichen Wissensgebiete her. Zu den klassischen Sprachen des zukünftigen Theologen, Latein, Griechisch und Hebräisch, treten das Syrisch-Aramäische, sodann die neuen Sprachen Italienisch, Spanisch und auch Englisch. So lernt er wichtige Bildungsgüter, die Dichtung und Literatur der Renaissance zum Beispiel, in der Originalsprache kennen. Auch musische, physikalisch-mechanische und «chymische» Fähigkeiten erwirbt er. Es ist die Zeit, in der das auf die Pflege der alten Sprachen konzentrierte humanistische Bildungsideal eines Philipp Melanchthon durch ein neues abgelöst wird: Den Schritt vom Wort zum naturwissenschaftlichen Tatbestand gilt es jetzt zu vollziehen.

Das ist das eine. Zum anderen tritt das dramatische Element in Andreaes Gesichtskreis. Die englischen Schauspieler, die in jenen

Jahren durch Deutschland reisen, begeistern ihn mit ihren Aufführungen. Mathematik und Geographie interessieren den bildungsbeflissenen angehenden Polyhistor nicht weniger als Theologie und Philosophie. Damit verfolgt der junge Andreae das Ideal eines universal ausgerichteten Studiums. Als Vertreter einer christlich tingierten Theosophie ist er schon von seinen weitgespannten Interessen her ein «Pansoph». Gotteserkenntnis ist ohne Naturerkennen und Kunstpflege nicht zu verwirklichen. Andreae war unter anderem ein Verehrer Albrecht Dürers! Oder um es mit den Worten seines knapp sechs Jahre jüngeren geistesverwandten Freundes Amos Komenský (Comenius; 1592–1670) zu sagen:

«Drei Dinge sind es, die unser menschliches Wissen, ja geradezu ein gewisses Allwissen [Pansophie] ausmachen: die Erkenntnis Gottes, der Natur und der Kunst... Man möge nicht glauben, es genüge, etwas von Gott zu wissen, etwas von der Natur und etwas von der Kunst, was auch den Unwissendsten und ganz Dummen gelingt, sondern wir müssen *alles*, was erkennbar ist, ganz und genau erkennen...»[2]

Der faustische Zug, der diesen Immer-Strebenden beseelt, ist nicht zu übersehen. Seinem etwa gleichaltrigen Freund Rudolf August von Braunschweig-Wolfenbüttel schreibt er einmal, was ihn getrieben hat und was sein inneres Schicksal bestimmte: «Mit achtzehn Jahren habe ich junge Menschen erziehen müssen, die wenig jünger waren als ich. Um sie zu unterrichten, habe ich erst lernen müssen, mich zu erziehen. Aber indes bin ich durch die Wissenschaft geschweift, ich habe Juristerei und Medizin getrieben...» – Man meint, Goethes *Faust* deklamiert zu hören! – «Ich habe mein Schifflein auf das hohe Meer der Geschichte gelenkt und sechs oder sieben Sprachen mir angeeignet. Wieviele Bibliotheken habe ich durchforscht!... Nichts, was profane und geistliche Bildung bot, habe ich ungekostet gelassen und dazu mir auch Kenntnisse in der Musik und in den mechanischen Künsten erworben. Dann nach neun Jahren dieser Erziehertätigkeit bin ich sechs Jahre Diakon [d. h. zweiter Pfarrer in Vaihingen an der Enz, 1614–1620] gewesen und habe dabei noch Zeit gefunden, die meisten meiner Schriften zu veröffentlichen. Dann bin ich zum bischöflichen Amt [in Calw 1620–1639] gekommen und habe neunzehn Jahre hindurch gearbeitet, den Stoff, der sich mir bot, in eine gute Form zu bringen. Als das Unglück des Vaterlandes [der Dreißigjährige Krieg] mein Werk zerstörte [die Zerstörung Calws durch kaiserliche Truppen erfolgte 1634], habe ich es nochmals aufgebaut. Und jetzt, da mich der Hof und die Regierung neun Jahre lang mit all den undankbaren Sorgen und den nichtfördernden Geschäften festgehalten, habe ich meine 40 Kämpferjahre hinter mir.»

Kämpferjahre sind es zweifellos, die sein bewegtes Leben ausgefüllt haben. Das zeigt auch seine autobiographische *Vita*, die bis zum Jahr 1653 reicht. Am 27. Juni 1654 ist Andreae als (evangelischer) Abt in Adelberg bei Göppingen/Württemberg gestorben.

Wohl stieg seine äußere Lebenslinie auf bis zum Rang des Hofpredigers und Konsistorialrates in Stuttgart. Doch ist dieses Leben voll von großen Belastungen, Arbeit und Mühen, die weit über das Maß eines gewöhnlichen lutherischen Pfarrers hinausgehen: Der schon in jungen Jahren weitgereiste, auf der Höhe der Bildung seiner Zeit stehende Theologe und Polyhistor hat sich vor allem auf dem Sektor der Fürsorge, namentlich der karitativen Tätigkeit während des großen Krieges, verdient gemacht. Und wenn auch seine Leistungen von seinen Zeitgenossen weithin verkannt wurden, so gab es trotzdem viele Neider und orthodoxe Verleumder. Die autobiographischen Aufzeichnungen berichten davon. Immer wieder sieht Andreae sich veranlaßt, ja genötigt, persönliche Glaubensbekenntnisse und Beweise seiner eigenen Rechtgläubigkeit zu liefern. Derartige Äußerungen – denken wir an Weigel, an Böhme und andere geistesverwandte Theosophen – sind nur vor dem eingangs skizzierten Zeithintergrund verständlich. Die orthodoxen Eiferer duldeten keine Regung eines freien Geisteslebens in ihrem Umkreis.

Das ist auch ein wesentlicher Grund dafür, daß Andreae sich von den literarischen Erzeugnissen seiner Jugend, insbesondere von den überaus folgenreichen rosenkreuzerischen Schriften, distanzieren mußte. Er tat es, indem er versicherte, daß er «des Märleins der Rosenkreuzerei immer lachte». Um was handelt es sich hierbei?

Im Jahre 1614 erscheint bei dem Drucker Wilhelm Wessel in

Kassel das anonyme Buch *Allgemeine und General-Reformation der ganzen weiten Welt* und daran anschließend *Beneben der Fama Fraternitatis oder Entdeckung des löblichen Ordens des Rosenkreuzes.* Bei der erstgenannten Schrift handelt es sich um die deutsche Übersetzung eines italienischen Autors, der sich über die bisherigen Reformversuche lustig macht und alle diese Verbesserungsvorschläge als wirkungslos und abwegig hinstellen möchte. In deutlichem Kontrast dazu steht aber die *Fama Fraternitatis,* die nicht nur den Anbruch einer «seligen Morgenröte» verkündet und eine ganz neue Reformation in Aussicht stellt, sondern diese Kunde auch noch in eine ungewöhnliche Form kleidet, eben in die der Manifestation eines angeblichen, bis dahin verborgen gebliebenen geheimen Männerordens: der Rosenkreuzer. Doch dabei bleibt es nicht.

Schon ein Jahr darauf folgt die Schrift *Confessio Fraternitatis oder Bekenntnis der löblichen Bruderschaft des hochgeehrten Rosenkreuzes, an die Gelehrten Europas geschrieben.* Was in der vorausgegangenen *Fama* wie in einer Vorankündigung publik gemacht worden ist, wird nun ergänzt und näher erläutert, und zwar im Hinblick auf dieselbe Reformation, die sich der esoterische Orden zum Ziel gesetzt haben soll. Ein weiteres Jahr vergeht, und die dritte der Rosenkreuzerschriften erscheint unter dem ominösen Titel *Chymische Hochzeit Christiani Rosenkreutz anno 1459,* diesmal im Jahre 1616 von Lazarus Zetzner in Straßburg verlegt. Dies sind die bis heute maßgeblichen Grundschriften des Rosenkreuzertums.[3] Sie haben eine überaus weitreichende Bewegung ausgelöst.

Verfolgt man die äußere Spur zurück, so stößt man auf einen Tübinger Freundeskreis von geistvollen Gleichgesinnten, die in einer gewissen – zumindest zeitweise – Distanz zur herrschenden lutherischen Orthodoxie pansophisch-paracelsisch-utopische Vorstellungen diskutiert haben. Aber nicht das bloße Lesen oder Disputieren, sondern allein die praktizierte Nachfolge führe zu Christus, so beteuert einer von ihnen, der Tübinger Gelehrte Christoph Besold. Sicher wäre bei ihm und bei seinesgleichen ein so wissensdurstiger junger Mann wie Andreae nicht aus- und eingegangen, wenn diese Männer nicht über reiche Bücherschätze verfügt hätten. Da die von Andreae fleißig benützte, berühmte Bibliothek Besolds im Jahre 1649 an die Benediktiner-Universität in Salzburg verkauft wurde – gegen 4000 Drucke und Manuskripte umfassend –, so daß diese Werke den Grundstock des heutigen Buchbestandes bilden, kann man sich eine Vorstellung von seiner Lektüre machen.[4] Andreae konnte gleichsam zu einem Kristallisationspunkt für die entwickelten Erneuerungsideen werden. Und nachdem die Familie Andreae in ihrem Hauswappen ein Andreaskreuz mit vier Rosen führt, nennt der Autor jener speziellen Publikationen den Gründer und Vater der von ihm imaginierten Fraternität oder Bruderschaft flugs «Christian Rosenkreutz».

Die *Fama* berichtet nun aus dem Leben dieses Mannes, der vor langer Zeit als ein noch Unmündiger in den Orient gelangt sei, wo er die Weisheit arabischer Gelehrsamkeit kennenlernte und, mit umfassender Bildung ausgestattet, über Nordafrika und Spanien schließlich heimkehrte, und zwar als einer, der östliche und westliche Weisheit miteinander zu verbinden wußte. Schon daraus geht hervor, daß Andreae seinem «Helden» archetypische Züge verleihen wollte. Es sind die Züge des Leitbildes, dem er selbst nachstrebte und das dem Ideal nicht weniger Sucher seiner Zeit entsprochen haben muß. Das Ziel einer großen, weltumspannenden Kultursynthese deutet sich an – eher ein Traum als ein durchdachter Plan, für den es jedoch sogar ein kosmisches Signal zu geben scheint, das Johannes Kepler in seiner Schrift *Stella Nova* im Jahre 1606 beschrieben hat: Ein neuer Stern sei im Sternbild von Serpentarius und Cygnus erschienen. Nimmt es da wunder, wenn die nach einer neuen Reformation Ausschau Haltenden in der Himmelschrift ein Zeichen der geistigen Welt erblicken?

Das muß freilich eine anders geartete «Reformation» sein als die vorausgegangene, die sich mit dem Namen Martin Luthers verbindet. Denn dieser imaginäre Christian Rosenkreutz meint eben nicht eine auf die religiöse Dimension beschränkte Erneuerung. Er meint eine umfassende Schau der Natur, und zwar eine Natur-«Wissenschaft», die vom göttlichen *Fiat* bis zum *Pereat*, das heißt: vom Prinzip der Schöpfung («Es werde!») bis hin zur Weltenvollendung («Es vergehe ...!») reicht. Die religiöse Grundstimmung ist freilich beibehalten.

Der Bruderschaft dieses Pansophen oder All-Weisen namens Rosenkreutz ist daher ein Auftrag von universaler Natur erteilt, nämlich in die Geheimnisse der Natur einzudringen, praktische Mitmenschlichkeit zu üben, zum Beispiel durch selbstlose Krankenpflege, und weltweit ein brüderliches Gemeinschaftsleben aufzubauen. In jeder Hinsicht eine ideale Neue-Welt-Gesellschaft also, die um Mitglieder verwandten Geistes wirbt. Deshalb manifestiert sie sich und wendet sich an die Öffentlichkeit, um das in der Verborgenheit Begonnene von jetzt an auch nach außen hin wirksam werden zu lassen. Und damit man die Fraternität nicht als eine nur weltlich-philanthropische Einrichtung mißdeutet, übersehe man nicht das mantramartige Leitmotiv, das Andreae seiner *Fama* eingefügt hat. Es lautet:

> *Ex deo nascimur* – Aus Gott sind wir geboren
> *In Jesu morimur* – In Christus sterben wir
> *Per spiritum reviviscimus* – Durch den Geist werden wir wiedergeboren

Damit ist das zentrale christliche Mysterium der Wandlung durch eine knappe, trinitarisch gegliederte Formel ausgedrückt: der Weg des Menschen, der von Gott als dem ewigen Ursprung seinen Ausgang nimmt und durch den Tod Christi zur Erneuerung und Wiedergeburt im Heiligen Geist gelangt. Die göttliche Trinität wird auf diese Weise für den rosenkreuzerischen Esoteriker zum individuellen Erlebnis, zum Grund christlich-religiöser Urerfahrung. Mal um Mal soll dieser Rosenkreuzer-Spruch rezitiert und meditiert werden. Das wird nicht besonders betont, sondern das versteht sich von selbst. Und damit nicht genug: Dieser Rosenkreuzer, wie er in der Vorstellung J. V. Andreaes lebt, zeichnet sich nicht allein durch die mystische Grundhaltung aus, die aus diesem Mantram spricht. Denn der Rosenkreuzer richtet seinen Blick gleichzeitig auf den Kosmos. Daher lautet das andere Leitmotiv in lapidarer Kürze:

> *Jesus mihi omnia* – Jesus ist für mich alles.

Dieses Wort unterstreicht den universalen Charakter des Christentums überhaupt, wobei «Jesus» nicht etwa nur den historischen Jesus von Nazareth meint, sondern den Christusgeist, in dem – wie Paulus im Kolosserbrief sagt – «die Fülle der Gottheit» leibhaftig wohnt. *«Jesus mihi omnia»* verweist somit auf die Mitte allen Seins, aber auch auf die Fülle; er ist demnach Zentrum und Umkreis in einem. Deshalb ist eine, wie Andreae sich ausdrückt, «fürwitzige, gottlose», das heißt eine rationalistisch-materialistische Weltdeutung außerstande, das *«mysterium magnum»*, das große Geheimnis von Gott, Welt und Mensch zu erfassen. Das ist immerhin ein faszinierendes Programm, namentlich für Menschen, die die verlorene Ganzheitsschau und -erfahrung wiedergewinnen möchten: in der Gestalt einer Generalreformation, die im Zeichen von Kreuz und Rose auszurichten ist.

Sehen wir einmal davon ab, daß sich unter diesem Zeichen des Rosenkreuzes nur allzuoft Phantasten und nicht selten fragwürdige Existenzen zusammengefunden haben, so zeigt doch das ungemein lebhafte Echo, das Andreaes Rosenkreuz-Idee ausgelöst hat, welch eine Sehnsucht in weiten Kreisen geherrscht haben muß und immer noch herrscht: die Sehnsucht nach einer neuen Gemeinschaft, nach neuen Erkenntnis-, Glaubens- und Lebensformen auf der Grundlage des Christentums. Und wenn Andreae sich auch von seinen Jugendschriften wie von einer Jugendsünde zu distanzieren suchte, indem er später unter anderem sein Buch *Christianopolis* veröffentlichte, so gab er doch deutlich zu verstehen, daß er die Idee einer umfassenden Reformation, die bis ins kulturelle und ins gesellschaftliche Leben hineinstrahlt, nie aufgegeben hat, ist doch dieses Buch die erste Version von einem möglichen Reich der Zukunft, die ein Lutheraner verfaßt hat. Dabei waren nach Luthers umstrittener Zwei-Reiche-Lehre utopische Gesellschaftsentwürfe schwerlich zu erwarten. Auf diese Weise reiht sich der Schwabenvater Johann Valentin Andreae in die Front der europäischen Utopisten vom Range eines Thomas Morus, Tommaso Campanella und eines Francis Bacon ein. Und was die Sache der Generalreformation im Zeichen des Rosenkreuzes betrifft, so läßt sich mit Alfons Rosenberg zusammenfassend sagen:

«Wenn auch die Rosenkreuzer-Bewegung nicht zu einer echten Ordensgemeinschaft wurde, so ist doch die Nachwirkung ihrer Ideen nicht zu übersehen. Sie sind Antwort und Lösung auch für die Probleme der heutigen Zeit. Sie verbinden uraltes Wissen um die Geheimnisse der Welt mit wissenschaftlicher Erkenntnis und dem christlichen Glauben und führen so alles Erkennen auf die eine, die einzig mögliche und wahre Wurzel zurück, auf Gott. Denn Andreae war mit Recht davon überzeugt, und dies gilt auch heute noch: Wer das Buch der Welt andächtig liest, wird den Schriftzügen Gottes folgen und wird dadurch, ohne sich so zu nennen, ein wahrer Rosenkreuzer.»[5]

Auf die Benennungen kommt es in der Tat nicht an. Wichtiger ist, daß immer wieder Menschen zur Stelle sind, wenn in Krisenzeiten, in Zeiten geistiger Desorientierung und Verwirrung geistig-geistliche Leerräume entstehen, die auch die «verordneten Diener der Kirche», gerade sie, nicht zu füllen vermögen. Die einzelnen Träger einer solchen Theosophie oder Gottesweisheit können dann recht unterschiedlich geprägt sein. Sie können faustische Züge tragen wie der junge Andreae; sie können aber auch jener äußeren Unscheinbarkeit teilhaftig sein wie Jakob Böhme, der etwa zur gleichen Zeit eine ganz ähnliche Reformation im Zeichen der Lilie erhoffte, wenn er etwa an den Lübecker Rosenkreuzer Joachim Morsius im April 1624 schrieb: «Wisset, daß euch mitternächtigen [d. h. nördlichen] Ländern eine Lilie blühet!»[6]

Daß beide, Böhme und Andreae, unmittelbare Zeitgenossen waren und daß sie nach der «Morgenröte» eines neuen Weltentages Ausschau hielten, unterstreicht ihren exemplarischen Charakter. Wichtiger als die Boten ist die Botschaft, die an die Mit- und Nachwelt gerichtet ist. Andreae selbst schloß sich jenen an, die sagten: «Was warten wir lange auf eine solche [rosenkreuzerische] Bruderschaft; laßt uns lieber von demjenigen, was uns gut dünkt, einen Versuch tun! Dafürhaltend, es hindere gar nichts, daß, so wir Christo nur ernstlich nachfolgen und unsere Sitten bessern wollen, so könnten wir ja solches aus dem Evangelio und aus dem Exempel andächtiger Leute selbst tun... Was hindert es, daß wir nicht *in uns selbst*, wenn auch andere nicht wollen, zuerst das Unkraut ausjäten, die Tugenden pflanzen und uns mit Christo näher vereinigen, besonders wenn wir befürchten, er sei noch so weit von unsern Sachen entfernt.»[7]

Die Einsicht und der Entschluß, bei sich selbst, in sich selbst mit der Erneuerung anzufangen, verführt den Schwaben Andreae jedoch nicht, in eine weltfremde Innerlichkeit abzugleiten. Er ist insofern *kein* Mystiker, der angesichts der Fülle der Welt Augen, Ohren und Mund «schließt». Wenn es einen besonderen Wesenszug eines rosenkreuzerischen Christentums gibt, dann besteht er darin, daß Frömmigkeit und Theosophie des Rosenkreuzers *der Welt zugewandt* sind. Wohl weiß Andreae, daß die echte Veränderung und Reformation «innen» beginnen muß. Aber er weiß auch, daß diese Innenerfahrung impulsgebend ins Äußere hineinwirken soll: in das Bildungs- und Wissenschaftsleben, in den Bereich der sozialen Gestaltung. Gemessen an der Reformation Martin Luthers ist die rosenkreuzerische Theosophie Andreaes ein notwendiger Schritt, der über die Zwei-Reiche-Lehre des Wittenbergers hinausweist. Dabei ist Andreae ganz ein Kind seiner Zeit. Ins Positive gewendet, heißt das aber: Statt sich in die religiösen Innenbezirke zurückzuziehen und die «böse» Welt sich selbst und damit dem heraufkommenden Atheismus, Positivismus und Nihilismus zu überlassen, fühlt er sich gerade als Christ für Natur und Geschichte verantwortlich, und zwar nicht selten unter Einspruch der kirchlichen Zensur. Insbesondere als Autor hat er das zu spüren bekommen.

Während sich Andreae in seiner *Christianopolis* der Denk- und Darstellungsform der Utopie bedient und vor seinen Lesern das Bild eines Idealstaats erstehen läßt, entfaltet er in dem Buch *Theophilus* ein den Erfordernissen seiner Zeit zugewandtes Programm der Erziehung und Bildung. In drei Dialogen wird da über die christliche Religion, über die christliche Zucht (Ethik) und über ein christliches Unterrichtswesen gesprochen. Niedergeschrieben wurden diese Dialoge im Jahre 1622, also zur Zeit des Dreißigjährigen Krieges, als Andreae als Superintendent (Dekan) in Calw amtierte. Trotz mancher Befürwortung war das Buch der Stuttgarter Kirchenleitung zu wenig theologisch. Die Zensur verweigerte deshalb die Druckerlaubnis, so daß das Manuskript zunächst nur in Abschriften verbreitet werden konnte. Wenngleich Andreae hier seine lutherische Rechtgläubigkeit hervorhebt, so verläßt er doch den engen Rahmen der in theologischen Haarspaltereien und Streitigkeiten sich erschöpfenden Orthodoxie. Die Verwirklichung des Christlichen ist ihm wichtiger als die von ihm gleichwohl geachteten lutherischen Bekenntnisformeln.

Das pädagogische Element soll nicht neben der Verkündigung stehen, sondern es soll diese seiner Meinung nach methodisch durchdringen. Die Bildung des Menschen, die mehr umfaßt als die Aneignung von Fähigkeiten, bestimmt seinen christlich zentrierten pädagogischen Eros. Jedenfalls spricht vieles dafür, daß der gereifte Andreae die Ideale seiner Jugend nicht gänzlich preisgegeben oder gar verraten hat, doch erfuhren sie eine Wandlung. Und jede Menschwerdung – ob sie in Gestalt der rosenkreuzerisch ausgerichteten *Chymischen Hochzeit* oder in Gestalt der *Theophilus*-Dialoge geschildert wird – setzt stets eine Transformation voraus, den «Prozeß», wie Jakob Böhme diesen Weg in seiner *Christosophia* genannt hat.

Ob Johann Valentin Andreae ein Vergessener sei? Fest steht, daß seine Wirkung anhält, auch wenn die durch ihn und seine rosenkreuzerischen Schriften entfachte Bewegung sicher eine andere Entwicklung genommen hat, als der Autor der *Christianopolis* intendiert haben wird. Erforscht ist Andreaes Wirkung noch kaum, denkt man allein an die vielen Spuren, die im Pietismus nachweisbar sind.[8] Dennoch gilt: «In der Geschichte des deutschen Protestantismus hat er seinen festen Platz unter den Wegbahnern zu einem praktischen Christentum und zu einer innerlichen Erfassung der Religion überhaupt.»[9]

Zeugnisse und Leitworte

An einem Abend vor dem Ostertag saß ich an einem Tisch. Ich hatte mich meiner Gewohnheit nach mit meinem Schöpfer in meinem demütigen Gebet genugsam ausgesprochen und vielen großen Geheimnissen, deren mich der Vater des Lichts, seine Majestät, nicht wenige hat sehen lassen, nachgedacht. Als ich mir nun meinem lieben Osterlämmlein ein ungesäuertes unbeflecktes Küchlein in meinem Herzen zubereiten wollte, kommt mit einem Mal ein so grausamer Wind daher, daß ich nicht anders meinte, als daß der Berg, darein mein Häuslein gegraben ist, vor der großen Gewalt zerspringen müßte. Weil mir aber solches der Teufel, der mir manches Leid getan, nichts antat, faßte ich einen Mut und blieb in meiner Meditation, bis mich – wider meine Gewohnheit – jemand am Rücken berührte, davon ich dermaßen erschrocken, daß ich mich kaum umsehen traute; dennoch stellte ich mich freudig, als menschliche Schwachheit bei dergleichen Sachen sein kann. Und wie mich das Ding zu etlichen Malen beim Rock zupfte, sah ich mich um. Da war es ein herrlich schönes Weibsbild, deren Kleid ganz blau und mit goldenen Sternen, wie der Himmel, zierlich besetzt gewesen.

In der rechten Hand trug sie eine güldene Posaune, in die ein Name eingeprägt gewesen, den ich wohl lesen konnte, den zu offenbaren mir hernach verboten wurde. In der linken Hand hatte sie ein großes Bündel Briefe in allerlei Sprachen, die sie, wie ich hernach erfahren, in alle Lande tragen mußte. Sie hatte aber auch Flügel, große und schöne, voller Augen durch und durch, mit denen sie sich aufschwingen und schneller denn ein Adler fliegen konnte. Ich hätte vielleicht noch mehr an ihr bemerken können. Aber weil sie so kurz bei mir geblieben und noch aller Schreck und Verwunderung in mir gesteckt, muß ich's sein lassen.

Denn sobald ich mich umgewendet, blätterte sie ihre Briefe hin und her. Endlich zog sie ein kleines Brieflein heraus, welches sie mit großer Reverenz auf den Tisch legte und ohne ein einziges Wort von mir wich. Im Aufschwingen aber hat sie so kräftig in ihre schöne Posaune gestoßen, daß der ganze Berg davon widerhallte und ich fast eine Viertelstunde mein eigenes Wort kaum mehr hörte.

In solchem unversehenen Abenteuer wußte ich Armer mir selber weder zu raten noch zu helfen, fiel deswegen auf meine Knie und bat meinen Schöpfer, er wolle mir nichts wider mein ewiges Heil zustoßen lassen. Darauf ging ich mit Furcht und Zittern zu dem Brieflein. Das war so schwer, daß, wäre es lauteres Gold gewesen, es kaum so schwer hätte sein können. Wie ich es nun fleißig besah, fand ich ein Siegel, mit dem es zugemacht war. Darauf war ein zartes Kreuz mit der Inschrift: *In hoc signo vinces* [In diesem Zeichen wirst du siegen].

Sobald ich nun das Zeichen gefunden, wurde ich getroster, da ich nun wußte, daß ein solches Siegel dem Teufel nicht gerade angenehm, viel weniger gebräuchlich wäre. Ich machte deswegen das Brieflein vorsichtig auf. Darinnen fand ich auf blauem Grund mit goldenen Buchstaben folgende Verse geschrieben:

Heut, heut, heut
Ist des Königs Hochzeit.
Bist du hierzu geboren,
Von Gott zu Freud erkoren,
Magst auf den Berg du gehen,
Darauf drei Tempel stehen,
Daselbst die G'schicht besehen.
Halt Wacht,
Dich selbst betracht!
Wirst dich nicht fleißig baden,
Die Hochzeit kann dir schaden.
Schad hat, wer hier verzeucht,
Hüt sich, wer ist zu leicht!

Untenan stand: *Sponsus und Sponsa* [Bräutigam und Braut].
Chymische Hochzeit . . ., Erster Tag

Daß wir des öfteren zu uns selbst kommen und den irdischen Staub abschütteln, ist so höchst nötig, wie daß unsere Seele großmütige Entschließungen fasse. *Christianopolis*, § 17

Andere sagen, daß sie aus dem großen Natur-Buch genug lernen, und andere bekräftigen, daß sie in der zur Erforschung aller Künste Urquelle mehr finden als in ganzen Haufen von Büchern. Also ekelt es ihnen vor allem in der Welt, woran sie nichts Göttliches finden; und dieses tragen sie zur Beschämung menschlichen Gehirns zusammen, damit die ihrigen von der Nichtswürdigkeit solcher Dinge überzeugt würden. Hinweg also mit allen Büchern, so wir ihnen allein folgen! Es lebe *Christus in uns*, das Buch des Lebens, woraus wir leichter und sicherer alles erlernen können. § 39

Theosophie ist für wenige Menschen, auch nicht jeder sonst andächtigen und frommen Seele erlaubt, denn es steht allein bei Gott, entweder durch das Licht oder durch das Kreuz Gutes zu tun. Gott offenbart sich in einem kleinen Nu oder Augenblick; er hält sich lange in einem Zugang verschlossen ... Die Philosophie grüble, so lang sie will; die Theosophie bleibt in ihrer Ruhe. Jene ist zweifelhaft, diese ruht sicher zu den Füßen Christi. § 60

Wie Christus die Erfüllung aller Geheimnisse ist, so setzt die Wiedergeburt in uns eine neue Kindheit, eine neue Jugend und ein neues Mannesalter in Gang und vermehrt es, welches nicht dem alten Adam, sondern Christus, dem Buch des Lebens, entspricht. Dies verstehen die nicht, die die Theologie nach Regeln der Kunst einrichten ... Wenn wir nicht ein Ende nehmen, beginnt Christus nicht; wenn wir nicht schweigen, spricht Gott nicht; wenn wir nicht zur Ruhe kommen, regt sich der Geist nicht. § 77

Friedrich Christoph Oetinger – Theologe und Theosoph

«Sollte das nicht Freude sein, Gott finden und erkennen, da man in sich selber kann alles finden und sehen, was in vieltausend Büchern kaum ist entworfen worden und in einem jeden Dinge zu erkennen!»[1]

Einer von denen, die in dieser Gesinnung den Spuren Jakob Böhmes gefolgt sind, ohne darin einen Widerspruch zu seiner Tätigkeit als evangelischer Theologe, Prediger und Seelsorger zu sehen, ist Friedrich Christoph Oetinger. Dieser Mann, Theologe und Theosoph in einem, gehört neben Johann Valentin Andreae und Albrecht Bengel zum Kreis der sogenannten «Schwabenväter». Dabei denke man aber nicht an einen engen kirchlichen Provinzialismus, am allerwenigsten bei dem – ähnlich wie Andreae – universal gebildeten Oetinger. Der bayerische Theologe Adolf Köberle, selbst langjähriger Lehrstuhlinhaber an der Universität Tübingen, sagt zum Glaubensvermächtnis dieser schwäbischen Väter: «Es sind von dem Lebenswerk dieser Gestalten weitreichende Anstöße ausgegangen, die in ihrem vollen Ausmaß längst noch nicht genug erkannt und gewürdigt sind.»[2]

Und gerade Oetingers geistige Strahlkraft ist kaum zu überschätzen. Man denke nur an das schwäbische Dreigestirn Hegel, Hölderlin und Schelling, die je auf ihre Weise durch Oetinger geprägt worden sind, sodann an dessen Einfluß auf Goethe,[3] auf Franz von Baader, auf die schwäbischen Dichter Kerner und Mörike, schließlich auf Hermann Hesses *Glasperlenspiel*.[4] Mit gutem Recht hat man Oetinger, in Entsprechung zu Johann Georg Hamann, «Magus des Südens» genannt.

Werfen wir zunächst einen Blick auf seinen Lebensweg: Friedrich Christoph Oetinger wird am 6. Mai 1702 in Göppingen/

Württemberg als Sohn eines Amts- und Stadtschreibers geboren. In seiner Autobiographie *Genealogie der reellen Gedanken eines Gottesgelehrten* berichtet er über sein frühes Schlüsselerlebnis:

«Ich kam an das Lied ‹Schwing dich auf zu deinem Gott, du betrübte Seele!› Nichts von Betrübnis wissend, wurde ich heftig angetrieben, zu verstehen, was es sei, sich zu Gott aufzuschwingen. Ich bemühte mich inwendig darum vor Gott, und siehe, da empfand ich mich aufgeschwungen in Gott. Ich betete mein Lied ganz aus. Da war kein Wort, das nicht ein deutliches Licht in meiner Seele hinterließ. In meinem Leben habe ich nichts Fröhlicheres empfunden. Und das hatte in der folgenden Zeit die Wirkung, daß ich, wenn ein heftiges Donnerwetter mit Schlägen und Blitzen kam, vor dem sich mein Vater hinter dem Bettumhang verbarg, getrost dachte: Ich fürchte mich nicht, weil ich weiß, wie man zu Gott betet.»[5]

Diese frühe religiöse Urerfahrung führt zu einer tragenden Gewißheit in Oetingers Leben. Darauf kann man spätere Wissensfülle aufbauen. Ohne derartige Erfahrung und Gewißheit müßte Theosophie verkümmern.

Nach einer überaus harten ersten Schulzeit, in der der Stock und unsinnige Strafen dominierten, wird der Fünfzehnjährige in die schwäbisch-protestantische Klosterschule Blaubeuren geschickt, drei Jahre später ins «höhere Kloster» nach Bebenhausen. Der junge Studiosus eignet sich nicht allein das elementare Schulwissen an, sondern lernt gleichzeitig die Frömmigkeitspraxis seiner Kirche kennen. Die zeitgenössische Aufklärungsphilosophie spielt dort bereits eine gewisse Rolle, vor allem später während der Zeit seines Theologiestudiums in Tübingen. Der Student macht sich mit der Monadologie von Leibniz vertraut. Die Frage nach dem Wesen der Wirklichkeit treibt ihn um, und zwar nicht als Philosoph und Theologe, sondern auch als einer, der naturphilosophischen, chemischen und medizinischen Problemen nachgeht.

Doch die für seinen Bildungsgang bedeutsamste Orientierung empfängt der angehende Polyhistor nicht auf der Hohen Schule oder im Tübinger Stift, sondern im außerakademischen Raum. In seiner Autobiographie nennt es Oetinger eine «göttliche Schickung», als der Tübinger Pulvermüller Johann Kaspar Obenberger dem jungen Mann eine Schrift Jakob Böhmes in die Hand drückt und diese als die «echte Theologie» deklariert. Die anfängliche Skepsis gegenüber dem Elaborat eines Unstudierten weicht rasch. Und so wird der schlesische Theosoph für den jungen schwäbischen Theologen zu einer Art Wendemarke, die ihn – nach einem Wort von Ernst Benz – zum «Vater der schwäbischen christlichen Theosophie» werden läßt und zum Vermittler zwischen «seinem großen Vorläufer Jakob Böhme und seinem größten Schüler und Nachfahren, Friedrich Wilhelm Joseph Schelling».[6]

So ist es von zeichenhafter Bedeutung, wenn der fruchtbare theosophische Schriftsteller neunundzwanzigjährig mit einer Schrift über Böhme beginnt und als Fünfundsiebzigjähriger mit einer Böhme-Studie sein literarisches Schaffen abrundet: *Aufmunternde Gründe zur Lesung der Schriften Jakob Böhmes* (1731) und *Versuch einer Auflösung der 177 Fragen aus Jakob Böhme* (1777). Und in einem so wichtigen Spätwerk wie *Swedenborgs und anderer irdische und himmlische Philosophie* (1765), in dem Oetinger den großen nordischen Seher und Philosophen seiner Zeit mit Böhme vergleicht, findet sich der bekenntnisartige Hinweis:

«Sagt man, Jakob Böhme sei so undeutlich und schwer zu verstehen, so antworte ich: Man habe nur Geduld, seinen Verstand gegen andere Philosophien zu halten, so wird man leicht urteilen, was mit dem Gewissen des Menschen am besten zutreffe. Es ist auch nicht alles auf diese Jahre geschrieben, sondern von jetzt geht der Aufschluß der Wahrheiten fort bis in die tausend Jahre, und von da in Ewigkeit.»[7]

An der Bedeutung – auch für die Zukunft – seines Görlitzer Meisters läßt der schwäbische Theosoph somit keinen Zweifel aufkommen, obwohl er sich hütet, blindlings auf die Worte dieses Meisters zu schwören: «Ich bin deswegen kein Nachäffer des Jakob Böhme. Ich weiß, worin er gefehlt; ich weiß, wie er seine Expressionen selbst korrigiert und Jahr um Jahr gearbeitet, schicklichere Termini zu finden ...»[8]

Bezeichnet die Bekanntschaft mit dem Werk Böhmes auch einen Wendepunkt im Leben Oetingers, ein Endpunkt ist es keinesfalls. Da ist er seinem älteren Landsmann Johann Valentin

Andreae viel zu ähnlich. Jedenfalls teilt er mit ihm den faustischen Zug eines auf Universalität gerichteten religiösen Erkenntnisstrebens.

Erst um die Lebensmitte entschließt er sich, seine erste Pfarrstelle anzutreten, und zwar in der kleinen Ortschaft Hirsau bei Calw, heute bekannt durch die Ruine des einst einflußreichen Zisterzienserklosters. Zwei längere Studienreisen, die ihn bis nach Holland führen, haben seinen geistig-geistlichen Horizont in mehrfacher Hinsicht erweitert. Zum einen ist da die Begegnung mit der jüdischen Kabbala. Mit Koppel Hecht aus Frankfurt am Main lernt er einen namhaften Vertreter dieser jüdischen Mystik kennen. Auch Hecht weist den jungen Theologen übrigens auf Jakob Böhme hin.[9] Zum anderen sind da besonders die Besuche bzw. Aufenthalte in Halle und in Herrnhut zu nennen, nicht zu vergessen ein zusätzliches Medizinstudium in Leipzig. Aus dem Bedürfnis heraus, die zeitgenössischen Zentren lebendiger christlicher Frömmigkeit kennenzulernen, hat er sich in den Halleschen Anstalten August Hermann Franckes, vor allem aber in der Herrnhuter Brüdergemeinde des Grafen Nikolaus von Zinzendorf umgesehen, ehe er in den Dienst seiner württembergischen Landeskirche eintritt. Da wie dort handelte es sich um Mittelpunkte des Pietismus.[10]

In der Fülle der Eindrücke, Einflüsse und Anregungen, die Oetinger in sich aufnimmt, muß Albrecht Bengel (1697–1752), der große schwäbische Bibeltheologe, nochmals genannt werden. Was ihn mit dem kühnen Ausleger der Johannes-Offenbarung verbindet, ist vor allem dessen realistische Bibelexegese, die es wagt, die Schrift als Niederschlag einer geistigen Inspiration recht wörtlich zu nehmen. Gemeint ist dabei, «daß die Dinge der geistigen Welt, die in der Bibel beschrieben werden, Realitäten im höchsten Sinne sind, wirklicher als alles, was uns auf Erden wirklich ist. So will er auch Aussagen über die himmlische Stadt, über das Kommen Christi in den Wolken des Himmels, über das Sitzen zur Rechten, über die weißen Pferde, auf denen die Gläubigen sitzen, so wörtlich und real wie nur möglich verstanden wissen.»[11]

Nun wird man sich freilich davor hüten müssen, Oetinger zu unterstellen, daß er unreflektiert die irdische Welt in die himmlische projiziere. Vielmehr ist es ihm um «Geistleiblichkeit» zu tun, eben um den vollen Wirklichkeitsgehalt der geistigen Welt, die – in entschiedener Abwehr der idealistisch-rationalistischen Philosophie seiner Zeit – durch eine abstrakte Begrifflichkeit nicht aufgelöst werden dürfe. Oetingers programmatischer Satz von der «Leiblichkeit als dem Ende der Werke Gottes» faßt das Gemeinte in knappster Form zusammen. Kein anderer als Jakob Böhme, zu dem Albrecht Bengel allerdings keinen besonderen Zugang hat, ist für Oetinger lebenslang die maßgebliche Autorität. Wichtiger noch als dieser ist jedoch die eigene empirische Forschung, und zwar bis hin zu chemisch-alchymistischen Experimenten – für einen Theologen sicher eine Besonderheit!

Und in der später mit großer Leidenschaft geführten Auseinandersetzung mit dem Naturwissenschaftler und Geisterseher Emanuel Swedenborg spielt diese Thematik ebenfalls eine wichtige Rolle.[12] Bei aller Sympathie für die Kundgaben Swedenborgs bleibt der schwäbische Theosoph doch der an den Wortlauten der Schrift orientierte Biblizist, geprägt durch die Schule Böhmes und Bengels. Das zeigen seine Bibelauslegungen und Predigten ganz deutlich. In einer Selbstcharakteristik nennt er einmal die Grundlagen seines Schaffens:

«Ich mußte drei Säulen haben, auf welchen mein Gebäude ruhen konnte, nämlich 1. die Grundweisheit, welche ich aus der Sozietät und aus der Natur nahm, 2. den Sinn und Geist der Heiligen Schrift, 3. die Führungen Gottes mit mir nach diesem Grund. – Ich bin, diesen Forderungen auszuweichen, oft gereizt worden. Bald wäre ich zuviel auf die Grundweisheit der Natur gefallen ..., bald wäre ich, um des Sinnes der Heiligen Schrift willen ... Professor zu werden, und damit dem Predigtamt auszuweichen, tendiert worden, welches zu erreichen, ich wohl Mittel und Wege hätte finden mögen.»[13]

Oetingers Weg ist in der Tat ein anderer: Äußerlich gesehen ist er vom genannten Zeitpunkt an Pfarrer, Prediger und Seelsorger. Nach den Pfarrämtern in Hirsau, Schnaitheim und Waldorf bei Tübingen wird er Dekan in Weinsberg, dann in Herrenberg, dem Geburtsort von Andreae. Schließlich amtiert er von 1766 bis zu seinem Tod im Jahre 1782 als Prälat in Murrhardt. Dabei ist die philosophische wie theologische Diskrepanz zwischen ihm und seiner der Aufklärungsphilosophie zugeneigten Stuttgarter Kirchenleitung nicht zu übersehen.

Die Herren an der Spitze des württembergischen Kirchenregiments können nicht verstehen, daß ein so umfassend gebildeter Mann «abergläubischen» Vorstellungen nachhängt, sich nicht nur mit der Theologie beschäftigt, sondern gleichzeitig außerhalb des rationalistischen Erkenntnishorizonts liegende «fremde» Ideen verfolgt, mit dem Visionär Swedenborg korrespondiert und – was nicht weniger anstößig erscheint – in den biblischen Symbolen (geistige) Realitäten erblickt. Wie gelingt es ihm also, die Mehrdimensionalität der Wirklichkeit zu durchschauen? Welche Wege beschreitet er, um Materialität und Spiritualität als eine lebensdurchpulste Ganzheit zu erfahren?

Der schwäbische Theosoph kann als ein Nachfahre der zu solcher Ganzheitsschau befähigten Alchymisten gelten, als einer, der auf dem Weg des Experiments und der Intuition Einblicke in die Geheimniswelt der Materie, vor allem in die Bereiche des Lebendigen gewonnen hat. Wilhelm Albert Hauck bemerkt dazu: «Oetingers naturphilosophisches Erkennen geht nicht von abstrakten Begriffen oder blutleeren Ideen aus, sondern von der konkreten Wirklichkeit. Gegenüber dem rationalistischen und idealistischen Denken seiner Zeit ist seine Naturphilosophie ausgezeichnet durch einen gesunden Wirklichkeitssinn und eine wohltuende Lebensnähe . . .»[14] Insofern kann bei Oetinger von einem phänomenologisch ausgerichteten Erkenntnisweg gesprochen werden. Ehe er zur Begriffsbildung gelangt und ehe er theologische Schlüsse zieht, theologische Bezüge herstellt, läßt er die sich manifestierende Natur zu sich reden. Ähnlich wie Paracelsus und die Naturphilosophen in den Generationen vor ihm achtet er auf *«signatura rerum»*, auf die in Zeichen, Symbolen und Gleichnissen sich artikulierende Natur, die das Geheimnis der Schöpfung offenbart – eine fortschreitende Offenbarung Gottes!

Eine für sein Forschen besonders wichtige Situation wird die Zeit als Pfarrer in Waldorf bei Tübingen, wo er zwischen 1746 und 1752 einen Höhepunkt seines Schaffens erlebt. «Allda fand ich, nachdem ich in der Theologie keine Zweifel mehr hatte, mich getrieben, um der emblematischen [auf das Sinnbildliche achtenden] Theologie willen, die Chemie praktisch zu treiben, wie ich vorher die alchimistischen Autoren alle von Hermes an bis auf Sendivogius [Philaletha] gekauft. Die Autoren las ich Jahr und Tag, ohne daß ich einen Grund des Zusammenhangs gefunden. Endlich aber fand ich, nachdem mir Gott die zwei Hauptsubjekte gezeigt, den Grund, sowohl die *via humida* [den ‹feuchten Weg› in der Alchymie] als die *via sicca* [den ‹trockenen Weg›] zu verstehen, damit ich hernach sicher experimentieren konnte.»[15]

Daß das alchymistische Laborieren für Oetinger nicht etwa völlig abseits seiner beruflichen Verpflichtungen als Seelsorger abläuft, geht aus einer Notiz hervor, die sich ebenfalls in seinen autobiographischen Aufzeichnungen findet. Darin heißt es einmal: «Es sind viele Adepten [Eingeweihte], die sich begnügen, daß sie die Apothekerkunst kennen und nicht weiter aufsteigen. Diese nutzen niemand als sich selbst. Ich aber habe die emblematische Theologie in der Chemie zum Grund und lasse den Ausgang Gott über. Wer alles zusammenhält in meinen Destinationen [Feststellungen], wird finden, daß ich mit göttlichem Beruf darin arbeite ohne Abbruch meines Amts ... Die Philosophie der Adepten hilft ungemein viel zu der Physik der Heiligen Schrift, und diese trägt viel bei zur Erkenntnis der Heiligen Schrift selbst.»[16] Naturerkenntnis und Gotteserkenntnis greifen somit ineinander.

Das heißt doch auch, daß der Alchymie treibende Theosoph natürlich nicht mit denen verwechselt werden will, die bei ihrem vergeblichen Versuch, auf chemischem Weg Gold herzustellen, nichts anderes als schnellen Reichtum im Sinn haben. Schon diese Absicht bringt sie in Mißkredit. Ganz anders Oetinger. Er möchte auf dem Weg der alchymistischen Symbolerkenntnis tiefere Einblicke in die Tatsachensprache der Bibel gewinnen. Daß die arg verschlüsselte Alchymie nicht nur eine Frühform der naturwissenschaftlich betriebenen Chemie darstellt, sondern tatsächlich einen großen Reichtum an Symbolen birgt, ist in unserem Jahrhundert vor allem durch das Werk C. G. Jungs deutlich geworden.[17]

Zu den wichtigsten Veröffentlichungen Oetingers während seiner Amtszeit als Dekan in Weinsberg zwischen 1752 und 1759 gehören die Bücher *Inquisitio in sensum communem* und *Die*

Wahrheit des sensus communis (1753). Der Autor legt darin Rechenschaft ab über die methodischen Grundlagen seiner Erkenntnisart, die er aus den an der Bibel orientierten und aus den Tiefen seines eigenen Inneren geschöpften Erfahrungen gewonnen hat. So gesehen ist der *«sensus communis»* (wörtlich: allgemeiner Sinn) ein Erkenntnisorgan höherer Ordnung. Ihm soll die Vernunft folgen, denn im *sensus communis*, dem – so könnte man auch übersetzen – allgemeinen Erkenntnisvermögen, kommt die Wahrnehmungsfähigkeit des Herzens und der Intuition zur Geltung. Statt zu analysieren, läßt sich vermöge dieses Sinnes das Ganzheitliche erfassen. In ihrer vollkommensten Ausprägung erlangt der Mensch die «Zentralerkenntnis» (bzw. «-schau»), eine theosophische, von Gott geschenkte, also nicht beliebig herstellbare Ganzheitsschau, wie sie Jakob Böhme offensichtlich besessen hat. Es handelt sich um das Gegenstück zur logisch-diskursiven Erkenntnisart der wissenschaftlichen Betrachtung. Diese von Oetinger erneut zu Ehren gebrachte Betrachtungsweise stützt sich auf die «Emblemata», das heißt auf die Analogien und Sinnbilder des Seins, durch die die Natur zum Menschen spricht. Alles Vergängliche ist nicht «nur ein Gleichnis», sondern insbesondere ein über sich hinausweisendes Zeichen, also das, was Böhme «Behälter oder Kasten des Geistes» genannt hat. So gesehen vertritt Oetinger eine «emblematische Theologie», der es darum geht, die Bildgehalte in Natur und Offenbarung aufzuschlüsseln und im universalen Kontext des Handelns Gottes begreifen zu lernen.

Der *sensus communis* korrespondiert somit mit dem, was sich in dieser Welt auf sinnenhafte Weise äußert. Alles Sinnliche – so wird nach Oetinger Novalis sagen – ist «ein in Geheimniszustand versetztes Übersinnliches». Die «Ehrfurcht vor dem Leben» bekommt von daher eine neue Dimension. Dieses *sensus* schafft Unmittelbarkeit zwischen Mensch und Welt, auch zwischen Mensch und Gott. Und weil der *sensus communis* als allgemeines Merk- oder Empfindungsorgan von keiner bestimmten schulischen Bildung abhängig ist, findet man ihn selbst bei Menschen, die keine akademische Ausbildung genossen haben. Oetinger hatte bisweilen Gelegenheit, solche im wahren Sinne des Wortes «Erweckte», das heißt Träger eines wachen *sensus communis*, kennenzulernen. Deshalb kam er zu dem Resultat, dieser *sensus* sei «fruchtbarer als die philosophische Erkenntnis», mit der er in begrifflicher Klarheit verständlicherweise nicht konkurrieren kann. Aber Grenzen, die dem Verstandesdenken gezogen sind, vermag diese Innenwahrnehmung mit einer intuitiven Gewißheit zu überschreiten. Von Oetinger ist daher der Schritt zu Goethe und zu seiner «anschauenden Urteilskraft» nicht mehr weit.

Im selben Jahr – 1759 –, in dem Oetingers *Weinsberger Predigtbuch* erscheint, wird er als Dekan nach Herrenberg, dem Geburtsort Andreaes, berufen. Daß Oetinger dort abermals eine Zeit fruchtbaren Schaffens gewährt ist, bezeugen wichtige Werke. Im Manuskript liegt sein für sein philosophisches wie theologisches Denken richtungweisendes Buch *Theologia ex idea vitae deducta* (1762) vor, eine Theologie also, die aus der Idee des Lebens abgeleitet ist. Darin versucht Oetinger, der mit den Kräften der Natur experimentierende Theosoph und emblematische Theolog, «das Leben Gottes, welches durch Christus den Kreaturen mitteilbar ist», als die «hauptsächlichste Idee der Theologie» zu erweisen. Er tut das ganz im Sinne und mit Unterstützung des *sensus communis*, das heißt auf dem Weg einer Erfahrung, die sich für die Erscheinungen der Natur öffnet und gleichzeitig die biblische Offenbarung im Blick behält. Die beiden Lichter des Paracelsus – man könnte sagen: das «Licht der Natur» und das «Licht des Geistes» (bzw. der Gnade) – leuchten auch ihm!

Mit dieser Schrift von der Theologie des Lebens ist Oetinger bei seinem Thema. Es bewegt ihn lebenslang, ob er seinen biblischen oder auch seinen kabbalistischen Studien nachgeht, ob er betet oder predigt, ob er sich mit den geistig-geistlich Erfahrenen seiner Zeit austauscht oder Alchymie in Theorie und Praxis betreibt. Es ist die geistlich-leibliche Totalität, die er mit inneren und äußeren Sinnen aufnimmt. Hierfür ein Beispiel: Noch während seiner Waldorfer Jahre hatte er ein Büschel Melissenkraut erhalten. Nachdem das dürre Kraut längere Zeit liegengeblieben war, stellte Oetinger daraus ein Destillat her, indem er das Material zerhackte und in einer Glasretorte mit Regenwasser übergoß. Er berichtet selbst folgendes:

«Des Wassers war so viel, daß es wie ein Teig war. Ich legte eine geraume Vorlage an, feuerte gemach an einer Kapelle [Glaskolben], bis das Wasser überging, hernach aber stärker. Das Wasser war alles herüber und füllte den dritten Teil der Vorlage. Zuletzt kam mit gleichem Feuer, womit ich das Wasser getrieben, das gelbgrüne Öl der Melissen in das Wasser in Menge. Es nahm den Raum der Vorlage ein, schwamm oben auf dem Wasser messerrückendicke. Dies Öl hatte die Form unzähliger Melissenblätter, die sich nicht konfundierten [d. h. nicht zusammenflossen], sondern nebeneinander lagen, mit völliger Zeichnung und Determination aller Striche der Melissenblätter, so schön, daß ich alle Linien der Melissenblätter aufs bestimmteste wahrgenommen und meiner Frau lange vorgezeigt. Es sah den Melissenblättern völlig gleich, nur daß es flüssig war und nicht grün, sondern gelb, von einem nicht herben Geschmack. Ich ließ es lange stehen und alle Umstehenden betrachten. Verschiedene haben es gesehen. Und so oft ich das Öl untereinander schüttelte, so restituierten sich die Formen zu tausend wieder in dem Öl. Ich schüttelte zuletzt die Vorlage, weil ich sie ausgießen mußte. Die Blätter kamen durcheinander, aber in der Minute restituierten sie sich in die erste Lage mit der größten Bestimmtheit. Da sah ich unzählige Melissenblätter in flüssiger Form. Hier hatte ich die Form der Melisse ohne subsistierende [zugrundeliegende] Materie.»[18]

Auf den ersten Blick scheint die Feststellung von einer Form «ohne subsistierende Materie» Oetingers am Konkreten orientierter Grundhaltung zu widersprechen. Doch er zieht eine andere Folgerung aus dem Geschehen, wenn er hinzufügt, es gebe demzufolge eine Form «ohne die Stäublein der Erde, welche die Melissen im Wachstum anziehen und welche im *caput mortuum* [im Vergänglichen] zurückbleiben . . . Ich schließe, daß Gott innigst gegenwärtig sei, aber von dem Irdischen unergriffen, in allen Werkzeugen und Geburten» – eine Einsicht, zu der vor ihm sein Lehrmeister Böhme längst gelangt war, und zwar ohne ein derartiges Experiment angestellt zu haben.

Oetinger ist völlig überzeugt davon, daß sich der Schöpfergott, das «Urbild aller Gestaltungen, in alle Arten der Dinge» hineinbegebe, aber nicht etwa «statisch präformiert, sondern dynamisch in wirklicher fortwährender Wirkung». Es ist keine Frage, daß Oetingers unablässige Spurensuche im Geheimnisbereich des Lebendigen von ihm als ein Auftrag empfunden und realisiert worden ist, den er aufs engste mit seiner religiös-theologischen Berufung in Einklang zu bringen wußte. Die Natur ist für den ebenso gelehrten wie frommen Biblizisten nicht weniger «Bibel» als die Heilige Schrift des Alten und Neuen Testaments. Paracelsus und Christian Rosenkreutz alias J. V. Andreae pflegten vom *«liber mundi»*, das heißt vom «Buch der Welt» zu sprechen, von der Natur also, die vor ihrem schauenden Blick aufgeschlagen dalag. Ein Oetinger-Interpret des 19. Jahrhunderts, C. A. Auberlen, resümiert daher mit gutem Grund:

«Der Begriff Gottes ist dem der Kreatur so nahe als möglich gebracht und das Endliche gewissermaßen in das Unendliche aufgenommen. Eine höchst reale und lebendige *Allgegenwart* Gottes in den Geschöpfen ist die Folge davon.»[19]

Diese Betonung der Gottesgegenwart in der Natur verweist auf den mystischen Aspekt im Schaffen dieses «Magus des Südens», so wie etwa Gerhard Tersteegen in seinem bekannten Lied «Gott ist gegenwärtig ...« die Unmittelbarkeit des Allgegenwärtigen ins Bewußtsein heben möchte. Was Oetinger betrifft, so hat er sich – dessen ist er sich deutlich bewußt – gegenüber einem doppelten Mißverständnis abzugrenzen: Einmal gegenüber dem, Gott sei nichts als der unendlich Ferne, der ganz Andere. Das zweite Mißverständnis, dem Oetingers Kreaturnähe keinen Vorschub leisten will, besteht in der pantheistischen Position, das heißt in der Gleichsetzung von Gott und Natur, wie man sie unter anderen von Spinoza kennt. In beiden Fällen führe «Satan, der stolze Geist der Finsternis», von Gott ab. In der Zusammenschau der Einzelaussagen Oetingers zeigt sich überzeugend, daß der schwäbische Theosoph beiden Gefahren aus dem Weg zu gehen sucht. Gott ist für ihn weltimmanent *und* transzendent in einem. Er ist der Nahe *und* der Ferne. Die Transzendenz Gottes wird als eine einzigartige Transparenz erlebbar. Es ist freilich nötig, daß man den *sensus communis* als ein Erkenntnisorgan in sich entwickelt und betätigt. Darauf hinzuwirken, ist das Anliegen vieler Theosophen. Oetingers Lebensauftrag bestand offensichtlich darin, in Abwehr irgendwelcher rationalistischer Verflüchtigungstendenzen die Gottesunmittelbarkeit in der Schöpfung zu betonen. Auf diese Weise stellt er sich in die große

Tradition derer, die mit Paracelsus, mit den Alchymisten und den Rosenkreuzern in der Natur den Ort der Gotteserfahrung und der Gottesbegegnung sehen.

Alles, was ihm in seiner Zeit zu helfen scheint, die vorgefundene Erkenntnisgrundlage zu erweitern, zieht er heran. Der schwäbische Biblizist zögert dabei nicht, die konfessionellen Grenzziehungen zu überschreiten. Das ist auch der Grund, weshalb er sich in die kabbalistische Mystik einweihen läßt. Auch die Schöpfer dieser oft auf dunklen und verschlungenen Wegen voranschreitenden Kabbala waren nicht in erster Linie abstrakte Denker. Ihnen ging es letztlich darum, in die Geheimnistiefen der Gottheit schauend und erfahrend einzudringen und wenigstens etwas von den «Abglänzen» des jenseitig-verborgenen Gottes (*En-Sof*) zu erhaschen, der sich seiner Schöpfung offenbarend und heilwirkend zugewandt hat. Die kabbalistische Lehre von jenen «Sefirot», den «Abglänzen», Emanationen bzw. Erscheinungsweisen Gottes – graphisch dargestellt durch den zehngliedrigen Sefirot-Baum – stellt den Versuch dar, den Prozeß der Selbstoffenbarung des verborgenen Gottes in zehn Stufen zu veranschaulichen.[20] Freilich handelt es sich hierbei um eine Geheimlehre, nicht um einen Themenkomplex, der sich in populärer Form auf dem Markt darbieten ließe. Aber man muß dabei auch sehen, daß es immer wieder Zeiten einer Neubelebung der jüdischen Mystik gegeben hat. Ihre Faszination auf die Christenheit wurde wiederholt wirksam – dafür bieten die Epoche der Renaissance und das 17. Jahrhundert, Oetingers Lebenszeit also, bemerkenswerte Beispiele.

Ein noch heute jedermann zugängliches künstlerisches Dokument dieser jüdisch-christlichen Begegnung stellt die sogenannte «Lehrtafel der Prinzessin Antonia» dar, ein großformatiges Tafelgemälde im Altarraum der evangelischen Dreifaltigkeitskirche in Bad Teinach/Schwarzwald. Die württembergische Prinzessin Antonia (1613–1679), selbst an der spirituellen Tradition des Judentums interessiert, hatte diese Lehrtafel im Jahre 1673 aufstellen lassen, die nicht im landläufigen Sinn des Wortes «belehren», sondern den Besucher dieser Kirche (und des Heilbades von Teinach!) zur Betrachtung und Meditation anregen will: Im Universum der sichtbaren und der unsichtbaren Welt gibt es eine Quelle der Gottesweisheit (Theosophie), die den Menschen an Leib, Seele und Geist gesunden läßt. Während das Außenbild die Brautfahrt der Seele zur Vereinigung mit Christus darstellt, beschreibt das Hauptbild den spirituellen Erkenntnis- und Reifungsweg des Menschen. Eine weibliche Gestalt – Prinzessin Antonia = die menschliche Seele – durchschreitet das Gartenportal und schickt sich an, sich in die christlich-kabbalistische Symbolik dieses Innenweges zu vertiefen. Sie begibt sich in einen mandalaförmigen Mysteriengarten, der von einem Tempel überragt wird, Abglanz und Manifestation der geistigen Welt in der Symbolik der jüdisch-christlichen Weisheitstradition ...[21]

Es lag nahe, gerade Oetinger aufzufordern, eine Einführung und Deutung dieses einzigartigen Werkes zu verfassen. Im Jahre 1763 – er ist zu jener Zeit Dekan in Herrenberg – ist seine theologisch-theosophische Interpretation der «Lehrtafel» fertig.[22] Unnötig zu sagen, daß er sich bereits seit langem mit der christlichen Kabbala beschäftigt und mit der jüdischen Geheimlehre gründlich vertraut gemacht hatte.[23]

Der fruchtbare Schriftsteller läßt in diesen Jahren noch eine Reihe anderer Werke erscheinen, so seine Autobiographie *Genealogie der reellen Gedanken eines Gottesgelehrten* (1764), die schon erwähnte *Theologia ex idea vitae deducta* (1765) sowie *Swedenborgs und anderer himmlische und irdische Philosophie* (1765). Dem Autor kommt zweifellos das Verdienst zu, in Emanuel Swedenborg «das größte Phänomen an dem geistlichen Himmel» erkannt und kritisch gewürdigt zu haben, und zwar ungeachtet des Spottes seiner «aufgeklärten» Zeitgenossen.

Als Prälat der württembergischen Landeskirche mit Sitz in Murrhardt erreicht der von Krankheiten, von familiären und beruflichen Sorgen immer wieder heimgesuchte Oetinger eine geachtete Stellung. Dennoch muß er sich gerade wegen seines offenen Eintretens für Swedenborg – den «Rudolf Steiner des 18. Jahrhunderts» – wiederholt in Wort und Schrift verantworten. Selbst von kirchenamtlichen Schreib- und Publikationsverboten bleibt er nicht verschont. Doch er kümmert sich recht wenig um derlei Verfügungen. Seine Bücher müssen ohnehin schon seit geraumer Zeit außer Landes, das heißt jenseits der Grenzpfähle des damaligen Herzogtums Württemberg erscheinen. Freilich ist sein Werk im wesentlichen getan, sieht man von den späten Schriften ab, zu denen das als Alterswerk wichtige *Biblische und emblematische Wörterbuch* (1776) und die eingangs genannte Böhme-Schrift (1777) gehören. Eine Osterpredigt ist es, zu der der greise Prälat ein letztes Mal (1778) die Kanzel der Murrhardter Kirche besteigt. Vier Jahre danach, am 10. Februar 1782, stirbt Friedrich Christoph Oetinger. In der evangelischen Kirche zu Murrhardt ist er beigesetzt.

Wer also war dieser Mann? Worin liegt seine Bedeutung? Wie kommt es, daß sein nicht gerade leicht zugängliches Werk heute von neuem gefragt ist?[24] Nicht wenige beginnen zu entdecken, daß dieser Alchymie und Kabbala treibende schwäbische Theosoph des 18. Jahrhunderts mit einer Hieroglyphe zu vergleichen ist, die einen tiefen Sinn birgt, den sie jedoch nur dem entbirgt, der sich auf den Weg macht und sich nicht mit an der Oberfläche bleibenden Verstandesurteilen zufriedengibt. Richard Rothe, der von dem Schwabenvater angerührte Theologe des 19. Jahrhunderts, hat ein geradezu prophetisches Wort ausgesprochen, als er sagte:

«In Oetinger kann nur der sich finden, den die Wissenschaft der Gegenwart alles ihres Reichtums ungeachtet nicht sättigt, und der sehnsüchtig nach einer reelleren Erkenntnis der göttlichen und menschlichen Dinge in die Zukunft hinausschaut... Oetinger verkündet eine neue Theologie; er kann sie nur erst weissagen, noch nicht selbst bringen. Er kann nur erst mit der prophetischen Zuversicht des Entdeckers die Theologie auf die Himmelsgegend hinweisen, in der für sie ein neues Land liege; die ersehnte Küste desselben erreicht er selbst noch nicht auf seiner Fahrt... Oetinger ist wissenschaftlich groß durch das, was er gewollt, nicht durch das, was er geleistet hat.»[25]

Diese Bewertung hat ein erstaunliches Maß an Aktualität bewahrt. Es sind im übrigen nicht immer die «Vollender», die ihre Mit- und Nachwelt zu eigenen Leistungen anregen, sondern jene, die Ziele setzen, Wegmarken anbringen und auf diese Weise zum selbständigen Gehen ermuntern. Wahr ist aber auch das andere: Dieser «eigenartigste und eigenwilligste, zugleich der im strengen und umfassenden Sinne konsequente Denker des Pietismus» (Martin Schmidt) hat eine geistige Saat ausgestreut, die in jedem Jahrhundert, wenn nicht gar in jeder Generation Frucht getragen hat. So sind es vielfach gerade theosophische – also nicht professionell theologische – Bemühungen, «mit Energie der rationalistischen Verflüchtigung der Wirklichkeit Gottes» zu widerstehen,[26] weil der Theosoph Oetingerscher Prägung von Gott als der alles tragenden, alles umfassenden, Leben schaffenden Realität ausgeht. Damit soll nicht gesagt sein, daß die Vertreter eines solchen Wirklichkeitsverständnisses immer bewußt oder unbewußt auf Oetinger gründen. Sicher hat er aber auf etwa zwei Jahrhunderte hinaus das geistige Kraftfeld verstärkt, in dem recht verschiedenartige Köpfe von Bedeutung die ihnen gemäße spirituelle Nahrung empfangen konnten. Hegel, Hölderlin und Schelling wurden bereits genannt; Goethe und Franz von Baader wären neben einer Reihe anderer noch hinzuzufügen. Sein hoher Stellenwert im Werk Rudolf Steiners ist nicht zu übersehen,[27] vor allem weil hier deutlich wird, inwiefern der schwäbische Theosoph zu den geistigen Ahnen der anthroposophischen Geisteserkenntnis gehört.

So ist es keine Frage: Oetinger kann uns heute aufs neue wichtig werden, weil wir in einer Zeit leben, in der alle Geschöpfe und die Erde als lebendiger Organismus ernstlich bedroht sind. Hier ist in Fortführung des von Oetinger Begonnenen eine neue, aus der Idee des Lebens zu gewinnende Theosophie und Theologie vonnöten. Emil Bock, der dem schwäbischen Geistesboten einen «Denkstein» gesetzt hat, drückt das so aus:

«Der christliche Universalismus Oetingers bestand nicht nur aus einer Erkenntnis, die der Mensch hat, wenn er und die Welt bleiben, wie sie sind. Ihn beseelt die Bereitschaft und der Trieb nach *Selbstverwandlung* und *Weltverwandlung*.»[28]

Zeugnisse und Leitworte

Meine Kirche ist der Tempel meines Leibs, der sowohl dem Äußeren als dem Innern nach gereinigt und zur Wohnung des dreieinigen Gottes bereitet ist. Jesus ist darin allein der Prediger, der mein Gewissen sich zur Kanzel auserlesen und bestimmt hat. Herz und Sinne, alle Begierden sind die Zuhörer, welche da in eingekehrter Sittsamkeit und Fleiß bemerken und bewahren, was aus seinem holden Munde geht.

Wenn er auftritt und sein lichtes Evangelium verkündigt, so ist's Sonntag; Feiertag hingegen, wenn er mir das Andenken seiner Wohltaten oder eines treuen Freundes und Märtyrers in meiner Seele wichtig und lebendig macht. Wenn er aber wegen meiner Fehler und Gebrechen mich zur Rede setzt und bestraft, so ist bei mir Buß-, Bet- und Schweigungstag.

Wird mein Lehrer öfters gänzlich stille, so erwäge ich entweder das Gehörte oder ergreife zur Betrachtung meine Bibel als die beste Postille zur Veränderung, oder bei Ermangelung derselben lese ich in dem großen Buch der Natur. Übrigens verbleibe ich richtig dem mich überlassend, welcher mich zur *neuen Kreatur* zu machen willig ist.

Leben und Briefe, hrsg. von Ehmann, 181 f.

Wer nun die Gegenwart Gottes in dem Leben aller Dinge auf geziemende Art ansieht und Gott über alles durch alles und in allem zu verehren trachtet, wer bei sich selbst anfängt, sich zu erkennen und andere belebte Dinge gegen seine Natur hält, der erblickt endlich in den Tieren, Kräutern und Steinen ein einförmiges Leben, und wenn er dieser geheimen und doch offenbaren Sache weiter nachspürt, so wird ihm das erste Kapitel Mosis unaussprechlich wichtig, indem er den Ausspruch Gottes alle Frühling bestätigt sieht.

Die Philosophie der Alten II, 17

Es liegt aller Verstand daran, daß wir aus der Heiligen Schrift in der Schule des Heiligen Geistes lernen, was der Leib Christi für Eigenschaften habe und was das Blut Christi in alle Ewigkeit zur Erneuerung aller Dinge beitrage. In dem Leib Christi sind alle Vollkommenheiten geschlossen . . .

Geist ist nicht ohne bewegende Kraft, Geist ist nicht ohne leibliches Wesen. Leibliche Unzerstörlichkeit ist das Ende der Werke Gottes. Sie ist im Geist Gottes und in Christus körperlich und geht leiblich und geistlich aus in alle Gläubigen und durchdringt und ergänzt endlich die ganze Kreatur, welche wieder nach ihrem ersten Ursprung seufzt.

Murrhardter Predigtbuch

Ich suche nach Prinzipien ohne Sekte zu handeln, wenn ich anders kann, und die Heilige Schrift nicht ohne die Werke Gottes zu erklären. Betreffend die Chemie, so gehört sie zur wahren Erkenntnis dessen, was zu wissen notwendig, einfältig und nützlich ist. Nicht Gold und Silber, sondern der gerade Weg, die Weisheit in Heiliger Schrift, hat mich darauf gebracht. In heiligen Dingen muß eine Panharmonie [d. h. eine umfassende Harmonie] sein, in der Natur auch; alsdann gibt sich der *nervus probandi* [d. h. der entscheidende Beweisgrund] bald. Die Wahrheit Gottes in der Natur und Schrift bei so skeptischer Zeit ist mein Grund.

Ehmann 563

Durch die Auferstehung Christi ist eine neue Kraft und eine neue Bewegung in die Welt gekommen ... Diese ... Bewegung währt immerfort; in dieser leben die Gläubigen als ein ihrem Element, wie ein natürlicher Mensch in der Luft, wenn sie es schon nicht wissen. Diese Bewegung ist die Herrlichkeit Christi ... Diese Bewegung ist voller Freiheit, denn sie ist Gnade.

Ehmann 384 f.

Alles Himmlische, alles Unsichtbare hat seine Gestalt, Form und Figur wie das Irdische. Das ist Summe von Jakob Böhme; darum hat ihn Gott gesandt.

Inbegriff der Grundweisheit 1

Michael Hahn – «Christus ist der Weg»

Wer den Eindruck hat, christliche Theosophie sei an bestimmte Bildungsvoraussetzungen gebunden und damit der bürgerlichen Oberschicht vorbehalten, der geht von einer irrigen Annahme aus. Der Geist kommt nicht von der Schule. Das zeigt schon die Gestalt Jakob Böhmes oder die Tatsache, daß der in verschiedenen Disziplinen beheimatete Oetinger durch den Tübinger Pulvermüller an die Quellgebiete der Theosophie herangeführt wurde.

Ein weiteres Beispiel ist der schwäbische Bauer Michael Hahn (fälschlicherweise auch Johann Michael Hahn), der Begründer der nach ihm genannten «michaelischen» oder Hahnschen Gemeinschaft. Er hat seit der zweiten Hälfte des 18. Jahrhunderts in seiner württembergischen Heimat gewirkt. Wenn Heinrich Hermelink in seiner württembergischen Kirchengeschichte die Lehre Hahns als «ein buntes Gemisch aus theosophischer Literatur seiner Zeit, besonders aus Jakob Böhme und Oetinger»[1] bezeichnet, so wird die tatsächliche Bedeutung dieses religiösen Seelenführers eher verwischt. Denn Theosophie, die diese Bezeichnung verdient, beruht letztlich auf unmittelbarer religiöser Erfahrung, wenngleich eingeräumt werden muß, daß es – je nach psychologischem Typus und persönlichem Schicksal – verschiedene Grade der Unmittelbarkeit und Intensität der Innenwahrnehmung gibt. Das Erfahrungselement überwiegt bei Michael Hahn gegenüber der bloßen Kenntnis theosophischer Literatur und Terminologie jedenfalls bei weitem.

Michael Hahn, von seinen Freunden einfach «der Michele» genannt, wird am 2. Februar 1758 im württembergischen Altdorf bei Böblingen als Bauernsohn geboren. Das stille, aber geistig rege Kind, das schon mit vier Jahren seine Mutter verliert, besucht die ländliche Volksschule, soweit der als Hütejunge eingespannte Michael Zeit dafür erübrigen kann. Die Metzgerlehre, die er offensichtlich nicht abgeschlossen hat, dürfte kaum den Neigungen des sensiblen Jungen entsprochen haben, der wieder zur Arbeit auf den väterlichen Hof zurückkehrt.

Schon in jungen Jahren macht sich in seinem Leben ein intensives Frömmigkeitsstreben bemerkbar; er hält sich von den Spielen und der Geselligkeit Gleichaltriger fern, um nicht der «Welt» zu verfallen, vor allem jedoch um Wahrhaftigkeit und Heiligung in seinem Leben zu verwirklichen. Er berichtet von sich: «Es ist wahr, daß ich recht frühzeitig bin erweckt worden, und zwar so, daß meine gründliche, tiefe Erweckung etwas Sonderbares geheißen werden kann; das muß ich zum Preise Gottes nicht verhehlen; das soll ich und das darf ich auch nicht. Daß ich also auch wahrhaftig und reell erleuchtet worden bin, muß ich bekennen.»[2]

Das einschneidende Ereignis im Leben des knapp Zwanzigjährigen entspricht einem spirituellen Durchbruch: Mitten in seiner bäuerlichen Arbeit wird er von der «Zentralschau» überrascht. Dieser Zustand der Erleuchtung, dem später noch andere folgen, vermag das «feurige, oft quälende Gottsuchen», wie er es selbst nennt, in ungeahnter Weise zu erhellen. Sein beunruhigtes und geängstigtes Gewissen wird erleichtert. Es stellen sich somit Wirkungen ein, die sein Leben und sein Bewußtsein verändern. Zurückblickend schildert Hahn, was ihm widerfahren ist und wie er das Erlebte gedeutet hat:

«Zum erstenmal hielt die Erleuchtung bei drei Stunden an, und da sie einige Zeit hernach wieder kam, dauerte sie bei sieben Wochen fast ununterbrochen, und so kam es hernach oft wieder. Hieraus ist nun klar, daß ich Gott gefunden und daß meine Fragen beantwortet wurden; denn ich sah in die innerste Geburt und allen Dingen ins Herz, und mir war, als wäre auf einmal die Erde zum Himmel geworden und als ob ich die Allenthalbenheit [Allgegenwart] Gottes schaute. Mein Herz war gleich der ausgedehnten Ewigkeit, darinnen sich Gott offenbart. Und da ich vorher an den wichtigsten Schriftstellen am meisten Vergnügen fand, und die auch am meisten Gedanken und Verlangen erweckten, ward ich auch über dieselben am allergründlichsten erleuchtet und belehrt. Daher rührt es auch, daß ich so gerne von den tiefsten Gotteswahrheiten schreibe, denn meine Seele lebt je länger je mehr darinnen.»[3]

Wer sich in Jakob Böhmes Schriften eingelesen hat und die einschlägigen Schilderungen des Görlitzer Meisters kennt, dem fällt mancher Gleichlaut in den Hahnschen Texten auf. Das kommt auch nicht von ungefähr. Michael Hahn lernte zwar erst nach seinen ersten Erleuchtungserlebnissen Böhmes Werke kennen, die intensive Böhme-Lektüre, ergänzt durch die Lektüre der Schriften Oetingers, Bengels und anderer setzt jedoch verhältnismäßig früh ein. Für Hahn war die Kenntnis dieser Werke deshalb so wichtig, weil sie ihm ermöglichte, das Selbsterlebte einzuordnen und in adäquater Weise zu formulieren. Erstaunlich bleibt es dennoch, daß ein Mensch mit den spärlichen Schulkenntnissen eines Michael Hahn seinen Bildungshorizont in so beachtlichem Ausmaß erweitern konnte,[4] daß er sogar die Fähigkeit zu geistlicher Schriftstellerei entwickelte.

Doch daraus ist nicht der Schluß zu ziehen, daß Hahn in seinen eigenen Texten lediglich Lesefrüchte verwertet hätte. Wenn er damit beginnt, seine Schau von Gott, Welt und Mensch darzustellen, bedient er sich wohl der Begriffe der genannten Gewährsleute. Es ist auch nicht zu leugnen, daß er eine Reihe wichtiger Grundanschauungen Böhmes und Oetingers übernommen hat. Ohne die in der «Zentralschau» empfangene spirituelle Eigenerfahrung wäre es ihm aber nicht möglich gewesen, auf intuitive Weise «den Dingen ins Herz» zu sehen. (Hier wird man an die Transparenzerfahrung erinnert, von der Jakob Böhme berichtet hat.) Die Fähigkeit zu diesem Schauen deutet darauf hin, daß es Hahn gegeben war, gleichsam von innen her eine Antwort auf sein Fragen und Suchen zu erhalten. Auf dem gleichen Weg offenbarte sich ihm die Schrift. Ja, er «möchte nichts anderes als Schriftausleger sein, der mit allem Tun und Schreiben die Menschen zur Bibel, als dem eigentlichen Niederschlag des Handelns Gottes mit den Menschen führen will. Seine Gedanken sind Nachzeichnungen der großen heilsgeschichtlichen Taten Gottes.»[5]

Die äußeren Stationen im Leben von Michael Hahn sind rasch

erzählt, wenngleich sie sich nicht immer exakt datieren lassen: Zunächst ist da die Arbeit als Knecht auf dem väterlichen Hof und dann auf dem Ihinger Hof der Herren von Leiningen (bei Renningen im Landkreis Leonberg). Mit etwa zweiundzwanzig Jahren nach Altdorf zurückgekehrt, stellen sich erneut innere Erleuchtungserlebnisse ein. Diese Innenwahrnehmungen befähigen den zurückgezogen Lebenden, zu reden und zu schreiben. In den Erbauungsstunden, wie sie auf dem Lande Brauch sind, ergreift Michael das Wort. Die Einsichten, die er gewonnen hat, muß er jedoch auch schriftlich festhalten. Es bildet sich ein erster Kreis von Menschen, die seine Schriftauslegung hören und seine Aufzeichnungen lesen wollen. Um einer seinem geistlichen Tun angemessenen Beschäftigung nachgehen zu können, erlernt er um das dreißigste Lebensjahr das Uhrmacherhandwerk in Sindlingen. Aber nicht der Uhrmacher, sondern der Vortragende, der Seelsorger und der Schriftausleger Hahn ist gefragt.

Nun ereignet sich, was im Zeitalter des Absolutismus und der Staatskirche nahezu alltäglich ist: Obwohl Hahns Tun in aller Stille geschieht, weckt es den Argwohn der Kirchenbehörde. Wie so oft in der Geschichte des esoterischen Christentums und des spirituellen Lebens nehmen die etablierten Amtsinhaber den schlichten Bauern ins «geistliche» Verhör. Charisma und Amt, Geistesbegabung und Buchstabe stehen von alters her gegeneinander.

Immerhin begegnet Michael Hahn auch Menschen, die ihn ermutigen: dem Stuttgarter Konsistorialrat Heinrich Rieger und dem als «Mechanikus» geradezu berühmten Pfarrer von Echterdingen, Philipp Matthäus Hahn. Schließlich findet der Laienprediger auf einem Gut der Herzogin Franziska, in der Nähe von Herrenberg, einen Zufluchtsort, der zugleich für etwa zweieinhalb Jahrzehnte das Zentrum von Hahns weiterer Wirksamkeit wird. Hier ist er am 20. Januar 1819 im Alter von einundsechzig Jahren gestorben. Sein Grab liegt auf dem Friedhof von Sindlingen.

Das theosophische System Michael Hahns steht unter jenem großen Spannungsbogen, der dieser Art von Betrachtung eigen ist. Es basiert auf einer Gottes- und Selbsterkenntnis, die nicht von außen her übernommen werden kann, indem man sich etwa den Einsichten anderer anschließt. Von Erkenntnis im Hahnschen Sinne kann nur dort gesprochen werden, wo der Erkennende als ganze Person verändert wird und wo er bis in sein alltägliches Leben hinein selbst Zeuge dieses Veränderungsprozesses ist. Erkenntnis und Ethos sind somit eng miteinander verknüpft und aufeinander bezogen. Von daher geht der Blick in die Tiefe der Gottheit, in deren Grund und «Ungrund», nimmt er schauend-ahnend teil am Prozeß der Selbstgeburt Gottes und verfolgt das Tun des Dreieinigen durch alle Phasen: Schöpfung, deren Fall und deren Rückkehr bzw. Heimholung ins Licht. Dabei wird selbstverständlich dem Vorgang der Wiedergeburt des Menschen als dem Geschehen, das sich jetzt und heute zu ereignen hat, die entscheidende Rolle zugewiesen. Eigentlich ist durch Christus bereits das Ziel dieses Heilsgeschehens erreicht. Denn: «Im Geistleib sind wir mit erwecket; wir waren mit ihm in dem Tod», sagt Hahn. Es kommt dem erklärten Lutheraner aber darauf an, daß die Wirklichkeit des neuen Lebens von jedem einzelnen in individueller Weise angeeignet und «gelebt» wird. Hier ist ein geistliches Wachstum nötig und möglich. Theosophie bleibt somit nicht nur Schau; ihr Gehalt bemißt sich nach der Konsequenz, mit der das Erkannte und Erfahrene im Alltag umgesetzt wird.

Michael Hahn hat sicher nie die geistige Größe und die spirituelle Kreativität eines Jakob Böhme erreicht. In demütiger Selbstbescheidung hat er das stärkere Erleuchtetsein des Görlitzers ausdrücklich hervorgehoben. Und was seine Landsleute Bengel und Oetinger angeht, so blieb er als Bibelausleger im wesentlichen deren gewissenhafter Schüler, ohne ihnen jedoch in jeder Hinsicht zu folgen. Er wollte kein bloßer Nachahmer seiner Lehrer werden und erlangte so die für sein Tun in Wort und Schrift erforderliche Eigenständigkeit. Erstaunlich, wie der schlichte Mann zu differenzieren vermochte zwischen dem, was aus der «Zentralschau» eines spirituellen Erkennens geschöpft ist, und dem, was lediglich menschlichen «Vernunftschlüssen» entstammt, deren Berechtigung er an ihrem Ort durchaus gelten ließ.

Über das Geheimnis der persönlichen Ausstrahlung des bäuerlichen Theosophen ist viel gerätselt worden. Tatsache ist, daß zu seinen Lebzeiten Tausende ins schwäbische Altdorf und nach Sindlingen pilgerten, um ihn zu hören oder seinen Rat zu erhalten. Ungezählte erreichte er auf seinen Wanderungen und Besuchen, Ungezählte durch seine seelsorgerlichen Briefe und durch das mehr als 16000 Druckseiten umfassende schriftstellerische Werk sowie durch zahlreiche Liedtexte. Die Hahnsche Gemeinschaft bildete sich. Aber er wollte nicht deren Mittelpunkt oder Hauptperson sein, weil ihm alles Sektiererische zuwider war. Als Wegweiser verstand er sich. So schärfte er seinen Hörern und Lesern die johanneische Botschaft ein: Christus ist der Weg. Den müsse jeder einzelne gehen, und zwar in der gebotenen Freiheit des Geistes und gemäß der individuell unterschiedlichen Weise der göttlichen Führung. So machte er zwar kein Hehl daraus, daß er den Stand der Ehelosigkeit als Ideal betrachtete. Aber es war ihm fremd, wie Gichtel oder wie der Begründer der Nazarener-Gemeinde, Johann Jakob Wirz (1778–1858), jeglichen geschlechtlichen Verkehr in der Ehe als widergöttliches Tun zu diskriminieren, das der spirituellen Vereinigung mit der göttlichen Sophia im Wege stehe.

Daraus läßt sich die Einsicht ableiten, daß christliche Theosophie der von Luther apostrophierten «Freiheit des Christenmenschen» bedarf und daß sich der durch Christus Befreite nicht wiederum unter das «knechtische Joch» (Gal. 5,1) beugen lassen darf, und sei es unter das eines theosophischen Lehrmeisters. Im übrigen: Das Erbe der Väter innerhalb der großen Gemeinschaft des Geistes knechtet nicht, sofern es verdient, in Erinnerung gerufen und für die jeweilige Gegenwart aktualisiert zu werden. Oder um es mit Michael Hahn zu sagen:

«Ein tiefdenkender Geist ist immer voller Wie, Wann, Was, Warum, Wo und Woher? – Er will alles in der Wurzel wissen, und das von Natur, weil er über eine jede Sache denkt.»

Christliche Theosophie als fortwirkende Geistesströmung

Durch die Vor- und Darstellung ihrer führenden Persönlichkeiten wird zwar die unterschiedliche Ausprägung einer Geistesrichtung anschaulich, aber christliche Theosophie, wie sie hier verstanden wird, ist nicht allein an einzelne Gestalten gebunden. Sie ist vielmehr eine Geistesströmung, die sich über Jahrhunderte erstreckt, verteilt auf ein weit ausgreifendes Stromgebiet. Dieser Vergleich will nicht suggerieren, daß die Theosophie stets imposant in Erscheinung getreten sei. Wo sie eine gewisse Publizität erlangt hat, wurde sie – im Zeitalter des Staatskirchentums – angefochten und unterdrückt. Soweit ihre Vertreter Theologen waren, mußten sie entweder ihre Schriften zu Lebzeiten zurückhalten wie Valentin Weigel, oder sie mußten die Vereinbarkeit ihrer Gedanken mit der offiziellen Kirchenlehre beteuern und beweisen wie Johann Arndt oder Johann Valentin Andreae. Theosophen waren stets ein begehrtes Jagdobjekt für orthodoxe Fanatiker . . .

Von daher betrachtet kann man die Metapher von einem einzigen großen Hauptstrom kaum verwenden. Es sind, um im Bild zu bleiben, eher abgetrennte Flußläufe, die sich in kleine und kleinste Rinnsale verzweigen, die oft genug sogar von der Bildfläche verschwinden, um als eine verborgen existierende Unterströmung am Leben zu bleiben. Derlei Abstieg in ein zeitweiliges Katakombendasein entspricht dem esoterischen Charakter, der zum Wesen des Theosophischen gehört, zumal man ein übersinnliches Schauen, vor allem das Durchlaufen eines Prozesses innerer Wandlung bzw. der Wiedergeburt, nicht zum Gegenstand öffentlicher Lehre machen kann. Es bedarf, wie die Schrift sagt, nicht allein der Berufung, sondern des «Auserwähltseins», einer gewissen Kongenialität und Schicksalsführung, durch die beispielsweise Geistesverwandte angeregt werden, aufeinander zuzugehen und dann eine Gemeinschaft zu bilden. Dabei handelt es sich einmal um «Lesegemeinschaften» derer, die das Schrifttum eines spirituellen Meisters studieren, ohne daß sich Autor und Leser oder auch nur die Leser untereinander persönlich kennenlernen müssen. Auf der anderen Seite entstehen tatsächlich Gemeinden, Kreise, Kirchen, unter anderem solche, die sich als die «neue Kirche» verstehen, etwa im Zeichen der von Joachim von Fiore im Mittelalter geweissagten Kirche des Geistes (*Ecclesia spiritualis*),[1] die nach Ablauf des Reiches des Vaters und des Sohnes das «dritte Reich des Heiligen Geistes» darstellen soll.

Wer sich auf dem Feld der Konfessionskunde umsieht, wie es insbesondere von der kirchlichen Apologetik – kritisch bis polemisch – bearbeitet wird, der weiß, daß sich die einzelnen Sondergemeinschaften und sogenannten Sekten schwerlich auf einen gemeinsamen Nenner bringen lassen. Das verhindert schon die weltweite Vielfalt solcher Gemeinschaftsbildungen, die häufig starken personellen und inhaltlichen Veränderungen unterworfen sind – ganz zu schweigen von der großen Zahl der Denominationen, die oft durch Abspaltungen und Neugründungen zustande kommen. Hier nur einige Beispiele für solche Gruppierungen, die theosophisches Ideengut pflegen und auf diese Weise für das Weiterleben dieser Geistesströmung Zeugnis ablegen:

«Neue Kirche» nennt sich die Gemeinschaft, der Anhänger von *Emanuel Swedenborg* (1688–1772), jenem schwedischen Bergbaufachmann und Naturwissenschaftler, der als Visionär von hohen Graden den württembergischen Prälaten Oetinger so sehr zu faszinieren vermochte, daß dieser ihn als «das größte Phänomen an dem geistlichen Himmel» (1771) rühmte, als erster Teile des umfangreichen Schrifttums des Schweden ins Deutsche übersetzte und ihm das für sein eigenes Schaffen wichtige Werk *Swedenborgs und anderer irdische und himmlische Philosophie* (1765) widmete. Der Sohn eines Bischofs der lutherischen Reichskirche hatte sich längst einen Namen in Fachkreisen gemacht, als er im Alter von achtundvierzig Jahren zur geistigen Schau gelangte, zu einer kosmischen Deutung des Christentums, und seine Einsichten in die göttlich-geistige Welt niederschrieb. Von der Gründung einer eigenen Kirche, die auf seiner Bibelinterpretation basiert, wollte er nichts wissen. Sein Traum war es, daß durch die Verbreitung seiner Bücher eine geistige Bewegung überkonfessioneller Art entstehe, die als «Krone aller bisherigen Kirchen» die Glaubend-Erkennenden miteinander vereine. Die Gemeinschaft, die sich ab 1787 erstmals in England zusammenfand und sich dann auch in anderen Ländern als «Neue Kirche» zu konstituieren begann, kann als die älteste der nachreformatorischen Sondergemeinschaften gelten, doch blieb ihr ein größerer Missionserfolg bis heute versagt. Das mag auf die Vielschichtigkeit des Systems und auf den relativ hohen Anspruch zurückzuführen sein, der aus Swedenborgs geistiger Hinterlassenschaft spricht. Deren literarische Wirkung ist dafür – seit Kant und Goethe – ungemein größer und weiterreichend, als es durch eine äußere Gemeindebildung wohl je möglich gewesen wäre.[2]

Ebenfalls mit einer auf vielen tausend Druckseiten entfalteten Neuoffenbarung verbunden ist der Name des österreichischen Musikers und Kapellmeisters *Jakob Lorber* (1800–1864). Seinen Lebensauftrag erhielt der Vierzigjährige am frühen Morgen des 15. März 1840, als er eine innere Stimme vernahm, die aus seiner Brust, sozusagen aus dem Herzen zu kommen schien und deutlich vernehmbar sagte: «Steh auf, nimm deinen Griffel und schreibe!» Das aus der Parapsychologie wohlbekannte Phänomen des medialen Schreibens zeigte sich also bei Lorber; das heißt, er empfing auf dem Weg eines inneren Diktats Bibelauslegungen, Ergänzungen zu Leben und Lehre Jesu sowie Deutungen der sichtbaren wie der übersinnlichen Welt – ein in Thematik und Diktion sehr breit angelegtes Œuvre. Allein *Das große Evangelium Johannes* (1851–1864) umfaßt elf Bände von weit über 5000 Seiten Umfang.

Die Lorber-Anhänger haben keine Kirche mit eigenem Kultus begründet. Sie leben daher in anderen Religionsgemeinschaften mit christlicher Grundhaltung. Einst «Neu-Salemsgesellschaft» genannt, bilden sie einen losen Zusammenschluß von Lesern des Lorber-Werks. Da Lorber selbst aus den Schriften Böhmes, Swedenborgs und anderer theosophischer Autoren geschöpft hat – seine Bücher können indes schon aufgrund ihrer Entstehungsweise ein großes Maß an Eigenständigkeit beanspruchen –, sehen die Freunde Lorbers das Werk und die Botschaft ihres Meisters, der sich jedoch lediglich als schlichten «Schreibknecht Gottes» verstanden hat, in einem großen spirituellen und geistesgeschichtlichen Zusammenhang, mit Ausblick auf das von Joachim von Fiore verkündete «ewige Evangelium» und auf das zu erwartende Zeitalter des Heiligen Geistes.[3]

Nach dem Vorbild Joachims prophezeite der aus Basel stammende Seidenweber *Johann Jakob Wirz* (1778–1858) für seine Zeit den Anbruch des neuen Zeitalters des Geistes und der Christusgegenwart. Seit Ende 1823 empfing er göttliche Einsprachen; von 1826 an empfand er sich als der von Christus bestätigte Priester, der seiner Gemeinde nicht nur ein neues Gottes- und Menschenbild enthüllt, sondern der von ihr gleichzeitig verlangt, eine neue, diesem Zeitalter gemäße Lebensform zu praktizieren, einen ethischen Perfektionismus, der sich aller Vermischung mit dem Weltlichen enthält. Das Entscheidende ist, zu jenem wahren Menschen zu werden, dessen Urbild in der Person von Jesus Christus vor der Menschheit steht.

Als erste Orientierung dabei kann die Aufforderung gelten: «Mensch, suche dich selbst durch Gott, so findest du auch Gott, wie er gefunden sein will.» Und was den Weg angeht, der zu dieser Selbsterkenntnis in Gott führt, so rät Wirz: «Steige nicht in die Höhe hinauf, um in den hohen Regionen Christus und die Geisterwelt zu suchen oder ihn von dort herabzuholen, sondern forsche den inneren Tiefen nach, den Tiefen, die *in dir selbst* liegen. – Steige hinunter in des Herzens Tiefen; da findest du die Licht- und Lebensquelle, das Wesen aller Wesen, und die über die sichtbare Natur erhabene Geisterwelt, ja die ganze Schöpfung, von welcher der Mensch nach dem kleinen Maßstabe ein Auszug ist. – Schaudre aber nicht zurück, wenn am Weg, vor der Pforte, die zur Licht- und Lebensquelle führt, der Abgrund des Bösen sich öffnet ...»[4]

Was nun das Gottesbild angeht, das Wirz seiner Verkündigung zugrunde legt und von dem aus er auch zu einer vertieften Deutung des urbildlichen Menschen gelangt ist, rührt er an ein Mysterium, wenn er in einer seiner Kundgaben aus dem Jahr 1850 sagt: «Gott, das dreieinige Wesen, ist Vater und Mutter von Ewigkeit her. Dieses Geheimnis gehört zur Urreligion, die zu allen Zeiten hie und da eine kleine Anzahl von Bekennern hatte. Aber auch von diesen haben sich nach und nach die meisten in Mißgriffe verstiegen, weil sie das göttliche Geheimnis sinnlich auffaßten.»

Vor einem derartigen Mißverständnis wollte er den Kreis derer bewahrt wissen, die sich als die Gemeinde der Nazarener um ihn scharten, eine – wie schon der Nachsatz durchblicken läßt – stets sehr kleine, heute nur da und dort noch in der Stille existierende Gemeinde. Sie hütet in der Nachfolge Böhmes und Gichtels das Geheimnis der göttlichen Sophia, die als der Ganzheit konstituierende Wesensanteil des ursprünglichen Adam (vor dem Fall) zum vollkommenen Menschen gehört. Aber wer sich mit dieser Sophia auf geistliche Weise verbinden will, der muß der irdischen Eva entsagen!

Es ist gewiß bemerkenswert, daß der theosophisch gestimmte Protestant J. J. Wirz eine durchgeformte Mariologie entwickelt hat, bis hin zur Lehre vom Aufgefahrensein Mariens – ein Jahrhundert vor dem marianischen Himmelfahrtsdogma der römisch-katholischen Kirche im Jahre 1950! Denn Maria ist für Wirz die «geist-leibliche Tochter der heiligen Weisheit» (Sophia); die irdische Nazarenergemeinde blickt auf zur «oberen Muttergemein[d]e im Himmel». Ihre Mitglieder trachten danach, in ernstem Frömmigkeitsstreben bis in ihre alltägliche Lebensgestaltung hinein dem androgynen Urbild des Menschen zu entsprechen, insbesondere unter Verzicht auf die geschlechtliche Gemeinschaft, mit einem Rigorismus, der über den Johann Georg Gichtels noch hinausgeht. Nicht zuletzt von daher erklären sich die stets geringen Mitgliederzahlen der in großer Distanz zu Andersgläubigen, etwa zu kirchlichen Christen, Lebenden.[5]

Aus dieser Einschätzung von Eros und Ehe darf jedoch nicht der Schluß gezogen werden, daß die christliche Theosophie generell durch Körperfeindlichkeit gekennzeichnet ist. Männern wie Gichtel und Wirz stehen Gestalten wie der Ekstatiker *Quirinus Kuhlmann* (1651–1689) und *Novalis* (Friedrich von Hardenberg; 1772–1801) gegenüber. Für den Dichter des *Kühlpsalters* und

Autor des *Neubegeisterten Böhme* (1674) wurde Maria Angelika, seine Geliebte, zu einer Gestalt mit geradezu messianischen Zügen.[6] So wie Plato einst im *Symposion*-Dialog die Idee der Wiederherstellung des in die beiden Geschlechter aufgespaltenen Urmenschen entwickelte, so strebte Kuhlmann nach einer Erhöhung der sinnlichen Liebe, die Ausdruck einer geistig-leiblichen Integration sein soll. Daneben der sehr viel bekanntere Dichter der «blauen Blume», Novalis, dessen Verbindung mit der frühreifen, jung verstorbenen Sophie von Kühn zu einem Prozeß der Initiation ins Mysterium von «Christus und Sophie», auf der Schwelle von Leben und Tod, geworden ist.[7]

In welche Dimensionen christliche Theosophie vorzudringen vermag, das wird gerade am Beispiel Novalis deutlich: In seinen Liedern und Hymnen hat er den Eros geradezu kultusfähig gemacht. Er hat ihn der spiritualistisch reduzierten Deutung entzogen, nachdem die Christenheit die längste Zeit Leibfeindlichkeit und Askese gepredigt und das Urphänomen des Weiblichen aufgespalten hatte in die «hehre Jungfrau» und die verderbenbringende Hexe bzw. Hure. Dieser Eros, dessen Metaphorik bei Novalis selbst das Wandlungsmysterium von Leib und Blut einbezieht – «Wenige wissen / das Geheimnis der Liebe...»[8] – und sogar die kreatürliche Welt mit einschließt, ist mit einem kühnen Brückenbogen zu vergleichen, der einen trennenden Schicksalsstrom überwölbt. Er ist von einem über die Kluft von Materie und Geist, von Diesseits und Jenseits gespannt worden, der von sich sagen kann, daß er «des irdischen Leibes hohen Sinn erraten» habe. Von da aus wird einmal mehr verständlich, was Oetingers programmatischer Satz bedeuten kann: «Leiblichkeit ist das Ende der Werke [bzw. Wege] Gottes.»

So knapp hier die Auswahl derer sein muß, die ähnlichen Bahnen des Erlebens wie des Erkennens gefolgt sind, *Franz von Baader* (1765–1841), der vielseitige, heute freilich wenig beachtete Philosoph und Schriftsteller als Hauptvertreter der Münchner Romantik darf nicht fehlen. Als studierter Mediziner und Bergbaufachmann war er schon von seiner beruflichen und bildungsmäßigen Qualifikation her für die Zusammenschau und Synthese des Materiellen wie des Spirituellen prädestiniert. Das gibt seiner (wörtlich verstandenen) «Anthroposophie» und

«Theosophie» eine tragfähige Basis, wenn sich der ökumenisch denkende Katholik einerseits als wiedererweckter Böhme begreift und wenn er andererseits die Ganzwerdung des Menschen im Zeichen von Religion und Eros als eine einzigartige Möglichkeit der Gottesbegegnung versteht. Für ihn ist Gott ein Gott der Liebe «in *allen* ihren Formen». Die Liebe zwischen Mann und Frau ist für Baader ein Vorgang der «Restauration des innerlich in beiden erloschenen und zerbrochenen jungfräulichen Bildes oder Gottesbildes und Leibes». Auf diesem Weg kommt es zur Wiederbegegnung, ja zur «Heimholung» der einst verlorenen Sophia. «Die höhere Bedeutung der Geschlechtsliebe als nicht mit dem Fortpflanzungstriebe identisch ist folglich, wie gesagt, keine geringere, als daß sie dem Manne wie dem Weibe behilflich sein soll, sich innerlich [in Gemüt und Geist!] zum ganzen Menschenbild zu ergänzen, das ist, zum ursprünglichen Gottesbild.»[9] In all dem ist Baader mit seinen Entwürfen für eine spirituelle Erotik ein christozentrischer Denker, dem es um die Wiederherstellung des in die Heillosigkeit und Gespaltenheit gefallenen Menschen geht. Aus dieser Sicht wagt er den Satz:

«Wer mir einen Christen zeigt, der zeigt mir einen wenigstens in seiner Reintegration begriffenen Menschen, und wer mir einen in seiner Reintegration begriffenen Menschen zeigt, der zeigt mir einen Christen» – also keine Spur mehr von äußerer Religionszugehörigkeit oder von konfessionellen Lippenbekenntnissen oder von theologischen Rechthabereien! Denn: «Es ist besonders in unserer Zeit von der größten Wichtigkeit, *diesen* Begriff des Christentums als integrierten Menschentums in volles Licht zu setzen, und nur jene Theologie wird sich siegreich über alle ihre Gegner erheben, welche die Sünde als Desintegration, die Erlösung und Wiedergeburt als Reintegration des Menschen darstellt.»[10] Es kann nur bedauert werden, daß der als Redner und Gesprächspartner überaus eindrucksvolle Baader es als Schriftsteller an Klarheit und sprachlicher Transparenz so sehr hat fehlen lassen. Durch ihn hätte der ebenfalls als Sozialphilosoph bedeutende Mann an der Schwelle zum Industriezeitalter mit all seinen gesellschaftlichen Problemen gerade auch als Theosoph sehr viel mehr bewirken können als geschehen ist!

Baader und die deutsche Romantik wurden auf die Geisteserkenntnis Jakob Böhmes insbesondere durch den französischen Theosophen *Louis-Claude de Saint-Martin* (1743–1803) aufmerksam.[11] Diesem ersten Übersetzer Böhmes ins Französische kommt das große Verdienst zu, den im Zeitalter der Aufklärung vorübergehend in Vergessenheit geratenen Görlitzer Meister seinen deutschen Landsleuten aufs neue in Erinnerung gerufen zu haben – auf dem Umweg über Frankreich. Kein Geringerer als Matthias Claudius und andere Freunde des Münchner Romantikers Baader übersetzten Saint-Martins Werke ins Deutsche und förderten so die Weiterentwicklung der Theosophie.

Mindestens ebenso wichtig sollte der französische Autor für das Einbringen und Vertiefen dieses Gedankenguts in Freimaurerlogen und Geheimgesellschaften des 19. Jahrhunderts werden – sogar in russischen Logen studierte man unter anderem Böhmes Schriften in der Übersetzung Saint-Martins, Werke Swedenborgs und des Goethefreundes Jung-Stilling, und zwar bis hinauf zu Zar Alexander I., der 1815, dem Jahr der «Heiligen Allianz» (!), mit der in Kreisen der Erweckten aktiven Juliane von Krüdener[12] in Heilbronn Verbindung aufnahm. Restaurative Politik und religiöse Erweckung, die ohne den Einfluß mystisch-theosophischer Vorstellungen zu Beginn des 19. Jahrhunderts nicht zu denken waren, gingen eine eigenartige Verbindung ein. Immerhin kann man sagen: Ehe von Völkerverständigung auf politischer Ebene oder von Ökumene auf dem kirchlichen Sektor im heutigen Sinne die Rede sein konnte, wurde auf diese Weise spirituelle Pionierarbeit geleistet. Auf einem anderen Blatt steht, ob es nicht möglich gewesen wäre, die eher rückwärtsgewandten Neigungen jener Theosophen ins Progressive zu wenden.

Bekannt sind sodann die Nachwirkungen der rosenkreuzerischen Grundschriften J. V. Andreaes in Gestalt diverser rosenkreuzerischer Bünde und geschlossener Gesellschaften, die vom frühen 17. Jahrhundert bis in die Gegenwart reichen, wobei die «älteren» Rosenkreuzer als Vertreter eines unorthodoxen, pansophisch ausgerichteten Christentums von den «jüngeren» zu unterscheiden sind. Diese mit dem aus Schlesien stammenden protestantischen Theologen *Samuel Richter* (Pseudonym: Sincerus Renatus) an ihrer Spitze haben als «Orden der Gold- und Rosenkreuzer» und als antiaufklärerische Geheimgesellschaft von sich reden gemacht,[13] basierend auf Richters Schrift *Die wahrhafte und vollkommene Bereitung des philosophischen Steins* (Breslau 1710). Während die älteren Rosenkreuzer sich vor allem literarisch betätigten, ohne jedoch eine eigene Gemeinschaft zu bilden, lassen sich von den Gold- und Rosenkreuzern allerlei Verbindungslinien in freimaurerische Zusammenhänge verfolgen. Bisweilen geschah das unter Aufnahme kabbalistischer Vorstellungen wie im oberpfälzischen Landstädtchen Sulzbach, wo am Hof der dortigen Grafen *Christian Knorr von Rosenroth* (1636–1689) als Verfasser der berühmten *Cabbala Denudata* sowie der Alchymist und Kabbalist *Franz Mercurius van Helmont* (1618–1699) tätig waren. Mit dem (nicht beweisbaren) Anspruch, auf alten und ältesten Traditionen zu fußen, entstanden einige Rosenkreuzer-Zusammenschlüsse, darunter die 1909 gegründete «Rosenkreuzer-Gemeinschaft» (Rosicrucian Fellowship) *Max Heindels* (d. i. Carl Louis Heindl), der mitgliederstarke «Alte Mystische Orden vom Rosenkreuz» (AMORC) und das aus der niederländischen theosophischen Gesellschaft hervorgegangene «Lectorium Rosicrucianum» (LR), ferner einige kleinere Abspaltungen und Sondergründungen mit unterschiedlicher spiritueller Zielsetzung.[14]

Als die medial begabte Russin *Helene Petrowna Blavatsky* (1831–1891) zusammen mit dem amerikanischen Oberst *H. St. Olcott* im Jahre 1875 in den USA die «Theosophical Society» gründete, schuf sie damit eine stark orientalisierende, anglo-indische Bewegung, die seitdem viele Zeitgenossen mit christlicher Theosophie verwechseln. Dabei wird jedoch übersehen, daß weder die Begründer noch deren rührige Nachfolgerin *Annie Besant* (1847–1933) samt ihrem Anhang eine Vertiefung des Christentums im Sinne hatten. Eine Richtungsänderung trat allerdings ein, als *Rudolf Steiner* (1861–1925) im Jahre 1902 das Amt des Generalsekretärs der deutschen Sektion der Theosophischen Gesellschaft übernahm[15] und im Rahmen dieser Organisation den Aufbau der späteren Anthroposophischen Gesellschaft vornahm. Steiner kam es darauf an, die dem allgemeinen Bewußtsein weitgehend entschwundene christlich-theosophische Tradition erneut zu beleben, sodann – und darauf legte er den Schwerpunkt seiner Bemühungen – Anthroposophie als einen

Erkenntnisweg[16] zu begründen, der einerseits auf dem «Christentum als mystischer Tatsache», andererseits auf Denkanstrengungen basiert, die beim heutigen Bewußtsein ansetzen. Wiederholt hat Steiner sowohl die Bedeutung der Mystik als auch die der Theosophie als geistige Unterströmungen gewürdigt, ohne die weder Goethe und der deutsche Idealismus noch die Romantik, repräsentiert vor allem durch Novalis, vorstellbar seien.[17]

Bemerkenswert ist der hohe Stellenwert Goethes im Werk von Rudolf Steiner, dessen Editionsarbeit an Goethes naturwissenschaftlichen Schriften und Beiträgen zur Esoterik gezeigt hat, in einem wieviel größeren Maße als allgemein angenommen sie der christlichen Theosophie Wesentliches verdanken. Dazu kommen entsprechende Nachwirkungen im Umkreis des sogenannten «Goetheanismus», auf den Steiner ebenfalls nachdrücklich aufmerksam gemacht hat als einer vernachlässigten Geistesrichtung, die unter anderen durch C. G. Carus, J. Ennemoser, W. H. Preuß, E. von Feuchtersleben und eine Reihe anderer innerhalb verschiedener wissenschaftlicher Disziplinen vertreten worden ist. Zu seiner Charakteristik könnte man sagen: Der Goetheanismus versucht den Menschen als geistiges Wesen, den Kosmos als geistig-physischen Organismus zu verstehen und in der Natur- und Geistesforschung adäquate Methoden zu entwickeln. Rudolf Steiner hat in vielen Stellen seines Werks auf die Fülle der dort gegebenen Anstöße, freilich auch auf den fragmentarischen Charakter jenes Goetheanismus hingewiesen.

In den letzten Jahren sind mehrere Versuche unternommen worden, Schriften des frühen Goetheanismus erneut zugänglich zu machen.[18] Auf den ersten Blick mutet dergleichen wie ein historisierendes oder museales Unternehmen an. Doch sollte man dabei nicht übersehen, daß lebendige Tradition immer auch etwas mit geistiger Kontinuität zu tun hat, soll die gegenwärtige Situation des sich selbst und in seiner Beziehung zum Kosmos entfremdeten Menschen erkannt und Zukunft verantwortlich gestaltet werden. Leider fehlt noch immer eine zusammenfassende, die verschiedenen Lebens- und Erkenntnisgebiete berücksichtigende Darstellung des Goetheanismus als einer mitteleuropäischen Geistesströmung mit theosophisch-spirituellem Hintergrund. Dabei würde sich einmal mehr zeigen, wie wichtig, aber auch wie ertragreich es ist, jenes geistig-religiöse Quellgebiet von neuem zu erschließen, das seit der Frühzeit der deutschen Mystik, sodann seit den Tagen der Reformation als christliche Theosophie wirksam geworden ist. Es entspricht offensichtlich nicht nur einem modischen Trend, sondern einem tiefer liegenden Interesse, wenn heute nach mystischem Schrifttum, gerade auch nach dem geistig-geistlichen Erbe der Väter gefragt wird!

Aber es geht beileibe nicht nur um Literatur oder um die intellektuelle Befriedigung eines geistigen Nachholbedarfs in geistesarmer Zeit. Man darf nicht vergessen, daß, vereinfacht ausgedrückt, die aus dem Goetheanismus heraus entwickelte Anthroposophie nicht allein auf die Kosmosophie der Astrologen und Alchymisten, auf die Lehren eines Paracelsus, Böhme oder Oetingers, hingewiesen hat – anthroposophische Heilmittelherstellung, Medizin und biologisch-dynamische Anbauweisen samt den durch sie erzielten Resultaten lassen sich als eine Transformation und Weiterführung dessen ansehen, was einst von den Alten auf intuitivem Wege errungen und praktiziert bzw. erstrebt worden ist. Die dabei angewandten Methoden stellen somit keine bloße Nachahmung dar. Aber die dem heutigen Bewußtsein entsprechende Erkenntnis- und Forschungsweise in der Anthroposophie Rudolf Steiners kann und will nach Steiners eigenem Bekunden ihre Beziehung zur Theosophie vergangener Jahrhunderte deutlich machen. Insofern liegen hier Fernwirkungen besonderer Art vor. Christliche Theosophie bzw. das, was sie repräsentiert – man muß sich nicht an den Terminus klammern –, ist jedenfalls nicht an eine bestimmte Zeit gebunden, schon gar nicht an eine «vorwissenschaftliche» Epoche menschlichen Strebens. Doch ist sie in jedem Fall Ausdruck für die Gegenwart und die Dynamik des göttlichen Geistes. Er weht, wann und wo *er* will!

Und was die Aktualität der Theosophie sowie geistesverwandter Strömungen anbelangt, so genügt es angesichts der Bedrohung des Organismus Erde heute nicht, nur nach den Ursachen von Umweltkatastrophen, Giftmüllskandalen, nach atomarer Verseuchung oder nach der Versteppung weiter Landstriche zu fragen. Die beängstigenden Resultate eines Denkens, das in der kreatürlichen Welt nur ein Objekt des menschlich-unmenschlichen Ausbeutungswillens und des Mißbrauchs erblickt, verlangen nach einer Neubesinnung auf das Wesen des Lebendigen und nach einer entsprechenden Ethik, etwa im Sinne von Albert Schweitzers «Ehrfurcht vor dem Leben». Zu deren geistiger Fundierung hat die Theosophie Wesentliches beigetragen, wie sich anhand von bemerkenswerten Zeugnissen belegen läßt. Diese Geistesströmung harrt noch immer ihrer Wiederentdeckung und ihrer existentiellen Aneignung.

Zeugnisse und Leitworte

Franz von Baader

So wie die Liebe Gottes zum Menschen sich herabläßt, ihn zu sich erhebend, breitet sie sich als Menschenliebe in der Horizontalen aus und steigt [im Menschen] als Naturliebe in die niedere Natur hinab, diese zu sich erhebend. Sollte aber mit dieser wahren Liebe oder Neigung zur Natur das wahre Hörigkeitsverhältnis derselben zum Menschen hergestellt sein, so mußte die geistige Kreatur auch hier die doppelte Versuchung bestehen: entweder despotisch auf gottvergessene Weise die Natur zu mißbrauchen oder sklavisch und gleichfalls gottvergessen sich ihr zu unterwerfen. Dort vergißt sie, daß Gott der absolute Herr der Natur ist; hier, daß dieser Gott ihr alleiniger, unmittelbarer und gleichsam absoluter Herr ist. In der ersten Versuchung fiel Luzifer, in der zweiten der Mensch. *Sämtliche Werke* 4,198

Wenn das abnorme Verhalten des Menschen zu Gott ein gleichfalls abnormes Verhalten der nichtgeistigen Natur zum Menschen zur Folge hatte, so muß jeder auch nur teilweisen Wiederherstellung des ursprünglichen Verhaltens zu Gott eine Wiederherstellung des ursprünglichen Verhaltens der nichtgeistigen Natur zu uns entsprechen; das heißt: die eine Wiederherstellung kann ohne die andere nicht wirklich werden.

Sämtliche Werke 5,162

Für die nichtgeistige Kreatur ist die geistige eine Voraussetzung ihres Seins, so wie jene für diese. Solange nämlich beide nicht in Gott geeinigt sind. Alle Kreatur trägt diese Zweiheit in sich, und weil beide haftbar verpflichtet [d. h. verflochten] sind und nur *miteinander* vollendet werden können, so erlangen sie ihre wechselseitige Ergänzung, deren sie bedürftig, nicht unmittelbar, sondern nur durch Teilhaftwerdung der göttlichen Einigung und Einheit. *Sämtliche Werke* 8, 84

Die ältere Chemie ging davon aus, daß der Mensch nicht vollkommener werden könne, ohne zugleich die Natur um sich vollkommener zu machen, und sie behauptete daraufhin, daß die Lichtnatur momentan könne dargestellt werden. Diese Wiedergeburt der Natur nachzuweisen, muß die höchste Aufgabe der Physik werden, womit sie zugleich durchaus religiös wird, weil nur der nach dem Reiche Gottes Strebende die Vollendung der Natur hervorrufen kann. *Sämtliche Werke* 13, 152

Die Liebe ist und war, wie Johannes sagt, bei Gott, als er die Welt und den Menschen schuf; als aber der Mensch fiel, ging sie von Gott aus und kam als erlösendes Wort in die Welt . . . Der Strahl der göttlichen Liebe oder Jesus ging nämlich im Momente des Falls sofort in die *Sophia* als die eigentliche Matrix [Mutterschoß] aller Urbilder und ward im Urbild des Menschen zum *Geistmenschen*, so wie hiemit die natürliche Menschwerdung in der Zeit begann. Hierauf beruht der dreifache Name des Erlösers als Jesus, Christus und Mariä Sohn.

Ähnliche Mysterien gehen in jeder Menschenbrust vor, welche das Werk der Versöhnung in sich gewähren läßt, weil der Zentralprozeß sich in jedem partiell wiederholt oder spiegelt. Welcher Liebende hätte nämlich nicht in sich wahrgenommen, daß er, indem er verzeiht und sich versöhnt, tiefer in sein Herz eingeht . . . Welcher Liebende, sage ich, hätte nicht bemerkt, daß nur das hierbei als Opfer fließende Herzblut den Kitt zu jenem innigeren und dauernden Freundschafts- und Liebesbund [als Konsanguinität – Blutsverbundenheit – im tieferen Sinne] gibt, von welchem gilt, was Mosis Weib sagte: Du bist mir zum Blutbräutigam geworden.

Man könnte darum jedem Menschen, welcher den Versöhnungsprozeß in sich aufrichtig und herzlich durchgemacht hat, zurufen: Du bist nicht ferne vom Reiche Gottes.

Vierzig Sätze aus einer religiösen Erotik, in:
Sämtliche Werke 4, 179 ff.

Novalis: Hymne

Wenige wissen
Das Geheimnis der Liebe,
Fühlen Unersättlichkeit
Und ewigen Durst.
Des Abendmahls
Göttliche Bedeutung
Ist den irdischen Sinnen Rätsel;
Aber wer jemals
Von heißen, geliebten Lippen
Atem des Lebens sog,
Wem heilige Glut
In Zitternde Wellen das Herz schmolz,
Wem das Auge aufging,
Daß er des Himmels
Unergründliche Tiefe maß,
Wird essen von seinem Leibe
Und trinken von seinem Blute
Ewiglich.

Wer hat des irdischen Leibes
Hohen Sinn erraten?
Wer kann sagen,
Daß er das Blut versteht?
Einst ist alles Leib,
Ein Leib,
In himmlischem Blute
Schwimmt das selige Paar.

Oh! daß das Weltmeer
Schon errötete,

Und in duftiges Fleisch
Aufquölle der Fels!
Nie endet das süße Mahl,
Nie sättigt die Liebe sich.
Nicht innig, nicht eigen genug
Kann sie haben den Geliebten.
Von immer zärteren Lippen
Verwandelt wird das Genossene
Inniglicher und näher.
Heißere Wollust
Durchbebt die Seele.
Durstiger und hungriger
Wird das Herz:
Und so währet der Liebe Genuß
Von Ewigkeit zu Ewigkeit.
Hätten die Nüchternen
Einmal gekostet,
Alles verließen sie,
Und setzten sich zu uns
An den Tisch der Sehnsucht,
Der nie leer wird.
Sie erkennten der Liebe
Unendliche Fülle,
Und priesen die Nahrung
von Leib und Blut.

Anmerkungen

Einleitung

1 Karlfried Graf Dürckheim: *Erlebnis und Wandlung. Grundfragen der Selbstfindung.* München/Bern/Wien 1978, 60.
2 Hans-Jürgen Baden: «Institution und Innerlichkeit», in: *Wissende, Verschwiegene, Eingeweihte. Hinführung zur Esoterik.* Freiburg i. Br. 1981, 86 f.
3 D. T. Suzuki: *Der westliche und der östliche Weg.* Berlin 1960, 13.
4 Ich verdanke diesen Hinweis Prof. Minoru Nambara, Tokio, der mit der Übersetzung der Werke Jakob Böhmes ins Japanische beschäftigt ist.
5 Sarvepalli Radhakrishnan: *Gemeinschaft des Geistes.* Darmstadt 1952.
6 Fritjof Capra: *Wendezeit, Bausteine für ein neues Weltbild.* Bern/München 1982.

I. Teil – Deutsche Mystik

1 Karl Barth: *Kirchliche Dogmatik* I, 2, 330 f.; vgl. Gerhard Wehr: *Karl Barth, Gottes fröhlicher Partisan.* Gütersloh 1979.
2 Dorothee Sölle: *Die Hinreise. Zur religiösen Erfahrung.* Stuttgart 1976, 165 f.
3 Gerd-Klaus Kaltenbrunner (Hrsg.): *Die Suche nach dem anderen Zustand. Wiederkehr der Mystik?* Freiburg i. Br. 1975.
4 Gerhard Wehr: *Esoterisches Christentum. Aspekte, Impulse, Konsequenzen.* Stuttgart 1975; Josef Blank: «Zur christologischen Struktur paulinischer Mystik», in: *Grundfragen christlicher Mystik,* hrsg. von Margot Schmidt und Dieter R. Bauer. Stuttgart 1987.
5 Gerhard Wehr: *Heilige Hochzeit. Symbol und Erfahrung menschlicher Reifung.* München 1986.
6 Plotin: *Enneaden* III, 4 und IV, 8, zit. bei W. Beierwaltes und H. U. von Balthasar (Hrsg.): *Grundfragen der Mystik.* Einsiedeln 1974, 13 f.

7 W. Beierwaltes: *Platonismus und Idealismus*, S. 100, zit. in *Grundfragen christlicher Mystik*, a. a. O., S. 36.
8 Dionysius Areopagita: *Die Hierarchien der Engel und der Kirche*, übersetzt und kommentiert von Walther Tritsch. München 1955. – Ders.: *Mystische Theologie und andere Schriften*, hrsg. von Walther Tritsch. München 1956.
9 Dionysius Areopagita, zit. nach W. Tritsch (Hrsg.): *Christliche Geisteswelt*. Baden-Baden 1957, 57; dasselbe in: *Mystische Theologie*. München 1956, 171 f.
10 Es handelt sich um das Werk eines unbekannten englischen Autors – *The Cloud of Unknowing* – aus dem späten 14. Jahrhundert, übertragen und eingeleitet von Wolfgang Riehle. Einsiedeln 1980.
11 Gerhard Wehr: *Auf den Spuren urchristlicher Ketzer. Christliche Gnosis und gegenwärtiges Bewußtsein*. Schaffhausen 1983.
12 Meister Eckhart: *Deutsche Predigten und Traktate*, hrsg. von Josef Quint. München 1969, 62 f.
13 Henri de Lubac: «Christliche Mystik in der Begegnung mit den Weltreligionen», in: *Das Mysterium und die Mystik*, hrsg. von Josef Sudbrack. Würzburg 1974, 84 f.
14 Karl Barth: *Das Wort Gottes als Aufgabe der Theologie*. München 1922.
15 Vgl. J. K. Kadowaki: *Zen und die Bibel*. Salzburg 1980.
16 Peter Dinzelbacher und Dieter R. Bauer (Hrsg.): *Frauenmystik im Mittelalter*. Ostfildern 1985; Margot Schmidt und Dieter R. Bauer (Hrsg.): *«Eine Höhe, über die nichts geht...» Spezielle Erfahrung in der Frauenmystik?* Stuttgart 1986 (Mystik in Geschichte und Gegenwart I, 4).
17 Hans Preuß: *Von den Katakomben bis zu den Zeichen der Zeit*. Erlangen 1952, 81.

Der mystische Weg

1 Unter Einbeziehung der anthroposophischen Meditationspraxis vgl. Gerhard Wehr: *Der innere Weg*. Reinbek 1983.
2 Ernst Benz: *Vision. Erfahrungsformen und Bilderwelt*. Stuttgart 1969.
3 Bonaventura: *Itinerarium mentis in deum – Pilgerbuch der Seele zu Gott*, hrsg. v. J. Keup. München 1961.
4 A. a. O. 153.
5 Walter Hilton: *Glaube und Erfahrung – The Scale of Perfection*, eingeleitet von Hans Urs von Balthasar. Einsiedeln 1966.
6 Jakob Böhme: *Christosophia. Ein christlicher Einweihungsweg*, hrsg. von Gerhard Wehr. Freiburg i. Br. 1975, hier besonders S. 40: «Von wahrer Buße» I, 34.
7 Martin Luther – Zitate erfolgen nach der Weimarer Ausgabe seiner Werke, hier: WA 57, 3; 144, 10 zit. bei Ivar Asheim (Hrsg.): *Kirche, Mystik, Heiligung und das Natürliche bei Luther*. Göttingen 1967, 68.

Meister Eckhart – Leitstern der spekulativen Mystik

1 Erwin Iserlohn in: *Handbuch der Kirchengeschichte*, hrsg. von Hubert Jedin, Bd. III, 2. Halbbd., Freiburg i. Br. 1968, 466.
2 Martin Grabmann: *Die Geschichte der scholastischen Methode*. Freiburg i. Br. 1911, Bd. II, 97.
3 Sofern nicht anders angegeben, erfolgen die Eckhart-Zitate nach Meister Eckhart: *Deutsche Predigten und Traktate*, hrsg. von Josef Quint. München 1969; hier: Quint 59f.
4 Meister Eckhart, zit. bei Alois Dempf: *Meister Eckhart*. Freiburg i. Br. 1960, 19.
5 Eingebürgert hat sich in der Eckhart-Forschung die Schreibweise «Eckhart», doch findet sich in der Überlieferung auch «Eckehart».
6 Quint 449.
7 Kurt Ruh: *Meister Eckhart, Theologe, Prediger und Mystiker*. München 1985, 187ff.
8 Josef Koch: *Kleine Schriften* I. Rom 1973; vgl. auch Josef Sudbrack: «Zur Interpretation Meister Eckharts», in: *Geist und Leben*, 51. 1978, Heft 5, 386.
9 M. A. Schmidt, in: *Religion in Geschichte und Gegenwart* (RGG), 3. Aufl., Bd. II, Sp. 304f.
10 Quint 273.
11 Quint 53f.
12 Quint 133.
13 Meister Eckhart: *Die deutschen Werke* (DW), hrsg. von Josef Quint, Stuttgart 1968ff., Bd. 2, 528, 5ff.
14 Alois Maria Haas: *Geistliches Leben im Mittelalter*. Freiburg (Schweiz) 1984, 277.
15 Josef Quint, in: Quint 472.
16 Rudolf Steiner: *Das Christentum als mystische Tatsache* (1902), Dornach 1960; vgl. im Zusammenhang Gerhard Wehr: *Der Christusimpuls Rudolf Steiners*. Freiburg i. Br. 1988.
17 Quint 227.
18 Die folgenden Eckhart-Zitate bei Quint 280–289.
19 Shitsuteru Ueda: *Die Gottesgeburt in der Seele und der Durchbruch zur Gottheit*. Gütersloh 1965, 147. – In diesem Band ist nach Seite 152 die erwähnte Abbildung. Der Hinweis geht auf Ernst Benz zurück.
20 Quint 303–309.
21 Quint 431.
22 Quint 309.
23 Quint 167.
24 Gerhard Wehr: *Meister Eckhart in Selbstzeugnissen und Bilddokumenten*. Reinbek 1988.

25 Louis Cognet: *Gottes Geburt in der Seele.* Freiburg i. Br. 1980, 92.
26 Ekkehard Meffert: *Nikolaus von Kues.* Stuttgart 1982.
27 Zit. bei Ernst Benz: *Schelling. Werden und Wirken seines Denkens.* Zürich 1955, 21.
28 D. T. Suzuki: *Die Große Befreiung.* Zürich ^{5}1969, 16.
29 Erich Fromm: *Haben oder Sein.* Stuttgart 1976, 29.
30 Dietmar Mieth, in: *Das Einig' Ein,* hrsg. von A. M. Haas/H. Stirnimann. Freiburg (Schweiz) 1980, 12.
31 Hans Waldenfels: *Absolutes Nichts. Zur Grundlegung des Dialogs zwischen Buddhismus und Christentum.* Freiburg i. Br. 1976.
32 Rudolf Otto: *West-östliche Mystik. Vergleich und Unterscheidung zur Wesensdeutung* (1926). Gütersloh 1979.
33 Karlfried Graf Dürckheim: *Erlebnis und Wandlung,* 42. – Über Dürckheims Japan-Erfahrung und westliche Zen-Praxis vgl. Gerhard Wehr: *Karlfried Graf Dürckheim. Biographie.* München 1988.
34 Quint 78 f.

Heinrich Seuse – Mystiker des Herzens

1 Joseph Bernhart: *Die philosophische Mystik des Mittelalters.* München 1922; Darmstadt 1974, 200.
2 A. a. O. 204.
3 Wilhelm Oehl: *Deutsche Mystikerbriefe 1100–1550.* München 1931; Darmstadt 1972, 377.
4 Soweit nicht anders angegeben, erfolgen die Seuse-Zitate nach Heinrich Seuse: *Deutsche mystische Schriften,* hrsg. und aus dem Mittelhochdeutschen übertragen von Georg Hofmann. Düsseldorf 1966; hier: Seuse/Hofmann 334 f.
5 Die Texte sind enthalten in Seuse/Hofmann.
6 Hermann Kunisch: *Ein Textbuch aus der altdeutschen Mystik.* Hamburg 1958, 105 f.
7 Seuse/Hofmann 49 f.
8 Seuse/Hofmann 62 f.
9 Seuse/Hofmann 63 f.
10 Seuse/Hofmann 169.
11 Seuse/Hofmann 37 f.
12 Vgl. Kurt Ruh: «Franziskanische Mystik», in: *Altdeutsche und altniederländische Mystik,* hrsg. von K. Ruh. Darmstadt 1964, 252 ff.
kkp13 Seuse/Hofmann 59.
14 Seuse/Hofmann 118 f.
15 Über das Verhältnis des höfischen Romans zur biographischen Legende vgl. Julius Schwietering: «Zur Autorschaft von Seuses Vita», in: *Altdeutsche und altniederländische Mystik,* 309–323.

16 Seuse/Hofmann 339 f.
17 Louis Cognet: *Gottes Geburt in der Seele*, 149 f.
18 Seuse/Hofmann 213.
19 Seuse/Hofmann 294.
20 Zur Praxis der Meditation und der Herstellung eines «leeren Bewußtseins» vgl. Gerhard Wehr: *Der innere Weg*. Reinbek 1983.
21 Siegfried Scharf: *Die Praxis der Herzensmeditation*. Freiburg i. Br. 1976. – Emanuel Jungclausen (Hrsg.): *Aufrichtige Erzählungen eines russischen Pilgers*. Freiburg i. Br. 1974. – *Das immerwährende Herzensgebet. Ein Weg geistiger Erfahrung*, hrsg. von Alla Selawry. Weilheim 1970.
22 Enthalten in der hier benützten Ausgabe Seuse/Hofmann.
23 Wilhelm Oehl: *Deutsche Mystikerbriefe des Mittelalters*, 374 f.
24 A. a. O. 378.
25 A. a. O. 381.
26 A. a. O.
27 A. a. O.
28 Herbert Grundmann: «Geschichtliche Grundlagen der deutschen Mystik», in: *Altdeutsche und altniederländische Mystik*, 99.

Johannes Tauler – Mystiker der Lebensnähe

1 Die Tauler-Zitate erfolgen nach der Ausgabe der *Predigten*, hrsg. von Georg Hofmann. Einsiedeln 1979; hier Tauler/Hofmann 364.
2 Tauler/Hofmann 361.
3 Tauler/Hofmann 103.
4 Beispiele dafür sind enthalten in: Wilhelm Oehl: *Deutsche Mystikerbriefe des Mittelalters*.
5 Tauler/Hofmann 364.
6 Tauler/Hofmann 361–363.
7 Tauler/Hofmann 272.
8 A. a. O.
9 A. a. O.
10 Vgl. Heinrich Dumoulin: *Der Erleuchtungsweg des Zen im Buddhismus*. Frankfurt a. M. 1976, 160 ff.
11 Tauler/Hofmann 547.
12 Tauler/Hofmann 80 f.
13 Friedrich Wilhelm Wentzlaff-Eggebert: *Deutsche Mystik zwischen Mittelalter und Neuzeit*. Berlin 1969, 116.
14 Tauler/Hofmann 13.
15 Tauler/Hofmann 20.
16 Tauler/Hofmann 450.

17 Tauler/Hofmann 451.
18 Tauler/Hofmann 306; vgl. Alois Maria Haas: «Transzendenzerfahrung in der Auffassung der deutschen Mystik», in: (Haas) *Geistliches Mittelalter*, 280.
19 Martin Luther zit. bei Josef Sudbrack: «Gotteserfahrung und Selbsterfahrung» (bei Tauler), in: *Geist und Leben* 49. 1976, 178.
20 Wilfried Zeller im Nachwort zu: *Deutsche Mystik. Aus den Schriften von Heinrich Seuse und Johannes Tauler.* Düsseldorf 1967; 309 f.

Franziskanische Mystik – *Die sieben Wege zu Gott*

1 Die Zitate von David von Augsburg erfolgen nach Hans Eggers: *Deutsche Sprachgeschichte II – Das Mittelhochdeutsche.* Hamburg 1965, 202.
2 Hans Eggers a. a. O. 203 f.
3 Margot Schmidt (Hrsg.): *Rudolf von Biberach – Die siben strassen zu got.* Stuttgart 1985, XV (Mystik in Geschichte und Gegenwart I, 2).
4 Rudolf von Biberach a. a. O. 35.
5 A. a. O. 37.
6 A. a. O. 323.
7 A. a. O. 341.
8 Johann von Kastl: *Vom ungeschaffenen Licht*, hrsg. von Josef Sudbrack. Zürich/Einsiedeln/Köln 1981.
9 Teresa von Avila: *Die innere Burg*, hrsg. von Fritz Vogelsang. Zürich 1979.
10 Hans Urs von Balthasar: *Herrlichkeit. Eine theologische Ästhetik*, Band I. Einsiedeln 1961, 352–367.
11 Margot Schmidt (Hrsg.): *Rudolf von Biberach – De septem itineribus aeternitatis.* Stuttgart 1985, XXXIX (Mystik in Geschichte und Gegenwart I,1).

Mystik der Frauen – «Hier muß man mit der Seele sprechen»

1 Vgl. Anmerkung 16 im Kap. «Deutsche Mystik».
2 Die Werke Hildegards von Bingen liegen in vorzüglich übersetzter und erläuterter Form in Ausgaben des Otto Müller Verlags, Salzburg, vor.
3 *Bernhard von Clairvaux*, hrsg. von Bernadin Schellenberg. Olten/Freiburg i. Br. 1982.
4 Gerhard Wehr: *Heilige Hochzeit*, München 1986, 39 ff.; 80 ff.
5 Mechthild von Magdeburg, in: Otto Karrer (Hrsg.): *Die große Glut.* München 1926; 1978, 194 f.
6 Bernhard von Clairvaux, «31. Predigt über das Hohelied», in: *Die Botschaft der Freude*, hrsg. von Jean Leclercq. Zürich 1977, 142.

7 *Die große Glut*, 200f.
8 Mechthild von Magdeburg: *Das fließende Licht der Gottheit* IV,2, in: *Deutsche Mystiker*, hrsg. von Gundolf Gieraths. Zürich 1977, 93.
9 Wilhelm Oehl (Hrsg.): *Deutsche Mystikerbriefe* ... 202.
10 A. a. O. 202f.
11 *Mystische Texte des Mittelalters*, hrsg. von Walter Muschg. Basel 1943, 36 (Neuausgabe Zürich 1986).
12 A. a. O. 37.
13 A. a. O. 90.
14 A. a. O. 90.
15 A. a. O. 99f.
16 A. a. O. 109.
17 Gertrud die Große: *Gesandter der göttlichen Liebe*. Stein a. Rh. [11]1979.
18 Oehl 230.
19 *Die große Glut*, 224.
20 Oehl 225.
21 *Im Leiden Gott begegnen*, hrsg. von Gundolf Gieraths. Zürich 1978, 92.
22 Oehl 226.
23 *Die große Glut*, 200.
24 A. a. O. 202f.
25 Aus dem Traktat *Schwester Katrei*, in: Martin Buber (Hrsg.): *Ekstatische Konfessionen* (1909). Heidelberg [5]1984, 230f. und 228.
26 Kurt Ruh: *Meister Eckhart*, 114. – Neuerdings Margareta Porete: *Der Spiegel der einfachen Seelen*, hrsg. von Louise Gnädinger. Zürich/München 1987.

Jan van Ruusbroec und die Niederländer

1 Kurt Ruh: *Altdeutsche und altniederländische Mystik*, S. XI.
2 Wilhelm Oehl: *Deutsche Mystikerbriefe* ... 425.
3 Alois Maria Haas: *Geistliches Mittelalter*, 339ff. Esther Heszler: «Stufen der Minne bei Hadewijch», in: *Frauenmystik im Mittelalter*, 99ff. – Wilhelm Breuer: «Philologische Zugänge zur Mystik Hadewijchs», in: *Grundfragen christlicher Mystik*, hrsg. von M. Schmidt. Stuttgart 1987, 103ff.; Joris Reynaert: «Mystische Bibelinterpretation bei Hadewijk», a. a. O. 123ff.
4 Louis Cognet: *Gottes Geburt in der Seele*. Freiburg i. Br. 1980, 202.
5 Suster Hadewijch, zit. bei Paul Mommaers: «Der Mystiker und das Wort», in: *Geist und Leben*, 57. 1984, Heft 1, 55.
6 Bernhard Fraling: *Der Mensch vor dem Geheimnis Gottes. Untersuchungen zur geistlichen Lehre des Jan van Ruusbroec*. Würzburg 1966.
7 Beide Texte sind enthalten in Jan van Ruusbroec: *Die Zierde der geistli-*

chen Hochzeit und die kleineren Schriften, hrsg. von Friedrich Markus Huebner. Leipzig 1924; die Zitate erfolgen unter Ruusbroec/Huebner.

8 Gerhard Wehr, *Heilige Hochzeit*. München 1986.

9 Ruusbroec/Huebner 337.

10 Tschögyam Trungpa: *Spiritueller Materialismus*. Freiburg i. Br. 1975.

11 Ruusbroec/Huebner 220 f.

12 Ruusbroec/Huebner 275.

13 Ruusbroec/Huebner 266 f.

14 Hans Urs von Balthasar: *Herrlichkeit*. Einsiedeln 1965, Band II, 1, Teil 2, 424 f.

15 Ruusbroec/Huebner 270.

16 Ruusbroec/Huebner 381.

17 Bernhard Fraling: *Der Mensch vor dem Geheimnis Gottes*, 250 ff.

18 Wilfried Schäfer, in: *Kindlers Literatur Lexikon*. Zürich 1965, Band I, Sp. 2452 ff.

19 Ruusbroec/Huebner 149.

20 Ruusbroec/Huebner 40. – Vgl. auch *Die Zierde der geistlichen Hochzeit*, neu übersetzt von Marijke Schaad-Visser. Einsiedeln 1987.

Devotio moderna und *Nachfolge Christi*

1 Friedrich Wilhelm Wentzlaff-Eggebert: *Deutsche Mystik zwischen Mittelalter und Neuzeit*, 135.

2 *Geert Groote, Thomas von Kempen und die Devotio moderna*, hrsg. von Hans N. Janowski. Olten/Freiburg i. Br. 1978, 45.

3 Wilhelm Oehl: *Deutsche Mystikerbriefe im Mittelalter*, 466 f.

4 A. a. O. 472.

5 A. a. O. 462.

6 Gerrit Groote: *Die Nachfolge Christi*, neugestaltet und übertragen von Fritz Klein. Olten 1947, 27; die weiteren Zitate erfolgen unter *Nachfolge Christi*/Klein.

7 Ludolf von Sachsen, zit. in G. A. Benrath (Hrsg.): *Wegbereiter der Reformation*. Bremen 1967, 114.

8 *Nachfolge Christi*/Klein 65.

9 *Nachfolge Christi*/Klein 131.

10 *Nachfolge Christi*/Klein 195.

11 Josef Sudbrack: «Existentielles Christentum. Gedanken über die Frömmigkeit der *Nachfolge Christi*, in: *Geist und Leben* 37. 1964, 38–63, besonders 41 ff.

12 Ernst Benz: *Meditation, Musik und Tanz... Aus dem Rosetum des Mauburnus*. Mainz–Wiesbaden 1976, 4.

13 Martin Nicol: *Meditation bei Luther*, Göttingen 1984, 21 ff; 42 f.
14 Belege bei Benz und Nicol (Anmerkungen 12, 13).

Die Gottesfreunde

1 Richard Egenter: *Gottesfreundschaft. Die Lehre von der Gottesfreundschaft in der Scholastik und Mystik des 12. und 13. Jahrhunderts.* Augsburg 1928.
2 *Theologia Deutsch. Eine Grundschrift deutscher Mystik*, hrsg. von Gerhard Wehr. Freiburg i. Br. 1980, 19.
3 Martin Buber: *Ekstatische Konfessionen* (1909), Heidelberg [5]1984.
4 W. Oehl: *Deutsche Mystikerbriefe* ... 304.
5 A. a. O. 345. Vgl. Elisabeth Schraut: *Stifterinnen und Künstlerinnen im mittelalterlichen Nürnberg.* Nürnberg 1987.
6 A. a. O. 347.
7 A. a. O. 311.
8 H. Ch. Scheeben: «Zur Biographie Johannes Taulers», in: *Johannes Tauler. Gedenkschrift zum 600. Todestag*, hrsg. von E. Filthaut. Essen 1961.
9 H. S. Denifle, zit. bei A. M. Walz: «Denifles Verdienst um die Tauler-Forschung», in: *Johannes Tauler*/Filthaut, 14.
10 Ernst Benz: «Esoterisches Christentum», in: *Zeitschrift für Religions- und Geistesgeschichte*, Band XIX, 1967, 201. Im Zusammenhang Gerhard Wehr: *Esoterisches Christentum.* Stuttgart 1975.
11 Quint 203 ff.
12 Zitate aus dem *Buch von geistlicher Armut* bei Louis Cognet: *Die Gottesgeburt in der Seele.* Freiburg i. Br. 1980, 185 f.

Martin Luther und die *Theologia Deutsch*

1 Nachdem u. a. die durch Karl Barth initiierte protestantische Theologie seit den zwanziger Jahren dieses Jahrhunderts dazu beigetragen hat, Luthers angebliche antimystische Haltung herauszustellen, vermochten hingegen neben anderen folgende Studien Interesse zu erwecken:
Kirche, Mystik, Heiligung und das Natürliche bei Luther, hrsg. von Ivar Asheim. Göttingen 1967.
Karl-Heinz zur Mühlen: *Nos extra nos. Luthers Theologie zwischen Mystik und Scholastik.* Tübingen 1972.
Winfried Zeller: «Luthertum und Mystik», in: *Herausforderung – Religiöse Erfahrung. Vom Verhältnis evangelischer Frömmigkeit zu Meditation und Mystik*, hrsg. von Horst Reller und Manfred Seitz. Göttingen 1980.

Thema-Heft «Mystischer Glaube» der Zeitschrift *Zeitwende*, 52. 1981, Nr. 4, mit Beiträgen von Reinhard Schwarz und Karl-Heinz zur Mühlen.

2 Vgl. Anmerkungen 12 und 13 im Kap. «Devotio moderna...».

3 Martin Luthers Zitate erfolgen nach der Weimarer Ausgabe seiner Werke; hier: WA 40, III, 657.

4 WA 43, 667, 31.

5 Vgl. WA 11, 117.

6 Heiko A. Oberman: «Luther und die Mystik», in: *Kirche, Mystik, Heiligung...*, 20.

7 WA 23, 732.

8 WA 43, 581.

9 WA 57, II, 169.

10 Einleitung zu: *Das Magnificat*, verdeutscht und ausgelegt durch D. Luther, Augustiner (1521); WA 7, 546; vgl. Textauszug am Ende des Kapitels.

11 *Theologia Deutsch. Eine Grundschrift deutscher Mystik*, hrsg. von Gerhard Wehr. Freiburg i. Br. 1980; kritische Ausgabe von Wolfgang von Hinten: *Der Franckforter. Theologia Deutsch.* München 1982.
Alois Maria Haas: «Die *Theologia Deutsch*», in: *Geistliches Mittelalter*, 411 ff.

12 WA BR 1, 557.

13 WA BR 1, 79.

14 WA 6, 562.

15 WA 7, 38.

16 Martin Luther: *Ausgewählte Werke*, hrsg. von H. H. Borcherdt und Georg Merz. Band I. München 1963, 140 f.

17 Wolfgang von Hinten: *Der Franckforter...*, 53.

18 *Neun-Felsen-Buch* (Schluß), zit. bei Gottlieb Siedel (Hrsg.): *Theologia Deutsch.* Gotha 1929, 2.

19 Egon Friedell: *Kulturgeschichte der Neuzeit.* München 1976, 164.

20 Martin Brecht: *Martin Luther. Sein Weg zur Reformation.* Stuttgart 1981, 142.

21 Martin Luther, zit. bei Winfried Zeller: «Luthertum und Mystik», in: *Herausforderung – Religiöse Erfahrung*, 104.

22 Vgl. C. G. Jungs Spätwerk: *Mysterium Coniunctionis. Untersuchungen über die Trennung und Zusammensetzung der seelischen Gegensätze in der Alchemie* I/II. Zürich/Stuttgart 1968.

23 WA 7, 25.

24 Gerhard Wehr: *Martin Luther. Mystische Erfahrung und christliche Freiheit.* Schaffhausen 1983.

25 WA 5, 162.

26 WA 5, 165.

27 WA 10, III, 357.
28 WA 38, 229.
29 WA 7, 26.
30 WA 21, 152.
31 Vgl. Anmerkung 13 im Kap. «Devotio moderna...».
32 Hierzu das folgende Kapitel über Andreas Bodenstein, Thomas Müntzer etc.
33 Erwin Iserloh, in: *Kirche, Mystik, Heiligung...*, 68 ff.
34 WA 57, 3; 144, 10.
35 WA 57, 3; 185, 1–8.
36 WA 57, 3; 153, 9 f.
37 WA 57, 3; 224, 13 ff.
38 WA 40, 1; 546, 5–8.
39 WA 40, 3; 738, 4 ff.

Mystische Impulse einer Wendezeit

1 Will-Erich Peuckert: *Die große Wende. Das apokalyptische Saeculum und Luther.* Hamburg 1948.
2 Irene Behn: *Spanische Mystik.* Düsseldorf 1957; Allison Peers: *Die spanischen Mystiker.* Zürich 1956; Erika Lorenz: *Der nahe Gott im Wort der spanischen Mystik.* Freiburg i. Br. 1985.
3 Andreas Karlstadt: *Von der allerhöchsten Tugend der Gelassenheit* (1520), zit. bei Ulrich Bubenheimer: *Constantia Theologiae et Jurisprudentiae.* Tübingen 1977, 177.
4 Gerhard Wehr: *Thomas Müntzer in Selbstzeugnissen und Bilddokumenten* (mit ausführlicher Bibliographie). Reinbek 1972.
5 Die Zitate erfolgen nach Thomas Müntzer: *Schriften und Briefe,* hrsg. von Gerhard Wehr. Frankfurt a. M. 1974; Gütersloh 1978; Zürich 1988.
6 H. J. Goertz (Hrsg.): *Radikale Reformatoren.* München 1978, 190 ff.
7 Gottfried Maron: *Individualismus und Gemeinschaft bei Kaspar Schwenckfeld.* Stuttgart 1961, 100.
8 Horst Weigelt: «Kaspar Schwenckfeld», in: *Radikale Reformatoren,* 200.
9 Walter Nigg: *Heimliche Weisheit. Mystisches Leben in der protestantischen Christenheit.* Zürich/Stuttgart 1959, 72.
10 H. J. Goertz: *Radikale Reformatoren,* 201 ff.
11 Sebastian Franck: *Paradoxa,* hrsg. von Siegried Wollgast. Berlin (Ost) 1966; hier: *Paradoxa*/Wollgast 399 f.
Horst Weigelt: *Sebastian Franck und die lutherische Reformation.* Gütersloh 1972, 31.

12 *Paradoxa*/Wollgast 16.
13 *Paradoxa*/Wollgast 367.

II. Teil – Christliche Theosophie

1 Einen Sonderstatus kann hier die facettenreiche «Theologie der Befreiung» in Süd- und Mittelamerika beanspruchen, in der der Geist des Franz von Assisi erneuert worden ist. Jedenfalls liegt der Befreiungstheologie eine Spiritualität der Befreiung zugrunde!

2 Novalis: *Werke*, hrsg. und kommentiert von Gerhard Schulz. München 1969.
Zur Interpretation insbesondere Friedrich Hiebel: *Novalis*. Bern/München ²1972. – Rudolf Meyer: *Novalis. Das Christuserlebnis und die neue Geistesoffenbarung*. Stuttgart 1972. – Gerhard Wehr: *Novalis, ein Meister christlicher Einweihung*. Freiburg i. Br. 1980.

3 Albert Schweitzer: *Die Mystik des Apostels Paulus*. Tübingen ²1954; Emil Bock: *Paulus*. Stuttgart 1954; Gerhard Wehr: *Esoterisches Christentum*. Stuttgart 1975, 33–41.

4 Adolf Köberle: «Theosophie», in: *Religion in Geschichte und Gegenwart* (RGG), 3. Aufl., Band VI, Sp. 845.

5 Rudolf Rocholl: *Beiträge zu einer Geschichte deutscher Theosophie*. Berlin 1856. – Gerhard Wehr: «Christliche Theosophie – eine vergessene Geistesströmung der Neuzeit», in: *Die Drei*, Stuttgart 1986, 915–924.

Wegbereiter in nachreformatorischer Zeit

1 Ernst Kaiser: *Paracelsus in Selbstzeugnissen und Bilddokumenten*. Reinbek 1969; Heinrich Schipperges: *Paracelsus. Der Mensch im Licht der Natur*. Stuttgart 1974; Gerhard Wehr: *Paracelsus*. Freiburg i. Br. 1979.

2 Zit. bei Alexander von Bernus: *Alchymie und Heilkunst*. Nürnberg 1948, 31.

3 Zitiert bei Will-Erich Peuckert: *Pansophie*. Berlin ³1976, 380; vgl. ferner Antoine Faivre/Rolf Christian Zimmermann (Hrsg.): *Epochen der Naturmystik*. Berlin 1979.

Valentin Weigel – *Erkenne dich selbst*

1 Valentin Weigel, zit. nach: *Der Protestantismus des 17. Jahrhunderts*, hrsg. von Winfried Zeller. Bremen 1962, 148 f.

2 W. Zeller, a. a. O.
3 Valentin Weigel: *Sämtliche Schriften*, 3. Lieferung, hrsg. von Winfried Zeller. Stuttgart 1966, 94.
4 Ders.: *Ausgewählte Werke*, hrsg. und eingeleitet von Siegfried Wollgast. Berlin (Ost) 1977.
5 Ders.: *Sämtliche Schriften*/Zeller 105.
6 A. a. O. 106.
7 A. a. O. 122.
8 Ders.: *Gnothi seauton – Nosce te ipsum – Erkenne dich selbst*, in: *Ausgewählte Werke*, 165 ff.
9 Ders.: *Dialogus de Christianismo*, hrsg. von Alfred Ehrentreich, in: Weigel: *Sämtliche Schriften*, 4. Lieferung. Stuttgart 1968.
10 A. a. O. 138 f.

Jakob Böhme – «Philosophus teutonicus»

1 F. W. J. Schelling: *Philosophie der Offenbarung* (1858). Darmstadt 1974, Bd. I, 123.
2 Ernst Bloch: *Das Prinzip Hoffnung*, Band II. Frankfurt a. M. 1959, 1006.
3 William Bossenbrook: *Geschichte des deutschen Geistes*, Gütersloh 1963.
4 Ernst Benz: *Schelling. Werden und Wirken seines Denkens*. Zürich 1955, 12.
5 Zur Biographie und Wirkungsgeschichte siehe Gerhard Wehr: *Jakob Böhme in Selbstzeugnissen und Bilddokumenten*. Reinbek 1971; Eberhard Pältz: «Jakob Böhme», in: *Theologische Realenzyklopädie*, Band 6, 748–754; ders.: «Jakob Böhme», in: *Gestalten der Kirchengeschichte*, hrsg. von Martin Greschat, Band 7. Stuttgart 1982, 79–98.
6 Abraham von Franckenberg: *Ausführlicher Bericht von Jakob Böhmes Leben und Schriften* (1651), enthalten in der Böhme-Ausgabe von 1730, Nachdruck Stuttgart 1961, Band X, 10 f.
7 A. a. O. 20 f.
8 Horst Weigelt: *Spiritualistische Tradition im Protestantismus. Das Schwenckfeldertum in Schlesien*. Berlin 1973.
9 Gerhard Wehr: *Jakob Böhme, der Geisteslehrer und Seelenführer*. Freiburg i. Br. 1979.
10 Jakob Böhme: *Theosophische Sendbriefe I/II*, vollständige Ausgabe, hrsg. von Gerhard Wehr. Freiburg i. Br. 1979.
11 Erweiterte Ausgabe der *Christosophia*. Freiburg i. Br. 1975.
12 Im 19. Kapitel seiner *Aurora* hat Böhme den Erkenntnisdurchbruch eindrucksvoll geschildert; vgl. die entscheidende Stelle am Ende dieses Kapitels.
13 Beiträge zu einer «Tiefentheologie» bei Gerhard Wehr: *Stichwort Damas-*

kuserlebnis. Der Weg zu Christus nach C. G. Jung. Stuttgart 1982. Jetzt insbesondere die Arbeiten von Eugen Drewermann: *Tiefenpsychologie und Exegese* I/II. Olten/Freiburg i. Br. 1984 f.

14 Jakob Böhme: *Aurora* 11, 37.

15 A. a. O. 9, 32.

16 Das «dritte Prinzip» entspricht dem «ausgesprochenen Wort» des Schöpfergottes.

17 Jakob Böhme: *Beschreibung der drei Prinzipien* 8, 12.

18 Ders.: *De signatura rerum* 1,5.

19 Ernst Benz: *Adam, der Mythus vom Urmenschen.* München 1955; Gerhard Wehr: *Der Urmensch und der Mensch der Zukunft. Das Mysterium männlich-weiblicher Ganzheit bei Rudolf Steiner.* Freiburg i. Br. 1964; Sukie Colegrave: *Yin und Yang. Die Kräfte des Weiblichen und des Männlichen.* Bern/München 1980; June Singer: *Nur Frau, nur Mann?* München 1981; Ursula Prinz u. a. (Hrsg.): *Androgyn. Sehnsucht nach Vollkommenheit.* Berlin 1985 (Ausstellungskatalog des Neuen Berliner Kunstvereins).

20 Jakob Böhme: *Mysterium Magnum* 18,2.

21 A. a. O. 19,7.

22 Eine Zusammenstellung einschlägiger Texte zu Böhmes Theosophie, Kosmosophie, Anthroposophie und Christosophie in: *Jakob Böhme. Die Morgenröte bricht an*, hrsg. von Gerhard Wehr. Freiburg i. Br. 1983.

23 Jakob Böhme: *Von wahrer Buße* I, 1.

24 A. a. O. I, 12.

25 Ders.: Vom übersinnlichen Leben, hrsg. von Gerhard Wehr. Stuttgart 1986.

26 Ders.: *Von wahrer Buße* I, 34.

27 Friedrich Engels: *Die Entwicklung des Sozialismus von der Utopie zur Wissenschaft*, in: Marx/Engels: *Ausgewählte Schriften*, Bd. II. Berlin (Ost) 1958, 87.

28 Jakob Böhme: *Von wahrer Gelassenheit* 2,16 und 34.

Johann Georg Gichtel – rigoros-spiritueller «Engelsbruder»

1 Einführung und Texte dieser Philadelphen bei Ernst Benz: *Adam, der Mythus vom Urmenschen.*

2 Johann Georg Gichtel: *Theosophia Practica*, mit einer Einführung von Gerhard Wehr. Freiburg i. Br. 1979; dasselbe ins Neuhochdeutsche übertragen von Agnes Klein. Schwarzenburg (Schweiz) 1979.

3 Ders.: *Theosophia Practica* I, 4 f.

4 Ferdinand van Ingen: *Böhme und die Böhmisten in den Niederlanden im 17. Jahrhundert.* Bonn 1984.

5 Zit. bei Ernst Benz: *Adam, der Mythus vom Urmenschen*, 301.
6 *A. W. van Beyerland. Catalogus der Bibliotheca Philosophica Hermetica.* Amsterdam 1986.
7 Zur Böhme-Bibliographie vgl. Gerhard Wehr: *Jakob Böhme in Selbstzeugnissen und Bilddokumenten*, 145–154; ergänzt bei Eberhard Pältz in TRE (Anmerkung 5 des Böhme-Kap.).
8 Der Nachdruck der zweibändigen Ausgabe von 1729: Hildesheim 1967.
9 Gerhard Wehr: *Heilige Hochzeit.* München 1986, 135 ff.
10 Ernst Benz: *Adam, der Mythus vom Urmenschen*, 103 f.; Walter Nigg: *Heimliche Weisheit. Mystisches Leben in der evangelischen Christenheit.* Zürich 1959, 237 ff.; ders.: Einführung zu: Gottfried Arnold: *Das Geheimnis der göttlichen Sophia* (1700). Stuttgart 1963.

Angelus Silesius – *Cherubinischer Wandersmann*

1 Rudolf Steiner: *Die Mystik im Aufgange des neuzeitlichen Geisteslebens* (1901). Dornach [5]1960.
2 Zur Biographie vgl. Hans Ludwig Held (Hrsg.): Angelus Silesius. *Sämtliche poetische Werke*, Band I: *Die Geschichte seines Lebens und seiner Werke.* München 1924.
3 Daniel von Czepko: *Geistliche Schriften*, hrsg. von Werner Milch. Darmstadt 1963; Will-Erich Peuckert: *Pausophie.* Berlin [3]1976, 403 ff.
4 Die Zitate erfolgen nach Angelus Silesius: *Sämtliche poetische Werke*, hrsg. von H. L. Held, Band III. München 1924.

Johann Valentin Andreae – Rosenkreuzer und Vorkämpfer eines praktischen Christentums

1 Zur Biographie vgl. *J. V. Andreae – Ein schwäbischer Pfarrer im 30jährigen Krieg*, bearbeitet von Paul Anthony. Heidenheim 1970; Richard van Dülmen: *Die Utopie einer christlichen Gesellschaft.* Teil I. Stuttgart 1978.
2 Amos Comenius: *Prodomus pansophiae*, zit. bei Renate Riemeck: *Der andere Comenius.* Frankfurt a. M. 1970, 58.
3 Sämtliche Schriften sind enthalten in: *Die Bruderschaft der Rosenkreuzer. Esoterische Texte*, hrsg. von Gerhard Wehr. Köln 1984.
4 Vgl. J. R. Ritman/C. Gilly: *Johann Valentin Andreae 1586–1986. Die Manifeste der Rosenkreuzer-Bruderschaft.* Katalog einer Ausstellung in der Bibliotheca Philosophiae Hermeticae. Amsterdam 1986.
5 Alfons Rosenberg in seiner Einführung zu J. V. Andreae: *Die chymische Hochzeit Christiani Rosenkreutz.* München-Planegg 1957, 50.

6 Jakob Böhme: *Theosophische Sendbriefe* 55, 13; *De signatura rerum* 16, 48.
7 Johann Valentin Andreae: *Christianopolis* (1619), eingeleitet und hrsg. von Richard van Dülmen. Stuttgart 1972, 31.
8 *J. V. Andreae 1586–1654. Leben, Werk und Wirkung eines universalen Geistes.* Ausstellungskatalog. Bad Liebenzell 1986, 122 ff.
9 Paul Joachimsen: «J. V. Andreae und die evangelische Utopie», in: *Zeitwende* 2. 1926, 485.

Friedrich Christoph Oetinger – Theologe und Theosoph

1 Jakob Böhme: *Theosophische Sendbriefe* 16,7.
2 Adolf Köberle: *Das Glaubensvermächtnis der Schwäbischen Väter.* Hamburg 1959, 8.
3 Ulrich Gaier: «Nachwirkungen Oetingers in Goethes Faust», in: *Pietismus und Neuzeit* 10. Göttingen 1984, 90–123.
4 Henry Francis Fullenwider: *Friedrich Christoph Oetingers Wirkungen auf Literatur und Philosophie seiner Zeit.* Göppingen 1975.
5 *Oetingers Leben und Briefe als urkundlicher Kommentar zu dessen Schriften*, hrsg. von Karl Chr. Eberhard Ehmann. Stuttgart 1859; hier: *Leben und Briefe*, 12 f.
6 E. Benz: *Schöpfungsglaube und Endzeiterwartung.* München 1965, 184.
7 Oetinger: *Swedenborgs und anderer irdische und himmlische Philosophie.* Stuttgart 1858; Reprint hrsg. von Erich Beyreuther. Stuttgart 1977, 233.
8 *Leben und Briefe*, 38.
9 Ernst Benz: *Die christliche Kabbala.* Zürich 1958, 26 ff.
10 Erich Beyreuther: *Geschichte des Pietismus.* Stuttgart 1978; Martin Schmidt: *Pietismus.* Stuttgart 1972.
11 Ernst Benz: *Swedenborg in Deutschland. F. C. Oetingers und Immanuel Kants Auseinandersetzung mit Person und Werk Emanuel Swedenborgs.* Frankfurt a. M. 1947, 60 f.
12 A. a. O.
13 *Leben und Briefe*, 91.
14 Wilhelm Albert Hauck: *Das Geheimnis des Lebens. Naturanschauung und Gottesauffassung Friedrich Christoph Oetingers.* Heidelberg 1947, 63.
15 *Leben und Briefe*, 183.
16 A. a. O. 184.
17 Insbesondere C. G. Jung: *Psychologie und Alchemie* (1944), jetzt in *Gesammelte Werke* Bd. 12; vgl. Gerhard Wehr: *Carl Gustav Jung. Leben, Werk, Wirkung.* München 1985, 122 ff.

18 *Leben und Briefe*, 189.
19 C. A. Auberlen: *Die Theosophie Friedrich Christoph Oetingers nach ihren Grundlagen. Ein Beitrag zur Dogmengeschichte und zur Geschichte der Philosophie*. Tübingen 1847.
20 Zur Einführung insbesondere die Arbeiten von Gershom Scholem, speziell: *Die jüdische Mystik in ihren Hauptströmungen*. Frankfurt a. M. 1957.
21 Einer ersten Orientierung dient der von der Evangelischen Kirchengemeinde Teinach herausgegebene Kirchenführer *Dreifaltigkeitskirche Bad Teinach* (1973); ferner Julius Beck: *Die Lehrtafel der Prinzessin Antonia von Württemberg. Eine Auslegung des Namens Jehova*. Calw 1926 ([3]1958); Ernst Harnischfeger: *Mystik im Barock. Das Weltbild der Teinacher Lehrtafel*. Stuttgart 1980.
22 Vgl. die historisch-kritische Ausgabe, hrsg. von Reinhard Breymayer und Friedrich Häussermann, Berlin 1977, mit dem außerordentlich reichhaltigen Kommentarband.
23 Ernst Benz: *Die christliche Kabbala*.
24 1977 wurde mit zwei Editionsreihen der Werke Oetingers begonnen: mit dem von Erich Beyreuther hrsg. Nachdruck der Ehmannschen Ausgabe aus dem 19. Jahrhundert, erschienen im Steinkopf Verlag Stuttgart, sowie mit der historisch-kritischen Ausgabe im Verlag de Gruyter, Berlin.
25 Richard Rothe in: Auberlen: *Die Theosophie F. C. Oetingers* (Anm. 19).
26 F. W. Kantzenbach: *Zwischen Erweckung und Restauration. Einige Kapitel aus der unbekannten Kirchengeschichte des 19. Jahrhunderts*. Gladbeck 1967, 128.
27 Rudolf Steiner u. a. im Vortrag vom 20. März 1917, in: *Bausteine zu einer Erkenntnis des Mysteriums von Golgatha*. Dornach 1961, 129–154.
28 Emil Bock: *Boten des Geistes. Schwäbische Geistesgeschichte und christliche Zukunft*. Stuttgart [3]1955, 53.

Michael Hahn – «Christus ist der Weg»

1 Heinrich Hermelink: *Geschichte der Evangelischen Kirche in Württemberg von der Reformation bis zur Gegenwart*. Stuttgart 1949, 349.
2 F. W. Stroh: *Die Lehre des württembergischen Theosophen J. Michael Hahn* (1858). Stuttgart 1958, 14.
3 Michael Hahn, zit. bei F. W. Stroh, a. a. O. 13.
4 Joachim Trautwein: *Die Theosophie Michael Hahns und ihre Quellen*. Stuttgart 1969, 57 f.
5 A. a. O. 274.

Christliche Theosophie als fortwirkende Geistesströmung

1 Gerhard Wehr: *Esoterisches Christentum*, 160 ff.

2 Ernst Benz: *Swedenborg. Naturforscher und Seher.* München 1948; Kurt Hutten: *Seher, Grübler, Enthusiasten.* Stuttgart [12]1982, 560 ff.; der Swedenborg Verlag in Zürich verbreitet das aus dem Lateinischen übersetzte Werk, unterstützt u. a. durch die Swedenborg-Gesellschaft in Stuttgart.

3 Franz Deml: *Das ewige Evangelium des Geistzeitalters* I/II. Bietigheim 1980; das Gesamtwerk von Jakob Lorber wird vom Turm-Verlag Bietigheim betreut.

4 Johann Jakob Wirz: *Zeugnisse und Offenbarungen des Geistes*, Band II. Barmen 1864, 178 f.

5 Ernst Benz: *Adam*, 237 ff; Kurt Hutten: *Seher, Grübler, Enthusiasten.* Stuttgart [10]1966, 444 ff.; neuerdings J. J. Wirz: *Lehren der himmlischen Weisheit*, hrsg. von Konrad Dietzfelbinger. Andechs 1987.

6 Walter Nigg: *Heimliche Weisheit.* Zürich 1959, 258 ff.

7 Friedrich Hiebel: *Novalis.* Bern 1951; 1972. – Heinz Ritter-Schaumburg: *Novalis und seine erste Braut.* Stuttgart 1986. – Gerhard Wehr: *Novalis, ein Meister christlicher Einweihung.* Freiburg i. Br. 1980. – Ders.: *Heilige Hochzeit.* München 1986, 135 ff.

8 Vgl. den Text der Hymne im Anschluß an dieses Kapitels.

9 Franz von Baader, in: *Über Liebe, Ehe und Kunst*, hrsg. von Hans Grassl. München 1953, 169.

10 A. a. O. 166, vgl. Baader: *Sämtliche Werke* 3, 287 ff.

11 Antoine Faivre/R. Chr. Zimmermann: *Epochen der Naturmystik.* Berlin 1979, 314–332.

12 Alfons Rosenberg: *Sibylle und Prophetin.* Weilheim 1960, 136 ff.

13 Horst Möller: «Bruderschaft der Gold- und Rosenkreuzer», in: H. Reinalter (Hrsg.): *Freimaurerei und Geheimbünde.* Ffm. 1983, 199 ff.

14 Vgl. den Überblick von Karl. R. H. Frick, in: G. K. Kaltenbrunner (Hrsg.), *Geheimgesellschaften* (Lit.). Freiburg i. Br. 1987; ferner Gerd-Klaus Kaltenbrunner: «Alle Macht den Rosenkreuzern?», in: *Mut* Nr. 230, 1986, 43–59.

15 Ausführlich bei Gerhard Wehr: *Rudolf Steiner. Leben, Erkenntnis, Kulturimpuls.* München 1987.

16 Gerhard Wehr: *Der innere Weg.* Reinbek 1983.

17 Rudolf Steiner: «Theosophie in Deutschland vor hundert Jahren», in: R. Steiner: *Philosophie und Anthroposophie.* Gesammelte Aufsätze 1904–1918. Dornach 1965, 43 ff.

18 Diese Editionen erfolgten unter der Federführung von Renate Riemeck in Gemeinschaftsausgaben der Verlage Freies Geistesleben, Urachhaus, beide Stuttgart, und Die Pforte, Basel. – Renate Riemeck: *Beispiele goetheanistischen Denkens.* Basel 1974.

Zeittafel

Um 1098–1179	Hildegard von Bingen
um 1129–1164	Elisabeth von Schönau
um 1170–1221	Dominicus de Guzman, Gründer des Dominikanerordens
um 1216	Anerkennung des Dominikanerordens durch Papst Honorius III.
um 1212–1281/2	Mechthild von Magdeburg
um 1224–1274	Thomas von Aquin
um 1241–1299	Mechthild von Hackeborn
um 1256–1302	Gertrud die Große
um 1260–1328	Meister Eckhart aus Hochheim in Thüringen
1293–1381	Jan van Ruysbrooc
um 1295–1366	Heinrich Seuse aus Konstanz
um 1300–1361	Johannes Tauler aus Straßburg
1309–1377	Avignon Residenz der Päpste
1340–1384	Geert (Gerhard) Groote (Gerhardus Magnus) aus Deventer, Initiator der Brüderschaft vom gemeinsamen Leben und des Augustiner-Chorherrnstifts (1386) in Windesheim bei Zwolle (Windesheimer Kongregation)
1350–1400	Florentius Radewijns, Schüler Grootes
1379/80–1471	Thomas (Hemerken) von Kempen (Thomas a Kempis), Schüler Radewijns, Kompilator und Herausgeber der *Nachfolge Christi*
um 1400	*Der Franckforter – Theologia Deutsch*
1516	Luthers erste (bruchstückhafte) Ausgabe der *Theologia Deutsch*
1518	Luthers zweite (vollständige) Ausgabe der *Theologia Deutsch*
1483–1546	Martin Luther

1489–1525	Thomas Müntzer
1489–1561	Kaspar Schwenckfeld
1499–1542	Sebastian Franck
1493–1541	Theophrast von Hohenheim, gen. Paracelsus
1555–1621	Johann Arndt
1533–1588	Valentin Weigel
1575	*Jakob Böhme* wird in Alt-Seidenberg bei Görlitz als Bauernsohn geboren
1599	24. April: Erwerb des Bürgerrechts der Stadt Görlitz 10. Mai: Eheschließung mit Katharina Kuntzschmann
1600	Erstes großes Schau-Erlebnis
1612	*Aurora oder die Morgenröte im Aufgang*
1613	Der Görlitzer Oberpfarrer Gregor Richter kanzelt den Autor der *Aurora* ab; kurze Inhaftierung im Rathaus und Einzug des Manuskripts
1618	Beginn des Dreißigjährigen Kriegs
1619	Böhme setzt seine Schriftstellerei fort: *Die Beschreibung der drei Prinzipien*
1620	*Von der Menschwerdung Jesu Christi*
1621	*Von sechs theosophischen Punkten*
1621/22	*De signatura rerum – Von der Geburt und Bezeichnung aller Wesen*
1622	*Von wahrer Buße* *Von der neuen Wiedergeburt* *Von der wahren Gelassenheit* *Vom übersinnlichen Leben* *Von göttlicher Beschaulichkeit*
1622/23	*Mysterium Magnum* – Erklärung des 1. Buches Moses
1623	*Von der Gnadenwahl* *Von Christi Testamenten*, 1. Fassung
1624	Januar: Johann Sigismund von Schweinichen läßt Böhmes *Der Weg zu Christo (Christosophia)* bei Johann Rhamba in Görlitz in Druck gehen; eine neue Verleumdungswelle, initiiert durch Gregor Richter, ist die Folge *Von Christi Testamenten*, 2. Fassung *Gebetbüchlein* (unvollendet) *Betrachtung göttlicher Offenbarung*, 177 theosophische Fragen (unvollendet) 7. November: Böhme kehrt schwerkrank von einer Besuchsreise durch Schlesien nach Görlitz zurück

	17. November: Jakob Böhme stirbt in seinem Görlitzer Haus
1624–1677	Johann Scheffler (Angelus Silesius)
1586	17. August: *Johann Valentin Andreae* wird in Herrenberg bei Tübingen als Sohn eines lutherischen Pfarrers geboren
1614/20	Pfarrer (Diakonus) in Vaihingen
1614	*Fama Fraternitatis* erscheint in Kassel
1615	*Confessio Fraternitatis*
1616	*Chymische Hochzeit Christiani Rosenkreutz* *Turbo*, faustisches Drama
1619	*Christianopolis* *Turris Babel*
1620/39	Superintendent (Dekan) in Calw
1639/51	Hofprediger und Konsistorialrat in Stuttgart
1651	Generalsuperintendent in Bebenhausen
1654	27. Juni: als Abt von Adelberg gestorben
1638–1710	*Johann Georg Gichtel*
1682	1. Gesamtausgabe der Werke Jakob Böhmes, hrsg. von J. G. Gichtel in Amsterdam
1715	2. Gesamtausgabe, hrsg. von Johann Wilhelm Ueberfeld
1730	3. (heute maßgebliche) Gesamtausgabe, hrsg. von J. W. Ueberfeld
1702	*Friedrich Christoph Oetinger* wird am 6. Mai in Göppingen/Württemberg als Sohn eines Stadt- und Amtsschreibers geboren
1722/27	Tübinger Stift
um 1725	Bekanntschaft mit dem Schrifttum Jakob Böhmes
1731	*Aufmunternde Gründe zur Lesung der Schriften Jakob Böhmes*
1730/33	Repetent in Tübingen
1738	Eheschließung mit Dorothea Linsenmann in Urach
1738/43	Pfarrer in Hirsau
1743/46	Pfarrer in Schnaitheim
1746/52	Pfarrer in Waldorf bei Tübingen
1752/59	Dekan in Weinsberg
1753	*Inquisitio in sensum communem* *Die Wahrheit des sensus communis*

1759	*Weinsberger Predigtbuch*
1759/66	Dekan in Herrenberg
1762	*Die Philosophie der Alten, wiederkommend in der güldenen Zeit*
1763	*Öffentliches Denkmal der Lehrtafel der Prinzessin Antonia von Württemberg*
1764	Autobiographie: *Genealogie der reellen Gedanken eines Gottesgelehrten*
1765	*Theologia ex idea vitae deducta*
	Swedenborgs und anderer irdische und himmlische Philosophie
1766/82	Prälat in Murrhardt
1776	*Biblisches und emblematisches Wörterbuch*
1777	*Versuch einer Auflösung der 177 Fragen aus Jakob Böhme* (sein letztes Buch)
1782	10. Februar: Oetinger stirbt in Murrhardt
1758	*Michael Hahn* wird am 2. Februar in Altdorf, Kreis Böblingen, als Sohn einfacher Bauersleute geboren
um 1777/78	Erstes Auftreten der «Zentralschau»
1779	Auf dem Ihinger Hof bei Renningen, Kreis Leonberg
1783	Zweite «Zentralschau»
1784	Reise in die Schweiz; Kontakte mit pietistisch orientierten Persönlichkeiten
1788/89	Uhrmacherlehre in Sindlingen
1794	Endgültige Übersiedelung von Altdorf nach Sindlingen; Hahn wohnt auf dem Schloßgut der Herzogin Franziska
1819	20. Januar: Michael Hahn stirbt in Sindlingen und wird auf dem dortigen Friedhof begraben
1636–1689	Christian Knorr von Rosenroth (*Cabbala Denudata*)
1651–1689	Quirinus Kuhlmann
1688–1772	Emanuel Swedenborg
1778–1858	Johann Jakob Wirz
1800–1864	Jakob Lorber
1765–1841	Franz von Baader
1772–1801	Friedrich von Hardenberg (Novalis)
1743–1803	Louis Claude de Saint-Martin
1831–1891	Helene Petrowna Blavatsky
1875	Gründung der Theosophical Society
1847–1933	Annie Besant
1861–1925	Rudolf Steiner
1912	Gründung der Anthroposophischen Gesellschaft

Personenregister